KB189107

한국 선불교의 원류
지공과 나옹 연구

지공과 나옹 행장

지공선현指空禪賢(1300~1361)

지공은 중인도 마가다국의 국왕인 만滿과 남인도 향지국의 공주 사이에서 1300년에 태어났다. 8세라는 어린 나이에 불치병에 고통 받던 부왕의 쾌유를 위해서 인도불교의 3대 사찰 중 한 곳인 나란타사로 출가한다. 이때 스승인 율현에게서 받은 법명이 제납박타인데, 이의 한문 번역이 바로 선현禪賢이다. 나란타사에서 10여 년간 반야학과 계율을 수학한 뒤 19세(혹 20세)에 스승의 권유로 스리랑카의 선승인 보명을 참배한다. 이곳에서 깨달음을 증득하고 서천의 108대 조사가 되는데, 이때 받는 법호가 소나적사야, 즉 지공이다. 이렇게 해서 계율과 선정의 두 날개를 갖춘 지공 불교가 완성된다.

지공은 이후 시계방향으로 인도를 유력하면서 가르침을 설파하고, 당시 힌두교의 탄트리즘과 밀교의 성력性力 숭배를 강도 높게 비판한다. 이후 히말라야를 넘어 티베트로 들어가게 되는데, 이는 당시가 몽고에 의한 원제국시기로 제국의 길이 하나로 연결되어 있었기 때문이다. 티베트에서 지공은 세속적인 티베트불교와 무속인 뵌교와 강하게 충돌하는 모습을 보인다.

다음으로 중국의 촉과 운남으로 들어와 마침내 원의 수도인 대도에 도착한다. 이곳에서 원나라 제6대 황제인 진종을 알현하고, 금강산의 법기보살에게 향 공양을 올리는 어향사御香使의 신분으로 1326년 3월 고려로 오게 된다.

당시 고려불교는 원 간섭기에 따른 티베트불교의 영향으로 대처승이 절반이나 되는 등 극히 세속화되어 있었다. 지공은 1328년 9월까지의 총 2년 7개월을 머물면서, 하루는 선禪을 설하고 하루는 계戒를 설하며 고려의 풍속을 일신시키고 선불교의 기상을 중흥하게 된다. 이러한 영향으로 지공이 원의 대도로 돌아간 이후에도 고려에서 유학 가는 선승들의 다수는 지공을 참배하고 가르침을 받게 된다. 이러한 대표적인 인물이 바로 수제자였던 공민왕의 왕사 나옹과 『직지』로 유명한 백운경한, 그리고 이성계의 왕사인 무학자초와 정지국사 축원지천이다. 지공과 이들 선승들의 노력에 의해서, 원 간섭기의 극복과 함께 고려불교는 티베트 불교의 그늘을 벗어나 신속하게 청정성을 회복하게 된다. 이런 점에서 본다면, 지공은 당시 진정한 세계인이며 고려불교를 혼탁에서 정화한 인도불교의 참된 빛이라고 하겠다.

나옹혜근懶翁惠勤(1320~1376)

나옹은 금빛 새매의 태몽으로 잉태되어 1320년 1월 15일에 탄생한다. 20세에 친구의 죽음을 계기로 문경 대승사 묘적암의 요연 선사의 문하로 출가한 후, 25세까지 각지를 두루 유력하며 수행하다가 양주 회암사에 이르러 4년간의 장좌불와를 통한 용맹정진 끝에 28세의 나이로 깨달음을 얻게 된다.

나옹은 깨달음을 증득한 직후 원나라로 유학을 떠나, 대도의 법원사에서 지공을 참배하고 문하에서 수학한다. 나옹이 깨달음을 얻고 나서 곧장 원나라로 들어가는 것은, 당시 몽산덕이의 영향으로 깨닫게 되면 선지식에게 인가悟後印可를 받는 것이 강조되었기 때문이다. 이후에 중국의 불교유적과 선승들을 참례하는 과정에서, 31세가 되는 1350년 8월에 강남 임제종의 18대가 되는 평산처림의 인가를 받게 된다. 그리고 계속 성적순례를 하다가 수도로 되돌아와서 34세에 지공에게도 인가를 받는다. 즉 나옹은 인도선과 중국선의 양측에서 모두 인가를 증득하는 것이다. 36세에는 원나라 제11대 황제인 혜종의 귀의를 받아, 대도 광제선사의 주지에 취임한다. 그리고 39세 때인 1358년 3월 13일에 만 10년간의 원나라 생활을 마치고 고국인 고려로 귀국한다. 이후 42세에 왕실의 귀의를 받아 원나라 황실의 원찰이었던 해주 신광사의 주지가 된다.

그러다 50세에는 신돈과의 갈등으로 오대산에 은거했으나, 51세가 되는 1370년 1월 1일 스승인 지공의 영골사리가 고려에 도착하는 것을 계기로 오대산을 나와 본격적인 활동에 돌입한다. 같은 해 9월 16일과 17일 양일에 걸쳐 고려불교 최대의 초승과超僧科인 공부선功夫選을 주관하고, 이듬해 8월 26일에는 왕사가 되어 동방제일도량 송광사 주지로 취임한다.

이후 스승인 지공의 유지를 받들어 회암사를 전국적인 모금을 통해 대대적으로 중창하다가, 공민왕의 급거로 정국이 급변하는 과정에서 57세가 되는 1376년 5월 15일에 여주 신륵사에서 돌연 열반하게 된다. 그러나 열반 이후의 다비과정에서, 산이 방광하며 감로비가 내리고 신룡이 나타나며 사리가 분신하여 증과하는 등 이적이 속출하였다. 이로 인하여 나옹에 대한 추모열기가 전국을 휘몰아치게 되고, 마침내 조선 초에 이르러서는 붓다의 후신으로까지 평가되며 신성화되기에 이른다.

|불|광|학|술|총|서|

한국 선불교의 원류
지공과 나옹 연구

자현 지음

불광출판사

한국 선불교에는
인도불교의 피가 흐른다

나옹과의 인연

학창시절 나를 선(禪)으로 끌어당긴 한 권의 책은 단연『마조어록(馬祖語錄)』이었다. 마조의 활달자재하면서도 뭉근히 친절한 기풍은 요즘말로 하면 딱 츤데레 그것이었다. 역시 당나라의 중국인은 멋들어지고 낭만적이다. 그러다가 우연히 손에 잡혀서 읽은 책이 바로『나옹록(懶翁錄)』이다. '게으른 늙은이'라니, 이름부터가 무척이나 도가적이다. 그런데 아이러니하게도 나옹은 56세에 입적했다. 즉 게으를 수는 있을지 몰라도 결코 늙은이는 아니었던 게다. 그러나 이런 하찮은 호기심 속에서 책장을 넘기다가 우연히 마주한 대목은 매우 충격적이었다.

나옹이 평산처림(平山處林) 선사를 뵈러 갔다.
"자네는 어디에서 왔는가?"
"수도[大都]에서 왔습니다."

"먼저 어떤 선지식을 뵙고 왔는가?"

"서천의 지공을 뵙고 왔습니다."

"지공은 날마다 무슨 일을 하는가?"

"매일같이 천검(千劍)을 씁니다."

"지공의 천검은 놓아두고, 자네의 일검(一劍)을 가져와 보게."

나옹이 느닷없이 좌복으로 평산을 후려치니,

평산은 선상(禪床)에 있다가 꺼꾸러지면서 크게 외쳤다.

"이 도적놈이 나를 죽이는구나."

나옹이 곧장 붙들어 일으켜 주며 말했다.

"나의 검은 사람을 죽이기도 하지만,

또 능히 살리기도 합니다."

평산이 "하하" 하며 크게 웃었다.

무척이나 호쾌한 살인검(殺人劍)·활인도(活人刀)의 이야기가 아닌
가! 나옹에게는 중국 당나라의 선승들을 능가하는 기백과 도저히 규
정지을 수 없는 자유로운 정신이 깃들어 있다. 중국의 선을 일거에
쓸어버리는 나옹. 이것이 바로 나옹과 나의 강렬한 첫 만남이었다.

이후 고려대 철학과에서 박사논문을 준비하는 과정에서, 지도교
수님과 논문 주제에 대해 논의했다. 내가 한국 선불교에 대한 주제
를 연구하고 싶다고 하자, 지도교수님은 무학 대사의 제자인 함허득
통을 이야기했다. 그러나 나는 무학의 스승인 나옹을 염두에 두고
있었다. 결국 지도교수님의 양보로 지난 2014년 「나옹의 선사상 연

구」로 졸업을 하게 되었다. 이러한 연구 과정에서 나옹은 물론 나옹의 스승인 지공, 그리고 제자인 혼수와 자초(무학)에 대해서도 정리해볼 수 있었다. 즉 학창시절의 호기심이 약 한 세대의 세월이 흐른 뒤비로소 결실을 맺게 된 것이다.

지공, 고려불교를 깨우다

'한국불교' 하면 흔히 독신의 수행승을 연상하곤 한다. 그리고 승려들이 결혼해서 대처승이 되는 것은 일본불교의 영향에 의해서, 일제강점기에 새롭게 생긴 풍토라고 생각한다. 이것이 딱히 잘못된 생각은 아니다. 조선시대에는 대처승이 존재하지 않았으니까.

그러나 고려의 원 간섭기에 티베트불교의 영향으로 대처승이 난립했던 시대가 있었다는 것을 아는 사람은 그리 많지 않다.『고려사』권39에는 1281년의 기록으로, 당시에 승려들이 절반이나 결혼한 대처승이었다고 적시되어 있다. 이것은 결혼하는 티베트불교의 영향에 의해서 고려불교가 완전히 뒤틀어져 왜곡되었다는 것을 의미한다. 그런데 이런 대처승 문화가 어떻게 조선에서는 완전히 사라지게되는 것일까? 그 핵심에 위치하는 인물이 바로 인도에서 고려로 온승려 지공이다.

지공은 인도불교가 이슬람의 공격으로 사라진 후, 대승불교의잔존문화 속에서 출가한 왕자 출신의 승려다. 당시는 몽고에 의해서 원이라는 거대제국이 존재하고 있던 시기이므로, 인도에서 고려에 이르는 길이 하나로 연결되어 있었다. 스리랑카에서 선불교를 수행한 지공은 인도를 떠나 티베트를 거쳐서, 차마고도를 따라 운남을 경유해 원의 수도인 대도(현 북경)에 도착한다. 그리고 황제를 대신해 고려의 금강산에 향 공양을 올리기 위해서 고려를 찾는다. 이런 점에서 본다면, 지공은 『대당서역기』의 현장이나 『불국기』의 법현, 그리고 『남해기귀내법전』의 의정이나 『왕오천축국전』의 혜초에 버금가는 대단한 순례자라고 이를 만하다.

지공은 대승불교의 계율관을 가지고 있었던 선승이다. 이 때문에 결혼과 육식 및 호화스러운 생활을 용인하는 티베트불교와는 맞지 않았다. 이로 인하여 티베트불교와 강하게 충돌하는 모습을 보이게 된다. 고려에서 지공은 대승의 무생계(無生戒)를 통해서 고려불교를 교화하는데, 이는 이후 고려불교의 계율관을 환기시키는 역할을 하게 된다. 지공의 영향으로 인하여 공민왕에 의해서 원 간섭기가 끝나는 시기부터 고려불교는 신속하게 청정성을 회복하는 저력을 발휘한다. 즉 지공의 계율 강조가 고려불교의 청정성 회복에 초석을 마련한 것이다.

또한 지공은 스리랑카 지역으로 전래된 선불교의 계승자인데, 이역시 고려의 선불교인 조계종에 막대한 영향력을 미친다. 지공의 고려인 제자로는 왕사인 나옹과 『직지』로 유명한 백운경한, 그리고 이성계의 왕사가 되는 무학자초와 정지국사 축원지천이 있다. 이들은 모두 고려에서 원나라의 수도인 대도까지 지공을 찾아가 제자가 된

스님들이다. 이들과 태고보우 같은 선승들의 역할로 인해서, 고려불
교는 티베트불교의 어두운 그림자로부터 신속하게 벗어날 수 있었
던 것이다. 이런 점에서 본다면, 지공이 고려불교에 남긴 유산은 실
로 엄청나다고 하겠다.

고려불교의 마지막 빛이었던 나옹

나옹은 지눌과 더불어 고려, 아니 한국불교를 대표하는 최고의 선승
이다. 때문에 여말삼사(麗末三師)와 증명삼화상(證明三和尚)에 모두 속
하는 여말선초의 최대 핵심인물이라고 하겠다.

증명삼화상의 사승(師承) 관계

지공선현(1300~1361)

↓

여말삼사(동시적): 태고보우(1301~1382) ─ **나옹혜근**(1320~1376) ─ 백운경한(1298~1374)

↓

무학자초(1327~1405)

『태종실록』 권30에는 1415년 7월 8일의 일로, 불교를 싫어했던
이방원이 지공과 나옹만은 존중하는 기록이 수록되어 있다. 이는
『태종실록』 권10에서 확인되는 무학 대사에 대한 폄하된 인식과는
사뭇 다르다. 즉 지공의 수제자였던 나옹에게는 태종마저도 어찌할

수 없었던 탁월한 면모가 존재했던 것이다.

나옹은 지공뿐만이 아니라, 임제종의 제18대가 되는 평산처림의 법맥도 계승한다. 즉 인도의 선과 중국선종을 모두 계승한 인물인 셈이다. 중국불교는 인도불교에서 비롯되어 전래됐지만, 중국의 선 불교는 인도불교와는 또 다른 멋들어진 물줄기를 만들어낸다. 이러 한 유장(悠長)한 두 가지의 흐름이 나옹에게서 합류되는 것이다. 이런 점에서 나옹은 선불교의 집대성자인 동시에 완성자라고 이를 만하 다. 이제 가장 낭만적이고 매력적이며 활기가 충만한 나옹의 선 속 으로 여러분을 초대해 보고자 한다.

공민왕은 고려의 임금 중에서 태조 왕건과 더불어 우리에게 가장 익숙한 인물이다. 이는 당시가 매우 복잡한 격변기였기 때문이다. 이 시기는 중국대륙에서는 원·명 교체기라는 몽고와 한족간의 충돌 과 변화가 있었고, 고려 역시 성리학의 약진과 함께 서서히 조선이 잉태되고 있는 상황이었다. 이러한 공민왕 말기에 불교계의 중심인 물이었던 이가 바로 나옹이다. 나옹은 공민왕의 불교개혁에 발맞춰 공부선(功夫選)을 주도하고, 이후 왕사가 되어 고려불교의 발전과 변 혁을 도모한다.

그러나 공민왕이 돌연 자신의 친위대인 자제위에 의해서 시해되 고, 우왕이 옹립되는 과정에서 나옹 역시 몰락의 길을 걷게 된다. 당시 나옹에 대한 탄압 명분은 나옹이 중창(修造)한 회암사에 사람들이 너무 많이 모이기 때문이라는 것이었다. 즉 권력자를 위협할 정도로 인기 가 많았던 것이 죄목이었던 셈이다. 결국 나옹은 강제로 밀양 영원사로 옮겨가는 도중, 여주 신륵사에서 석연치 않은 열반에 들게 된다.

그러나 열반 이후 무수한 사리가 나오고 이것이 증가하는 한편 기이한 이적들이 속출하면서, 나옹에 대한 대대적인 재평가가 이루어진다. 결국 나옹은 고려불교에서 신격화되다가 조선 초에 이르러서는 '붓다의 후신(後身)'으로까지 거듭나기에 이른다. 이런 점에서 나옹은 고려불교의 마지막 등불이었다고 할 수 있다. 그리고 이 등불이 꺼지면서, 결국 불교는 성리학에 내몰리며 조선이라는 험난한 파고에 직면하게 된다. 나옹이 건재했다면 고려는 무너지지 않았고, 조선은 등장하지 못했을 수도 있다. 그러나 역사에는 가정이 존재할 수 없으며 세월은 또 그렇게 속절없이 흘러가기만 할 뿐이다.

현대 조계종의 원류를 찾아서

사람들은 흔히 현대의 조계종을 통일신라 말에서 고려 초에 확립된 구산선문(九山禪門)으로부터 시작된다고 생각한다. 그러나 선종은 스승과 제자의 상전(相傳), 즉 법맥을 통해서 계승되는 불교다. 그러나 원 간섭기를 거치면서 고려 선종의 전승, 즉 법등은 완전히 단절되고 만다. 이 단절된 법맥과 법등을 원나라의 임제종으로 유학해서 다시금 이어오는 인물이, 바로 나옹과 보우 같은 유학승들이었다. 즉 현대의 조계종은 이들에 의해서 고려 말에 새롭게 재점화된 선종인 셈이다.

1980년대 말 한국선승을 대표하는 지눌이 성철 스님에 의해서 배척된 이유에도 이와 같은 측면이 존재한다. 즉 지눌은 전등의 인가를 받지 않고, 스스로 완성한 선의 종장이었기 때문에 조계종과의 연결점이 확보될 수 없었던 것이다. 특히 사상적으로도 지눌은 남종선(南宗禪)의 정맥인 돈오돈수가 아닌 돈오점수를 주장했다. 이 역시 지눌이 정통적인 조계종 안에 존재할 수 없는 하나의 이유가 된다.

사실 현대 조계종의 열쇠를 쥐고 있는 인물은 나옹이나 보우가 아닌 보각국사 혼수다. 고려 말 다수의 승려들이 원나라로 인가(印可) 유학을 떠났지만, 현재까지 계승되는 법맥은 혼수의 것이 유일하기 때문이다. 즉 '혼수가 과연 누구의 제자냐?' 하는 것이 문제의 관건인 셈이다.

나옹에게는 대표제자로 자초가 있고 보우에게는 찬영이 있다. 이런 상황에서 혼수는 나옹과 보우 모두에게 가르침을 받은 것으로 되어 있다. 즉 여기에는 '나옹과 보우 중 누구를 더 중시할 것이냐?'에 대한 판단문제가 존재하는 것이다. 그런데 조선 중기부터 혼수를 보우와 연결시키는 것이 일반화되기 시작한다. 이로 인하여 현대의 조계종은 보우를 시원으로 하는 가르침이 되고 만다.

그러나 혼수는 1360년 나옹이 오대산 고운암에 주석할 때 가르침[入室]을 받은 인물이다. 또 10년 후인 1370년에는 공민왕이 발의하고 나옹이 주관한 공부선의 유일한 합격자가 된다. 사실 이후 혼수가 명성을 떨치며 국사에 오르게 되는 것은 이 공부선의 영향이 절대적이다. 이런 점에서 혼수는 보우가 아닌 나옹의 주된 사법제자(嗣法弟

子, 스승의 법을 계승하는 제자)였다고 할 수 있다. 만일 이렇게 된다면, 현대의 조계종은 보우가 아닌 나옹을 조정(祖庭)으로 하는 상황이 된다. 즉 나옹에 대한 정확한 이해와 혼수와의 관계 속에는 현대의 조계종을 넘어서, 한국선의 원류에 대한 모색이 내포되어 있는 것이다.

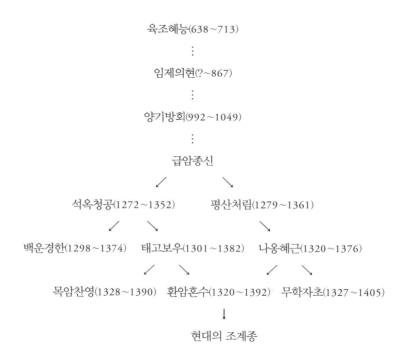

육조혜능(638~713)
⋮
임제의현(?~867)
⋮
양기방회(992~1049)
⋮
급암종신
석옥청공(1272~1352)　평산처림(1279~1361)
백운경한(1298~1374)　태고보우(1301~1382)　나옹혜근(1320~1376)
목암찬영(1328~1390)　환암혼수(1320~1392)　무학자초(1327~1405)
현대의 조계종

나옹, 민중을 품에 안다

사람들은 흔히 출가인은 모두 동등한 환경을 가진다고 생각한다. 그러나 현대에는 이것이 많이 평등화되었지만, 고·중세라는 계급사회에서 출가란 또 다른 방식의 차별이 존재하는 공간일 뿐이었다. 단적인 예로 고려의 전성기를 구가한 제11대 임금 문종의 넷째 아들인 의천은 11세에 출가하여 13세에 현재의 총무원장에 해당하는 우세승통(祐世僧統)이 된다. 요즘으로 치면 초등학교 6학년 때 총무원장이 된 셈이다. 물론 이러한 출신성분을 극복할 수 있는 방법이 전혀 없었던 것은 아니다. 승려들의 과거시험인 승과(僧科)에 합격하는 방법이 있었기 때문이다. 그러나 승과를 통해서 승계(僧階)를 밟아간다는 것은 공무원이 고위공직자에 오르는 것처럼 세월을 많이 요하는 매우 복잡하고 어려운 일이 아닐 수 없다.

이렇다 할 출신배경이 없었던 나옹이 던진 승부수는 유학이었다. 구한말과 일제강점기에 유학을 한 사람들도 귀국해서는 대단한 대우를 받는데, 고려시대의 유학이었으니 더 말할 나위가 있겠는가! 게다가 나옹은 10년에 걸친 장기유학 과정에서, 지공과 평산의 법을 받고 원나라 황실의 존숭까지 받는 상황을 이루어낸다. 이는 나옹의 간절한 구도심과 천품의 자질이 빚어낸 실로 위대한 결과였다. 이로 인하여 보잘 것 없던 석탄은 비로소 다이아몬드로 거듭나게 된다.

그러나 나옹은 자신의 어려웠던 시절을 결코 잊지 않았다. 그렇기 때문에 나옹은 선승임에도 불구하고, 쉬운 가사문학을 통해서 민중을 보듬어 안으며 진리로 교화하고자 꾸준한 노력을 펼쳤다. 이러한 나옹의 애민정신은 그의 열반 후 유례를 찾아볼 수 없는 뜨거운 추모열기가 전국적으로 퍼져나가는 데 한 요인으로 작용한다.

한국불교사에서 민중으로 뛰어든 대표적인 인물은 원효다. 그러나 원효는 아웃사이더 속에 있었던 인물일 뿐이다. 이에 비해서 나옹은 인사이더, 그것도 최고의 위치에서 낮은 곳의 민중에게 다가가고 있다. 동시대의 보우가 권력지향적이었던 승려였던 데 반해, 나옹은 권력을 통해 민중에게 다가서려고 했던 인물이다. 이는 한국선종사, 아니 한국불교사 전체에서 실로 유례를 찾기 어려운 나옹만의 고운 빛깔이라고 하겠다.

나옹은 또 민중들에게는 '청산은 나를 보고'라는 시의 작자로 널리 알려져 있다.

청산은 나를 보고 말없이 살라 하고 　靑山兮要我以無語
창공은 나를 보고 티없이 살라 하네. 　蒼空兮要我以無垢
사랑도 벗어 놓고 미움도 벗어 놓고 　聊無愛而無憎兮
물같이 바람같이 살다가 가라 하네. 　如水如風而終我

청산은 나를 보고 말없이 살라 하고 　靑山兮要我以無語
창공은 나를 보고 티없이 살라 하네. 　蒼空兮要我以無垢
성냄도 벗어 놓고 탐욕도 벗어 놓고 　聊無怒而無惜兮
물같이 바람같이 살다가 가라 하네. 　如水如風而終我

우리가 한 번은 들어보았음직한 시. 그러나 사실 이 시의 정확한 작자는 알려져 있지 않다. 다만 예전부터 나옹의 시라고 구전되고 있을 뿐이다. 이는 민중들의 의식 속에 나옹이 얼마나 친숙하게 다가와 있는 인물인지 알게 해준다. 지눌은 선승으로서는 위대하다. 그러나 그는 수행적이었을 뿐 민중적이지는 않았다. 이런 점에서 한국 선승의 최고는 단연 나옹이라고 일컬을 만하다. 그것은 개인의 깨달음을 넘어서는 대승불교의 마지막 이상이 나옹에게서 확인되기 때문이다.

나옹은 또 한국불교의 승단 안에서도 증명삼화상이라는 신화구조를 통해 오늘날까지 모든 불교의식문(佛敎儀式文) 속에 살아 숨 쉬고 있다. 이 외에도 모든 사찰에서 새벽예불 때 올리는 행선축원(行禪祝願) 역시 나옹의 발원문을 사용한다. 이렇게 놓고 본다면, 나옹은 한국불교에 있어서 지울 수도 지워지지도 않는 인물이라는 것을 알 수 있다. 바로 그렇게 한국불교는 오늘도 나옹과 함께 흘러가고 있는 것이다.

시리즈 논문과 중복의 문제

나는 지금까지 지공과 나옹 관련된 논문들을 참 많이도 쓰고 발표했다. 이는 박사논문 1편을 포함해서 총 19종이나 된다. 여기에 앞으로 반드시 쓰고 싶은 논문으로 지공의 『무생계경』에 대한 분석이 있으니, 아마도 한두 편 정도는 더 추가될 수 있을 것 같다. 이 중 본 연구서에서 재정리된 논문은 굵은 글씨로 표시된 13편이다.

① 「나옹의 선사상 연구」, 고려대학교 철학과 박사학위논문(2014).

② 「지공의 가계(家系)주장에 대한 검토」,『진단학보』제120호(2014).

③ 「지공의 계율의식과 무생계(無生戒)에 대한 고찰」,『한국불교학』제71
호(2014).

④ 「지공의 날란다(Nālandā) 진술에 대한 타당성과 문제점」,『사학연구』
제117호(2015).

⑤ 「지공의 교·선수학(敎·禪修學) 주장에 대한 검토와 문제점」,『동양철
학연구』제82집(2015).

⑥ 「지공의 계율관과 티베트불교와의 충돌양상 고찰」,『온지논총』제44
집(2015).

⑦ 「나옹에게서 살펴지는 '오대산불교'의 영향」,『온지논총』제39집
(2014).

⑧ 「나옹의 부침(浮沈)과 관련된 지공의 영향」,『국학연구』제24집(2014).

⑨ 「회암사 수조명분(修造名分)의 변화와 종교적 해법의 유사구조」,『건
축역사연구』제94호(2014).

⑩ 「나옹의 회암사 오도(悟道)와 내용 모색」,『동양철학연구』제79집
(2014).

⑪ 「나옹의 붓다화에 대한 고찰」,『사학연구』제115호(2014).

⑫ 「공부선의 전개양상과 공부십절목(功夫十節目)」,『온지논총』제41집
(2014).

⑬ 「공부십절목의 선사상 고찰」,『동양철학연구』제80집(2014).

⑭ 「공부선의 방법에서 경한과 나옹간의 관점에 있어서 동·이(同·異) 고
찰」,『국학연구』제25집(2014).

⑮ 「나옹 출가의 문제의식과 그 해법」,『진단학보』제122호(2015).

⑯ 「나옹삼관(懶翁三關)의 선사상 고찰」,『동양철학연구』제81집(2015).

⑰ 「고려 말 공부선의 시행과 의미 고찰」,『원불교사상과 종교문화』제64집(2015).

⑱ 「나옹삼구(懶翁三句)의 선사상 고찰」,『철학논총』제84집(2016).

⑲ 「나옹의 공부십절목에 대한 한암(漢巖)의 답변과 관점」,『한국불교학』제77호(2016).

이렇게 한 주제를 연속적으로 연구하는 것을 시리즈 논문이라고 하는데, 아무래도 동일인물에 대해서 지속적인 작업을 하다보면 중첩되는 부분이 발생하기 마련이다. 특히 학회지 논문은 개별심사로 진행되기 때문에 선행연구나 배경 등의 상황설명이 반복되는 것을 피할 수 없다. 이런 중복되는 부분을 빼버리면 논문심사에 통과하기 어렵기 때문이다. 예컨대 이순신에 대해서 10편의 논문을 쓴다고 가정해보자. 이들 논문의 주제가 모두 다르다고 하더라도 선행연구와 빠질 수 없는 배경설명은 계속 반복될 수밖에 없다. 이 부분이 현대의 연구윤리 기준에 있어서 필연적으로 자기표절이 발생하게 되는 대목이다.

이런 중첩되는 부분의 삭제는 불광출판사 편집부에서 해주었다. 이게 얼마나 머리 아프고 수고스런 일인지는 나 역시 잘 알고 있다. 그러나 글쓴이의 입장에서 자기 글을 잘라내는 것이란, 엄지발가락에 난 털을 뽑는 일만큼이나 간단하면서도 당혹스러운 일이다. 이런 점에서 칼질의 수고로움을 마다하지 않고 마음껏 재단해준 불광출판사에 깊은 사의를 표한다.

또 나 같은 경우는 다소 불필요한 감이 있더라도 각주를 세세하게 다는 편이다. 이렇게 하는 것이 나중에 내가 다시 찾아볼 때와 다른 사람이 공부하는 데 도움이 된다고 판단하기 때문이다. 덕분에 각주가 매우 많게 되는데, 이는 단행본 체계와는 맞지 않는다. 그러므로 여기에서는 절반 이상을 과감하게 덜어냈다. 때문에 더 자세한 부분을 알고 싶은 분들은 원래의 논문을 찾아 들어가 보는 것도 한 방법이지 싶다.

끝으로 이 책은 중앙승가대학교의 단나(檀那)학술지원 사업의 후원으로 발행되는 것이다. 관련된 많은 분들께 감사드리며, 특히 총장이자 조계종 중앙종회의장이신 벽산원행 큰스님과 교학처장이자 제17교구본사 금산사 주지이신 성우 큰스님께 깊은 존경의 예를 올린다. 모쪼록 중앙승가대학교와 한국불교의 발전을 부처님께 기원하며, 이 책이 조계종과 선불교 연구에 작은 초석이나마 되었으면 하는 바람을 가져본다.

－ 김포의 중앙승가대에서 오직 선(禪)만을 직시하며

자현 筆

목차

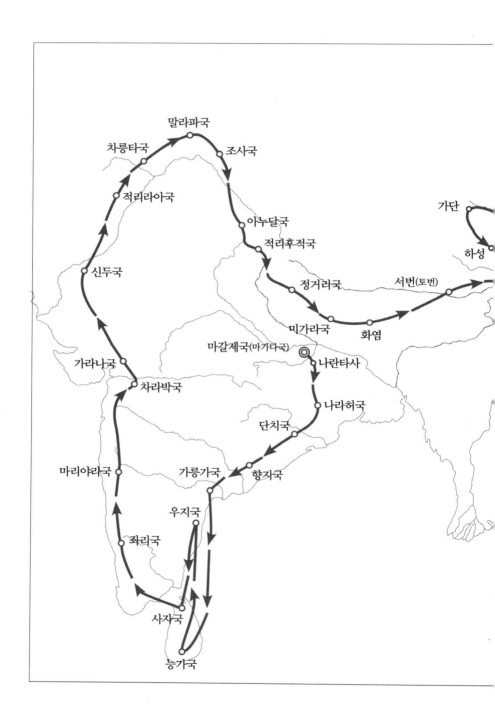

말라파국

차릉타국

조사국

적리라아국

아누달국

적라후적국

신두국

정거러국

서번(토번)

가단

하성

화염

미가라국

마갈제국(마가다국)

가라나국

나란타사

차라박국

나라허국

단치국

마리야라국

가릉가국

향지국

우지국

좌리국

사자국

능가국

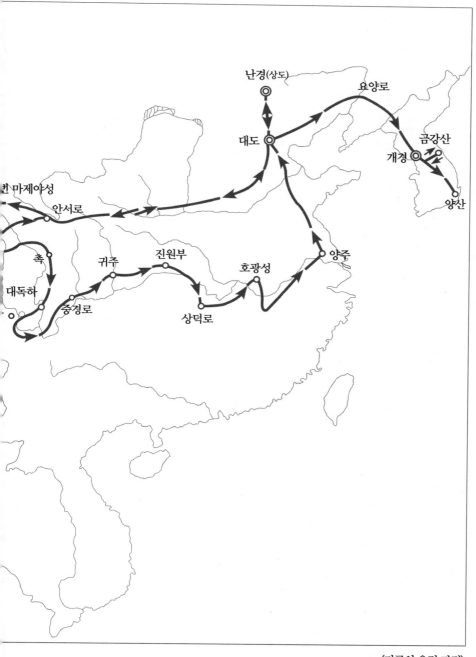

난경(상도)

요양로

대도

금강산

개경

마제아성

안서로

양산

촉

귀주

진원부

호광성

양주

대독하

중경로

상덕로

〈지공의 유력 과정〉

지공은 '원나라 진종(晋宗)의 명령을 수행한다는 공적인 위치'와 '붓다와 달마의 혈족이라는 혈통적인 신성성'에 힘입어 고려에서 일거에 주목받게 된다. 지공은 스스로 자신의 가계가 부계로는 붓다와 통하고, 모계로는 달마를 잇고 있다고 주장한다. 그러나 그의 주장은 오늘날의 불교적인 관점이나 지리와 역사적인 지식에 입각해 봤을 때 사실일 개연성이 낮다.

지공은 계율을 강조하는 당대를 대표하는 최고 승려이며, 이후 나옹혜근·백운경한·무학자초·축원지천 등을 통해서 고려불교에 막대한 영향력을 미치는 인물이다. 이런 점을 고려한다면, 지공이 자신의 가계를 날조한 것이라고만은 판단되지 않는다. 그러므로 지공의 가계 문제는 분명 작은 사실을 확대한 것과 같은 왜곡이 존재하며, 그 왜곡에는 의도성이 존재한다고 판단된다.

1

지공指空의
가계家系 주장에 대한 검토

–

고려에서
지공의
성공 요인을
중심으로

I

서론

지공선현(指空禪賢)은 나옹혜근(懶翁惠勤)·무학자초(無學自超)와 함께 여말선초 조계종의 최대 법맥을 구성하면서, 오늘날까지도 증명삼화상(證明三和尙)이라는 측면으로 〈불교의식문(佛敎儀式文)〉 등에 뚜렷한 족적을 남기고 있다.[01] 또 허흥식(許興植) 등의 주장에서처럼 나옹의 법계(法系)가 환암혼수(幻庵混修)를 통해서 전해지는 것이라면,[02] 지공은 오늘날의 한국불교와 조계종에 있어서 보조지눌(普照知訥)처럼 중천조(中闡祖)와 같은 중요한 인물이 된다.

지공이 이렇게 중요한 인물임에도 불구하고, 지공 개인에 관해서는 자신의 진술에 입각한 기록 이외에는 객관적인 자료가 부족하다는 치명적인 문제가 있다.[03] 실제로 지공과 관련해서는 인도불교의 잔존 문제나 스리랑카의 선불교 문제 등 오늘날 우리가 확보하고 있는 불교사적인 지식과 충돌하는 양상이 존재한다. 이와 같은 충돌을 어떻게 이해하고 정리해야 할 것인가 하는 문제는, 지공이 차지하는 무게 비중으로 인하여 중세에서 근세로 넘어가는 한국불교를 이해하는 데 있어서 적지 않은 과제가 된다.

지공과 관련한 선행연구로 대표적인 학자는 단연 허흥식이다. 허흥식은 13종의 지공 관련 연구들을 통해서[04] 지공 연구의 기틀을 확립했다. 이로 인하여 허흥식 이후의 연구자들은[05] 큰 범주에서 허흥식의 틀을 벗어나지 못하고 있다. 이 외에 주목되는 것으로는 증명 삼화상에 대한 연구논문집으로 총 3권이 발행된 『삼대화상 연구 논문집』이다. 여기에는 총 16편의 지공 관련 논문들이 수록되어 있다.[06] 특히 『삼대화상 연구 논문집 Ⅱ-지공·나옹·무학화상』의 「한·중 지공 연구 학술토론회 발표논문 엄선」에는 지공과 관련된 중국의 중요한 연구들을 소개하고 있어 주목된다.

그러나 『삼대화상 연구 논문집』의 우리나라 논문들 역시, 문화재나 미술사적인 관점의 연구 이외에는 허흥식의 연구 틀을 벗어난 경우는 없다. 즉 지공과 관련해서 허흥식의 연구는 지배적이라고 해도 과언이 아니다. 이것이 가능한 이유는 지공과 관련된 자료가 많지 않고, 이와 관련해서 허흥식이 왕성한 연구를 통해 비교적 짧은 기간 안에 가능한 거의 모든 연구를 진행했기 때문이다.

그러나 역사학자인 허흥식의 연구 태도에는 심각한 결함이 존재한다. 이는 반박 자료가 존재하지 않는 상태에서, 존재하는 자료에 대한 신뢰 의존도가 매우 강하다는 것이다. 역사학이란 과거에 실제 있었던 사실에 대한 학문이 아닌, 현재까지 남은 자료에 입각한 과거의 재구성일 뿐이다. 이런 점에서 역사학자인 허흥식의 학문적인 태도에는 문제가 없다. 그러나 불교학적인 관점에서는 문제가 될 수 있다. 특히 지공의 주장이 지금까지 우리가 알고 있는 불교학적인 연구 결과와 다르고, 또 지공과 관련된 내용들이 지공의 자술에만 전적으로 의존하고 있어 객관성을 담보하지 못한다는 점에서 더욱 그렇다. 그러므로 우리는 지공에 대해서, 불교학적으로는 허홍식의 관점과는 다른 입각점의 검토를 요청받지 않을 수 없다.

본고는 이 중 먼저 지공의 가계에 대해서 검토해 보고자 한다. 지공은 부계로는 붓다의 숙부인 곡반계(斛飯系) 석가족의 마가다국 왕손이다. 그리고 모계로는 달마의 고국으로 알려져 있는 향지국(香至國) 공주를 어머니로 두고 있다. 즉 붓다와 달마의 혈족이라는 관계를 통해, 동아시아불교 안에서 최고의 혈연적인 신성성이 지공에게 존재하고 있는 것이다. 이와 같은 혈통의 신성성은 지공이 고려에서 '붓다의 후신[釋尊復出]'이나 '달마와 비견'되는 가장 중요한 배경으로 작용한다. 즉 지공의 고려에서의 성공 요인에는 혈통의 신성성이라는 측면이 존재하는 것이다.

그런데 문제는 이러한 내용이 모두 지공의 일방적인 주장일 뿐이라는 점이다. 그렇기 때문에 우리는 지공이 주장한 것을 기록하고 있는 1차 자료와 그 관련 자료들에 대해서 검토해 보아야만 하며, 이것을 불교사적인 관점에서 재검토해 보아야만 할 필연성에 직면하게 된다. 이와 같은 연구 검토를 위해, 본고에서는 먼저 지공의 고려에서의 성공 요인에 대해서 검토해 본다. 그리고 이를 바탕으로, 지공 주장의 타당성과 문제점에 대해서 고찰해 보고자 한다.

지공과 같은 당대를 대표하는 종교인이 전혀 없는 사실을 악의적으로 날조했다고는 생각되지 않는다. 그러나 여기에는 오늘날의 지식체계 속에서 쉽게 판단할 수 없는 혼란이 존재하는 것 역시 사실이다. 그러므로 본고는 이와 같은 문제들 중, 가계와 관련된 측면을 보다 타당한 관점 검토를 통해 보다 사실적인 접근에 근접해 보고자 한다.

Ⅱ

지공에 대한 고려인의 판단

1. 고려와의 인연과 지공의 대두

지공은 1300년 동인도의 마갈제국(摩竭提國)에서 태어나 남인도와 스리랑카[楞伽國과 師子國]를 유력(遊歷)하고, 티베트를 거쳐 원나라의 촉(蜀)과 운남(雲南)으로 들어와 원(元)의 대도(大都) 및 고려에까지 오게 된다.[07] 지공이 고려에 오게 되는 이유는 원 진종[晉宗(泰定帝)]의 어향사(御香使, 황제와 황실 및 국가를 위하여 불보살님께 향공양을 올리기 위해 파견되는 특별사신)로서 금강산의 법기도량(法起道場)을 참배하기 위해서였다.[08]

지공의 이와 같은 방대한 유력이 가능했던 이유는 당시가 인도불교의 말기인 혼란기로 탈출구 모색의 필연성이 존재했기 때문이다. 그리고 몽고의 세계지배로 인하여, 거대한 단일제국이 수립되면서 움직임이 용이했다는 점을 들 수 있다. 또 원의 세계관 확대에 의해서 동북방인 고려에 법기도량의 성지이자 성산인 금강산이 개착되었기 때문이다.

지공이 고려에 머문 기간은 1326년 3월부터 1328년 9월까지 총 2년 7개월이다. 2년 7개월이라는 기간은 외국승려가 고려에 머문 기간치고는 결코 짧은 세월이 아니다. 그런데 이 기간에 지공이 고려에서 받은 대우는 '붓다의 후신[釋尊復出]'과[09] '달마와의 비견'이라는 최상의 것이었다. 지공이 고려의 언어나 문자에 익숙하지 않았을 것이라는 점을 감안한다면, 이는 매우 특기할 만하다.

당시 고려불교는 원의 지배로 인하여 강남한족(江南漢族)과 고려인의 신분적인 역전 현상으로 인해,[10] 강남의 선종에 대한 존중도가 전 시대만은 못했다. 이는 당(唐)·송(宋) 시대의 승려들이 수학을 목적으로 장기 유학을 떠난 것에 비해, 이때는 고려에서 깨달음을 얻은 후 오후인가(悟後印可)만을 목적으로 단기 유학이 이뤄진 것을 통해 이해될 수 있다. 즉 수학과 인가가 모두 요청되던 상황에서 인가만을 목적으로 하는 방식으로 전환된 것이다. 이는 고려인과 강남인의 신분 역전 현상과 몽산(蒙山)이 오후인가를 강조한 영향에 따른 것으로 판단된다.

또 원의 후원을 입고 있는 티베트불교는 문화적인 이질감에 의해서 주류로 수용되기에 어려움이 있었다. 이때 불교의 본고장인 인도에서 도래한 지공은 고려불교에 새로운 대안으로 인식될 개연성을 확보하기에 충분했다. 특히 지공은 원 황제의 어향사라는 권위를 가지고 있었고, 또 계율에 있어서도 엄격한 청정성을 견지하고 있었다. 이는 티베트불교의 영향으로 계율정신에 손상을 입은 고려불교의[11] 인식을 환기시키기에 충분한 면이 있었다.

그러나 그렇다고 하더라도, 지공을 곧장 붓다나 달마에 비견한다는 것은 쉽게 이해하기 어렵다. 그러므로 우리는 이것이 지공의 혈통에 대한 신성한 종교인식이 작용한 결과라고 파악해 볼 수 있다. 즉 혈통에 대한 신성성이 없었다면, 언어와 문자도 잘 통하지 않는 외국승려가 고려에 와서 일거에 이와 같은 대우를 받을 수는 없었을 것이다.

2. 지공의 권위와 혈통의 신성성

지공을 "석존부출(釋尊復出, 붓다가 다시 출현했다)"이라고 기록한 것은 민지(閔漬)의 「지요서(旨要序)」다. 내용은 지공이 고려로 오자, 개경의 사녀(士女)들이 "석존이 다시 출세하여 먼 곳에서 이곳에 도착하셨으니, 어찌 가서 친견하지 않겠는가?"라고 하면서 개경의 감로사(甘露寺) 앞 도로가 저자거리처럼 가득하기가, 금강산으로 떠나는 2주간이나 계속되었다는 것이다.[12] 그런데 이 사건이 발생한 시점을 보면, 태정제 3년(1326) 3월로, 이때는 지공이 어향사의 임무를 띠고 고려로 온 직후다. 즉 지공에 의한 계(戒)나 선(禪)의 교화와 같은, 인물적인 측면이 드러날 시간적인 조건이 존재하지 않는다. 이는 혈통적인 신성성에 의한 판단이 작용했을 개연성을 환기시킨다.

지공과 관련된 기록에서 붓다와 비견되는 곳은 민지의 「지요서」

지공 선사 진영(1782, 대곡사 소장)
사진 | 양주회암사지박물관 제공

뿐이다. 그러나 달마와 비견되는 기록은 자못 여러 곳에서 살펴진다. 먼저 지인(至仁)은 「지공화상게서(指空和尙偈序)」에서 지공의 용모가 달마와 비슷하다고 적고 있다.[13] 여기에서 달마의 용모란, 당시 유행하던 남종문인화(南宗文人畵) 계통의 〈달마도(達磨圖)〉 형상을 의미하는 것으로 판단된다. 실제로 우리나라의 17C 진영(眞影) 중에는 지공을 달마와 유사한 형상으로 묘사한 작품도 있어 주목된다. 즉 지공과 달마 사이에는 당시 동아시아의 불교 인식에 입각한 공통점이 존재하고 있었던 것이다. 그래서인지 이제현(李齊賢)의 「중수건동선사기(重修乾洞禪寺記)」에는, 당시 고려 사람들이 스스럼없이 지공을 달마에 비견하는 대목이 살펴진다.[14] 그런데 더 흥미로운 것은, 같은 이제현의 「송대선사호공지정혜사시서(送大禪師瑚公之定慧社詩序)」에는 지공 스스로가 자신을 달마에 비견하는 모습이 확인된다는 점이다.[15] 이는 지공을 달마로 보는 인식의 일부는 지공 스스로에게서 초래한 것이라는 의미가 된다.

또 원나라 학자로 고려와의 관계가 돈독해 고려와 관련된 많은 글을 남기고 있는 위소(危素)는, 「무생계경서(無生戒經序)」에서 『능가경(楞伽經)』과 달마의 서래(西來)를 지공과 대비시키는 모습을 보이고 있다.[16] 이 외에도 위소는, 심지어 『무생계경』을 『능가경』에 비견하는 모습까지 보인다.[17] 주지하다시피 4권 『능가경』은 달마에 의해서 전법(傳法)의 상징으로 전해지던 경전이다. 그래서 초기선종을 능가종(楞伽宗)이라고 하며, 또 이의 전승이 돈황문헌인 『능가사자기(楞伽師資記)』로 남아 있는 것이다. 이런 점을 고려한다면 우리는 지공에 대한 인식이 달마와 의도적으로 비견되며, 이와 같은 관점의 수립에는 지공의 의도도 작용하고 있다는 것을 알 수 있다.

지공은 고려에서 다수의 추종 세력을 단기간에 확보하는 모습을 보인다. 이는 이제현의 「중수건동선사기」에, 지공의 움직임에 천 수백 명이 함께 따랐다는 기록을 통해서 확인해 볼 수 있다.[18] 단기간에 다수의 추종 세력 확보가 가능한 것은, 지공이 무생계(無生戒)라는 수계작법(受戒作法)을 바탕으로 해서 선을 설했기 때문으로 이해된다. 실제로 「지요서」에는 지공이 무생계를 설하여, 국왕의 종실과 인척 및 공경대부(公卿大夫)와 사서인(士庶人) 등을 포함하여 신분과 성별을 구분하지 않고 하루에 수만[千万] 명에게 계를 주었다는 기록이 있다.[19] 또 『통도사지(通度寺誌)』에는 지공이 "하루는 선을 설하고 하루는 계를 설했다"는 내용도 있다.[20]

수계작법에 입각한 교화는 언어나 문자에 능하지 않아도 되며, 일시에 다수를 상대로 교화할 수 있는 특징이 있다. 이와 같은 양상은 지공의 불교가 고려에서 단시간에 폭넓은 외연을 확보하게 되는 중요한 요인으로 작용한 것으로 판단된다.

수계교화는 계를 주는 사람의 무너지지 않는 계체(戒體), 즉 엄격한 청정성에 기초한다. 그러나 이것만 가지고 하루에 수만 명에게 계를 줄 정도로 고려인이 운집했다는 것은 이해하기 어렵다. 그러므로 우리는 지공의 계율적인 권위가 그의 혈통적인 신성성에 크게 의존하였을 개연성을 상정해 보게 된다. 언어와 문자에 능통하지 못한 상황에서의 대대적인 수계교화가 가능한 것을, 혈통적인 신성성이 작용한 결과로 판단하는 것은 논리적으로 매끄럽고 자연스럽다. 또이는 지공이 고려에 도착하자마자, "석존부출"이라는 말을 들었다는 것과도 전후 맥락이 일치된다. 즉 지공의 고려에서의 존중구조에는 혈통의 신성성이 크게 작용하고 있는 것이다.

지공의 나이에 관해서는 300세 이상설까지 총 5가지가 살펴진다. 허흥식은 이와 같은 여러 가지 주장들을 토대로, 지공의 생존연대를 1300~1361년으로 확정하고 있다.[21] 이에 따른다면, 지공이 고려에 도착하는 것은 1326년 3월이므로, 그때 지공의 나이는 만 26세에 불과하게 된다. 주지하다시피 동아시아의 유교 전통에는 나이에 입각한 서열과 차등 구조가 존재한다. 그럼에도 젊은 지공이 이를 극복할 수 있었던 것은, 불교라는 종교적인 신성함이 나이의 가치를 초월하는 거대함으로 작용했기 때문으로 이해된다.

실제로 당시 최대의 문신 중 한 명인 민지는 79세의 초고령이었지만, 만 26세의 젊은 지공에게 교화되어 1326년 8월 「지요서」를 남기고 있다. 민지는 「지요서」의 말미에 자신이 늙어서 병이 있고 눈이 침침하지만, 지공의 문도에 들어갔기 때문에 종실(宗室)인 창원군(昌原君)의 요청을 거절할 수 없다고 밝히고 있다.[22] 민지는 실제로 이로부터 채 4개월이 지나지 않은 12월 1일에 사망한다. 당대 최고의 문신이자 노대가(老大家)를 승복시킬 수 있는 신성함을 젊은 지공이 가지고 있는 것이다. 이를 필자는 지공의 혈통적인 신성함이라고 판단한다. 이와 같은 신성함이 아니라면, 79세의 노대가를 젊은 외국인 승려가 일거에 문도화시킬 수 있는 강력한 권위는 존재하지 않기 때문이다.

Ⅲ

지공의 가계 주장 검토

1 . 가계와 중국문화권적인 측면

지공이 주장하고 있는 것들은, 오늘날의 우리가 축적하고 있는 불교사적인 관점에서 볼 때 많은 문제들을 내포하고 있다. 이 중 가장 심각한 것이 바로 지공의 가계와 관련된 부분이다.

지공의 가계와 관련해서 가장 중요한 자료는 1378년(우왕 4) 이색에 의해서 찬술된 〈양주회암사지공선사부도비(楊州檜巖寺指空禪師浮屠碑)〉이며, 이를 보충할 수 있는 자료로는 「지요서」가 있다. 현재의 〈지공비〉는 유생 이응준(李膺峻)에 의해서 파괴된 것을, 1828년(순조 28)에 재건립한 것이다. 그러나 같은 〈지공비문〉이 『목은문고(牧隱文藁)』 권14의 「비명(碑銘)」과 『동문선(東文選)』 권119의 「비명(碑銘)」, 그리고 『대정장(大正藏)』 권51의 『유방기초(遊方記抄)』 전1권에도 수록되어 있어 내용상의 오류 개연성은 존재하지 않는다.

지공은 1361년(공민왕 10) 11월 29일에 원나라의 수도인 대도의 천수사(天壽寺) 귀화방장(歸化方丈)에서 열반했다.[23] 그리고 10년 후인 1371년 1월 1일 지공의 영골(靈骨)이 고려의 양주 회암사에 전해진다.[24] 이듬해인 1372년 9월 26일에는 계승자인 나옹의 주도하에 회암사 북봉(北峰)에 부도가 건립된다.[25] 그러나 〈지공비문〉은 이보다 한참 늦은 1378년(우왕 4) 5월에야 비로소 완성된다.

〈지공비문〉은 우왕의 명에 의해서 이색이 찬한 것이다. 그러나 당시는 공민왕의 홍서로 정국이 혼란하고, 이색 역시 건강이 좋지 않았던 때이다. 그러므로 이색은 비명과 관련해서 전반적인 새로운 찬술을 했다기보다, 지공의 유력과 관련해서 당시 고려에 유전하던 「지공행장(指空行狀)」의 일부를 그대로 옮겨 적은 것으로 판단된다.[26] 그리고는 그 앞 부분에 고려와의 인연을 기록하고, 말미에는 대도에서의 말년과 화장 및 영골의 고려 이운 등을 추가했다.

이색의 〈지공비문〉 찬술 방식은 다소 무책임한 것이었다. 그러나 이와 같은 찬술 방식에 의해서, 오히려 지공의 인도 행적과 유력 과정이 매우 소상하게 기록되어 우리에게 지공에 대한 이해를 높여주고 있다. 이는 모종의 고려에 유전하던 지공의 「행장」이 지공의 구술을 바탕으로 해서 제작되었기 때문이다. 즉 지공에 대한 지공의 구술기록이 거의 그대로 〈지공비문〉에 새겨지게 된 것이다. 그러므로 이 〈지공비문〉은 지공의 가계를 비롯해 사법(嗣法) 및 유력한 행적에 대해 소상하게 알 수 있는 가장 중요한 자료가 된다.

〈지공비문〉이 말하고 있는 지공의 가계는, 사자협[師子頰(혹 師子脇, Siṁha-pārśva)] 왕 슬하의 4남(男)인 ①정반(淨飯)·②백반(白飯)·

지공의 부계와 모계

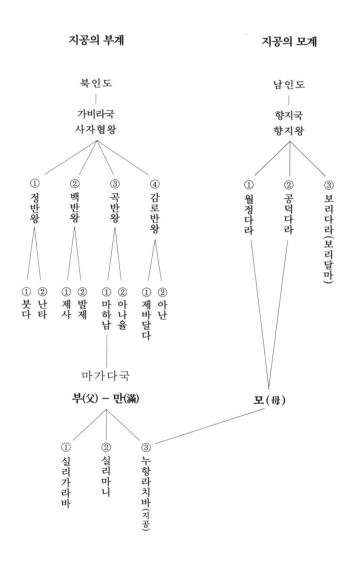

지공의 부계

북인도
|
가비라국
사자협왕

① 정반왕 　② 백반왕 　③ 곡반왕 　④ 감로반왕

① 붓다 　② 난타 　① 제사 　② 발제 　① 마하남 　② 아나율 　① 제바달다 　② 아난

마가다국

부(父) – 만(滿)

① 실리가라바 　② 실리마니 　③ 누항라치바(지공)

지공의 모계

남인도
|
향지국
향지왕

① 월정다라 　② 공덕다라 　③ 보리다라(보리달마)

모(母)

41

③곡반(斛飯)·④감로반(甘露飯) 중 셋째인 곡반(Droṇodana)계 후손으로, 부친은 마가다국 왕 만[滿(Pūrṇa)]이다. 만은 보리달마가 왕자로 출가하는 향지국[香至國(Kañci-pura)]의 공주를 부인으로 맞아서 슬하에 3남을 소생하게 된다.[27] 이들이 바로 ①실리가라바[悉利迦羅婆(Śri-karava)]·②실리마니[悉利摩尼(Śrī-maṇi)]·③누항라치바[耬恒囉哆婆(Rutârthavat)]이다. 이 중 셋째인 누항라치바가 곧 지공이다.

지공이라는 이름은 능가국[楞伽國(Laṅkā)]의 선승 보명[普明(Samanta-Prabhāsa)]에게서 깨달음을 받고서 얻은 일종의 법호(法號)로, 인도말로는 소나적사야[蘇那的沙野(Śūnyâdiśya)]가 된다. 이를 한문으로 해석한 것이 바로 지공이다.[28] 또 지공과 같은 경우는 8세에 나란타사(那闌陁寺)로 출가하게 되는데, 이때 제납박타(提納薄陁)라는 법명(法名)을 받게 된다. 이 제납박타에 대한 한문해석이 바로 선현[禪賢(Dbyāna-bhadra)]이다.[29] 즉 지공의 속명은 누항라치바이며, 출가 후 법명은 제납박타(선현)이고, 법호가 바로 소나적사야 곧 지공인 것이다.

지공의 부계가 붓다의 삼촌이며 모계가 달마의 혈족이라는 것은, 선종 중심의 동아시아불교에 있어서 지공이 최고의 혈통이라는 것을 의미한다. 또 당시가 중세라는 시대상 혈통적인 위계와 신분이 존재했다는 점을 고려한다면, 지공은 최고로 존숭받는 성스러운 혈통을 확보하고 있는 것이 된다.

그리고 이는 또한 지공이 인도불교의 정통과 선불교라는 양자의 영향 속에 존재할 수 있는 태생적인 존재임을 의미하는 것이기도 하다. 특히 달마가 향지국 국왕의 셋째 아들이었다는 전승이 있다는

양주 회암사 지공선사부도비(경기문화재자료 제135호)
지공 선사의 행적을 기록한 부도비. 1378년(고려 우왕 4)에 이색이 찬하고 한수가 글씨를 써서 건립
하였다. 현재 남아있는 부도비는 유생 이응준(李膺峻)이 고의로 파괴한 것을 국가의 주도하에 1828년
(순조 28)에 재건립된 것이다.
사진 | 양주회암사지박물관 제공

점을 고려한다면, 지공의 셋째라는 태생은 이와 같은 양자 중 선불교와 더 밀접한 연관관계를 내포하고 있다. 실제로 지공은 8세에 나란타사의 율현[律賢(Vinaya-bhadra)]에게 출가하지만, 결국 율현의 교학적인 가르침에 만족하지 못하고 능가국의 보명에게 가서 선불교의 가르침을 통해 깨달음을 얻는다.[30] 이는 교(敎)를 넘어선 선(禪)이라는 의미를 나타내는 것이다.

특히 부왕의 병을 대속하기 위해 지공이 자발적으로 출가하는 모습은,[31] 달마가 반야다라와의 만남을 통해서 출가하는 것보다 더 극적이며 뛰어나다.[32] 왜냐하면 지공과 같은 경우는 부왕의 치료를 위해서 출가하고, 지공이 출가하자 부왕의 병이 나았다고 기록되어 있기 때문이다.[33] 이를 통해서 우리는 지공의 출가에는 동아시아 유교 전통에서 가장 중요한 덕목 중 한 가지인 '효(孝)'까지도 겸비되어 있다는 것을 알 수 있다.

중국의 불교비판에서 가장 오래되고 반복적으로 등장하는 것이 유교문화의 관점에 입각한 '출가는 인륜을 등진다'는 것이며, 그 핵심에는 효 문제가 있다. 실제로 이와 같은 문제의식이 반영되어, 후대의 달마 출가기록에는 부왕이 훙거하고서 출가했다는 기록까지 존재할 정도다.[34] 이런 점에서 본다면, 지공이 8세라는 어린 나이에 부왕을 구하기 위해 출가를 결심했다는 것은 순(舜) 임금에 비견될 수 있는 대효(大孝)라고 해도 과언이 아니다. 즉 지공과 같은 경우는 달마에 비해서 보다 더 중국문화권에 최적화되어 있는 셈이다.

2. 가계 주장의 타당성과 문제점

지공 가계는 그의 주장 중 오늘날의 불교사적인 관점에서 볼 때 신뢰하기 가장 어려운 부분이다. 지공 당시에는 이 부분이 지공의 불교에 대한 권위를 파생하는 핵심이었다. 그러나 오늘날에는 오히려 지공의 주장을 의심하게 만드는 최대의 걸림돌이 되고 있다.

석가족과 같은 경우는 공화제국가로 국왕, 즉 라자(Rāja)는 종신제가 아니었다. 이는 붓다가 가비라로 귀향했을 때, 부친인 정반왕이 생존해 있었음에도 불구하고 당시 라자가 발제(跋提)였다는 것을 통해서 분명해진다.[35] 특히 발제와 같은 경우는 라자의 위치에 있으면서, 사촌이자 동갑이었던 아나율(阿那律)의 권유에 의해 석가귀족들이 출가할 때 함께 출가하는 모습을 보인다. 이와 관련해서는, 우파리(優波離)의 출가와 관련된 좌차순서(座次順序)와 석가 귀족의 교만심을 끊는 대목으로 유명한 『사분율(四分律)』 권4 등의 기록을 통해서 확인된다. 즉 후대의 불전들이 전하는 정반왕·백반왕·곡반왕·감로반왕에서와 같이, 사자협왕의 영토가 4등분되어 각기 평생 왕을 한 것도, 또 왕(라자)으로 불린 것도 아니라는 말이다. 이와 같은 내용은 단지 후대의 불전이라는 종교문헌에서, 석가족의 성세를 강조하는 과정에서 파생한 과장일 뿐이다.

사자협왕의 가계인 4남(男) 8자(子)의 순서는, 경전에 따라서 다르게 나타나는 문제가 존재한다. 그러나 이는 필자가 「4남 8자'의 순서에 관한 고찰」을 통해서 관련 전적 모두를 정리한 바 있다. 이를 바탕으로 이들의 출가관계와 라자를 역임한 부분을 첨가해서, 간략하게 표를 만들어 제시하면 다음과 같다.

조부	4남	8자	출가 유무	라자 역임
사자협	정반	실달다	붓다	
		난타	붓다에 의한 반강제 출가	
	백반	제사(석가왕)		라자를 역임한 것으로 판단됨
		발제 (바제리가·석소왕)	아나율의 권유로 출가	라자인 상태에서 출가
	곡반	마하남		석가족의 멸망 시까지 라자 역임
		아나율	자발적인 출가	
	감로반	제바달다	자발적인 출가	
		아난	자발적인 출가	

이렇게 놓고 본다면, 지공이 석가족의 왕계라고 할 때 그의 가계는 곡반왕의 마하남(摩訶男)계뿐이라고 할 수 있다. 마하남 같은 경우는 만년에 코살라국 비유리왕(毘琉璃王)의 침공으로 석가족이 멸망하는 상황에서, 석가족의 생명을 구하기 위해 연못 속에 머리를 묶고 스스로 목숨을 끊은 인물이다. 이때 석가족의 주된 거주지가 옮겨지게 되는데, 이렇게 해서 인도의 가비라인 피프라하와가 형성된다.

마하남이 자살을 선택했지만 이때는 그의 만년이었으며, 비유리왕의 어머니가 마하남의 서녀였다는 점을 고려한다면 다른 후사가 있었을 가능성은 충분하다. 또 마하남이 석가족을 살리기 위해서 스스로 자살을 선택했다는 점에서, 석가족이 서쪽으로 도읍을 이동한 후에도 마하남의 가계가 계속 라자를 역임했을 개연성도 존재한다. 그러므로 지공이 곡반의 후손이라는 주장은 불가능한 것이 아닌 가능성이 있는 주장이다.

그러나 여기에는 지역적으로 피프라하와와 마가다가 너무 멀리 떨어져 있어서, 이들이 혈통을 보존한 상태로 옮겨가서 나라를 건국했을 개연성이 매우 낮다는 문제점이 존재한다. 즉 지공의 주장은 전혀 불가능한 것은 아니지만, 그렇다고 가능한 면도 희박하다는 말이다.

다만 지공의 주장이 사실이라는 전제하에 우리는 현실 가능한 추론을 해볼 수는 있다. 지공과 같은 경우는 눈은 파란색[目碧]이면서 피부가 검었던 것으로 나타난다.[36] 이는 지공이 순수 아리안족이 아닌, 인도 원주민인 드라비나족이나 문다족과의 혼혈이었을 개연성을 상정케 한다. 즉 지공만이 어머니가 달랐던 것이 아니라면, 지공의 왕가는 신분적으로 낮았던 비아리안계였을 가능성도 있다는 말이다. 이와 같은 문제를 극복하기 위해서 신분제로부터 자유로운 불교적인 신성성을 끌어들였을 가능성이 존재한다. 즉 왕가의 당위성을 확립하는 과정에서 붓다의 친족이라는 부분이 들어온 것일 수도 있다는 말이다.

실제로 아소카왕과 같은 경우에도 순수 아리안이 아니었기 때문에 불교를 강하게 후원하는 것으로 이해될 여지가 존재한다. 또 불교가 강력했던 중앙아시아의 호탄[于闐]지역에서는, 민족의 시원을 아소카왕의 아들인 구랑나(拘浪拏)라는 불교적인 신성성과 결부시키는 모습도 확인된다.[37] 즉 불교적인 영향이 존재하는 지역에서, 국왕의 권위와 관련해 불교적인 신성의 관점이 차용되고 있다는 말이다. 물론 이런 경우 석가족과의 직접적인 혈연의 연관성은 당연히 존재하지 않게 된다.

현재 당시의 인도사와 관련된 측면이 전혀 존재하지 않기 때문에, 지공의 부계와 관련된 부분은 명확한 판단이 불가능하다. 실제로 지공이 주장하는 마가다국이라는 국호 역시 당시에 존재했던 흔적을 전혀 찾을 수 없다. 다만 고대의 마가다가 갖는 권위와 명성이 후대까지도 잔존했다고 판단한다면, 군소국가 중에 이 명칭을 차용한 토호국이 존재했을 개연성까지도 완전히 부정할 수는 없다. 즉 '고구려와 고려', '고조선과 조선'과 같이 직접적인 연결은 없지만 모종의 연관관계를 우리는 생각해 볼 수가 있는 것이다.

이상의 지공 부계와 관련된 문제를 타당성의 관점에서 정리하면, 마가다라는 고대의 마가다국과는 큰 관련이 없는 군소국가가 당시에 존재했고, 왕족의 혈통과 관련해서 불교배경 속에서 불교적인 신성성을 확보하고 있었을 가능성 정도를 추정해 볼 수 있다. 이 정도가 지공이 허위주장을 하는 것이 아니라고 가정할 때, 부계 주장과 관련된 나름의 변증이 가능한 면이라고 하겠다.

그러나 모계 쪽과 관련해서는 타당한 이해가 사실상 거의 불가능하다. 지공이 진술하고 있는 상황을 토대로 볼 때, 일단 본국인 마가다국과 외가인 향지국의 거리가 너무 멀리 떨어져 있다. 이는 '두 왕국 사이에 혼인관계가 이루어질 수 있느냐?'의 문제를 파생한다. 국가 간의 혼인이란, 인접국가나 서로 관련이 있는 국가 간에 이루어지는 일종의 정략적인 연합관계를 의미한다. 그런데 이 경우는 이와 같은 관계를 파악해 보기 어려운 거리다.

또 지공의 향지국 진술에는 달마를 의식하는 부분이 분명하게 존재한다. 왜냐하면 향지국은 달마가 아니라면 굳이 강조될 필요가 없기 때문이다. 그러나 중국 선종 문헌에서 '향지(香至)'는 달마의 국가명으로 되어 있는 경우도 있으나, 대다수는 달마의 부왕명으로 나타난다.[38] 즉 달마와 관련되어 있는 향지라는 명칭이 국가명인지도 불분명하다. 그런데 지공은 향지가 국가명이며, 당시까지 국호가 계승되고 있다고 말하고 있는 것이다. 만일 지공의 말이 사실이라면, 이는 최소한 달마와 관계된 향지의 명칭 문제를 풀 수 있는 중요한 대목이 된다.

그러나 여기에는 또 다른 문제가 있다. 그것은 인도라는 대륙국가의 왕조 변화가 빠른 특성상, 향지국이라는 하나의 국가 또는 국호가 800년을 존속한다는 것이 가능한가 하는 점이다. 왜냐하면 마가다국과 같은 경우는 고대국가 마가다가 가지는 강력한 상징성이 있기 때문에, 후대의 토호국에 의해서 차용될 개연성이 존재한다. 그러나 향지국과 같은 경우는 이와 같은 측면이 전혀 존재하지 않는다. 물론 여기에서 '달마 때문'이라고 말할 수도 있지만, 달마는 중국으로 건너와서 알려진 인물이므로 이것이 인도에 영향을 미쳤다고는 볼 수 없다. 그러므로 달마의 유명세를 통해 후대에 향지국이라는 동일 국호의 국가가 재차 등장할 확률은 존재하지 않는다. 또 설령 후대에 동일한 국호가 다시 채택되었다고 하더라도, 이런 경우는 앞의 마가다에서와 같이 혈연적인 연결성은 당연히 존재할 수 없다.

또 중국에서 달마에 대한 내용이 나타나는 것이 6C 전반이라는 점을 고려한다면, 지공과는 무려 800년이나 차이가 존재한다. 실제로 지공 역시 이 부분을 의식했기 때문에 『선요록』의 전등설(傳燈說)에서, 달마를 24조로 두는 반면 자신은 108대로 놓고 있다.[39] 즉 84대의 차이를 두고 있는 것이다. 물론 이 역시도 붓다에서 달마까지의 1,000년이 24대인 데 반하여, 달마에서 지공까지의 800년간에 84대를 두는 불균형 역시 납득하기 쉽지 않다.

지공이 달마를 강하게 의식하는 것은 지공의 사법(嗣法) 전승과 관련하여 달마가 언급되는 것을 통해서도 인지된다.[40] 더구나 여기에서 달마의 계통을 정맥(正脈)으로 놓고, 자신이 계승한 선법을 방계인 유파별전[流派別傳(流派開宗)]으로 주장한다는 점에서 더욱 그렇다.[41] 이와 같은 지공의 주장은, 자파(自派)의 우위를 강조하는 일반적인 종교전통에서는 매우 이례적인 것이다. 또 「지요서」에는 지공이 보명에게 인가를 받은 직후, 동방에 가서 가르침을 펴도록 당부받는 대목이 수록되어 있다.[42]

그런데 달마와 같은 경우는, 실존인물의 정체성 자체가 모호한 인물이다. 이는 달마가 남인도 향지와 관련된 인물로 해상 루트를 통해서 중국의 광주지역으로 왔다고 하지만, 갈 때는 총령(蔥嶺) 즉 파미르고원으로 가고 있는 설정을 통해서도 쉽게 파악된다. 이로 인하여 달마가 실존인물이라고 하더라도, 지금의 페르시아 쪽 사람일 가능성까지 추정되고 있는 실정이다.[43] 그런데 지공과 같은 경우는 '향지국'과 '달마'라는, 지극히 중국 선종적인 너무나 완벽한 설정을 하고 있는 것이다.

또 법맥을 통한 사자상승(師資相承)과 같은 측면은, 중국의 종법제

(宗法制)적인 문화배경에서 강조되는 부분으로 인도불교에서는 비중 있게 다루어지는 내용이 아니다. 그럼에도 지공은 사법 전승과 달마를 강조하고 있으며, 이와 연관해서 그의 외가인 향지국을 언급하고 있는 것이다.

그러므로 우리는 지공 가계의 향지국에 대한 측면이, 지공이 중국 선종의 영향을 받은 뒤에 강조하는 부분이 아닌가 추론해 보게된다. 물론 지공에게는 이와 연관될 수 있는, 모종의 인도적인 가능성이 존재했을 수도 있다. 그러나 이 부분을 강조하면서 맨 앞쪽에 대두시킨 것은, 중국불교적인 영향이 아니고서는 생각해 볼 수 없다. 즉 지공의 가계 중 모계 쪽은, 중국 선종에 의한 변형이 분명하게 목도되는 측면이라는 말이다.

지공이 자신의 가계로 언급하는 국가인 마가다와 향지는 공교롭게도 동아시아 선불교문화권에서 가장 익숙한 인도의 국가명이다. 지공이 하필 이 두 국가의 왕족 혈통을 계승하고 있다는 주장은 선뜻 받아들이기 쉽지 않다. 또 지공이 고려에서 크게 성공하는 요인에 혈통적인 신성함이 존재한다는 점에서, 우리는 이에 대해서 합리적인 의심을 해 볼 수 있게 된다. 그러나 그것은 악의적인 날조만은 아닌, 모종의 개연성이 동아시아의 불교전통과 결합하면서 만들어진 왜곡의 측면이 아닌가 한다.

Ⅳ

결론

이상을 통해서 지공의 고려에서의 성공과 그가 주장하는 가계문제의 타당성에 대해서 고찰해 보았다.

지공은 원 태정제의 어향사라는 공적인 위치와, 붓다와 달마의 혈족이라는 혈통적인 신성성에 힘입어 고려에서 일거에 주목받는 인사가 된다. 또 여기에는 지공의 인상착의가 당시 유행하던 〈달마도〉의 표현과 유사했던 측면도 존재했다. 이 외에 지공 스스로도 이와 같은 인식을 부추겼고, 이로 인해서 달마의 서래와 같은 측면이 지공에게 투영되는 모습이 위소의 기록을 통해서 확인된다. 이런 점에서 지공은 자신이 주장한 가계의 불교적인 신성성에 많은 도움을 받고 있다는 것을 알 수 있다.

그러나 지공이 주장하고 있는 그의 가계는, 오늘날의 불교적인 관점이나 지리와 역사적인 지식에 입각해 봤을 때 사실일 개연성이 낮다. 특히 그의 주장들이 동아시아 선불교문화에 최적화되어 있는 모습을 보이고 있다는 점에서, 이에 대한 동아시아적인 변형을 생각해 보게 된다.

그러나 지공은 계율을 강조하는 당대를 대표하는 최고 승려이며, 이후 나옹혜근·백운경한·무학자초·축원지천 등을 통해서 고려불교에 막대한 영향력을 행사하는 인물이다. 이런 점을 고려한다면, 지공이 유력 과정에서 동아시아 선불교의 전통을 파악하고 기회주의적으로 자신의 가계를 날조한 것이라고만은 판단되지 않는다. 그러나 여기에는 분명 작은 사실을 확대한 것과 같은 왜곡이 존재하며, 그 왜곡에는 나름의 의도성 역시 존재한다고 하겠다.

현재의 시점에서 지공 가계의 원형이 무엇인지를 정확하게 판단할 수는 없다. 다만 허흥식의 연구에서처럼, 직접적인 반대 자료가 존재하지 않는다고 해서 긍정하려는 태도는 보다 비판적인 관점에 입각해서 시정되어야 한다고 생각된다. 즉 지공에 대한 연구는 새로운 열린 관점에서 재조명되어야 할 필연성이 존재하는 것이다.

[**1**장 주석]

01) 『作法龜鑑』下, 〈佛像時唱佛〉(『韓佛全』10, 584c).

02) 混修가 普愚가 아닌 懶翁의 法脈을 계승한 것이라고 주장하는 연구는 다음과 같다. 許興植, 「懶翁의 思想과 繼承者(上)」, 『韓國學報』 제16권(1990) ; 許興植, 「懶翁의 思想과 繼承者(下)」, 『韓國學報』 제16권(1990) ; 李哲憲, 「懶翁 惠勤의 法脈」, 『韓國佛敎學』 제19집(1994) ; 俞瑩淑, 「懶翁慧勤의 法系와 麗元 佛敎交流」, 『伽山學報』 제5호(1996) ; 金昌淑(曉呑), 「懶翁惠勤의 禪思想 硏究」(서울: 東國大博士學位論文, 1997) ; 李哲憲, 「懶翁 惠勤의 硏究」(서울: 東國大博士學位論文, 1997) ; 李哲憲, 「三和尙法系의 成立과 流行」, 『韓國佛敎學』 제25집(1999).

03) 指空에 대해서 알 수 있는 중요한 자료는 다음의 7가지다. ①李穡 撰, 〈楊州檜巖寺指空禪師浮屠碑〉-1378년(禑王 4) / ②閔漬 撰, 「指空和尙禪要錄-佛祖傳心西天宗派旨要序」-1326년(忠肅王 13) / ③李穡 撰, 「文殊師利最上乘無生戒經跋」-1377년(禑王 3) / ④達牧 撰, 「六種佛書後誌」-1330년(忠肅王 17) / ⑤景閑 撰, 「辛卯年上指空和尙頌」(『白雲和尙語錄』)-1351년(忠定王 3) / ⑥危素 撰, 「文殊師利最上乘無生戒經序」-1353년(恭愍王 2) / ⑦懶翁 撰, 「指空和尙誕生之晨」・「入寂之辰」・「指空和尙起骨 및 入塔」・「讚指空」・「自讚請題 중 其五 부분」(『懶翁和尙語錄』) - 恭愍王代. 이 외에 參考資料로는 指空이 傳來한 『西天百八代祖師指空和尙禪要錄』 全1卷・『文殊師利最上乘無生戒經』 全3卷・『無生戒牒』 총 4종이 존재한다. 그리고 단편적 것으로는 『高麗史』 卷35(世家35), 〈忠肅王2-15년(1328)-秋七月〉・卷42(世家42, 〈恭愍王5-19년(1370)-正月〉) 및 元나라 자료로 權衡의 『庚申外史』 卷下(至正十九년[1359] 記錄), 그리고 僧侶 至仁의 『澹居稿』 卷1(「指空和尙偈序」)과 宋濂의 『宋文憲公全集』 卷11(〈寂照圓明大禪師璧峰金公舍利塔碑〉) 등이 있다.

04) 許興植의 指空에 대한 硏究들을 年代順으로 정리하면 다음과 같다. 「指空의 思想과 繼承者」, 『겨레문화』 제2권(1988) ; 「指空의 思想形成과 現在著述」, 『東方學志』 제61호(1989) ; 「指空碑文의 綜合的 檢討」, 『鄕土文化』 제5집(1990) ; 「懶翁의 思想과 繼承者(上)」, 『韓國學報』 제16권(1990) ; 「懶翁의 思想과 繼承者(下)」, 『韓國學報』 제16권(1990) ; 「指空의 無生戒牒」, 『慶北大學校論文集』 제22집(1990) ; 「指空의 無生戒牒과 無生戒經」, 『書誌學報』 제4호(1991) ; 「指空의 遊歷과 定着」, 『伽山學報』 제1호(1991) ; 「指空和尙에 관한 資料와 國內外의 硏究現況」, 『三大和尙 硏究論文集 Ⅰ』(서울: 佛泉, 1996) ; 「指空硏究의 現況과 補完」, 『淸溪史學』 제12호(1996) ; 『高麗로 옮긴 印度의 등불』(서울: 一潮閣, 1997) ; 「指空硏究의 擴散과 爭點-韓中學術會議와 最近의 成果」, 『伽山學報』 제8호(2000).

05) 許興植의 연구 틀을 벗어나 있는 指空에 대한 연구는, 文化財・美術史・密敎・문화콘텐츠와 관련된 것들로 대략 다음과 같다. 최완수, 「檜巖寺址 舍利塔의 建立緣起」, 『美術史學硏究』, 통권 87호(1967) ; 한성자, 「『文殊舍利最上乘無生戒經』을 통해 본 指空和尙의 密敎的 色彩」, 『梅堂學報』 제7집(2002) ; 嚴基杓, 「檜巖寺址의 石造浮屠와 塔碑에 대한 고찰」, 『文化史學』 제21호(2004) ; 文明大, 「指空和尙 眞影像의 圖像特徵」, 『講座美術史』 제35호(2010) ; 전미숙, 「高麗末~朝鮮前期 球形浮屠 硏究」, 『佛敎美術史學』 제13집(2011) ; 윤채근, 「동아시아 歷史資産의 소설 콘텐츠화-指空 사례를 중심으로」, 『語文論集』 제67집(2013).

06) 불경서당 훈문회 編, 『三大和尙 硏究 論文集-指空・懶翁・無學和尙』(서울: 佛泉, 1996), "①이병욱, 「指空和尙 禪思想의 특색」 ; ②許興植, 「指空和尙에 관한 資料와 國內外의 硏究現況」 ; ③하정룡, 「〈西天提納薄陀尊者浮圖銘幷序〉에 대한 一考察」"

불경서당 훈문회 編,『三大和尙 硏究 論文集Ⅱ-指空·懶翁·無學和尙』(서울: 佛泉, 1999), "①김치온,「指空和尙의 敎學思想」; ②金相鉉,「指空의 影幀과 遺蹟」; ③한성자,「無生戒法을 통해 본 指空和尙의 戒律思想」; ④하정룡,「指空의 高麗觀과 法統」; ⑤이병욱,「指空和尙 三學觀의 特징과 懶翁和尙과 無學大師에 끼친 영향」/ 韓·中 指空硏究 學術討論會 發表論文 嚴選; ⑥賀聖達, 장하영 譯,「中國의 印度 高僧 指空-行蹟·思想·影響」; ⑦楊學政, 장하영 譯,「指空 中國西南禪學 弘揚考」; ⑧祈慶富, 장하영 譯,「西僧 指空禪師과 彝族」; ⑨劉鼎寅, 장하영 譯,「指空硏究와 武定獅山 寺院文化」; ⑩侯沖, 장하영 譯,「雲南 佛敎思想 印度僧侶와 그 영향」" 불경서당 훈문회 編,『三大和尙 硏究 論文集Ⅲ-指空·懶翁·無學·涵虛和尙』(서울: 佛泉, 2001), "①한성자,「陀羅尼를 통해 본 指空和尙의 密敎的 색채」; ②張福, 유호선 譯,「여러 지역을 참방한 梵僧과『羅羅斯』의 佛敎文化」; ③段玉明, 유호선 譯,「指空의 印度行蹟에 대한 고찰」"

07) 指空의 遊歷과 관련된 지리적인 부분들은, 許興植이「指空의 遊歷과 定着」,『伽山學報』제1호 (1991), 78~97쪽을 재정리해서 지도와 함께 수록한「第1章 指空禪賢」,『高麗로 옮긴 印度의 등불』(서울: 一潮閣, 1997), 14~45쪽이 참조된다.

08) 達牧 撰,「六種佛書後誌」,"親對日角 敷揚正法 仍請往觀金剛山 因受御香東行"; 閔漬 撰,「佛祖傳心西天宗派旨要序」,『西天百八代祖師指空和尙禪要錄』,"遂達于帝京 親對日角 默傳妙旨 因受御香 名以往觀金剛山 而出來"; 危素 撰,「文殊師利最上乘無生戒經序」,『文殊師利最上乘無生戒經』,"師曰吾不爲是也 因東遊高句驪 禮金剛山濞起菩薩道場; 許興植,「指空의 遊歷과 定着」,『伽山學報』제1호(1991), 92쪽.

09) 閔漬 撰,「佛祖傳心西天宗派旨要序」,『西天百八代祖師指空和尙禪要錄』,"城中士女咸曰 釋尊復出 遠來至此 盍往觀乎 莫不鷄鳴 而起奔走往來 道路如織 寺門如市者"

10) 元은 民族을 4등급으로 구분했는데, 첫째가 蒙古인 둘째가 중앙아시아의 色目人 그리고 셋째가 漢人(金나라 중심의 華北人) 넷째가 南人(南末人)이다. 愛宕松男 著,「第4章 身分制度」,『元朝의 對漢人政策』(京都: 東亞硏究所, 昭和18年), 98~104쪽.

11) 티베트 라마교는 독신의 黃帽派와 결혼을 하는 赤帽派로 나뉘는데, 이 중 赤帽派가 다수를 점한다. 또 티베트는 환경적인 특수성에 의해서 肉食文化를 가지게 된다. 원간섭기에 이와 같은 라마교의 영향으로 高麗僧團에 戒律問題가 발생하는 것은 필연적이라고 하겠다. 이는 결혼한 승려들에 대한『高麗史』권39의 기록을 통해서 인지될 수 있다[『世家29』,〈忠烈王 2-7年 (1281)-6月〉,"癸未: 王次慶州, 下僧批, 僧輩以綾羅, 賂左右得職, 人謂羅禪師·綾首座. 要妻居室者, 居半"].

12) 閔漬 撰,「佛祖傳心西天宗派旨要序」,『西天百八代祖師指空和尙禪要錄』,"城中士女咸曰 釋尊復出 遠來至此 盍往觀乎 莫不鷄鳴 而起奔走往來 道路如織 寺門如市者 幾於二旬 及師移錫到處皆然 至往金剛山 然後乃已"

13) 至仁 撰,『澹居稿』1,「指空和尙偈序」,"頍類世之所貌達磨者"

14) 李齊賢 撰,『益齋亂藁』6,「重修乾洞禪寺記」,"客有問益齋曰. 昔. 梁蕭氏據萬乘之勢. 窮四海之力. 造塔立廟. 不可勝數. 計其功德. 豈特百倍河氏一寺而已哉. 而達磨譏之. 今指空之於河氏. 稱嘆之. 此其故何也. … 云云 … 此其勢同而理別者耶. 至若指空. 達磨同處處. 待子具一隻眼. 却向汝道."

15) 李齊賢 撰,『益齋亂藁』5,「送大禪師瑚公之定慧社詩序」,"時有西域指空師者 岸然以菩提達磨自比 國人奔走爭執弟子之禮"

16) 危素 撰,「文殊師利最上乘無生戒經序」,『文殊師利最上乘無生戒經』,"梁武帝時 菩提達磨 至于金陵 問答不契 折蘆度江엄. 楞伽經旨 此可傳佛心宗 震旦之人有爲佛氏學者 敬言而誦習之 曰 是而開悟者 未易悉數. 盖天竺距中國十萬餘里 言語不通 文字亦異則 其書之未及飜譯者 尙多有之 不獨楞伽經而已."

17) 같은 책, "是經因事證理 反覆詳明 讀者若楞伽之初 至歡息希有."

18) 李齊賢 撰, 『益齋亂藁』6, 「重修乾洞禪寺記」, "西域指空禪師將如華山 過而閱之 大稱嘆以爲 稀有 及還 與其徒千數百指因留焉."

19) 閔漬 撰, 「佛祖傳心西天宗派旨要序」, 『西天百八代祖師指空和尙禪要錄』, "於是 自王親戚里 公 卿大夫士庶人 乃至愚夫愚婦 爭先雲集於戒場者 日以千万計."

20) 韓國學文獻硏究所 編, 「西天指空和尙爲舍利袈裟戒壇法會記」, 『通度寺誌』(서울: 亞細亞文化社, 1979), 43쪽, "一日說禪 一日說戒"

21) 許興植 著, 「第1章 指空禪賢」, 『高麗로 옮긴 印度의 등불』(서울: 一潮閣, 1997), 16~17쪽.

22) 閔漬 撰, 「佛祖傳心西天宗派旨要序」, 『西天百八代祖師指空和尙禪要錄』, "宗室昌原君 見此禪 要 切欲錄梓流傳 請子爲序 子雖老病 亦參門弟之數 故不敢固辭 粗記海山之一滴一塵云耳 … 云云 … 七十九目暗于筆."

23) 〈楊州檜巖寺指空禪師浮屠碑〉, "天壽寺 吾影堂也 是歲十一月二十日 示寂于貴化方丈 師所 構而師所名也." 〈碑文〉의 20일은 許興植의 說(「第1章 指空禪賢」, 『高麗로 옮긴 印度의 등불』, 서울: 一 潮閣, 1997, 64쪽)을 수용하여 본문에서는 29일로 하였음.

24) 指空의 靈骨이 고려로 들어온 시기와 관련해서 『懶翁和尙語錄』의 〈碑文〉에는 봄이라고만 되어 있지만(『韓佛全6』, 711a, "庚戌春 司徒達睿 奉指空靈骨來"), 「行狀」에는 1월 1일이라고 되어 있어 차 이가 있다(『韓佛全6』, 707a, "庚戌秋 元朝司徒達睿奉指空靈骨舍利到檜巖"). 그러나 『高麗史』의 甲寅 日을 계산해보면, 24일이 된다. 그러므로 1월 1일로 보는 것이 맞고, 이를 봄으로 인식했다고 보 면 되겠다. 실제로 『高麗史』와 같은 경우, 正月을 春正月로 기록하고 있다. 그러므로 양자의 차 이는 충돌하는 것이 아니며, 1월 1일이 타당하다고 판단된다.

25) 『懶翁和尙語錄』, 「行狀」, 『韓佛全6』, 707b, "九月二十六日 將指空靈骨舍利 安塔于寺之北峯"; 〈楊州檜巖寺指空禪師浮屠碑〉, "壬子九月十六日 以王命樹浮屠於檜巖寺 將入塔灌骨 得舍 利若干粒."

26) 〈楊州檜巖寺指空禪師浮屠碑〉, "師自言 … 云云 … 師之游歷如是哉 信乎其異於人也."

27) 같은 碑文, "吾曾祖諱師子脅 吾祖諱斛飯 皆王印毗羅國 吾父諱滿 王摩竭提國 吾母香志國 公主 吾二兄 悉利迦羅婆 悉利摩尼"; 閔漬 撰, 「佛祖傳心西天宗派旨要序」, 『西天百八代祖師 指空和尙禪要錄』, "師本西竺摩竭陀國王第三子也 其種姓世系 與我佛仝焉 佛本行集經云 劫 初有王 曰大衆 平章子孫相承 至師子頰王 凡十六萬九千五百四十王也 是王三十八世祖已上 皆 是轉輪聖王也 師子頰王 有四子 一曰淨飯 二曰白飯 三曰斛飯 四曰甘露飯 淨飯王 是我佛之 父王 斛飯王 是和尙之遠祖也."

28) 같은 碑文, "號之曰蘇那的沙野 華言指空."

29) 같은 碑文, "迦葉百八傳提納薄陀尊者禪賢"; 閔漬 撰, 「佛祖傳心西天宗派旨要序」, 『西天百八 代祖師指空和尙禪要錄』, "師本梵名提納薄陀尊者 此云禪賢也."

30) 〈楊州檜巖寺指空禪師浮屠碑〉, "學大般若 若有得 問諸佛衆生虛空三境界 師云 非有非無是 眞般若 可往南印度楞伽國吉祥山普明所 硏窮奧旨 時年十九 奮發獨行 禮吾師于頂音菴 師 曰 從中竺抵此 步可數否 吾不能荅 退坐石洞六閱月 吾乃悟 欲起兩脚相貼 其王召醫灌藥 立愈 告吾曰 兩脚一步 吾師以衣鉢付之 摩頂記曰 下山一步 便是師子兒 座下得法出 身 二百四十三人 於衆生少因緣 汝其廣吾化 其往懋哉 號之曰蘇那的沙野 華言指空 吾 以偈謝師恩已 語衆曰 進則虛空廓落 退則萬法俱沉 大喝一聲."

31) 같은 碑文, "父病 醫莫效 筮者曰 嫡子出家 王病可痊 父詢三子 吾卽應 父大喜 呼吾小字 曰 妻恒囉哆婆 及能如是耶."

32) 『景德傳燈錄』3, 「第二十八祖菩提達磨」(『大正藏』51, 217a); 『宗鏡錄』97(『大正藏』48, 939b).

33) 〈楊州檜巖寺指空禪師浮屠碑〉, "母以季故 初甚難之 割愛願舍 父病立愈."

34) 『佛祖歷代通載』9, 「二十二」(『大正藏』51, 547c), "初祖菩提達磨大師. 天竺南印度國香至王第三子也. 王藝師出家."

35) 붓다의 귀향 당시 跋提가 Rāja였다는 가장 신뢰할 만한 자료는 『五分律』卷3이나 『Vinaya-Piṭaka』, 〈破僧犍度〉, 181쪽과 같은 율장의 기록들이다. 그리고 釋迦族이 輪番制로 Rāja가 되었음이 언급되어 있는 것은 『佛本行集經』권58(『婆提唎迦等因緣品中』, 『大正藏』3, 921a·b) 등을 통해서 살펴진다.

36) 『懶翁和尚語錄』, 「入寂之辰」(『韓佛全6』, 717a), "碧雙瞳穿兩耳 髭須胡分面皮黑"; 至仁 撰, 『澹居稿』1, 「指空和尚偈序」, "師貌黑而腹 手垂過膝 目碧而視不瞬"; 〈楊州檜巖寺指空禪師浮屠碑〉, "神氣黑瑩."

37) 『大唐大慈恩寺三藏法師傳』5, 「起尼乾占歸國終至帝城之西漕」(『大正藏』50, 251a).

38) 『景德傳燈錄』3, 「第二十八祖菩提達磨」(『大正藏』51, 217a), "南天竺國香至王第三子也."; 『佛祖歷代通載』8(『大正藏』49, 539a), "行化至南印度. 彼王名香至."; 『傳法正宗記』5, 「天竺第二十八祖菩提達磨尊者傳上」(『大正藏』51, 739b), "菩提達磨尊者. 南天竺國人也. 姓刹帝利. 初名菩提多羅. 亦號達磨多羅. 父曰香至." 初期의 禪宗文獻인 『楞伽師資記』全1卷에는 막연히 "大婆羅門國王第三之子"(『大正藏』85, 1284c)로만 되어 있다. 즉 達摩와 관련해서 분명한 공통점은 달마가 셋째 왕자였다는 점뿐이다.

39) 『西天百八代祖師指空和尚禪要錄』, 「佛祖傳心西天宗派旨要」.

40) 閔漬 撰, 「佛祖傳心西天宗派旨要序」, 『西天百八代祖師指空和尚禪要錄』, "至二十二祖摩拏羅尊者 傳其心者有二 一曰鶴勒那尊者 傳至菩提達摩. 二曰左陀羅頗尊者."

41) 『西天百八代祖師指空和尚禪要錄』, 「佛祖傳心西天宗派旨要」, "流派開宗 左陀羅頗尊者."

42) 閔漬 撰, 「佛祖傳心西天宗派旨要序」, 『西天百八代祖師指空和尚禪要錄』, "師旣傳衣 卽以道眼普觀四方 知東方 有可化之機 決意向東."

43) 『洛陽伽藍記』1, 「洛陽城內伽藍記」(『大正藏』51, 1000b), "時有西域沙門菩提達磨者. 波斯國胡人也."; 柳田聖山 著, 김성환 譯, 『달마는 과연 페르시아인이었나』, 『달마』(서울: 民族社, 1992), 44~47쪽; 柳田聖山 著, 추만호·안영길 譯, 『禪의 思想과 歷史』(서울: 民族社, 1992), 164쪽.

지공은 나옹·경한·자초·지천에게 가르침을 주면서, 여말선초 한국불교에 있어 강력한 영향력을 미치게 된다. 그러나 지공과 관련된 인도불교의 내용은, 전적으로 지공의 진술에 의존하고 있다는 점에 문제가 있다. 본고는 지공의 인도불교 진술 중에서, 나란타사(那蘭陁寺)와 관련된 측면을 인도불교사의 일반론에 입각하여 비판적으로 검토한 것이다.

지금까지의 인도불교사는 1203년 이슬람군에 의해 비크라마쉴라사원이 파괴되는 것을 마지막으로 본다. 그런데 이와 달리 지공은 13C 후반에 출생하였음에도, 나란타에서 출가·수학했다는 주장을 하고 있다. 그러므로 이에 대한 합리적인 해법을 요청받게 되는 것이다.

2

지공의 나란다(Nālandā)
진술에 대한
타당성과 문제점

I

서론

여말삼사(麗末三師) 중 나옹혜근(1320~1376)과 백운경한(1298~1374)은 원의 대도 법원사(法源寺)까지 지공을 찾아가 사법(嗣法)한다. 이후 무학자초(1327~1405)와 축원지천(1324~1395) 역시 지공을 만나 수학하게 된다. 이는 지공이 여말선초 한국불교에 있어서 강력한 영향력을 미친다는 것을 의미한다. 이와 같은 지공의 위치로 인하여, 지금까지 허흥식을 필두로 하는 총 40여 종의 연구들이 진행되었다.

그러나 지공에 대한 연구에는 큰 문제점이 하나 있다. 그것은 지공과 관련된 7종의 자료들이 모두 지공의 진술에 기초해서 성립된 것이라는 점이다. 이는 지공이 주장한 내용들이, 기존에 연구된 불교사적인 측면에 맞춰 비판적인 검토가 이루어져야만 한다는 것을 의미한다.

본고는 지공의 진술 중에서, 나란타사와 관련된 부분의 타당성과 문제점을 검토해 본 것이다. 지금까지 인도불교사는 1203년 이슬람군에 의해서, 비크라마쉴라사원(Vikramaśīla, 超戒寺)이 파괴되는 것을 끝으로 보고 있다. 그런데 이와 같은 상식과는 달리, 지공은 13C 후반에 출생하였음에도 불구하고 나란타에서 출가해 수학했다는 주장을 하고 있는 것이다.

지공의 진술은 인도불교사의 마지막 페이지보다도 더 뒤쪽에 해당한다는 점에서, 중요한 연구 의의를 확보한다. 그러나 1203년 비크라마쉴라가 파괴된 상황에서, 나란타가 건재하여 제 기능을 하고 있었다는 것은 받아들이기 쉽지 않다. 그러므로 이에 대한 보다 합리적인 해법이 요청되는 것이다.

이와 관련해서 본고는, 먼저 제Ⅱ장에서 지공의 출생연도를 분명히 하고, 지공 당시에 나란타의 존재 가능성에 대해 접근해 보게 된다. 지공의 출생연도는 지공이 겪었을 당시의 불교환경을 의미하는 것이다. 지공의 출생연도는 13C 후반이다. 이는 지공이 경험한 나란타가 과거의 영광을 간직한, 파괴된 잔존세력이었을 개연성을 환기하게 한다.

제Ⅲ장에서는 지공이 나란타에서 수학한 측면에 대해서 검토해 본다. 이는 당시의 나란타 존재양상을 파악할 수 있는 중요한 부분이 된다. 이를 통해서 확인되는 것은 논서(論書) 중심의 인도불교적인 전통이 끊어지고 경(經) 중심의 공부만이 이루어졌다는 점이다. 이는 지공이 말하는 나란타의 환경이 정상적이지 않았다는 것을 의미한다. 또 지공은 스승인 율현(律賢)의 권유로 나란타를 떠나 스리랑카의 보명(普明) 문하로 가게 되는데, 이 역시 나란타가 당시 스리랑카 불교보다도 못하다는 의미로 이해해 볼 수 있어 주목된다.

끝으로 제Ⅳ장에서는, 지공이 나란타를 강조하는 이유에 대해서 검토해 본다. 지공의 나란타 강조는 나옹에 의한 회암사(檜巖寺)의 대대적인 수조(修造)와 연관되면서, 회암사를 여말선초의 가장 중요한 사찰이 되도록 한다. 이런 점에서 이에 대한 의미 파악은 여말선초의 한국불교와 관련해서도 중요한 측면으로 작용하게 된다.

지공의 영향은 여말선초에 강력하게 작용하며, 이는 오늘날까지도 『불교의식집』의 〈증명삼화상〉을 통해서 유전되고 있다. 또 지공의 인도불교에 대한 진술은 다소간의 과장이 있기는 하지만, 그럼에도 현대의 불교연구가 아직까지 정확하게 파악하지 못하는 부분을 다루고 있다. 그러므로 지공의 진술내용 중 나란타와 관련된 비판적인 검토는, 연구의 타당성을 충분히 함의한다고 하겠다.

Ⅱ

나란타의 존재 가능성과 지공

1. 지공의 출생연도와 인도불교

지공은 중인도의 마가다국에서 출생했는데,[01] 이와 관련된 정확한 출생연도에 대한 기록은 없다. 지공은 원의 대도 천수사 귀화방장에서 입적한 후 천수사 감실(龕室)에 모셔졌다가, 다음해에 육신이 일종의 미라로 만들어진다.[02] 이 상(像)이 5년 뒤인 1368년(공민왕 17) 병림성(兵臨城)의 함락에 임박해서 훼손을 우려해 다비된다.[03] 지공의 입적연도는 이색(李穡)이 우왕(禑王)의 명에 의해 1378년(우왕 4)에 찬술한 〈지공비문〉에서 확인된다. 그것은 1363년(공민왕 12) 11월 20일이다.[04] 즉 지공의 출생연도는 불명확하지만, 입적연도만큼은 분명한 것이다.

　　지공의 출생연도를 추론해 볼 수 있는 기록은, 〈지공비문〉의 "운남(雲南)의 오(悟)는 식견(識見)은 없어도 말에는 능했는데, 칠세(七歲)에 사(師)에게 귀의하여 출가하였다. 이때에 이미 이르기를, '사(師)의 나이가 갑자(甲子)를 일주(一周)하였다'고 했다. 오(悟)가 칠십오(七十五)

세에 사(師)가 이에 입적하였다.”[05]는 것이다. 이를 보면 오(悟)가 7세에 지공이 61세이므로, 오(悟)가 75세가 되면 지공은 129세가 된다. 이럴 경우 지공의 출생연도는 1235년이라는 결론에 도달한다.

　　그러나 아무리 고승이라고 하더라도, 129세를 살았다는 것은 납득하기가 쉽지 않다. 이와 관련해서 허흥식은 지공이 나란타사(Nālandā-saṃghārāma, 施無厭寺)의 스승인 율현(Vinaya-bhadra)을 떠나는 19～20세로부터[06] 능가(Laṅkā)국의 보명(Samanta-Prabhāsa)에게 선법(禪法)을 인가받은 이후의 유력 과정과 기간을 계산해서, 지공의 출생연도를 1300년으로 비정하고 있다.[07] 허흥식은 「지요서(旨要序)」에서 나란타를 떠나는 지공의 나이로 기록되어 있는 20세설은 고려하지 않고 있다. 그러나 그렇다고 해봐야 이는 1년밖에 차이가 나지 않는다. 즉 1300년이나 1299년이냐는 것이므로, 큰 차이가 발생하는 것은 아니다. 이 외에도 지공이 300세 이상을 살았다는 설 등 4가지가 더 있지만,[08] 이러한 설들 역시 수용하기가 쉽지 않다. 또 지공이 당시로서는 장수해서 80～90세를 살았다고 가정하더라도, 1200년대 후반, 즉 1278～1288년 이상으로는 출생연도가 올라가지 않는다.

　　그런데 일반적인 인도불교사에서 제시되는 인도불교의 최후 시점은 1203년 이슬람에 의한 비크라마쉴라사원의 파괴다.[09] 즉 지공은 공식적으로 인도불교가 사라진 뒤 약 70～100년 후에 탄생한 인물인 셈이다. 전통이 오래된 종교에는 그 문화적인 부분이 존재하므로 일반적으로 그 영향력이 사라지는 데는 100년 이상이 걸린다. 이는 1910년 한일합방으로 조선이 무너진 후, 100년이 넘는 오늘날까지도 유교문화가 상당한 영향력으로 잔존한다는 것을 통해서도 인지해 볼 수가 있다. 이렇게 놓고 본다면, 지공은 실질적인 인도불교가 사라진 잔존시기에 출가하여 수학였으므로 인도불교사에서 검토 가능한 최후의 인물이라고 하겠다. 이는 지공의 진술이 매우 중요한 검토 의미를 확보하는 동시에, 사실관계 파악이 쉽지 않다는 것을 나타낸다.

2. 나란타의 잔존 가능성

지공의 출가사찰은 나란타사다. 지공의 출가는 8세에 이루어진다.[10] 이는 지공의 탄생 때보다도, 인도불교의 잔존양상이 더욱 옅어졌다는 것을 의미한다. 〈지공비문〉에 따르면, 지공은 나란타사의 강사였던 율현의 제자로 출가했다.[11]

비크라마쉴라가 이슬람에 의해서 1203년 파괴된 상황에서, 나란타는 큰 피해를 입지 않고 지공 당시까지 유지된다는 것은 이해하기 어렵다. 그러므로 지공이 말하는 나란타는 정상적인 나란타라기보다는 나란타의 파괴된 일부나 나란타의 학맥을 계승한 잔존세력 정도로 이해하는 것이 더 타당하다. 즉 지공의 출가연도를 고려했을 때, 지공은 정상적인 나란타가 아닌 나란타의 잔존양태 속에서 출가하고 수학했을 개연성이 크다는 말이다.

실제로 지공은 출가과정에서 5계만을 받은 것으로 기록되어 있다.[12] 주지하다시피, 사미계는 10계이며, 5계는 단지 신도계일 뿐이다. 즉 지공은 사미출가임에도 불구하고 신도계를 받고 있는 것이다. 이것은 정상적인 사원에서라면 쉽게 이해될 수 없는 측면이다. 그러므로 이를 통해서, 지공 당시의 나란타가 정상적인 기능을 하지 못하고 있었을 개연성을 환기해 볼 수 있다. 이렇게 본다면 지공이 말하는 나란타는 수계와 관련된 기본체계마저도 무너진 열악한 환경이었다는 추론이 가능하게 된다.

III

나란타에서의 수학 내용

1. 반야학(般若學)의 수학

〈지공비문〉에 따르면, 지공이 나란타에서 수학한 것은 '대반야(大般若)'라고 되어 있다. 이는 다음과 같은 내용을 통해서 확인된다.

'대반야(大般若)'를 배워서 얻은 바가 있었다. [내가 스승에게] 제불(諸佛)과 중생(衆生) 및 허공(虛空)의 세 경계(境界)에 대해서 물었다.[13] [그러자] 스승께서 말하기를, "유(有)도 아니고 무(無)도 아닌 것이 참된 반야다. 이제 남인도 능가국의 길상산에 있는 보명의 처소에 가서 오지(奧旨)를 궁구하도록 하라."고 하셨다. 그때 내 나이 19세였다.[14]

이를 통해서 지공이 8세에서 19세에 이르도록 주된 교학으로 반야학을 수학했다는 것을 짐작해 볼 수 있다. 또 능가국의 보명에게 가게 되는 이유 역시, 반야의 깊은 뜻을 궁구하는 것과 관련된다는 점에서 더욱 그렇다. 즉 지공은 반야를 통해서 선불교(禪佛敎)로 넘어가고 있는 것이다. 실제로 지공의 선법과 관련해서는 '천검(千劍)'이라는 표현이 등장하는데,[15] 이는 반야와 연관된 '반야천검(般若千劍)'의 관점에서 이해될 수 있다.

또 지공의 반야학과 관련해서는 다음의 3가지가 더 확인된다. 첫째, 중국의 여산(廬山) 동림사(東林寺) 인근에서 반야에 대한 질문을 받자, "삼심(三心)으로도 얻을 수 없다"고 답변했다는 것.[16] 둘째, 고려의 개성 부근 화장사(華藏寺)에 지공이 친히 서사한 범자 『반야경』이 최근까지 존재했다는 점.[17] 셋째, 『신증동국여지승람(新增東國輿地勝覽)』 권27에 "경남 창녕군 보림사(寶林寺)에서 『반야경』을 설했다"는 기록이 있는 점.[18] 즉 지공은 반야학을 중심으로 수학한 인물임에 분명한 것이다.

지공이 수학했다는 '대반야'는 크게 두 가지 의미로 파악될 수 있다. 첫째는 600권으로 이루어진 『대반야경』을 지칭한다는 것이며, 둘째는 반야경전에 대한 존칭이나 총칭으로 이해될 수 있다는 점이다.

『대반야경』은 반야부를 집대성한 경전으로, 분량이 매우 많기 때문에 지공 당시의 나란타 상황을 고려했을 때 배우는 것이 용이하지 않다. 이는 오늘날까지도 이 경전의 전권을 학습하는 경우는 없다는 점을 통해서도 분명해진다. 『대반야경』의 한역자인 현장(玄奘)도 처음에는 이 경전의 분량이 너무 많아서 축약번역하려고 했다. 그러나 꿈에 이적(異蹟)이 있어 모두 번역하게 되었다는 내용이 『자은전(慈恩傳)』 권10에 전하고 있을 정도다.[19] 그만큼 방대한 경전이 바로 『대반야경』이다. 그러므로 지공이 이를 전부 배웠다는 것은 시대적으로 설득력이 떨어진다. 그러므로 둘째의 반야경전에 대한 존칭이나 총칭의 의미로 이해하는 것이 보다 타당하다. 즉 반야부에 속한 경전군 중 일부를 지공이 주로 학습했고, 이를 '대반야'로 통칭해서 부르고 있다는 말이다.

실제로 인도불교는 중국불교와 달리 경(經) 중심이 아닌 논(論) 중심이다.[20] 즉 『반야경』 자체보다는 이의 주석서인 『대지도론(大智度論)』이나 중관학(中觀學)의 영향이 더 강하다. 그런데도 지공과 관련해서는 경전적인 것만 나타날 뿐, 논서적인 측면은 전혀 확인되지 않는다. 이 역시 지공 당시의 불교 상황을 반영한 것으로 판단해 볼 수 있다.

2. 다른 대승경전의 수학

지공과 관련해서는 여러 지역을 유력하는 과정에서, 『법화경』과 『화엄경』 그리고 『대장엄공덕보왕경(大莊嚴功德寶王經)』을 설했다는 내용이 살펴진다.[21] 또 육바라밀(六波羅蜜)과 십지(十地) 등의 대승법(大乘法)을 권하는 측면도 확인된다.[22] 즉 지공은 반야학을 중심으로 하는 대승의 전지자였던 것이다. 이는 인도불교의 마지막이 밀교로, 당시 잔존하는 불교 역시 밀교가 되어야 하는 측면과는 사뭇 다른 측면이다. 즉 지공 당시에도 밀교와는 다른 대승의 전통이 존재하고 있었다는 것을, 지공의 불교수학 경전과 내용을 통해서 확인해 볼 수가 있는 것이다.

물론 지공에게도 밀교적인 영향이 전혀 없는 것은 아니다.[23] 이는 『대장엄공덕보왕경』과[24] 그가 구술해서 전한 『무생계경(無生戒經)』,[25] 그리고 이와는 의미가 조금 다르지만 「육종불서(六種佛書)」의 번역을 통해서 확인해 볼 수 있다.[26] 그러나 지공은 밀교의 비율(非律)적인 측면을 강하게 비판하는 모습도 곳곳에서 확인된다. 이는 지공이 인도 유력 과정에서 탄트리즘을 부정하고, 이후 티베트불교와 충돌하는 양상들을 통해서 파악해 볼 수 있다. 이는 지공이 밀교적인 영향을 받고는 있지만, 그럼에도 인도불교 최후의 대승 전지자라는 것을 의미한다.

그런데 『반야경』이 아닌 다른 대승경전들과 관련해서도 논서에 대한 언급은 전혀 나타나는 것이 없다. 이는 지공의 나란타 불교수학이 논서가 아닌 경 중심이었다는 것을 의미한다. 그러므로 이를 통해, 당시의 불교수학체계가 논서를 할 수 없는 상황에서 경 중심으로 변모하였을 개연성에 대해서도 판단해 볼 수 있다. 즉 불교의 몰락과 더불어 고급의 스승들이 사라지자, 어려운 논서보다는 경 중심의 관점으로 학문풍토가 변화했을 수 있다는 말이다.

실제로 지공이 반야에 대해 묻는 것과 관련해서, 율현은 스리랑카의 보명을 소개하고 있다. 스리랑카는 마힌다와 상가미타의 불교 전래에 의해서, 일찍부터 불교가 발달한 곳이다. 그러나 인도 내륙, 그 중에서도 나란타라는 핵심사찰 강사인 율현이 스리랑카불교를 더 높이 인정한다는 것은 이해하기 쉽지 않다. 이는 지공이 말하는 나란타의 상황이 열악했기 때문에 파괴되지 않은 남인도의 스리랑카를 추천한 것이 아닌가 한다. 상식적으로 나란타가 정상적인 기능을 하고 있는 상황이라면, 중인도와 멀리 떨어진 남인도의 섬나라인 스리랑카를 고려할 필요는 없다. 즉 이를 통해서도 당시 지공이 경험한 나란타가 정상적인 상황이 아니었다는 것을 인식해 볼 수가 있는 것이다.

그런데 지공의 나란타 수학과 관련해 민지는 「지요서」에서, '불교의 삼장(三藏)과 외도(外道)의 96종 견해를[27] 배웠'고도 적고 있다.[28] 이 말이 사실이라면, 나란타가 불교와 외도이학까지도 모두 수학할 수 있는 정상적인 상황이었다는 것을 의미한다. 그러나 앞서 검토한 상황들을 고려해 볼 때, 이것이 사실일 가능성은 존재하지 않는다.

그러므로 이 구절은 구체적으로 무엇을 지칭한다기보다는, 다양한 내·외전을 두루 학습하였다는 상징적인 의미로 이해하는 것이 바람직하다고 판단된다. 실제로 이와 같은 찬사는 나란타의 전 역사를 통틀어 최고의 유학승이라고 할 수 있는 현장의 기록에서도 확인된다.[29] 즉 이는 인도불교에서 우수한 승려에 대한 존경의 의미로도 사용되는 것이다. 그러므로 지공에게 크게 감화된 민지의 지공에 대한 이 말은, 지공을 찬탄하는 의미 정도로만 이해하는 것이 옳다고 하겠다.

나란타와 고려불교

1. 나란타의 강조와 나옹의 회암사 수조

인도불교의 3대 사원은, 나란타를 포함하여 비크라마쉴라·오단타푸리(Odantapuri, 普利寺)다. 그런데 지공은 동아시아, 특히 고려에서 나란타를 크게 강조하는 모습을 모이고 있어 주목된다. 물론 여기에는 나란타가 그의 출가사찰이라는 측면도 존재할 것이다. 그러나 지공이 양주 회암사에 머물 때, 이 사찰을 나란타와 지세(地勢)가 같다고 했다는 것은 납득하기 쉽지 않다.

이와 관련된 내용은 이색의 「회암사수조기(檜巖寺修造記)」와 김수온(金守溫)의 「회암사중창기(檜巖寺重創記)」에서 살펴진다. 이를 제시해 보면 다음과 같다.

다만 이 절로 말하자면, 철산(鐵山)이 전에 편액을 썼고, 지공이 뒤에 땅을 측량했던 곳이다. 그 '산수지형(山水之形)'이 완연히 서천축(西天

쓰)의 난타지사(蘭陀之寺)와 같다'고 한 것이, 또 지공이 스스로 한 말이다. [그러므로] 그 복지(福地)가 됨이 너무나도 분명하다.[30]

옛적 천력연간(天曆年間, 1328~1329)에[31] 서천 제납박타(薄伽納提) 존자가 이 절의 터를 보고는, '서천 아란타사(阿蘭陁寺)와 똑같다.'고 말했다. 또 말하기를, '가섭불(迦葉佛) 때에 이미 대도량이 되었다.'고 하였다. 이에 줄을 잡고 땅을 측량하여 그 위치를 정하는데, 그때 현겁(賢劫) 이전의 주춧돌과 섬돌을 발견했다. 당시에는 임시로 옥우(屋宇) 자리를 덮어서 그 대체적인 것을 알 수 있도록만 했을 뿐이다.[32]

「수조기」의 "난타지사(蘭陀之寺)"는 나란타를 가리키는 것으로 판단된다. 이는 중국불교에서는 한자 '아(阿)'자에 특별한 뜻이 없으므로 음사임에도 생략하는 모습이 확인되기 때문이다. 이는 아라한(阿羅漢, arhat)을 나한(羅漢)으로 아미타(阿彌陀, Amita)를 미타(彌陀)로, 그리고 아란야(阿蘭若, aranya)를 난야(蘭若)로 축약하는 등의 예를 통해서 쉽게 확인해 볼 수 있다. 또 「중창기」에 '아란타사(阿蘭陁寺)'라는 사명(寺名)이 나타나 있으며, 〈지공비문〉에는 지공의 출가사찰로 '나란타사(那蘭陁寺)'가 살펴진다. 그러므로 양자를 같은 것으로 보면, '난타'가 곧 '아란타'이며, 이는 나란타를 의미하는 것임을 알 수 있다. 실제로 아란타는 나란타에 대한 음사 중 하나다. 그러므로 난타·아란타·나란타는 모두 동일한 음사에 대한 이역(異譯)과 이에 대한 축약이라고 하겠다.

인도의 나란타는 평지의 대규모 사원과 거대한 승방들이 결합된 구조를 하고 있다. 그러므로 산을 등지고 배산임수(背山臨水)의 형세를 취하고 있는 회암사와 지세가 같다는 것은 이해하기 쉽지 않다. 물론 회암사와 관련해서 이색은 두 강물이 합류하여 풍기(風氣)가 저장되고, 뭇 산들은 빙 둘러 있다는 언급을 하고 있다.[33] 또 「나옹행장(懶翁行狀)」의 주문(註文)에는 "이 사찰은 가까이는 삼각산을 마주하고 남쪽에는 한강이 있으며 북쪽에는 장단(長湍)이 있으니 '삼산양수지기(三山兩水之記)'라는 말을 분명하게 볼 수 있다"라는 기록이 살펴진다.[34] 이 외에도 석전(石顚) 박한영(朴漢英, 1870~1948)은 「양주천보산유기(楊州天寶山遊記)」에서 회암사지의 삼산양수를 해석하며, 삼산은 삼각산이고 양수는 임진강과 한강으로 비정하고 있다.[35] 이와 같은 주장은 오늘날까지도 대체로 용인되고 있다. 그러나 이색이나 석전은 회암사가 명당의 길지라는 뜻이지, 이것이 곧 나란타와 빼닮은 지형이라는 의미는 아니다.

실제로 오늘날과 달리 중세인 고려시대의 동아시아인들은, 나란타를 직접 인지할 방법이 없다. 그런데도 불구하고 지공은 나란타를 강조하며, 여기에 회암사가 같은 지세라고 언급까지 하고 있는 것이다. 이와 같은 관점은 이후 지공의 치명제자(治命弟子, 유촉제자)인 나옹에 의해서 회암사가 대대적으로 수조되는 결과를 초래한다. 이와 관련된 내용을 적시해 보면 다음과 같다.

임자년(1372년, 공민왕 21) 가을에, 스승(나옹)은 우연히 지공의 '삼산양

수지기(三山兩水之記)'를 생각하고는 회암사로 옮겨서 주석할 수 있도
록 [상(上)께] 청하였다.

··· 云云 ···

갑인년(1374년, 공민왕 23) 봄에, 또 근신(近臣) 윤동명(尹東明)을 보내어
그 절(회암사)에 주석하기를 청하였다. 스승이 말했다. "이곳은 내가
처음으로 도(道)에 들어간 곳이요, 또 선사(先師, 지공)의 영골(靈骨)을
봉안한 땅이다. 게다가 선사께서 일찍이 내게 수기(授記)하신 [장소]이
니, 어떻게 무심할 수 있겠는가!" 하였다.[36]

임자년(1372) 가을에, 우연히 지공의 '삼산양수지기'를 생각하고는 회
암사로 옮겨서 주석하기를 바랐다. 마침 [공민왕의] 부름을 받고 이
절의 법회에 나아갔다가 청하여 거처하게 되었다. 사(師)는 '선사(先
師) 지공이 일찍이 직접 [이 절을] 중영(重營)하였는데, 병란에 소실되
어 버렸으니 어찌 감히 그 뜻을 잇지 않으리오!' 하고는, 이에 대중
과 모의하여 전각들을 넓혀서 확장하였다.[37]

현릉(玄陵, 공민왕)의 왕사(王師)인 보제존자(普濟尊者)가 지공에게 '삼산
양수지기'를 받아 와 드디어 이곳에 와서 거처했다. 이에 크게 중창
코자 하여 [여러 사람들에게 필요한] 동량(棟梁)을 나누어주어 분주히 모
연(募緣)하였다. [그런데] 공(功)이 반에도 미치지 못했는데, 왕사가 서
거하였다. 그 문도 윤절간 등이 왕사가 마치지 못한 뜻을 생각하여,
이를 계승해서 그 공적을 마쳤다.

즉 지공의 나란타 강조가 결국 나옹에 의한 회암사의 대대적인 수조로까지 연결되고 있는 것이다. 나옹의 회암사 수조는 고려 말의 숭유억불적인 빌미를 제공하지 않기 위해서 수조라고 한 것이지, 실상은 신창(新創)에 버금가는 226칸이나 되는 대규모였다.[39] 그러나 나옹은 이 회암사의 대대적인 수조가 명분이 되어 대관(臺官, 사헌부)과 도당(都堂)의 탄핵을 받게 되고, 결국 여주 신륵사에서 석연치 않은 열반을 맞게 된다.[40] 그러나 나옹의 열반과 더불어 분위기가 반전하면서, 이후 회암사는 여말선초의 최대사찰이자 불교계의 구심점 역할을 하기에 이른다.[41]

2. 나란타 강조 이유에 대한 타당성

지공은 왜 하필 고려에서, 고려인들로서는 확인하기 어려운 이유를 들어서 나란타를 강조하는 것일까? 이와 관련해서 총 3가지의 타당한 이유를 생각해 볼 수 있다.

첫째는 8세에 출가하여 12~13년을 보낸 사찰에 대한 그리움이다. 둘째는 인도불교의 3대 사원 중 비크라마쉴라와 오단타푸리는 동아시아에 큰 인지도가 없는 반면, 나란타는 현장에 의해서 인도를 대표하는 최대의 사찰로 인식되고 있었다는 점이다. 마지막 셋째는 사라져가는 인도불교 대신, 나란타의 찬란한 영광이 고려에서 부활할 수 있다는 가능성이다. 이러한 3가지는 모두 지공의 나란타 강조

인도의 나란타 유적

양주 회암사지 전경
사진 | 양주회암사지박물관 제공

와 관련되어 이해될 수 있다.

이 중 첫째는 수행자를 넘어 오랜 기간 타국을 유력한 한 인간으로서, 고향에 대한 상징적인 향수라고 할 수 있다. 지공은 인도에서부터 티베트를 거쳐, 촉과 운남을 경유해 원의 수도인 대도와 고려의 금강산에까지 이른 인물이다. 이러한 장기간의 먼 거리 유력은 인간으로 하여금 고향에 대한 향수를 불러일으키게 하기에 충분하며, 지공 역시 예외는 아닐 것이다.

둘째와 관련해서 주목되는 것은 지공이 나란타 강조를 통해서 인도불교의 강력한 후광을 입게 된다는 점이다. 당시는 원의 세계지배 과정에서 강하게 저항한 중국 강남남인(江南南人)은 신분이 낮았다. 이로 인해서 고려의 불교계는 그 이전시기와 달리 중국에 대한 존중과 의존도가 낮아지게 된다. 즉 불교에 있어서는 인도적인 측면이 오히려 중국적인 부분보다 더 강력한 영향을 줄 수 있는 배경이 조성되어 있었던 것이다.

이는 지공이 언어와 문자가 잘 통하지 않는 외국승려임에도 불구하고, 고려에서 열렬한 환대를 받아 '붓다의 재래[釋尊復出]'와 '달마와 비견'되는 인식을 확보하는 것을 통해서 시사받아 볼 수가 있다. 여기에 지공의 나란타 강조가 더해지면서, 고려불교계에 자신의 입지를 보다 강력하게 구축했다고 하겠다.

실제로 지공은 진종의 명에 의한 어향사 책무를 마치고 대도로 돌아간 뒤, 티베트 고승들과의 충돌로 인해서 천력연간부터 금고되는 시련을 맞게 된다.[42] 그런데 이때부터 지공을 후원한 세력은 재원 고려인들이었다. 지공의 금고가 풀리게 되는 것도 기황후(奇皇后)와 관련된 것일 개연성이 크며,[43] 지공이 주석하는 법원사(法源寺)[44] 역시 고려인 김씨가 시주한 것이다.[45] 즉 지공은 고려인의 후원하에 남은 일생을 보내게 되는 것이다.[46] 이와 같은 고려인의 존숭으로 인하여, 원으로 인가유학을 가는 나옹·경한·자초·지천 등의 고려 선승들은 모두 지공을 찾기에 이른다. 이런 점에서 본다면, 지공의 나란타 강조는 자신의 위치확보와 관련해서 많은 도움이 되고 있다는 것을 알 수 있다.

마지막 셋째는 나란타의 잔존세력 속에서 수학한 지공이 불교가 성한 고려에서 나란타 부활 가능성을 보았을 수 있다는 점이다. 당시 인도불교는 이미 완전히 기울어져 회복될 수 없는 상황이었다. 그러나 고려에서 지공은 단기간에 최고의 예우를 받게 된다. 이는 지공으로 하여금, 고려에서 나란타의 영광을 부활시킬 수도 있다는 가능성을 보게 했을 개연성이 존재한다.

이러한 3가지 이유는 모두 무엇만이 맞다기보다는 중층적으로 혼재되어 있다고 보는 것이 타당하다. 즉 나란타의 강조를 통해, 지공은 스러져 가는 인도불교의 대안을 고려불교에서 모색하며 스스로를 위로했다고 하겠다.

V

결론

이상을 통해서 지공의 나란타 진술에 대한 의미와 문제점에 대해서 고찰해 보았다.

지공의 출생연도는 신격화된 측면을 제외하면, 제아무리 빨리도 1278년을 넘지 않는다. 이는 지공이 출가하고 수학한 나란타가, 현장이 경험한 것과 같은 온전한 나란타가 아니라는 것을 의미한다. 즉 지공은 과거의 영광만을 간직한 나란타의 잔존세력 속에서 출가·수학했던 것이다. 이는 지공이 출가할 때, 단지 신도에게 적용되는 오계만을 받고 있는 것을 통해서 인지해 볼 수가 있다.

실제로 지공이 나란타에서 수학한 내용을 보면, 반야학을 중심으로 하는 대승경전뿐이다. 이는 인도불교의 논전 중심 구조와는 다르다. 또 지공과 관련해서는 인도후기불교인 밀교와의 관련성도 크게 확인되는 것이 없다. 이는 지공이 계승한 불교가 경 중심의 대승불교였다는 것을 의미한다. 실제로 지공은 티베트의 유력과 원 황실에서 활동하는 과정 속에서, 티베트불교와 강하게 충돌하는 모습을 보이고 있다. 이는 지공이 밀교와는 다른 대승불교의 전지자였다는 것을 의미한다. 이와 관련해서 현대의 인도불교 연구에 대해, 후기에는 밀교로 전체가 변모한 것처럼 기록되어 있는 부분은 사실이 아니라는 것을 알 수 있다. 즉 밀교시대에도 대승의 전통 중 일부는 밀교와 변별력을 확보한 채 유전되고 있었던 것이다.

또 지공이 나란타를 떠나 스리랑카의 보명에게 선불교를 배우러 가는 내용은, 당시 나란타가 스리랑카 불교보다 수준이 못하다는 것을 의미한다. 이는 지공이 경험한 나란타의 한계를 잘 나타내주는 대목이라고 하겠다.

끝으로 지공의 나란타 강조와 관련해서, 고려에서는 나옹에 의해 회암사가 대대적으로 수조되는 결과가 파생한다. 이는 회암사가 여말선초에 가장 핵심적인 사찰이라는 점에서 중대한 의미를 확보한다. 또 지공은 나란타 강조를 통해서 보다 효율적인 위상확보를 하는 동시에, 나란타의 과거 영광이 불교가 강력한 고려에서 재현되기를 바라고 있는 것 같다. 그러나 역사는 고려와 불교 모두 무너지는 결과로 나아가게 될 뿐이다.

이와 같은 연구 접근을 통해서, 지공의 나란타 주장에 대한 타당성과 문제점에 대해서 보다 분명한 관점을 확립하게 되었다. 이는 여말선초의 불교와 인도불교의 마지막 페이지 뒤의 이면을 보여준다는 점에서, 충분한 연구 의의를 확보한다고 하겠다.

[**2**장 주석]

01) 〈楊州檜巖寺指空禪師浮屠碑〉, "吾父諱滿, 王摩竭提國. 吾母香志國公主."; 閔漬 撰, 「佛祖傳心西天宗派旨要序」, 『西天百八代祖師指空和尙禪要錄』, "師本西竺摩竭陀國王第三子也."
02) 高僧의 遺骸를 미이라로 만들어 모시는 것은 티베트불교의 영향으로 판단된다.
03) 〈楊州檜巖寺指空禪師浮屠碑〉, "有旨省院臺百司具儀衛, 送龕于天壽寺. 明年, 御史太夫圖堅帖木兒, 平章伯帖木兒函香謁師, 用香泥布梅桂水團塑肉身. 戊申秋, 兵臨城茶毗."
04) 같은 碑文, "至正二十三年冬 … 是歲(1363)十一月二十日, 示寂于貴化方丈. 師所構而師所名也."
05) 같은 碑文, "雲南悟無見能言, 七歲投師出家. 時已云, 師年甲子一周矣. 悟七十五而師乃寂."
06) 〈指空碑文〉에는 19세로 나오고, 「旨要序」에는 20세로 나타나 차이가 있다. 〈楊州檜巖寺指空禪師浮屠碑〉, "學大般若 … 云云 … 時年十九."; 閔漬 撰, 「佛祖傳心西天宗派旨要序」, 『西天百八代祖師指空和尙禪要錄』, "年至二十."
07) 許興植, 「指空의 思想形成과 現在著述」, 『東方學志』 제61호(1989), 59쪽의 脚註 24.
08) 許興植 著, 「第1章 指空禪賢」, 『高麗로 옮긴 印度의 등불』(서울: 一潮閣, 1997), 16~17쪽.
09) 호사카 순지 著, 김호성 譯, 「第2章 印度佛敎 滅亡에 대한 從來의 學說」, 『왜 印度에서 佛敎는 滅亡했는가』(서울: 한걸음더, 2008), 57~60쪽; 平川彰 著, 『インド佛敎史 下卷』(東京: 春秋社, 2006), 405쪽.
10) 〈楊州檜巖寺指空禪師浮屠碑〉, "八歲, 備三衣."
11) 같은 碑文, "送那蘭陁寺講師律賢所."
12) 같은 碑文, "剃染五戒."
13) 이는 "心佛及衆生 是三無差別"이라는 『華嚴經』 卷10의 내용을 상기시킨다. 『大方廣佛華嚴經』10, 「夜摩天宮菩薩說偈品第十六」(『大正藏』9, 465c).
14) 〈楊州檜巖寺指空禪師浮屠碑〉, "學大般若, 若有得. 問諸佛衆生虛空三境界. 師云, 非有非無是眞般若, 可往南印度楞伽國吉祥山普明所, 硏窮奧旨. 時年十九."
15) 『懶翁和尙語錄』, 「懶翁行狀」(『韓佛全』6, 704b·c), "(平)山云, 曾見甚麼人來. 答云, 曾見西天指空來. 山云, 指空日用何事. 答云, 指空日用千劒. 山云, 指空千劒且置, 將汝一劒來."; 「行狀」(705b·c), "再条指空. … 云云 … 付囑云, 百陽喫茶正安[空方丈名]果, 年年不昧一通藥. 東西看見南北然, 明宗法王給千劒."; 〈懶翁碑文〉(710b), "条平山, 山問, 曾見何人. 日, 西天指空, 日用千劒. 山云, 且置指空千劒, 將汝一劒來."
16) 〈楊州檜巖寺指空禪師浮屠碑〉, "過盧山東林寺, 見前身塔歸然, 骨猶未朽. 淮西寬問般若意, 吾日, 三心不可得."
17) 岡敎遂, 「朝鮮華藏寺の梵夾と印度指空三藏」, 『宗敎硏究』 第31號(1926), 參照.
18) 『新增東國輿地勝覽』27, 「靈山縣-山川-靈鷲山」, 〈佛宇-寶林寺〉, "寶林寺: 在靈鷲山. 寺有般若樓, 高麗金倫, 爲合浦萬戶, 時, 爲西域僧指空, 建此樓三日而畢, 空登之說般若經因名焉."
19) 『大唐大慈恩寺三藏法師傳』10, 「起顯慶三年正月隨車駕自洛還西京至麟德元年二月玉華宮捨化」(『大正藏』50, 275c~276a).
20) 牟宗三 著, 鄭仁在·鄭炳碩 譯, 『中國哲學特講』(서울: 螢雪出版社, 1996), 314~318쪽.
21) 〈楊州檜巖寺指空禪師浮屠碑〉, "歷羅曜許國, 有講法華者, 吾說偈解其疑. 旦㗷國. 男女雜居,神形. 吾示以大道. 香至國王聞吾至. 喜曰. 吾甥也. 留不肯. 華嚴師廣說二十種菩提心. 吾喩以一卽多. 多卽一. … 迦羅那國亦信外道. 其王見吾喜甚. 吾示以大莊嚴功德寶王經摩醯莎羅王因地品."

22) 같은 碑文. "令修六度十地等法."

23) 指空과 密敎와의 關係는 다음의 研究를 參照하라. 許興植, 「指空의 思想形成과 現在著述」, 『東方學志』 제61호(1989) ; 한성자, 「『文殊舍利最上乘無生戒經』을 통해 본 指空和尙의 密敎的 色彩」, 『梅堂學報』 제7집(2002) ; 김치온, 「指空和尙의 密敎思想」, 『三大和尙 研究論文集 Ⅱ』(서울: 佛泉, 1999) ; 한성자, 「陀羅尼를 통해 본 指空和尙의 密敎的 色彩」, 『三大和尙 研究論文集 Ⅲ』(서울: 佛泉, 2001).

24) 〈指空碑文〉에는 迦羅那國王에게 『大莊嚴功德寶王經』, 『摩醯莎羅王因地品』을 설했다고 하는데, 이는 現存하는 經典이 아니어서 정확한 성격은 알 수 없다. 다만 『大正藏』 권20의 密敎部에 『佛說大乘莊嚴寶王經』 全4卷과 『最上大乘金剛大敎寶王經』 전2권이 전하고 있어, 이 또한 密敎系統의 경전으로 추정된다.

25) 『無生戒經』의 내용에 대해서는 다음의 자료를 參照하라. 廉仲燮, 〈Ⅲ. 『無生戒經』과 無生戒를 통한 교화〉, 「指空의 戒律意識과 無生戒에 대한 고찰」, 『韓國佛敎學』 제71호(2014), 260~272쪽 ; 許興植, 「指空의 無生戒牒과 無生戒」, 『書誌學報』 제4호(1991), 142~150쪽 ; 許興植, 「指空의 無生戒牒」, 『慶北大學校論文集』 제22집(1990), 參照 ; 조수진, 「紺紙銀字 『文殊最上乘無生戒牒』에 관한 연구」, 『書誌學研究』 제56집(2013), 278~293쪽.

26) 指空이 번역한 六種佛書는 慶州 祇林寺 大寂光殿의 塑造毘盧遮那三佛坐像의 主尊 腹藏遺物로 발견된 것 중 일부다. 이는 1988년 중요도를 인정받아 塑造毘盧遮那三佛坐像은 보물 제958호로, 腹藏典籍은 일괄로 해서 제959호로 지정되었다. 六種佛書는 「大佛頂」・「如意呪」・「大悲呪」・「尊勝呪」・「梵語心經」・「施食眞言」이다(許興植, 〈3. 새로 確認한 譯經과 著述〉, 「指空의 思想形成과 現在著述」, 『東方學志』 제61호[1989], 73쪽 ; 한성자, 「陀羅尼를 통해 본 指空和尙의 密敎的 色彩」, 『三大和尙 研究論文集 Ⅲ』, 서울: 佛泉, 2001, 55~68쪽). 이 같은 명칭은 약칭이므로 이의 전칭을 제시하면, 각각 「正本一切如來大佛頂白傘蓋總持」・「正本觀自在菩薩如意輪呪」・「科正本觀自在菩薩大圓滿無导大悲心大陁唎尼」・「科正本佛頂尊勝陁囉尼啓請」・「科中印度梵本心經」・「觀世音菩薩施食」이 된다. 六種佛書의 명칭을 통해서, 당시 유행하던 密敎와 관련된 小眞言類라는 것을 알 수 있다. 이는 지공이 밀교와 티베트 라마불교에 대해서 부정적인 인식을 보이지만, 당시의 시대적인 불교환경에 순응하는 모습으로 이해될 수 있어 주목된다.

27) 閔漬는 「旨要序」에서 "九十六種之道"라고 하였지만, 일반적으로 '96種'은 불교가 아닌 外道異學의 총칭이다(『別譯雜阿含經』 3, 「初誦第三一五二」, 『大正藏』 2, 309b, "爾時王舍城有九十六種外道."). 그러므로 이는 앞의 "三藏"과 대구를 이루는 外道의 학문으로 보는 것이 옳다.

28) 閔漬 撰, 「佛祖傳心西天宗派旨要序」, 『西天百八代祖師指空和尙禪要錄』, "學窮三藏. 乃至傍涉九十六種之道."

29) 『大唐大慈恩寺三藏法師傳』 3, 「起阿踰陀國終伊爛拏國條」(『大正藏』 50, 237b・c).

30) 李穡 撰, 「天寶山檜巖寺修造記」, 『牧隱文藁』 2, "第念是寺, 鐵山書額於前, 指空量地於後. 其山水之形, 宛同西竺蘭陀之寺, 又指空之所自言也. 其爲福地, 蓋甚明矣."

31) 天曆年間은 1328년에서 1329년까지이며, 指空이 御使로 高麗에 머문 기간은 1326년 3월부터 1328년 9월까지의 총 2년 7개월간이다. 이렇게 놓고 본다면 金守溫이 「檜巖寺重創記」를 기술할 당시의 檜巖寺 측 認識에는, 指空이 1328년 1월에서 9월 사이에 檜巖寺를 다녀간 것으로 되어 있다는 것을 알 수가 있다.

32) 金守溫 撰, 「檜巖寺重創記」, 『拭疣集』 2, "昔天曆間, 西天薄伽納提尊者, 見此寺之基, 以爲酷似西天阿蘭陁寺. 且曰, 迦葉佛時, 已爲大道場. 於是, 執繩量地, 以定其位, 時得劫前礎砌. 當時暫庇屋宇, 以識其叢而已."

33) 李穡 撰, 『牧隱詩藁』20, "東門合坐, 餞曹五宰, 權左使, 相視檜岩山水."

34) 『懶翁和尚語錄』, 「行狀」, "玆寺, 近對三角山, 南有漢江北有長湍, 三山兩水之記, 昭然可見." — 本文은 『韓佛全』6, 707c에 있지만, 이는 註文인 관계로 『韓佛全』에는 이 구절이 수록되어 있지 않다.

35) 石顚沙門(朴漢永) 撰, 「楊州天寶山遊記」, 『朝鮮佛敎總報』13, (京城: 三十本山聯合事務所, 1918), 參照.

36) 『懶翁和尚語錄』, 「行狀」(『韓佛全』6, 707b), "壬子秋, 師偶念指空三山兩水之記, 請移錫檜巖. … 云云 … 甲寅春又遣近臣尹東明, 仍請住是寺. 師曰, 此地는 吾初入道處, 亦先師安骨之地. 況 又先師 曾授記於我, 烏得無心哉."

37) 같은 책, 〈碑文〉(『韓佛全』6, 709b), "壬子秋, 偶念指空三山兩水之記, 欲移錫檜巖. 會以召赴是 寺法會得請居焉. 師曰, 先師指空, 蓋嘗指畵重營而燬于兵, 敢不繼其志, 迺謀於衆增廣殿宇."

38) 金守溫 撰, 「檜巖寺重創記」, 『拭疣集』2, "有玄陵王師普濟尊者, 受指空三山兩水之記, 遂來居 此. 乃欲大創, 分授棟樑, 奔走募緣. 功未及半, 而王師亦逝矣. 其徒倫絶澗等, 念王師未究之 志, 踵其遺矩, 以畢其績."

39) 李穡 撰, 「天寶山檜巖寺修造記」, 『牧隱文藁』2, "凡爲屋二百六十二間. 凡佛軀十五尺者七, 觀 音十尺."

40) 懶翁의 갑작스러운 涅槃과 관련해서, 許興植과 宗梵은 毒殺說을, 그리고 崔柄憲은 他殺說을 주장하고 있어 주목된다. 許興植, 「懶翁의 思想과 繼承者(上)」, 『韓國學報』 제16권(1990), 142 쪽 ; 宗梵, 「懶翁禪風과 朝鮮佛敎」, 『韓國佛敎文化思想史-伽山李智冠스님華甲紀念論叢 上』 (서울: 伽山佛敎文化硏究院, 1992), 1147쪽 ; 崔柄憲, 「牧隱 李穡의 佛敎觀」, 『牧隱 李穡의 生涯와 思想』(서울: 一潮閣, 1996), 182쪽.

41) 崔成鳳, 「檜巖寺의 沿革과 그 寺址調査 : 伽藍配置를 中心으로」, 『佛敎學報』 제9집(1972), 162~193쪽 ; 한지만·이상해, 「檜巖寺의 沿革과 정청·방장지에 관한 복원적 연구」, 『建築歷史 硏究』 통권 61호(2008), 48~49쪽.

42) 〈楊州檜巖寺指空禪師浮屠碑〉, "天曆以後, 不食不言者十餘年." ; 危素 撰, 「文殊師利最上乘無 生戒經序」, 『文殊師利最上乘無生戒經』, "天曆皇帝詔與諸僧講法. 禁中有有媚嫉之者, 窘辱不 遺餘力." ; 『白雲和尙語錄』下, 「辛卯年上指空和尙頌」(『韓佛全』6, 659b), "還歸大元, 與妙總統, 僅 一十年, 鬪靜勞苦. 又十餘年, 掩關杜詞."

43) 許興植 著, 「第1章 指空禪賢」, 『高麗로 옮긴 印度의 등불』(서울: 一潮閣, 1997), 64쪽.

44) 法源寺의 別稱은 高麗寺였다. 至仁 撰, 『澹居稿』1—指空禪師揭序」, 『北京圖書館古籍珍本叢刊 99-集部 明別集類』(北京: 書目文獻出版社, 1988), 655~656쪽, "逮今天子, 尤如敬禮, 以詔高麗 寺之丈室."

45) 法源寺는 大府大監 察罕帖木兒(察罕帖木兒, 즉 찰한티물은 百人勇士라는 의미로 위그르인이었다. 『元 史』141, 「列傳-察罕帖木兒」 ; 李則芬 著, 『元史新講』4, 台北: 中華書局, 1978, 27쪽)의 부인인 高麗人 金 氏가 시주한 사찰이다(〈楊州檜巖寺指空禪師浮屠碑〉, "大府大監察罕帖木兒之室金氏, 亦高麗人也. 從師 出家, 買宅澄淸里, 闢佛宮, 迎師居之. 師題其額曰法源").

46) 〈楊州檜巖寺指空禪師浮屠碑〉, "師所居寺, 皆高麗僧."

84

경기도 양주의 회암사에는 지공의 진술을 바탕으로 이색이 찬술한 〈양주회암사지공선사부도비(楊州檜巖寺指空禪師浮屠碑)〉가 건립되어 있다. 이는 인도불교를 직접 체험한 고승이 진술한 인도불교의 최후에 대한 기록이다. 그런데 이 비문의 내용에는 현대의 불교연구 결과와는 다른 상충되는 측면들이 있어 주목된다. 본고는 지공 진술의 타당성과 문제점을 검토하고, 이를 통해서 인도불교의 최후 양상에 대한 보다 정확한 관점을 토출해 보고자 한 것이다.

지공 진술 중 문제가 되는 측면은 '나란타에서의 출가 및 정상적인 교학(敎學) 수학'과 '스리랑카 능가국(楞伽國)의 선불교 방식 및 이후의 유력과 관련된 내용'이다. 지공의 진술은 현재까지의 불교사에서는 존재하지 않는 공백에 해당하는 중요한 부분이다. 그러므로 이의 비판적인 검토를 통해서, 인도불교사를 보다 풍부하게 할 수 있는 측면이 발생하게 된다.

3

지공의 교敎·선禪 수학修學
주장에 대한 검토와 문제점

I

서론

지공(1300~1361)은 1300년 동인도의 마갈제국에서 태어나, 남인도와 스리랑카(楞伽國과 師子國)를 유력하고 티베트를 거쳐 촉과 운남으로 들어와 원의 대도 및 고려의 개경과 금강산에까지 이른 인물이다. 이런 점에서 본다면, 지공은 불교역사상 중국의 현장과 더불어 가장 방대한 거리를 여행한 승려가 된다. 이는 또 지공이 인도불교의 최후시기에, 인도불교와 동아시아불교를 모두 체험한 가장 중요한 인물이라는 것을 의미하기도 한다. 그런데 지공과 관련된 기록은 모두 지공 자신의 진술에만 의존하는 것인데, 그 내용이 우리가 현재 알고 있는 불교사의 일반론과는 다른 여러 가지 문제점들을 포함하고 있어 주의가 필요하다.

지공과 관련된 핵심자료는 7종에 불과하다(제1장 주석3 참조). 이외에 지공과 관련해서는, 법계(法系)를 기록하고 있는 『선요록(禪要錄)』과 지공이 구술하여 번역한 경전인 『무생계경(無生戒經)』3권 및 이경전의 내용을 요약하여 계첩으로 만든 「무생계첩(無生戒牒)」 4종이 존재한다.[01] 이는 지공의 생애와 관련된 내용을 직접 수록하고 있지는 않지만, 지공의 사상계통과 관점을 살펴볼 수 있는 중요한 자료다.

그 밖에 지공의 수제자(首命弟子)인 나옹이나, 사법제자인 경한과 관련된 자료도 있다. 또 단편적이기는 하지만 『고려사』 권35·42와[02] 원나라 자료로 권형(權衡)의 『경신외사(庚申外史)』 권하,[03] 그리고 승려 지인(至仁)의 『담거고(澹居稿)』 권1과[04] 송렴(宋濂)의 『송문헌공전집(宋文憲公全集)』 권11[05] 등에서도 지공에 대한 내용이 일부 언급되어 있다.

지공에 대한 학계의 연구는 허흥식에 의해서 주도되었다(각주2·3 참조). 또한 『고려로 옮긴 인도의 등불』의 권말 「부록」에는, 지공과 관련된 문헌들이 원문으로 수록되어 있어서 연구에 도움이 된다.

그러나 전적으로 지공의 진술에 기초한 문헌들과 이에 입각한 허흥식의 연구는, 기존의 불교사적인 인식과는 상당한 괴리가 있는 것이 사실이다. 이와 같은 문제 중 본고에서는 지공의 교·선 수학에 대한 부분을 검토해보고자 한다.

지공은 스스로 나란타의 출가와 반야학을 중심으로 하는 다양한 수학을 말하고 있지만, 당시는 인도불교가 사라진 뒤 100여 년이 지난 시점이다. 또 스리랑카의 능가국과 관련된 선법(禪法)의 수학과 인도와 티베트의 유력 과정에서 살펴지는 선불교에 대한 측면 역시, 현재까지 연구된 일반적인 선불교의 관점과는 다른 것이다. 그럼에도 지공의 불교에 대한 진술이 인도불교와 관련된 최종적인 것이라는 점에서, 반박할 만한 명확한 근거가 없는 현재로서는 이를 부정하기에도 어려움이 있다. 즉 지공과 관련된 내용들은 인도불교의 최

종적인 중요한 내용을 포함하고 있는 것인 동시에, 그대로 수용하기
에는 의심의 여지가 있는 기록인 것이다. 이런 점에서 이의 타당성
과 문제점을 고찰하는 것은 매우 중요한 연구의의를 확보한다.

Ⅱ

나란타의 출가와 교학(敎學)

1. 나란타 출가의 타당성과 문제점

지공은 출가하기 전부터 술이나 신채[辛菜(葷菜)]를 먹지 않는 계율적인 소양을 보인 것으로 기록되어 있다.[06] 그러나 지공이 8세에 나란타사의 율현(律賢)에게 출가하는 점을 생각해보면,[07] 이는 불교적인 선근(善根)에 대한 강조일 뿐이라고 판단된다. 왜냐하면 지공의 출가 연령을 고려한다면 술을 마시지 않았다는 것은 큰 의미가 될 수 없으며, 또 신채를 먹지 않은 점 역시 승단에서 오신채 등을 금하는 핵심적인 측면은 냄새를 통해서 대중생활에 피해를 주기 때문이다. 그러므로 재가인과 관련해서는 이 역시 큰 의미가 성립하지 않는다. 그러므로 이 기록은 태생적인 선근을 강조하는 측면으로 이해하는 것이 타당하다.

지공의 출가 이유는 부왕의 불치병과 관련된다. 당시 점사는 왕의 병이 치유되기 위해서는 적자(嫡子)가 출가해야 한다고 했으며, 부왕이 왕자들의 출가의사를 물었을 때 지공이 선뜻 동의했다. 이러한 결과로 부왕의 병이 나았다고 〈양주회암사지공선사부도비〉에서 기록하고 있다.[08] 병고완쾌를 위해 가족과 같은 혈족이 출가하는 행위는 고대의 인신공희(人身供犧) 유풍이 종교적으로 수용되어 잔존하는 양상이다. 그러므로 고대에 이와 같은 형태의 출가는 허흥식의 말처럼 그렇게까지 특기할 만한 것은 아니다. 또 이는 지공이 왕가에서 8세라는 이른 나이에 출가하게 되는 타당한 이유를 제공해준다.

〈비문〉에는 지공이 8세에 삼의(三衣)를 갖추고 나란타사의 강사인 율현에게 출가하여 5계를 받은 것으로 되어 있다. 법명은 은사를 통해서 주어지는 것이라는 점에서, 법명을 가지고 승려의 관심분야를 판단한다는 것은 자칫 위험한 일일 수도 있다. 그러나 법명에는 은사의 판단과 바람도 함께 작용한다는 점에서, 양자가 전혀 무관하지만은 않은 것 역시 사실이다. 그러므로 지공의 스승인 율현을 율과 관련된 인물로 판단해 보는 것도 크게 무리한 것은 아니다. 특히 지공이 출가 이전부터 신채를 멀리한 계율적인 성향의 인물이며, 또 이후로도 계율에 대한 인식이 강한 인물이라는 점에서 이와 같은 추론은 충분한 타당성을 확보한다. 즉 율현이라는 율 중심의 강사에 의해서 지공의 계율적인 기질이 보다 공고해졌을 가능성이 있는 것이다.

그런데 지공의 출가 대목에서 문제가 되는 것은 출가 장소로 지목된 '나란타사'와 '5계'다. 현대의 불교학에서는 인도불교의 최후를 1203년 이슬람에 의한 비크라마쉴라사원의 파괴로 잡고 있다.

비크라마쉴라사원이 이슬람에 의해서 파괴되었다는 점을 고려한다면, 나란타가 정상적인 상태로 남아 있다는 것은 설득력이 없다. 그러므로 당시에는 나란타사의 파괴된 일부나 나란타의 학맥과 같은 영향의 잔존하는 일부가 남았고, 지공은 여기에서 수학했을 가능성이 크다. 즉 지공이 출가했을 당시 나란타사는 시대배경상 정상적인 나란타일 수 없는 것이다.

이와 관련해서 주목되는 것이 바로 지공이 5계만을 받았다는 기록이다. 주지하다시피 5계란 신도의 계목(戒目)으로 이는 사미의 10계와는 다르다. 그런데 왕족의 정식 출가자인 지공이 5계를 받고 있는 것이다.

인도불교의 마지막 주류는 밀교로, 이들은 당시에 이미 티베트로 옮겨간 상태였다. 그러므로 이는 지공이 말하는 나란타가 구족계를 줄 정도의 승려조차 구비되지 않았거나, 또는 당시에 체계적이지 않은 상황이었다는 의미로도 해석될 수 있다. 이렇게 놓고 본다면 지공이 말하는 나란타는 인도불교의 마지막에 위치한, 과거의 영화와 전설만을 간직하고 있는 허물어진 나란타였을 가능성이 크다. 즉 지공이 나란타에서 8세부터 19~20세까지의 12년 정도를 수학했다는 진술에는[09] 생각보다 간소한 부분에 대한 과장의 개연성이 존재하는 것이다.

그럼에도 지공의 진술을 통해서, 인도불교의 마지막이라고 기록되어 있는 인도불교사의 연대보다도 상당히 오랜 기간을 불교적인 영향이 잔존했었다는 것을 인지해 볼 수 있다. 이런 점에서 지공이 인도를 유력하면서 불교에 대해 단편적이나마 전하고 있는 내용들은 인도불교사의 보다 사실적인 접근에 있어서 매우 소중한 자료가 된다고 하겠다.

2. 나란타 수학의 타당성과 문제점

지공이 12년 정도를 나란타에서 수학한 주된 경전은『대반야경』으로 나타난다.[10] 물론 이 외에도 삼장(三藏)과 96종의 이학(異學)이라는 많은 문헌들을 학습했다고 하지만, 이 시기 수학과 관련해서 명칭이 나타나는 것은『대반야경』뿐이다. 이런 점에서『대반야경』을 주로 학습했다고 볼 수 있다. 또 당시 나란타의 시대배경을 고려한다면, 삼장과 96종이란 지공이 실제로 수학한 학문의 종류라기보다는 과거 나란타의 영광을 표현한 정도로 이해된다.

인도불교는 경전보다는 논전 위주의 치밀한 학습태도를 보인다. 그러나 지공의 수학과 관련해 나타나는 전적들이『대반야경』·『법화경』·『화엄경』·『보왕경』이라는 경전들뿐이라는 점에서, 당시에는 이미 복잡한 논전 계통은 전승이 단절된 것이 아닌가 추정된다.

『대반야경』은 공을 설하는 반야부 경전의 종합으로, 현장에 의해서 한역된 600권본이 있다.[11] 당시 이슬람의 공격 등에 의해 사상계와 불교가 혼란을 겪는 상황에서, 방대한 분량의『대반야경』을 모두 수학했다는 것은 납득하기 어렵다. 그러므로 그보다는 축약형태의 경전이나『대품반야경』과 같은 경전을 배웠다고 보는 것이 보다 타당하다. 왜냐하면 만일『대반야경』을 다 배울 정도로 나란타사의 사세나 교학적인 체계가 남아 있었다면, 반야사상과 연관된 중관학(中觀學)에 대한 언급이 수반되었을 것이기 때문이다. 또 실제로『대반야경』은 학습경전이라기보다는 반야부 전체를 상징하는 총체적인 경전이며, 연구는 주로 『대품반야경』이나 중관사상 등이 이루어지곤 하였다. 이는 용수의 『대지도론(大智度論)』이 『대품반야경』에 대한 주석서이며, 인도불교에서 중관은 유식(唯識)과 더불어 2대 학파를 성립하는 것을 통해 단적인 판단이 가능하다.

동아시아 불교의 경우도 『대반야경』은 학습보다는 독송이나 전독(轉讀)과 같은 방식으로 접근되었다. 이는 『대반야경』의 방대함으로 인하여, 이를 직접적인 학문의 대상으로 하기보다는 공덕 산출에 유익하다고 판단했기 때문이다.

여러 관련기록을 통해서 지공은 반야학을 수학하였으며, 반야사상의 전지자였음을 확인할 수 있다. 그런데 이 중에서 특히 주목되는 것은 지공이 『반야경』을 범자로 서사했다는 부분이다.[12] 이는 모종의 반야부 경전을 지공이 외우고 있었다는 의미로 이해될 수 있기 때문이다. 즉 지공이 서사한 『반야경』은 외울 수 있고, 서사할 수 있을 정도로 그리 길지 않은 경전이었던 것이다. 『대반야경』은 분량상 외우거나 쉽게 서사될 수 있는 경전이 아니다. 즉 지공이 전지한 『반야경』은 『대반야경』과는 다른 반야부 경전인 것이다.

또한 지공은 동림사 인근에서 반야에 대한 질문을 받고, "삼심(三心)으로도 얻을 수 없다"는 구체적인 언급을 하고 있다.[13] 여기에서 3심이란 다소 불분명하기는 하지만, 『금강경』에서 말하는 "과거심불가득 현재심불가득 미래심불가득(過去心不可得 現在心不可得 未來心不可得)"의 3심으로 이해하는 것이 가능하다.[14]

이를 통해서 지공이 반야부 중 『금강경』이나 혹은 이와 내용적으로 유사한 비교적 짧은 경전을 암송하고 있었던 것이 아닌가 하는 추정도 가능하다. 또 이와 같은 여러 내용들 속에서 경전 모두를 단순히『반야경』이라고 칭하는 것을 통해, 지공이 학습한 경전도『대반야경』의 전체가 아닌 반야부계의 소경전이었을 가능성에 무게를 실어볼 수 있다.

Ⅲ

스리랑카 선불교와 지공의 유력

1. 스리랑카 선불교의 타당성과 문제점

지공은 능가국의 보명에게서 선법(禪法)을 전해 받은 것으로 기록되어 있다. 그런데 지공은 스스로의 선법을 달마와는 다른 유파별전[流派別傳(流派開宗)]이라고 적고 있어 주목된다.[15] 스스로의 법맥을 유파라고 하는 것은 달마의 선법을 정맥(正脈)으로 본다는 의미다. 그렇기 때문에 이러한 지공의 주장이 동북아 선불교의 전통을 의식해서, 충돌을 피하기 위한 배려와 겸사가 아니었는가 하는 판단도 가능하다.

지공이 나란타사의 율현을 떠난 것은, 반야사상과 관련된 보다 깊은 이치를 궁구하기 위한 것이었다. 즉 반야를 넘어서 선법과 만나게 되는 것이다. 이와 관련해 지공이 인가받는 부분에 대한 〈비문〉의 내용을 제시해보면 다음과 같다.

『대반야경』을 배워서 얻은 바가 있었다. [내가 스승에게] 제불과 중생

및 허공의 세 경계에 대해서 물었다. [그러자] 스승께서 말하기를, "유도 아니고 무도 아닌 것이 참된 반야이다. 이제 남인도 능가국의 길상산에 있는 보명의 처소에 가서 오지(奧旨)를 궁구하도록 하라."고 하셨다. 그때 내 나이 19세였다.

분발 독행(獨行)하여 스승을 정음암(頂音菴)에서 뵙고는 예를 갖추었다. 스승이 말하기를, "중천축에서 이곳까지의 걸음수가 얼마나 되는가?" 하였다. 내가 능히 대답하지 못했다. [그래서] 물러나와 석굴에 앉아서 6개월 동안을 참구하여 마침내 깨달음을 얻었다. [그러나] 일어나려 하자 [가부좌한] 두 다리가 서로 붙어서 떨어지지 않았다. 그곳의 왕이 의원을 불러서 약을 처방하니 [비로소] 치료되어 설 수가 있었다.

내가 스승에게 가서 답하기를, "두 다리 [사이는] 일보(一步)일 뿐입니다."라고 하였다. 그러자 스승이 의발(衣鉢)을 부촉하고 마정수기(摩頂受記)를 주면서 말했다. "하산(下山) 일보하면 문득 사자아(師子兒)로구나. [나의] 좌하(座下)에서 법을 얻어 출신(出身)한 이들이 243인인데, 중생교화와는 모두 인연이 적었다. 자네가 나의 교화를 넓힐 수 있으니, 가서 힘쓰도록 하라." [그리고는] 법호를 소나적사야(蘇那的沙野)라 하였으니, 화언(華言. 중국어)으로는 지공(指空)이다.

내가 게송으로 스승의 은혜를 사례하고, 대중에게 말하였다. "나아간 즉 허공에는 자취가 없고, 물러난 즉 만법에는 형상이 없네." [그리고는] 대갈일성(大喝一聲)하였다.[16]

지공이 인가받는 대목을 보면, 중국 남종선의 활발발한 기상은 전혀 느껴지지 않는다.[17] 또 지공은 보명의 물음을 가지고 6개월 동안 석굴에서 좌선하였는데, 이 또한 일종의 현상과 유리된 초월명상을 의미한다. 이는 지공이 '다리를 쓸 수 없을 정도'라는, 한 자세로 일관하는 수행법을 사용했다고 한 점을 통해서도 인지된다. 그런데 이러한 수행양상은 중국 남종선(南宗禪)에서 현실을 정확하게 인지하며 수행하는 측면과는 다른 것으로, 인도불교적인 선수행 모습을 잘 나타내주고 있다.

또 보명은 지공을 인가하면서 의발과 마정수기를 주는데, 이중 의발은 은사가 상좌에게 갖추어줘야 하는 필수품목이라는 점에서 전법제자가 되어 사법(嗣法)했다는 것을 의미한다. 이는 중국선불교에서도 나타나는 전통이다. 그러나 다음의 마정수기는 대승불교에서도 살펴지는 부분이지만, 스승이 마정수기를 준다는 것은 당시의 시대배경을 고려했을 때 밀교적인 관정법(灌頂法)의 영향과 습합된 것으로 판단된다. 왜냐하면 대승경전에서 나타나는 마정수기는 불·보살에 의한 것이지, 스승에 의한 것은 아니기 때문이다. 그러나 밀교의 관정법은 스승이 제자에게, '제자가 본래부터 붓다임을 고지'해주면서 행하는 의식이다.[18] 이런 점에서 스승은 곧 본래불을 자각한 붓다이며, 제자는 본래불을 자각하는 새로운 붓다가 되는 것이다. 그런데 지공의 전법과정에는 이와 같은 마정수기의 기록이 있어, 당시 능가국에도 밀교적인 영향이 미치고 있다는 것을 파악해 볼 수 있다.

보명은 지공을 사자아에 비유하며 교화에 힘쓸 것을 당부하는데,

사자에 대한 비유는 인도적인 것으로 지혜를 가진 법왕(法王)의 상징이다. 또 보명은 인가의 결과로 지공에게 소나적사야, 즉 지공이라는 법호를 주고 있다. 이는 의발을 주는 것과 함께, 깨달은 승려로서 새롭게 재탄생하여 사법의 제자가 되었다는 것을 상징하는 것이다.

끝으로 지공은 "나아간 즉 허공에는 자취가 없고, 물러난 즉 만법에는 형상이 없네"라는 출산게(出山偈), 즉 하산게(下山偈)를 대중에게 고하고 대갈일성을 하게 된다. 이때의 대갈일성을 임제종의 할과 같은 관점으로 이해할 수 있을지는 다소 의문이다. 그런데 이 게송 역시 진공묘유(眞空妙有)와 같은 반야사상을 내포하고 있다는 점에서 주목된다. 다만 다른 점은 진퇴라는 선적인 현재성이 보다 분명하게 존재한다는 것이다. 즉 지공 선사상의 특징은 처음 보명에게 오는 시작과 출산게를 통해서 일관되게 반야사상에 기반하는 반야선(般若禪)이라는 점이 확인된다. 또 그렇기 때문에 이후 지공이 천검(千劍)을 쓰는 반야검의 활달묘용(豁達妙用)을 구사할 수 있게 되는 것이다.[19]

그런데 이 인용문의 마지막에는 특이하게도 대갈일성이라는 대목이 나타나고 있어 주목된다. 이를 중국 선승이 법문을 마친 뒤에 '억(할)'하고 고함을 치는 것으로 보아야 하지는지에 관해서는 다소 의문이다. 내용의 구조로 보아서는 이렇게 이해되는 것도 가능하지만, 내용상으로 볼 때 이는 다소 동떨어진 감이 있다. 할이 나오기 위해서는 전체적인 활발발한 기상이 느껴져야 하는데, 보명과 지공의 사법에는 더운 지방 특유의 다소 이완된 양상만이 확인될 뿐이기 때문이다. 그러므로 이 경우는 인도불교 전통의 사자후와 같은 관점에서 이해하는 것이 더 타당하지 않은가 한다. 이는 앞서 사자아의 비유가 등장하는 것과 연관해서도 파악되는 측면이다.

물론 바로 뒤에 언급할 지공의 〈비문〉에는, 좌리국(佐理國)과 아누달국(阿耨達國)에서도 할과 같은 양상이 살펴진다. 만일 이 대갈일성을 할로 본다면, 임제의 할이라는 임제선의 한 특징은 완전히 인도선적인 것이 되고 만다. 그러나 이는 〈비문〉의 전체적인 내용의 전개상에서 보아도 수용하기에 무리가 있다. 왜냐하면 아래에 제시하는 〈비문〉에서 나타나는, 지공의 방·할이 집중적으로 나타나는 지역은 다름 아닌 티베트와 가까운 서북인도 쪽이기 때문이다. 즉 스리랑카와 인접한 곳에서는 이와 같은 양상이 전혀 살펴지지 않는 것이다. 그러므로 이 부분은 중국선적인 구조에 맞춰서, 인도불교의 사자후 부분이 다소 변형되는 정도로 이해하는 것이 가장 큰 타당성을 확보한다고 하겠다.

2. 유력에서 살펴지는 선불교의 타당성과 문제점

지공은 보명의 문하에서 벗어나 시계방향으로 인도를 유력하게 된다. 이때 지공은 방·할의 선풍을 보이고 있어 주목된다. 이를 제시해 보면 다음과 같다.

① 좌리국(佐理國): 그 회중(會中)에 비구니가 있었는데, 대중에서 나

와 [나에게] 물었다. "그 쪽의 스승[지공을 가리킴]과 이 제자의 중간은 무엇입니까?" 내가 일할(一喝)을 하니, 비구니가 대오하고는, "바늘 구멍 가운데로 상왕(象王)이 지나간다."는 게송을 읊었다.[20]

② 가라나국(迦羅那國): 호랑이가 다가오는 것을 시자가 새소리를 [통해서] 인지하고는, [시자와 함께] 나무 위로 피했다. [내가] 말하기를, "네가 이미 새의 말을 아니, 내가 설한 법도 능히 알겠구나?" 하니, 시자가 말이 없었다. [그래서] 아프게 삼십방(三十棒)을[20] 때리니 이에 깨달았다.[22]

③ 차릉타국(嵯楞陁國): 아누달지(阿耨達池)의 승려 도암(道巖)이 호수 곁에 풀로 소암(小菴)을 지어서 거처했다. [그러다가] 사람이 오면, 불을 지르고는 "불을 꺼라, 불을 꺼라."라고 외쳤다. 내가 [그곳에] 이르자, [또] "불을 끄라"고 외쳤다. [내가 옆의] 정병을 걷어차 버리니, 도암이 말하기를 "애석하구나, 오는 것이 어찌 이리도 늦단 말인가!"라고 하였다.[23]

④ 말라파국(末羅婆國): 성 동쪽의 보화상(寶和尙)은 그가 거처하는 사방을 밭으로 개간하여, 채소종자 한 그릇을 놔두었다. [그리고는] 사람이 오면 말없이 밭만을 일구었다. 내가 채소종자를 [가지고] 뒤따르면서 파종하니, 승려가 큰소리로 "채소가 나왔다, 채소가 나왔다."라고 외쳤다.

[또] 그 성중에는 베 짜는 사람이 있었는데, 사람이 와도 말이 없이 베만 짜고 있었다. 내가 칼로 잘라버리자, 그 사람이 말하기를 "다년 간의 베 짜기를 이제야 마쳤구나."라고 하였다.[24]

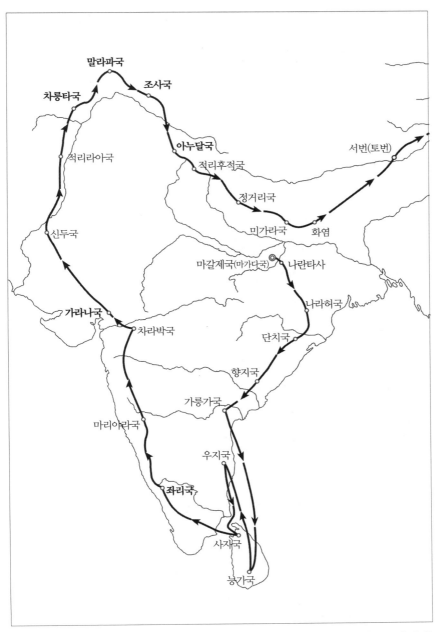

말라파국

차릉타국

조사국

적리라아국

아누달국

서번(토번)

적리후적국

정거리국

신두국

미가라국

화염

마갈제국(마가다국)

나란타사

나라허국

가라나국

차라박국

단치국

향지국

가릉가국

마리아라국

우지국

좌리국

사재국

능가국

〈지공의 인도 유력 과정〉

103

⑤ 아누달국(阿耨達國): 승려 성일(省一)은 요중(窰中)에 거처하면서 사람이 오는 것을 보면, 얼굴에 그을음을 바르고 나와서 춤을 추다가 다시 들어가곤 하였다. 내가 게송으로 화답하며 꾸짖었다(할).[25]

⑥ 조사국(早娑國): 승려 납달(納達)은 길가에 수년을 거처하면서 사람이 오는 것을 보면, "잘 왔소." 하고 가는 것을 보면 "잘 가시오." 하였다. 내가 문득 세 방을 때리니, 저도 나에게 한 주먹을 날렸다.[26]

지공이 중국에 들어오기 전에 남종선과 유사한 선법을 보이고 있다는 것은, 지금까지의 중국선종에 관한 인식에 있어서는 상당히 이해하기 어려운 부분이다. 특히 위에서 검토한 바와 같이 지공이 보명에게 전수한 선법에는 남종선의 활발발한 기상이 살펴지지 않는다. 그럼에도 이와 같은 양상이 발견된다는 점에서 더욱 납득하기가 쉽지 않다. 왜냐하면 남종선의 활발발한 현재적인 측면은 동아시아 남종선만의 특징이기 때문이다.

이와 같은 모순구조의 이해와 관련해서, 다음과 같은 세 가지의 타당한 해법을 생각해 볼 수 있다.

첫째는 이 기록을 사실로 받아들여, 인도의 선불교 전통에도 모종의 중국 남종선과 통할 수 있는 행동주의가 존재한다고 판단해 보는 것이다. 지공은 달마와 자신을 혈연적으로 연결시키는 동시에, 자신의 전등계열(傳燈系列)은 유파로 정리하고 있다. 이렇게 놓고 본다면 달마의 선과 다른 유사한 방식이, 인도불교의 선문화에서 발생했을 가능성도 존재하는 것이다. 즉 남종선이 달마에 의해 전래된 것에서 비롯된 것임을 받아들인다면, 남종선과 유사한 발전양상이 인도의 선불교 안에도 존재할 개연성이 있다는 말이다.

실제로 지공이 『선요록』에서 제시한 사자상승을 보면, 달마는 제 24조가 된다.[27] 이는 중국선종의 28조설과는 다른 것이다. 이와 같은 지공의 인식은 『나옹어록』의 "서천의 20여 명과 동토의 72명은 다 같은 사람일진데, 지공은 그 가운데 없도다."라는 구절을 통해서도 방증된다.[28] 이 대목은 지공이 인도와 중국의 역대 조사를 언급하는 부분인데, 지공은 별파의 서천법맥을 계승했으므로 여기에서의 서천 20여 명이란, 선종의 달마까지를 말하는 것으로 이해된다. 이는 이후의 동토 72명이라는 구절을 통해서도 분명해진다.

지공이 달마를 28조로 인지하고 있었다면, 20여 명이라는 표현보다는 30여 명이라고 하는 것이 보다 일반적일 것이다. 그러므로 이는 『선요록』의 달마 24조설을 방증할 수 있는 자료가 된다. 즉 중국 선종과는 다른 인도적인 선법에 대한 별도의 관점을, 지공이 가지고 있었을 수도 있다는 말이다. 이는 지공의 진술이 모종의 사실일 개연성이 존재한다는 의미가 된다.

둘째는 지공의 진술이 과장되었을 가능성이다. 지공에게는 동아시아 불교전통에 정착하면서 사실을 변형하는 모습이 확인된다. 단적으로 달마와 자신을 연결시키는 것이나,[29] 자신의 선법을 유파라고 하는 점이 그것이다. 불교가 인도에서 발흥한 종교라는 점을 감안한다면, 인도적인 부분이 더 정통이라는 주장은 쉽게 성립할 수 있다. 또 시기가 다르기는 하지만, 현장의 유학시기에 인도불교는 중국불교를 매우 낮게 평가하는 모습을 보이고 있다.[30] 이는 종주국의 관점에서는 당연한 측면이라고 하겠다.

그런데 지공과 같은 경우는, 역으로 스스로를 별파라고 주장한다. 일반적인 인식에서 전쟁과 같은 특수한 상황이 아니라면, 의당 본토를 떠난 학맥(학파)이 별파가 되는 것이 옳다. 그럼에도 인도에서 온 지공은 스스로를 별파로 규정하고 있는 것이다. 물론 이는 지공 역시도 인도 본토의 법맥을 계승한 것이 아닌, 능가국의 법맥을 계승했기 때문일 수도 있다. 그러나 지공 스스로도 능가국을 '남인도의 능가국'이라고 적고 있을 정도로 능가국이 인도와 연관된 문화권이라는 점을 생각한다면, 스스로를 별파로 규정하는 것은 타당하지 않다고 판단된다. 그러므로 이는 지공이 동아시아 불교전통에 정착하는 과정에서 타협하는 모습을 보이고 있다고 생각해 볼 수 있는 대목이다. 이런 점에서 본다면 지공이 동아시아 불교문화를 의식해서, 자신이 겪은 일들 중 일부를 과장했을 개연성이 존재한다. 즉 사실이 아닌 것을 조작한 것까지는 아니더라도, 보다 강조하는 과정을 통해서 동아시아 불교적인 관점으로 변용했을 개연성이 존재한다는 말이다.

끝으로 셋째는 티베트와 인접한 지역에 선불교가 일부나마 존재했을 가능성이다. 지금까지의 연구로는 티베트불교와 관련해서, 중국선불교가 카마라실라[蓮華戒]와 마하연[摩訶衍(大乘)] 간의 삼예(Samye)논쟁에서 패배한 후 지리멸렬한 것으로 이해한다. 그러나 티베트의 중국불교 초전(初傳)은 당 태종의 조카인 문성 공주(623~680)가 궁송궁짼(621~643) 및 송짼감뽀(581~649, 松贊干布)와 결혼하는

641년이다.[31] 이때 문성공주가 모셔간 석가모니상을 안치하기 위해서, 티베트 최초의 불교사원인 조캉사원[大昭寺]이 건립된다. 이후로도 티데쭉짼(704~754)과 당 중종의 조카인 금성 공주의 결혼 및 사천의 정중무상(淨衆無相, 684~762)의 영향 등이 있으며,[32] 이 외에도 안사의 난(755~763) 이후 축소된 당의 영향력 저하로 인한 티베트의 중국관할지 통치권 확대 등이 고려될 수 있다. 이는 중국불교의 티베트에 대한 영향을 의미한다. 즉 삼예논쟁이 벌어지는 794년 이전에, 중국불교가 티베트에 150년 이상의 영향력을 발휘하고 있었던 셈이다. 이는 삼예논쟁에서 마하연이 패배했다고 하더라도, 중국불교적인 영향이 존재했을 개연성을 환기시킨다. 여기에 삼예논쟁이 산타락시타[寂護]의 돌연한 죽음과 강대해진 티베트가 돈황을 영향력 하에 편입시킴으로써, 중국 선불교가 본토로 유입되면서 발생하는 충돌이라는 점을 고려한다면 논쟁 이후에도 중국불교가 잔존했을 개연성은 충분하다.

삼예논쟁은 정권의 의지와도 관련된 것이다. 그러므로 삼예논쟁의 패배 기록은 중국불교가 크게 위축되었다는 것을 말해준다. 그러나 티베트가 중국과 끊임없는 교역관계에 있는 인접국가라는 점에서, 중국불교의 영향이 완전히 사라졌다고 보기에는 어려움이 있다. 또 중국불교가 강력했을 때 티베트 주변으로 전파된 상황에서, 티베트 중앙의 영향이 적은 곳에서는 독자적인 세력으로 오랫동안 잔존했을 가능성도 생각해 볼 수 있다. 이는 티베트라는 산악지형의 특성상, 하나의 단일한 관점이 전체를 바꾸는 데에는 상당한 기간이

소요된다는 점에서 더욱 그렇다.

만일 이와 같은 가설을 수용한다면, 지공은 원에 이르기 전에 중국 선불교와 먼저 조우한 것이 된다. 물론 이러한 선불교는 중국 본토의 선불교와는 다른, 지역적인 영향에 의해서 많이 변형된 선불교일 것이다. 이와 같은 선불교와의 만남을 통해서, 지공은 인도 선불교적인 부분을 발현해 적절히 응대하고 있다는 추론도 가능하다. 물론 〈비문〉은 지공의 주체적인 선적 행위를 주로 기록하고 있다. 그러나 선불교가 중국 이외에도 존재한다고 가정한다면, 이는 지공만의 선적 행위라기보다는 서로간의 선적인 응대라고 해야 할 것이다.

실제로 티베트 쪽과 가까운 지역의 기록들에는 지공의 선적인 행위 이전에 상대가 먼저 선적 행위를 하고 있는 모습이 확인된다. 또 마지막의 ⑥조사국에서와 같은 경우, 지공이 세 대를 때리자 상대 승려가 주먹을 날리는 것으로 나타나 있다. 이는 전체적으로 매우 선적이며, 홍주종(洪州宗)적이다. 실제로 내용적으로는 약간 다르지만, 이 이야기는 『무문관(無門關)』 제31칙에 나오는 대산로상(臺山路上)의 〈조주감파(趙州勘婆)〉 화두를 연상시킨다.

이상의 세 가지 중 어떤 것이 옳은지에 관해서 정확한 판단은 불가능하다. 그러나 이러한 세 가지가 모두, 어느 정도 이상은 섞여서 존재한다고 보는 것이 가장 합당한 판단이 아닌가 한다. 지공의 선은 인도적인 기원을 가지고 동아시아불교에 정착했다. 이것이 가능한 것은 지공의 인도선불교적인 배경에도 동아시아 선불교와 통할수 있는 측면이 존재했기 때문이 아닌가 한다. 물론 지공이 중국 강남의 선불교와 직접적으로 교류하는 부분은 나타나지 않는다. 이는 지공선이 중국 전통의 선법과는 다르다는 것을 의미한다. 그러나 고려의 조계종 선승들이 인가를 위해서 입원할 때 지공을 찾았다는 것은[33] 양자의 공통점도 분명히 존재한다는 것을 나타내준다. 이런 점에서 지공의 선불교에 대한 진술을 너무 일방적으로 수용하는 것도 문제지만, 반대로 비판적인 시각만을 견지하는 것도 문제라고 하겠다. 그러므로 서로 간에 통할 수 있는 선의 특징이 중국문화 배경 속에서 말해지는 과정에서, 보다 중국화된 진술로 미화된 것으로 이해하는 것이 가장 타당하다고 판단된다.

Ⅳ

결론

이상을 통해서 지공이 주장하고 있는 교·선 수학에 대해서 검토해
보았다.

이 중 먼저 교학과 관련해서, 지공은 나란타에 출가하여 『대반야
경』을 중심으로 하는 삼장과 96종의 학문을 수학했다고 주장하고 있
다. 그러나 지금까지 현대의 불교학이 파악하고 있는 인도불교에 대
한 현실을 반영해 보았을 때, 이를 모두 사실로만 받아들일 수는 없
다. 물론 그렇다고 지공의 주장을 허구라고 매도하기 위한 반대할
만한 명확한 근거를 제시하기도 쉽지 않다. 즉 양자 간에는 '지공이
라는 당대 인도불교를 직접 경험한 승려의 일방적인 주장'이라는 문
제점과, '현대의 불교학이 축적하고 있는 아직은 불완전한 연구'라는
완전히 신뢰할 수 없는 불일치가 존재하는 것이다.

그러나 지공의 주장에서도 지공이 출가과정에서 5계만을 받았다
는 것이나, 또는 '대반야'의 반야가 『대반야경』이라기보다는 반야학
의 대명사처럼 사용하는 모습이 발견된다는 점에서 주목된다. 이는

지공이 말하는 나란타가 과거의 영광을 간직한 모종의 잔존 양태로 파악될 수 있기 때문이다. 즉 지공의 주장이 다소 과장되었다는 정도에서, 현재불교학의 연구결과와 지공의 주장이 일치될 수 있는 접점이 확보된다고 하겠다.

다음으로 선수행과 관련해서, 지공은 인도 본토가 아닌 스리랑카 능가국에서 보명의 선법을 계승하게 된다. 그런데 여기에는 다분히 중국불교의 남종선과 통할 수 있는 개연성이 드러나고 있어 주목된다. 또 실제로 지공의 티베트 쪽 유력 과정에서는 방·할과 같은 남종선의 발전된 특징 양상까지도 살펴진다. 즉 지공의 선수행과 관련해서도 중국불교의 일반적인 이해와는 다른 불일치가 존재하는 것이다.

이와 같은 문제와 관련해서, 본고에서는 지공이 동아시아 선불교 문화 속에서 입지 확보를 위해 자신이 경험한 내용을 동아시아적인 관점에 맞추어 과장했을 가능성을 제시하였다. 이는 앞선 교학의 수학 부분에서도 추론되는 결론이다. 그러므로 이를 지공의 특징적인 행동양식으로 이해해도 큰 문제는 없다고 판단된다.

현대의 불교연구 결과에 따르면, 지공은 인도불교가 사라진 모종의 잔존 양태 속에서 출가한 기록이 전해지는 인도불교의 최후를 경험한 인물이다. 이 경험과 불교 수학을 바탕으로 결국 티베트를 거쳐 동아시아에 정착하게 된다. 이러한 과정에서 동아시아 불교 방식에 자신의 경험과 불교 수학을 견주어 설명하는 것은 비단 악의적인 과장과 비약이라고 비판할 수만은 없다. 즉 지공이 처한 특수한 환경과 변화에 대한 이해를 반영해서, 그의 행동을 이해할 필요가 있다는 말이다.

지공이 전하고 있는 불교에 대한 내용은 현재 불교사에는 존재하지 않는 공백에 해당하는 부분이다. 그러므로 이를 보다 합리적인 관점에서 수용하려는 노력이 필요하다. 이런 점에서 지공에 대한 비판적인 연구 검토는, 불교사를 보다 풍부하게 한다는 점에서 매우 중요한 연구의의를 확보한다.

[3장 주석]

01) 許興植 著, 「第1章 指空禪賢」, 『高麗로 옮긴 印度의 등불』(서울: 一潮閣, 1997), 81~89쪽.

02) 『高麗史』35, 「世家35」, 〈忠肅王2-15年(1328)-秋七月〉; 『高麗史』42, 「世家42」, 〈恭愍王5-19年(1370)-正月〉.

03) 權衡 撰, 『庚申外史』下, "至正十九年(1359): 太子召指空和尙, 問民饑饉, 何以療之. 指空曰, 海運且至, 何憂, 秋福建運糧數十萬, 至京師. 指空者, 西天刹帝利王第三者, 狀貌魁梧, 不去鬚髮, 服食擬于王者. 居京師四十年, 習靜一室, 未嘗出門, 王公貴人, 多見呵斥, 雖帝亦不免. 年百八歲而死."

04) 至仁 撰, 『澹居稿』1, 「指空和尙偈序」(『北京圖書館古籍珍本叢刊99-集部 明別集類』, 北京: 書目文獻出版社, 1988, 655~656쪽), "師貌黑而腴, 手垂過膝, 目碧而視不瞬, 頗類世之所貌達磨者. 晝夜跏趺, 脇未嘗至席, 不啖穀食, 或供果茗, 亦不多食. 善道他心宿命, 凡人心善惡之萌, 及士類之過去未來者, 皆能言, 如目擊. 故其說法, 善隨物機之宜, 亦而心法, 俾各自得其所固有, 而入解脫之境焉. 又善梵語, 雖古怪莫不曉. 然往往西僧, 素習其書者, 咸寶愛之. … 云云"

05) 宋濂 撰, 『宋文憲公全集』11, 〈寂照圓明大禪師璧峰金公舍利塔碑〉.

06) 〈楊州檜巖寺指空禪師浮屠碑〉, "吾幼也性樂淸淨, 不茹酒腥."

07) 같은 碑文, "八歲, 備三衣送那爛陁寺講師律賢所, 剃染五戒."

08) 〈楊州檜巖寺指空禪師浮屠碑〉, "父病醫莫效. 筮者曰, 嫡子出家王病可痊. 父詢三子, 吾卽應. 父大喜呼吾小字曰, 婁恒囉哆婆及能如是耶. 母以季故, 初甚難之, 割愛願舍, 父病立愈."

09) 〈碑文〉에는 19세로 나오고, 「旨要序」에는 20세로 나타나 차이가 있다. 〈楊州檜巖寺指空禪師浮屠碑〉, "學大般若. … 云云 … 時年十九."; 「佛祖傳心西天宗派旨要序」, "年至二十."

10) 〈楊州檜巖寺指空禪師浮屠碑〉, "學大般若, 若有得. 問諸佛衆生虛空三境界. 師云, 非有非無是眞般若."

11) 『大般若波羅蜜多經』1~600, 「初分緣起品第一之一~第十六般若波羅蜜多分之八」(『大正藏』5~7, 1a~1110a).

12) 〈楊州檜巖寺指空禪師浮屠碑〉, "坐夏龍泉寺, 書梵字般若經."

13) 같은 碑文, "過廬山東林寺, 見前身塔巋然, 骨猶未朽. 淮西寬問般若意. 吾曰, 三心不可得."

14) 『金剛般若波羅蜜經』全1卷(『大正藏』8, 751b).

15) 『西天百八代祖師指空和尙禪要錄』, "流派開宗. 左陀瞿頗尊者."

16) 〈楊州檜巖寺指空禪師浮屠碑〉, "學大般若, 若有得, 問諸佛衆生虛空三境界. 師云, 非有非無是眞般若, 可往南印度楞伽國吉祥山普明所, 硏窮奧旨. 時年十九, 奮發獨行, 禮吾師于頂音菴. 師曰, 從中竺抵此, 步可數否. 吾不能荅. 退坐石洞六閱月, 吾乃悟, 欲起兩脚相貼, 其王召醫圭藥, 立愈. 告吾師曰, 兩脚是一步. 吾師以衣鉢付之, 摩頂記曰, 下山一步, 便是師子兒. 座下得法出身, 二百四十三人, 於衆生皆少因緣. 汝其廣吾化. 其往懋哉, 號之曰蘇那的沙野, 華言指空. 吾以偈謝師恩已, 語衆曰, 進則虛空廓落, 退則萬法俱沉, 大喝一聲."

17) 許興植은 指空의 答에 대해서, "6개월 동안 마련한 對答치고는 아주 유치하고 단순하였다"라는 관점을 제시하고 있는데, 筆者 역시 禪語로서는 너무 밋밋하다는데 동의한다. 許興植 著, 「第1章 指空禪賢」, 『高麗로 옮긴 印度의 등불』(서울: 一潮閣, 1997), 20쪽.

18) 『大毘盧遮那成佛神變加持經』7, 「供養次第法中眞言行學處品第一」(『大正藏』18, 45c); 平川彰 著,

『インド佛教史 下卷』(東京: 春秋社, 2006), 349쪽.

19) 『懶翁和尙語錄』, 「行狀」(『韓佛全』6, 704b·c), "云云 … 答云, 指空日用千劍. … 云云"

30) 〈楊州檜巖寺指空禪師浮屠碑〉, "佐理國: 會中有尼, 越衆問曰. 彼師此弟, 中間是誰, 吾一喝, 尼大悟, 有針眼中象王過之頌."

21) 이 부분은 〈碑文〉과 『遊方記抄』(『大正藏』51, 983b)에는 "二十棒"으로 되어 있고, 『東文選』 권119, "三三棒"으로 되어 있으나, 『牧隱文藁』 권14에는 "三十棒"으로 나타나 있어 차이가 크다. 일반적으로 20방이나 30방이란, 禪家에서 깨달음을 주기 위한 전회로 사용되는 상징을 가진 것이지, 실제로 그렇게 때리는 것은 아니다. 그러므로 여기에서는 일반적으로 사용되는 30방으로 해석하였다.

22) 〈楊州檜巖寺指空禪師浮屠碑〉, "迦羅那國: 有虎至, 侍者知鳥音, 升木以避. 曰, 汝旣知禽語, 吾所說法, 能知否, 侍者無語. 痛行二十棒乃悟."

23) 같은 碑文, "嵯楞陁國: 阿耨池僧道嚴居其傍, 以草作小菴. 人來則焚之, 叫曰, 救火救火. 吾至, 才叫救火, 踢到淨瓶. 道嚴曰, 可惜. 來何遲."

24) 같은 碑文, "末羅婆國: 城東寶和尙墾其所居四面爲田, 置菜種一器. 人至則治田而已, 無一言. 吾以菜種從而下之, 僧叫曰, 菜生矣, 菜生矣. 其城中有織紗者, 人至不言織不□. 吾以刀斷之, 其人曰, 多年之織畢矣."

25) 같은 碑文, "阿耨達國: 僧省一居窟中, 見人來, 以煤塗面, 出舞而復入. 吾以偈相喝."

26) 같은 碑文, "早娑國: 僧納達居道傍數年, 見來者曰, 好來, 見去者曰好去. 吾便與三棒, 彼迴一拳."

27) 『西天百八代祖師指空和尙禪要錄』, "二十二祖, 摩拏羅尊者. … 云云 … 流派開宗, 左陀瞿頗尊者."; 閔漬 撰, 「佛祖傳心西天宗派旨要序」, 『西天百八代祖師指空和尙禪要錄』, "至二十二祖摩拏羅尊者, 傳其心者有二, 一曰鶴勒那尊者, 傳至菩提達摩. 二曰左陀瞿頗尊者."

28) 『懶翁和尙語錄』, 「行狀」(『韓佛全』6, 703b), "空云, 西天二十等人, 東土七十二等人, 這一等人, 指空這裏都無."

29) 廉仲燮, 「指空의 家系주장에 대한 검토」, 『震旦學報』 제120호(2014), 46~47쪽.

30) 『大唐大慈恩寺三藏法師傳』5, 「起尼乾占歸國終至帝城之西漕」(『大正藏』50, 246a·b), "法師卽作還意莊嚴經像, 諸德聞之咸來勸住. 日印度者佛生之處, 大聖雖遷遺蹤具在, 巡遊禮讚足豫平生, 何爲至斯而更捨也. 又支那國者蔑戾車地, 輕人賤法, 諸佛所以不生, 志狹垢深, 聖賢由茲弗往, 氣寒土嶮亦焉足念哉. 法師報曰, 法王立教義尙流通, 豈有自得霑心而遺未悟. … 云云 … 彼曰經言, 諸天隨其福德而食有異, 今與法師同居瞻部, 而佛生於此不往於彼, 以是將爲邊地惡也. 地旣無福, 所以不勸仁歸. 法師報曰, 無垢稱言, 夫日何故行瞻部洲. 答曰, 爲之除冥, 今所思歸意遵此耳."; 샐리 하비 리긴스 著, 신소연·김민구 譯, 『玄奘法師』(서울: 民音社, 2010), 212~213쪽.

31) 松長有慶 著, 許一範譯, 『密敎歷史』(서울: 經書院, 1990), 120~121쪽.

32) 山口瑞鳳·矢岐正見 著, 李浩根·안영길 譯, 『티베트 佛敎史』(서울: 民族社, 1995), 23~26쪽.

33) 麗末 元의 大都 法源寺까지 가서 指空에게 수학한 인물로는 懶翁惠勤·白雲景閑·無學自超·竺源智泉 등이 있다.

114

지공은 계율을 통해서 고려불교와 사회를 변화시키는 모습을 보인다. 그의 계율관은 밀교와는 차이가 있는 대승불교의 관점이다. 이는 계승자인 나옹과 자초를 통해, 중세에서 근세로 변모하는 여말선초 시기의 주류를 점하며 유전한다. 한국불교는 원 간섭기를 거쳤음에도, 티베트불교의 영향력이 약하다. 즉 오늘날까지도 유전되는 한국불교의 전통과 특징에는 지공의 계율적인 영향이 존재하는 것이다.

지공의 계율의식은 그가 번역한 『무생계경(無生戒經)』이라는 밀교적인 영향의 대승경전을 통해서 확인된다. 무생계는 '무심'을 통한 본래완성을 자각하여, '무생'을 증득하는 것을 골자로 한다. 이는 지공의 계율의식이 동아시아 선종과 충돌하지 않으면서도 작용할 수 있는 측면이 된다.

4

지공의 계율의식과
무생계無生戒에 대한 고찰

I

서론

지공은 고려에서 2년 7개월을 머물게 되는데, 이때 고려에 끼친 영향으로 가장 주목되는 것이 계율(戒律)을 통한 교화이다. 그러므로 지공의 계율의식에 대한 검토는 한국불교사적으로도 충분한 연구의 타당성을 확보한다.

지공의 계율의식과 관련해서는 허흥식과 한성자의 연구가 있다. 그러나 이들 연구는 불교학적인 내용 분석이라기보다는 표면으로 드러나는 특징을 정리한 정도에 머무르고 있다. 본고는 여기에서 진일보하여 내포 의미와 사상적인 특징까지 연구 영역을 넓혀보고자 한다. 그리고 이와 같은 측면들이 고려 말의 불교와 사회에 어떠한 영향을 미치고 있는지에 관해서도 모색해 보고자 한다.

II

지공 계율의 특징

1. 율의 변화와 동아시아불교

지공이 동시대의 다른 동아시아 승려들과 가장 큰 차이를 보이는 부분은 계율에 대한 강조다. 율은 초기불교에서는 승려가 갖추어야 할 기본조건으로 선택이 아니었다. 이는 율이 개인적인 도덕품성에 의한 것이 아닌, 승가라는 단체의 유지에 필요한 규율이었기 때문이다. 물론 율의 정신에는 출가목적인 깨달음에 이르기 위한 수행도야의 필연성도 존재한다. 그러나 율이란 그보다는 집단생활에 있어서의 규율이라는 의미가 더 강하다. 그러므로 율은 도덕적인 신도들의 계와는 혼재될 수 없는 차별영역을 확보하고 있다.

그러나 대승불교라는 재가주의가 대두하면서, 율과 계 사이의 혼재양상이 나타나기 시작한다. 즉 '계율'의 발생인 것이다. 또 중국불교의 경우, 인도와는 다른 배경문화의 차이로 인하여 제도적인 율의 수용에 어려움이 있었다. 이로 인해 율은 출가수단[得度]으로서만 존재하지, 현실적으로 실행되는 것은 어렵게 된다. 중국의 대표적인 율사인 도선(道宣)이나 신라의 자장(慈藏) 및 진표(眞表)는 율을 지킨다는 이유만으로 행적에 신이함이 존재한다. 이는 율 자체가 현실과 유리되어 신성화되었다는 것을 의미한다. 그러나 율이란 승단의 기본제도라는 점에서, 율을 지키는 것에 신이함을 동반할 요소는 전혀 존재하지 않는다. 이는 인도문화권과 중국문화권의 율에 대한 인식 차이를 잘 나타내준다.

문화권의 차이에 의한 율의 문제를 중국불교적인 관점에서 해소하기 위해, 율과는 논리적 층위를 달리하는 청규(清規)를 제정한다. 즉 '수계작법(受戒作法)과 관련된 율'과, '실질적인 승원생활과 관련된 청규'라는 이중구조가 존재하는 것이다. 그렇지만 이러한 이중적인 틀 역시, 원의 지배로 인한 티베트 라마불교의 영향으로 혼란을 겪게 된다.

티베트불교는 힌두교의 재가주의 및 농경문화의 주술성이 습합된 밀교가 히말라야 산악지방 특유의 무속구조인 뵌(Bön)교와 결합해서 성립된 것이다. 이러한 과정에서 결혼과 육식 및 승복의 변화가 나타나게 된다.

세계제국 원을 통한 티베트불교의 영향은 동아시아 불교 승단의 계율과 청규의식을 혼탁하게 한다. 이에 대한 반성으로 중국 강남의 임제종에서는 오산불교(五山佛敎)를[01] 중심으로『칙수백장청규(勅修百丈淸規)』의 강조가 눈에 띄게 나타나게 된다. 물론 여기에는 원나라 체제 아래서 강남불교를 안정시키려는 목적 역시 작용한 것이다. 이와 같은 불교의 자기정화 노력을 통해서, 당시 동아시아 불교에 계율적인 측면이 요청되고 있었다는 것을 인지해 볼 수 있다. 이 무렵 인도불교의 계율을 전지(傳持)한 지공이 고려로 오게 되는 것이다. 이는 이후 고려불교와 풍속에 실로 막대한 영향을 미치게 된다.

2. 〈지공비문〉의 계율 관련 내용

지공은 인도 대승불교의 전통에 입각한 강력한 계율관념을 가지고 있다. 이를 가장 잘 확인해 볼 수 있는 기록이 이색의 〈지공비문〉이다. 이 중 계율과 관련된 내용을 정리해 보면 다음과 같다.

인도

① 마갈제국: 지공이 어려서부터, 그 성품이 청정한 것을 즐겨 술과 신채(辛菜)를 먹지 않음.[02]

② 우지국(于地國): 지공이 살(殺)·도(盜)·음(婬)계를 지키고, 왕이 기녀로 유혹하지만 극복함. 외도의 음양공양의례(陰陽供養儀禮)를 비판함.[03]

③ 신두국(神頭國): 지공이 배가 고파서 복숭아와 유사한 열매를 두 개 따서 먹고 있자, 허공신이 나타나서 훈계하고 계율 지킬 것을 당부함.[04]

대원(大元)

④ 나라사(羅羅斯): 승려가 거위를 잡아먹으려 하자, 지공이 방해함.[05]

⑤ 안녕주(安寧州): 지공이 계경을 설하고 정수리와 팔에 연비케 함.[06]

⑥ 귀주(貴州): 관원들과 소수민족들에게 계를 줌.[07]

⑦ 진원부(鎭遠府): 육제(肉祭) 지내는 것을 배척함.[08]

⑧ 동정호(洞庭湖): 삼귀(三歸)·오계로 파도를 잠재우고, 동정호 제를 소제(素祭)로 바꿈.[09]

⑨ 대도: 고려인 대순승상(大順丞相) 부인 위(韋)씨에게 숭인사(崇仁寺) 계를 줌.[10]

〈지공비문〉의 계율 관련 기록을 통해서 살펴지는 내용들은 크게 3가지로 요약될 수 있다. 그것은 첫째, 살·도·음·주의 거부. 둘째, 불식육(不食肉). 셋째, 육제(肉祭)에 대한 배척과 소제로의 전환이다. 이 중 육제를 소제로 바꾸는 부분은 불식육과 연관된 적극성으로도 해석될 수 있다. 이 외에 지공은 계율을 적극적인 교화방법으로 사용하고 있는 부분도 목도된다.

3. 계율 관련 내용의 특징

지공의 계율과 관련된 유일한 출가 이전 기록은 ①의 '술과 신채를 멀리했다'는 것이다. 이 기록을 통해서, 태생적인 선근(善根)을 강조하려는 측면이 존재하고 있다는 점을 파악해 보게 된다.

다음으로 ④·⑦·⑧에서 확인되는 육식의 거부와 소제로의 전환

은 대승불교의 특징이지 불교 전체에 해당하는 것은 아니다.[11]

초기불교의 탁발문화에서 승려는 음식을 공양 받을 때까지 전혀 말을 할 수 없었다. 이는 승려가 모종의 언행을 취할 경우, 공양자의 심리에 변화가 생겨 공양물이 바뀔 수 있기 때문이다. 그래서 승려는 음식공양 전에는 아무런 말을 하면 안 되고, 음식공양 후에 법을 설해주거나 축원을 해주는 방식으로 탁발이 진행된다. 이렇다보니 탁발하는 승려의 입장에서는 육식을 선택적으로 거부할 수 있는 권한이 없게 된다. 이것이 율장에서 불살생은 말하지만, 불식육이 아닌 정육(淨肉)을 주장하는 이유다.

그러나 대승불교 시대에 오면, 아리안족의 유목문화 구조가 농경문화로 바뀌게 되면서 육식에 대한 인식이 부정적으로 변모한다.[12] 즉 인도의 사회적인 배경과 인식이 변화한 것이다. 여기에 사원이 대규모화되면서 탁발이 아닌 승원에서의 조리가 용인된다. 이렇게 되자 비로소 불식육과 같은 금지식 개념이 존재할 수 있게 된다. 초기불교의 승원 안에서는 음식을 해 먹을 수 없었다. 다만 아침의 간단한 죽식을 위해 맑은 죽을 만드는 것이나 탁발해 온 음식을 데치는 정도의 간단한 조리만이 정지(淨地)에서 가능했다. 그렇기 때문에 음식물을 취사선택하는 행위가 내포될 수밖에 없는 불식육은 원칙적으로 불가능했고, 불식육을 주장한 제바달다 같은 경우가 오히려 배척된다.[13]

그러므로 지공이 강조하는 불식육이란, 인도불교 전체와 연결되는 덕목이 아니라 승원문화가 발달한 대승불교와만 관련된 것이다.

물론 부파불교는 후대의 승원문화가 발달한 이후에도 육식을 했고, 이는 대승불교와 변별되는 중요한 특징이 된다.[14] 그러므로 지공의 육식 거부는 지공이 전지한 계율이 부파불교의 율이 아닌 대승의 계라는 점을 분명히 해준다. 또 육제에 대한 거부와 소제로의 전환 역시 이의 연장선상에서 이해된다.

②에서 살펴지는 살·도·음에 대한 거부는, 윤리적인 출가승단에 있어서는 기본적인 부분이다. 이 중 살은 '살생'과 '살인'의 두 가지로 나뉘는데, 살생은 최대한 멀리해야 하는 것이며 살인은 당연히 금지된다. 구족계 사바라이(四波羅夷)의 불살은 당연히 불살인(不殺人)이다.

지공의 경우는 불살을 넓은 의미로 확대해서 수용하는 모습을 보인다. 이는 대승불교의 자비에 대한 강조가 파생하는 측면이다. 그렇기 때문에 대승불교에서는 관점이 불식육에까지 이른다. 지공이 육제를 거부하고 소제를 주장하는 것은 이와 같은 불살생의 관점에서 이해될 수 있다.

대승이 발전하던 시기는 유목적인 아리안족의 전통이 농경화되면서 비육식문화가 전개된 상황이었다. 그러나 그럼에도 힌두교의 희생제는 축소되기는 했지만, 유목문화에 기반하는 가축의 희생과 이의 육식적인 부분이 잔존하고 있었다.[15] 이와 같은 측면은 힌두교의 영향을 받는 밀교에도 일정 부분 영향을 미치게 된다. 그러나 지공의 경우는 이에 대한 단호한 입장을 보인다. 이는 지공이 밀교보다는 대승적인 영향 하에 존재했던 인물이라는 점을 분명히 한다.

이와 같은 지공의 성향은 불음(不淫)을 통해서도 확인된다. 불음은 출가독신승단의 교단적인 특징이다. 그러므로 재가주의적인 힌두교에는 이와 같은 불음이 존재할 수 없다. 그러므로 힌두교의 영향에 의한 밀교의 경우, 좌도밀교에서는 성적인 교합을 강조하는 면이 존재한다. 이는 티베트불교에서도 상당 부분 확인되는 내용이다. 그러나 지공은 이와 같은 변형된 재가주의를 거부하는 출가주의를 택하고 있다.

부도(不盜)와 같은 경우는 승단뿐만이 아니라, 국법에도 적용되는 공통규칙이니 달리 별도의 설명은 필요가 없다. 다만 지공이 배가 고파서 따 먹은 복숭아와 유사한 열매는 전후 내용으로 봤을 때, 주인이 있는 물건이 아니다. 그럼에도 불구하고 허공신이 나타나서 훈계한다는 것은, 도의 범주를 크게 확대하는 부분이다. 이와 같은 관점은 『잡아함경』 권50 등의 초기불교에서부터 확인되는 불교적인 특징 중 하나다.[16] 그러므로 이를 반드시 대승불교로만 국한시켜서 이해할 필요는 없다. 그보다는 불교의 전반적인 인식과 관련된 측면으로 파악하는 것이 더 타당하다.

이상을 통해서, 지공이 대승계율을 강하게 주장하는 실천자이며 밀교와는 변별점을 확보하는 대승주의자라는 것을 알게 된다. 또 지공은 대승계율을 적극적인 교화의 수단으로 삼은 인물이라는 것을 파악해 볼 수가 있다.

Ⅲ

『무생계경』과 무생계를 통한 교화

1. 무생계를 통한 교화와 고려

지공의 계율을 통한 교화에서 가장 주목되는 것이 바로 무생계다. 무생계를 통한 교화는 주로 고려의 기록을 통해서 확인된다. 지공은 원 진종(태정제)의 어향사로 고려로 와서, 1326년 3월부터 1328년 9월까지 2년 7개월간을 머문다. 이때 무생계를 통한 대대적인 교화를 진행한다.

민지의 「지요서」에는 지공이 무생계를 설하여, 국왕의 종실과 인척 및 공경대부와 사서인(士庶人) 등을 포함하여 신분과 성별을 구분하지 않고 하루에 수만 명씩 계를 주었다는 기록이 있다.[17] 또 『통도사지』에는 지공이 "하루는 선을 설하고 하루는 계를 설했다"는 내용이 있다.[18] 이 외에도 이제현의 『익재난고(益齋亂藁)』 권6에는, 지공의 움직임에 천 수백 명이 함께 따랐다는 기록도 있다.[19] 이와 같은 기록들은 다소의 과장을 포함한다고 판단된다. 그러나 지공의 수계교화 영향은 매우 컸으며, 선과 더불어 수계가 지공의 주된 교화방식이었다는 점을 분명히 해준다. 또 이때 지공의 수계교화가 무생계에 의한 것이라는 점은, 현존하는 당시유물인 4종의 「무생계첩」을 통해서 확인된다.[20] 즉 지공 계율의 핵심은 다름 아닌 무생계인 것이다.

지공이 고려에 머물렀던 2년 7개월은 외국승려의 체류기간으로는 결코 짧지 않다. 그러나 이 정도 기간만으로 언어와 문자에 익숙하지 않던 외국승려가 고려에 막대한 영향력을 미친다는 것은 쉬운 일이 아니다. 또 당시는 교통과 통신에 한계가 있던 중세라는 점에서 더욱 그렇다. 그럼에도 지공이 고려불교에 미친 영향력은 실로 막대하다.

이는 다음의 3가지를 통해서 판단해 볼 수 있다. 첫째, 입원 유학을 하는 조계종 선승의 다수가 지공이 주석한 대도의 법원사를 들린다는 점. 둘째, 지공의 다비 후 그 영골이 고려로 왔을 때, 공민왕이 붓다의 사리와 함께 정대(頂戴)하여 이운한다는 점.[21] 셋째, 나옹이 지공의 수제자라는 위치로 인하여 고려불교계의 1인자로 도약한다는 점이 그것이다.

지공의 유행에는 그의 가계가 붓다와 달마의 혈통을 잇고 있다는 자신의 주장도 큰 역할을 했다. 그럼에도 외연이 비약적으로 넓어질 수 있는 것은 무생계에 의해서 승속과 남녀를 가리지 않고 수계를 준 결과라고 할 것이다. 선에 의한 교화는 그 영향이 특정계층의 사람들에게로 제한될 수밖에 없다. 그러나 수계를 통한 교화는 하루에 수만 명에게 계를 주었다는 표현에서처럼 대량교화가 가능하다.

실제로 지공의 수계교화 결과와 관련해서 『고려사』 권35에, "계림부사록(鷄林府司錄) 이광순(李光順)이 지공에게 무생계를 받고는 관할지역의 성황제에서 고기를 쓰지 못하게 하고, 백성들이 돼지 사육을 하지 못하도록 하여 기르던 돼지들을 죽였다."는 내용이 실려 있다.[22] 또 「지요서」에는 지공의 교화 영향으로 고려인들이 술과 고기 및 무격(巫覡)을 멀리했고, 또 탐욕과 음란한 풍속이 줄어들었다는 내용도 있다.[23] 여기에서 무격은 무교의 종교의례와 관련된, 음주·육식·가무 등이 결합된 일종의 굿과 같은 제의로 이해된다. 즉 술과 고기를 멀리한 것과의 연장선상에 무격의 배격도 존재하는 것이다.

이 외에도 위소(1303~1372)의 「무생계경서(無生戒經序)」에는 "이 나라(고려)에서 혈식(血食)을 받던 삼악신(三岳神) 또한, 이 계를 듣고 죽이는 희생제를 끊어버렸다."는 내용이 있다.[24] 위소는 원나라 학자로 명초까지 산 인물이지만, 고려와의 관계가 돈독해서 고려와 관련된 글들을 많이 남기고 있다. 그러므로 여기에서 말하는 삼악신도, 삼산(三山)·오악(五嶽)과 같은 우리의 전통신앙과 관련된 제의로 이해된다. 이런 점에서 이 역시 무격의 배척과 연관된 것으로 판단되며, 삼악신에 대한 육제를 소제로 바꿨다는 의미로 파악된다. 육제를 소제로 바꾼 것은 앞선 〈나옹비문〉에서도 확인되는 내용이다.

이상의 내용들을 통해서 본다면, 우리는 지공의 계율교화가 고려불교와 사회문화에 막대한 영향을 미쳤다는 것을 알 수 있다. 또 그 핵심에 바로 무생계가 있고, 이의 실천적인 부분으로써 살생·육식·음주의 거부가 존재한다는 것을 알 수 있다.

육식의 금지는 대승계(大乘戒)에서만 나타나는 불살생의 외연을 넓게 파악한 관점에 의해 이뤄진 것이다. 그러므로 우리는 앞선 〈지공비문〉의 내용과 연관하여 지공이 대승계율에 대해 충실한 전지자였고, 이를 통해서 고려의 풍속을 청정한 불교식으로 교화하는 데 많은 영향을 미쳤다는 것을 알 수가 있다.

　당시는 원 간섭시기로 티베트 라마불교 역시 상당한 영향력을 미쳤던 때이다. 『고려사』 권39에는 당시 승려들 중 취처자가 절반이나 되었다는 기록이 있을 정도다.[25] 그럼에도 불구하고 지공이 고려의 무교적인 전통풍속과 라마불교의 영향을 바꾸어, 고려불교의 청정성을 환기시키고 있는 것이다.

　지공은 고려의 언어와 문자에 능하지 못했고, 고려에서 2년 7개월을 머물다 대도로 돌아간 인물이다. 이 점을 고려한다면 지공의 영향은 선이라는 내용적인 부분보다도 수계와 수계작법이라는 종교의식적인 부분이 크게 작용한 결과로 판단된다. 종교의식은 이해하는 것이 아니라 받아들이는 부분이며, 여기에서 중요한 핵심은 다름 아닌 종교적인 감동이다. 지공은 이 부분에서 매우 강력한 힘을 발휘한 것으로 판단된다. 이 점이 단기간에 고려의 풍속마저도 바꿀 수 있었던 원동력이라고 하겠다.

2.『무생계경』의 내용과「무생계첩」

지공의 무생계와 관련한 자료는, 앞서 언급한 4종의「무생계첩」과 그가 구술해서 번역한『무생계경』이 남아 있다. 그러나 당시의 수계작법과 같은 측면에 대해서는 전혀 판단할 내용이 남아 있지 않다. 다만 그 의식이 밀교적인 종교의식과 관련되었다는 가정을 수립해 볼수는 있다. 이는『무생계경』에는 밀교적인 요소가 존재하고, 마지막인도불교의 주류가 밀교이며 지공은 인도불교가 사라진 뒤의 잔존한 대승불교를 전지한 인물이라는 점. 그리고 지공이 번역한 현존하는 6종 불서가 밀교의 진언관련 문헌이며, 밀교는 종교의식이 발전한 불교라는 점을 들 수가 있다. 그러나 이와 관련해서는 이 이상의 접근은 현재로서는 불가능하다.

「무생계첩」은 무생계를 수여한 계첩인데, 그 내용은『무생계경』가운데 중요한 부분을 요약·발췌한 것이다.『무생계경』의 전칭은『문수사리보살최상승무생계경(文殊師利菩薩最上乘無生戒經)』으로 지공이 구술하여 번역한 3권으로 된 경전이다. 현재는 한 권의 책으로 묶여 있는 유일본이 1982년 보물 제738호로 지정되어 통도사 성보박물관에 소장되어 있다. 지공의 무생계에 대한 보다 심도 있는 이해를 위해서, 경의 구조와 내용을 간략히 제시해 보면 다음과 같다.

『무생계경』 상권은 경의「서분」에 일반적으로 등장하는 회상과 운집대중에 대한 내용이 약 1/3정도를 차지한다. 그리고 그 다음으로 경의 전제이자 요지라고 할 수 있는 내용이 약 1/10정도 할애된다.

내용을 간략하게 정리하면 다음과 같다. 비로자나불이 모든 붓다를 성도시키는 방법인 무생계를 문수보살에게 전해주고, 이를 석가모니가 해탈광여래의 회상에서 듣고서 마침내 성도에 이르게 되었다는 것. 또 무생계의 청자는 금강수보살이며, 무생계를 수지하여 '무념(無念)'삼매를 증득하는 구조로 깨달음을 얻는 것으로 되어 있다.[26] 즉 무생계를 통해서, 석가모니불과 일체중생이 무루법신(無漏法身)을 성취한다는 것이 『무생계경』의 기본설정인 것이다. 여기까지가 『무생계경』의 대전제이자 핵심이라고 할 수 있는 부분이다.

상권의 약 2/3 정도에 해당하는 부분은 매우 지루하고 난삽한 이타행과 계율행 및 보살행의 전생 일화들로 채워져 있다. 이러한 이야기의 중간 중간에는 희생제의 반대와 불살생 및 주술적인 내용들이 산만하게 섞여 있으며, 여러 이야기들의 유기적인 구조 역시 확보되어 있지 않다. 전체적으로 단편적인 이야기들이 묶여 있는 구성인데, 하나의 이렇다 할 주제에 대한 집중도 살펴지지 않는다. 특기할 만한 것으로는 '12'라는 숫자가 반복적으로 등장하며, '무심(無心)'수행을 강조하고 있다는 점이다. 이와 같은 내용이 중권까지 계속된다.

하권의 약 1/3 정도는 무생계에 대한 실질적인 내용으로, 무생계를 지니는 자가 가져야 하는 사귀의(四歸依)와 육대원(六大願)이 나타나 있다. 사귀의란 삼귀의에 무생계가 더해진 것이며, 육대원은 ① 일체중생의 불도성취 ②일체중생의 번뇌소멸 ③일체중생에게 지혜 시혜 ④일체중생에게 안온시여 ⑤일체중생의 계·정·혜 성취 ⑥일체중생의 등정각 성취다. 이러한 육대원은 사홍서원과 같은 대승보살서

원의 관점과 크게 다른 내용이 아니다. 이러한 사귀의와 육대원은「무생계첩」에도 수록되어 있으며 무생계의 가장 중요한 강조점 중 하나다.[27]

이후로는 무생계의 정의로서 "중선불수 제악막조(衆善不修 諸惡莫造)"라는 구절과[28] 이것이 무생법인(無生法忍)으로 일체여래법장(一切如來法藏)을 거두는 대해탈문이라는 내용이 나온다.[29] 이 부분이 내용적으로는 상권의 무생계에 대한 전제 및 요지와 함께 가장 중요한 부분이다. 이후 하권의 약 2/3정도는 무생계가 계주(髻珠)와 같은 최고의 가르침이라는 것과[30] 무생계의 공덕 찬탄 및 게송으로의 요약, 그리고 제천(諸天)들의 호지서원(護持誓願)과 같은 것으로 경의「유통분(流通分)」에 해당한다.

『무생계경』은 전체적으로 난삽하고 뚜렷한 사상이나 철학체계가 부족하다. 뚜렷한 사상이 존재하지 않는 것은 '계경(戒經)'이라는 철학보다는 실천적인 경전에서 나타나는 특징 중 하나다. 이는『범망경(梵網經)』이나『우바새계경(優婆塞戒經)』등을 통해서도 확인되는 측면이다. 그럼에도『무생계경』의 내용적인 난삽함과 관련해서는 이해하기가 쉽지 않다.

필자의 견해로는 상권의 앞부분과 하권만이 본래의『무생계경』이었는데, 지공이 수계의 당위성을 강조하기 위해 당시 인도에 전해지던 불교이야기들을 첨가해서 경전을 변형시킨 것이 아닌가 한다. 이는 이 경이 지공이 암송해서 번역한 것이라는 점에서, 얼마든지 변형될 수 있는 여지가 존재하기 때문이다.[31] 특히 상권의 중간부분부터 중권 전체를 차지하는 전생담과 관련된 내용에는 지공이 강조하는 불살생과 불식육 및 희생제에 대한 비판이 고스란히 담겨 있다. 물론 이 경전을 지공이 암송하고 있었다고 하니, 이를 통해서 지공의 행동방식이 영향은 받은 것으로도 판단해 볼 수 있다. 그러나 역으로 지공의 관점이 경전의 암송과 관련해서 투영되었을 개연성 역시 존재한다는 점에서 주의가 요구된다. 이 외에 지공 선사상의 특징인 '무심'이 이 경의 핵심 중 하나라는 점에서도, 이와 같은 주장이 수립될 여지는 충분히 존재한다.

또 이색이 쓴 〈지공비문〉에는 지공이 이 경을 2권 가지고 왔다고 되어 있는데,[32] 이는 위소의 「서문」과 이색 「발문」의 3권이라는 기록[33] 및 현존하는 유일본을 통해서 이색의 단순 오류로 판단되는 대목이다. 그러나 경의 내용을 살펴보면, 실제로 원본은 2권이었을 가능성도 충분히 존재한다. 즉 단순한 오류가 아니라 2권본과 지공이 암송한 3권본이 존재했을 수도 있다는 말이다. 이는 이색이 「발문」에서는 3권으로 암송해서 전한 것이라고 하면서, 〈비문〉에서는 2권으로 가지고 왔다는 모순된 기록을 남기고 있기 때문이다. 이색 정도의 인물이 1377년(우왕 3) 여름에 「발문」을 쓰고 1378년(우왕 4)에 〈지공비문〉을 쓰면서, 오류를 범한다는 것은 석연치 않다. 그러므로 이를 단순 오류로만 볼 것이 아니라, 실제로 두 가지가 존재했을 개연성에 대해서도 보다 열린 입장에서의 접근이 필요하다고 생각된다.

3. 무생계의 특징과 사상

『무생계경』이 말하는 무생계의 가장 큰 특징은 일체 유정·무정의 모든 존재가 이 계를 받을 수 있으며, 이를 통해서 붓다를 성취한다는 것이다.[34] 즉 무생계에는 승·속과 신분 등의 차별이 존재하지 않는 것이다. 후일 신돈이 여성들을 주불전(主佛殿)에 출입시키고 '문수(文殊)의 후신'으로 불릴 정도로 칭송받는 것으로 보아,[35] 당시는 여성들의 종교생활이 남성들에 비해서 제한되어 있음을 알 수 있다. 그런데 지공은 무생계를 통해서 평등을 설파한 것이다. 이는 무생계의 확산에 한 계기가 될 수 있는 부분이다. 또 지공과 관련해서는 여성들의 지지가 크게 나타나는데,[36] 이 역시도 같은 연장선상에서의 이해가 가능하다.

또 무생계는 사상적으로는 무념과 무심을 주장한다. 즉 무념·무심을 통해서 곧장 무생과 계합하는 구조인 것이다. 이는 지금까지 연구된 지공의 선적인 특징과 일치된다. 지공 당시의 인도불교적인 관점을 통해서 본다면, 무념과 무심을 법신 비로자나불과 연관시켜 현재화하는 것이 보다 일반적일 수 있다. 즉 무념과 무심을 통해서 법신을 자각하는 관점이 밀교적인 관점에서는 더 쉽게 성립하는 논리구조라는 말이다. 그럼에도 『무생계경』은 무생계의 연원을 비로자나불에 두고 청자를 밀교적인 금강수보살로 설정하면서도, 깨달음의 완성을 말할 뿐 법신의 자각을 설하지는 않는다. 이는 『무생계경』이 밀교경전이라기 보다는 밀교적인 색채가 가미된 대승경전의 형

식이라고 판단을 가능하게 한다.[37] 즉『무생계경』을 통해서 드러나는
방식은, 대승적인 관점에서 밀교를 수용하는 형태라는 말이다.

『무생계경』이 말하는 무념과 무심은 수행론상에 있어서 완전한
본체에 대한 자각이다. 그로 인하여 존재는 본래적으로 무생하게 되
고, 그 결과 윤회라는 생사의 굴레로부터 해탈한다는 논리가 가능하
다. 무생계는 바로 이것을 말한다. 그리고 이를 최상의 덕목으로 승
화해서, 삼귀의를 넘어선 사귀의로까지 완성시키고 있는 것이다.

무생계는 본래완성을 주장함에도 불구하고, 실천적인 면과 관련
해『무생계경』에서 확인되는 것은 대승의 자비와 희생이다. 이는 동
일한 본래완성을 주장하면서도, 현실적인 자비행보다는 깨달음을
강조하는 동아시아의 선종과 차별되는 무생계의 대승적인 측면이라
고 하겠다.

또 무생계가 일체의 유정과 무정을 수용한다는 점에서, 우리는
대승의 재가주의적인 측면을 인지해 볼 수 있다. 그러나 이러한 재
가주의는 밀교의 일부나 티베트불교에서도 나타나는 대처승에 의한
재가불교와는 다르다. 즉 출가와 재가를 초월한 사상적 관점을 말하
기는 하지만, 여기에는 분명한 차등이 존재하고 출가교단은 청정성
으로 유지해야 된다는 것이다. 이런 점에서 지공은 밀교의 영향을
받은 대승불교인이라고 하겠다.

실제로 지공의 대승에 입각한 계율주의는 힌두교 및 티베트불교와
충돌하는 모습을 보이곤 한다. 힌두교와의 충돌양상은 〈지공비문〉의
계율을 강조하는 부분에서 확인된다. 또 티베트불교와의 충돌 역시

〈지공비문〉을 통해서 확인해 볼 수가 있다. 이와 같은 내용들을 간략히 제시해 보면 다음과 같다.

① 안서왕부(安西王府): 자비를 주장하는 지공과 진언을 주장하는 가제(可提)가 충돌하여, 서로를 외도라고 비난함.[38]

② 서번 마제야성(西蕃 摩提耶城): 주사(呪師)는 지공을 미워하여, 독을 탄 차를 마시라 권함.[39]

③ 가단(伽單): 주사가 지공을 죽이려 함.[40]

④ 하성(蝦城): 이단들이 지공을 질투하여 지공을 공격해 치아 한 대가 부러짐. 또 떠나는 지공을 길에 매복해서 죽이려 함.[41]

이상의 기록들을 통해서, 우리는 지공이 티베트불교뿐만 아니라 티베트의 무교인 뵌교와 더 심하게 충돌하고 있다는 것을 알 수 있다. 티베트불교는 인도의 후기밀교가 뵌교와 습합된 것이다. 그러므로 지공과 티베트불교와의 충돌은 불가피하다고 하겠다.

또 〈지공비문〉과 「무생계경서」 등에는, 진종 이후 지공이 원의 대도에서 다른 승려들의 시기질투의 대상이 되어 억압받고 금고되는 사건이 기록되어 있다.[42] 이는 지공이 계율적인 관점과 관련해서 티베트불교와 충돌한 것으로 해석될 수 있는 부분이다.

그러나 지공 역시 이때부터 거사의 복색을 하고 머리와 수염을 기르는 모습을 보인다. 그리고 이후에 억압이 풀렸을 때까지도 화려한 복식에 머리와 수염을 기르고 산자관(山字冠)을 착용한다.[43] 이는 지공 역시 계율관에 있어서 초기불교와 같은 완전한 청정성을 주장한 인물은 아니라는 점을 분명히 한다. 즉 지공의 계율은 대승불교 안에서의 계율이며, 지공이 강조한 것은 당시의 불교적인 변형에 반대한 불살생과 불식육 등의 원론적인 것이었지 초기불교와 같은 청정성과 엄격성은 아니었다고 하겠다.

Ⅳ

결론

지공이 전지한 불교는 인도불교사의 마지막에 속함에도 불구하고 밀교와는 다른 대승불교이다. 이를 우리는 지공의 계율인식과 관련 자료의 내용분석을 통해서 확인해 볼 수 있다. 이런 점에서 지공의 계율에 대한 인식과 내용 검토는 인도불교 최후의 잔존기에 대한 정보를 제공해 준다는 점에서 중요한 의의를 확보한다. 왜냐하면 이를 통해서 우리는 인도불교의 말기가 모두다 밀교로 변화한 것이 아니며, 일부는 대승불교를 전지하는 측면도 존재하고 있었다는 것을 알 수가 있기 때문이다.

지공의 계율인식은 그의 장거리 유력을 통해서, 결국 고려불교와 사회에 막대한 영향력을 미치게 된다. 특히 지공이 원나라로 돌아간 이후에도, 지공의 영향은 고려 선승들의 지공문하 유학을 통해서 계속되고 있다는 점을 통해서 더욱 그렇다. 지공의 대승불교적인 계율인식은 티베트불교의 영향을 차단하고, 한국불교의 특징을 환기시킨다. 이런 점에서 지공은 한국사와 관련해서 매우 중요한 의미를 확보한다고 하겠다.

    지공의 계율사상은, 『무생계경』이라는 밀교적인 영향을 받은 대
승경전을 통해서 확인해 볼 수 있다. 무생계는 무심을 통한 본래완
성을 자각하여, 무생을 증득하는 것을 골자로 한다. 이렇게 놓고 본
다면, 이는 일반적인 금지계와 같은 단속적인 것이 아닌 수행과 연
관된 인식환기라는 것을 알 수 있다. 이는 지공의 계율이 동아시아
선종과 충돌하지 않으면서도 작용할 수 있는 측면이 된다.

    지공의 관점은 계승자인 '나옹혜근 → 무학자초'를 통해서, 여말
선초 한국불교의 주류를 형성하게 된다. 이런 점에서 지공의 계율인
식은 여말선초라는 큰 변화시기에 한국불교의 특징을 결정하는 중
요한 배경이 된다. 이것이 우리가 인도불교 최후의 대승불교인이라
고 해도 과언이 아닐 지공에 대해서 관심을 가져야 하는 이유라고
하겠다.

01) 5山佛敎는 일반적으로 ①徑山 興聖萬壽寺·②北山 景德靈隱寺·③太白山 天童景德寺·④南山 淨慈報恩光孝寺·⑤阿育王山 鄮峰廣利寺를 가리키나(鄭性本 著, 「4. 宋代 禪宗과 五山十刹 制度」, 『禪의 歷史와 禪思想』, 서울: 三圓社, 1994, 450~454쪽), 그 순서에 있어서는 완전한 의견일치가 되어 있지는 않다(이부키 아츠시 著, 崔鈆植 譯, 『새롭게 다시 쓰는 中國 禪의 歷史』, 서울: 씨아이알, 2011, 233~234쪽). 이들 주지는 皇帝나 行宣政院使에 의해서 임명되는데, 江南 최고의 官寺였다. 宋濂 撰, 『宋學士全集-補遺』7, 「住持淨慈禪寺孤峰德公塔銘」, "其得至於五名山 殆猶仕宦而至將相 爲人情之至榮 無復有所增加"; 西尾賢隆 著, 『中世の日中交流と禪宗』(東京: 吉川弘文館, 1999), 164쪽 ; 野口善敬 著, 『元代禪宗史研究』(京都: 禪文化研究所, 2005), 261~279쪽.

02) 〈楊州檜巖寺指空禪師浮屠碑〉, "摩竭提國: 吾幼也性樂淸淨. 不茹酒腥."

03) 같은 碑文, "于闐國: 主信外道. 以吾有殺盜邪淫之戒. 召妓同浴. 吾帖然如亡人. 王嘆曰: 是必異人也. 其外道以木石作須彌山. 人於頭胸腿. 安立一山. 以酒膳祠山. 男女合於前. 名陰陽供養. 吾擧人天迷悟之理. 勘破邪宗."

04) 같은 碑文, "神頭國: 流沙茫茫. 不知所適. 有樹其實如桃. 飢甚摘食二枚. 未竟空神句到. 空居廣殿. 老人正座云. 賊何不作禮. 吾曰. 吾佛徒也. 何得禮汝. 老罵旣稱佛徒. 何偸果爲. 吾曰. 饑火所逼. 老云. 不與而取. 盜也. 今且放汝. 其善護戒."

05) 같은 碑文, "羅羅斯世界. 有僧施一禪被. 有女施一小衣. 乃應檀家供. 同齋僧得放生鵝. 欲烹而食之. 吾擊其婦. 婦哭. 僧旣見逐."

06) 같은 碑文, "安寧州: 請設戒經. 燃頂焚臂. 官民皆然."

07) 같은 碑文, "貴州元帥府官皆受戒. 貓蠻. 猺獞. 靑紅. 花竹. 打牙. 獨猪箬同蠻. 俱以異菜來. 講受戒"

08) 같은 碑文, "鎭遠府: 有馬王神廟. 舟過者必肉祭. 不然舟損. 吾一喝放舟."

09) 같은 碑文, "洞庭湖: 靈異頗多. 能住風雨. 吾行適風作浪湧. 爲說三歸五戒. 唐梵互宣. 先時祭者. 夜獻絲屨. 明則屨皆破. 後皆却其獻. 從素祭."

10) 같은 碑文, "大都: 大順丞相之室韋氏. 高麗人也. 請於崇仁寺施戒."

11) 『大唐西域記』卷9의 마가다국 雁塔 緣起說話에는, 날아가는 기러기를 보면서 먹을 것을 생각한 小乘僧侶들 앞으로 기러기가 떨어져, 小乘의 肉食主義를 버리고 大乘으로 전향하는 내용이 기록되어 있다. 玄奘은 이 逸話에 깊은 감동을 받아 唐으로 귀국한 후 慈恩寺에 大雁塔을 건립하게 된다. 『大唐西域記』9, 「摩伽陀國下」(『大正藏』51, 925b).

12) 農耕文化에 의한 躍進으로 不食肉의 문제가 대두하는 것은 붓다 당시로까지 소급될 수 있으며, 이를 우리는 提婆達多의 5法 주장을 통해서 확인해 볼 수 있다(廉仲燮, 「提婆達多의 5法 고찰Ⅱ-5法 중 '食'의 항목을 중심으로」, 『韓國佛敎學』제52집[2008], 50~54쪽). 그러나 이것이 보편화되는 것은 농경문화의 일반화에 따른 것이다.

13) 『Vinaya-piṭaka』, 「cullavagga」, 7破僧犍度, 197쪽 ; 廉仲燮, 〈Ⅱ. 5法의 등場典籍과 出入關係〉, 「提婆達多의 5法 고찰Ⅰ-5法 중 '衣'와 '住'의 항목을 중심으로」, 『韓國佛敎學』제50집(2008), 11~18쪽 ; 廉仲燮, 〈2. 不食魚肉〉, 「提婆達多의 5法 고찰Ⅱ-5法 중 '食'의 항목을 중심으로」, 『韓國佛敎學』제52집(2008), 50~54쪽.

14) 『大唐西域記』에는 肉食의 有無를 통해서 部派佛敎와 大乘이 분별되는 모습이 잘 나타나 있다. 『大唐西域記』1, 「摩伽陀國下」(『大正藏』51, 870a) ; 『大唐西域記』9, 「阿耆尼國·屈支國」(『大正

藏』51, 925b).

15) D. N. 자 著, 이광수 譯, 「4 깔리기의 암소와 쇠고기 肉食에 대한 記憶」, 『성스러운 암소 神話-印度民族主義의 歷史 만들기』(서울: 푸른역사, 2004), 127~132쪽 ; 李巨龍, 「佛敎와 힌두교에서 肉食禁止 문제」, 『韓國佛敎學』 제33집(2003), 441~442쪽.

16) 『雜阿含經』 50, 「一三三八-花經」(『大正藏』 2, 369a·b).

17) 閔漬 撰, 「佛祖傳心西天宗派旨要序」, 『西天百八代祖師指空和尙禪要錄』, "於是 自王親戚里 公卿大夫士庶人 乃至愚夫愚婦 爭先雲集於戒場者 日以千万計."

18) 韓國學文獻研究所 編, 『通度寺誌』, 「西天指空和尙爲舍利袈裟戒壇法會記」(서울: 亞細亞文化社, 1979), 43쪽, "一日說禪 一日說戒"

19) 李齊賢 撰, 「重修乾洞禪寺記」, 『益齋亂藁』 6, "西域指空禪師將如華山, 過而閱之, 大稱嘆以爲稀有, 及還, 與其徒千數百指因留焉."

20) 許興植 撰, 「指空의 無生戒牒과 無生戒經」, 『書誌學報』 제4호(1991), 142~148쪽 ; 許興植 著, 「第1章 指空禪賢」, 『高麗로 옮긴 印度의 등불』(서울: 一潮閣, 1997), 81~89쪽.

21) 『高麗史』 42, 「世家42」, 〈恭愍王5-19年(1370)-正月〉, "甲寅 幸王輪寺, 觀佛齒及胡僧指空頭骨, 親自頂戴, 逐迎入禁中."

22) 『高麗史』 35, 「世家35」, 〈忠肅王2-15年(1328)-秋七月〉, "庚寅 … 云云 … 鷄林府司錄李光順, 亦受無生戒, 之任, 令州民, 祭城隍, 不得用肉, 禁民畜豚甚嚴, 州人一日盡殺其豚."

23) 閔漬 撰, 「佛祖傳心西天宗派旨要序」, 『西天百八代祖師指空和尙禪要錄』, "嗜酒肉者 斷酒肉 好巫覡者 絶巫覡, 至有棄富貴 如弊屣 視身命如浮漚 貪競之風漸息 驕淫之俗稍變."

24) 危素 撰, 「文殊師利最上乘無生戒經序」, 『文殊師利最上乘無生戒經』, "血食是邦者 曰三岳神亦聞此戒 却殺牲之祭 愈增敬畏."

25) 『高麗史』 39, 「世家29」, 〈忠烈王2-7年(1281)-6月〉, "癸未: 王次慶州, 下僧批, 僧輩以綾羅, 賂左右得職, 人謂羅禪師·綾首座. 娶妻居室者, 居半."

26) 『文殊師利最上乘無生戒經』 上, "是時會中 有一菩薩 其名曰金剛手. … 云云 … 爾時世尊 告金剛手菩薩摩訶薩言 '我此三昧 乃於過去無量劫中有佛出世 名解脫光如來·應供·正徧知·明行足·善逝·世間解·無上士·調御丈夫·天人士·佛世尊. 我於彼劫 値遇文殊舍利菩薩摩訶薩 受最上乘無生戒法 依戒修行 得此三昧 名爲無念. 依此三昧 三十二相 八十種好 八萬四千淸淨光明 常住涅槃 六通自在 於此金剛菩提法座 說一切法 爲天人師 度脫衆生 實依文殊師利菩薩摩訶薩無生戒法修持而得."

27) 忽滑谷快天 著, 鄭湖鏡 譯, 「第8節 慧勤의 戒牒」, 『朝鮮禪敎史』(서울: 寶蓮閣, 1992), 378~379쪽.

28) 『文殊師利最上乘無生戒經』 下, "無生戒者 衆善不脩 諸惡莫造."

29) 같은 책, "是諸世尊一切如來 無生法忍. … 云云 … 乃至一切如來法藏 悉能攝持. … 云云 … 無生戒者 是諸如來 大解脫門."

30) 같은 책, "此無生戒者 薄伽梵智 文殊妙心 佛頂光聚 王髻明珠."

31) 李穡 撰, 「文殊師利最上乘無生戒經跋」, 『文殊師利最上乘無生戒經』, "右無生戒經三卷 西天指空師所誦 以傳之者." 실제로 暗誦과 이를 받아 적는 과정에서의 錯誤로 생각되는 부분들도 눈에 띈다. 대표적인 것이 "如是我聞 一時 世尊住舍衛國 菩提樹下 金剛寶座"나 "優樓頻螺迦葉 那提迦葉 摩訶迦葉"이다. 주지하다시피, 菩提樹下 金剛寶座는 부가가야를 의미하므로 舍衛國이 아닌 마가다국이어야 한다. 특히나 지공이 마가다국 王子임을 주장했다는 점에서, 舍衛國이라는 설정은 더욱 납득되지 않는다. 또 다음으로 優樓頻螺迦葉 那提迦葉을 말했다는 건 迦葉三兄弟를 말하는 것이므로, 의당 伽耶迦葉이 존재해야 한다. 그런데 原文에는 伽耶迦葉이 누락되고, 막 바로 摩訶迦葉이 등장하고 있다. 이는 迦葉이 여러 차례 반복되면서 파생한 錯誤로 판단된다. 이와 같은 명백한 誤謬들이 누출되어 있음에도 수정되지 않은 것은, 指

空이 漢文에 어두워 검토할 수 없었고, 또 여러 일정들이 바빴기 때문에 飜譯에 충분한 시간을 할애할 수 없었기 때문으로 생각된다. 그러나 이를 통해서 우리는 指空 暗誦의 문제점을 충분히 인지해 볼 수 있다.

32) 〈楊州檜巖寺指空禪師浮屠碑〉, "師自西天携文殊師利無生戒經二卷而來."

33) 危素 撰, 「文殊師利最上乘無生戒經序」, 『文殊師利最上乘無生戒經』, "師乃出文殊師利菩薩無生戒經三卷"; 李穡 撰, 「文殊師利最上乘無生戒經跋」, 『文殊師利最上乘無生戒經』, "右無生戒經三卷"

34) 『文殊師利最上乘無生戒經』上, "於此戒內 不分有情無情 皆能成就無漏法身."; 危素 撰, 「文殊師利最上乘無生戒經序」, 『文殊師利最上乘無生戒經』, "師利菩薩無生戒經三卷 欲使衆生有情無情有形無形咸受此戒."; 忽滑谷快天 著, 鄭湖鏡 譯, 「第8節 慧勤의 戒牒」, 『朝鮮禪敎史』(서울: 寶蓮閣, 1992), 378~379쪽, "不分有情無情 皆能成就 無漏法身"

35) 『高麗史』132, 「列傳45」, 〈叛逆6-辛旽-007〉, "旽白王曰, '善男女, 願從上結文殊勝因, 請許諸婦女上殿聽法.' 於是, 士女雜遝, 寡婦至有爲旽冶容者. 旽以餠果, 散於婦女, 咸喜曰, '僉議乃文殊後身也.'"

36) 李穡이 撰述한 〈指空碑文〉은 현재 총 6종이 전해진다. 이 중 權相老本에만 門徒와 檀越의 名單이 전하고 있다. 그런데 여기에는 많은 여성들의 이름이 나타나고 있어, 指空에 대한 여성들의 지지가 매우 컸다는 것을 알 수가 있다.

37) 『無生戒經』을 한성자는 『『文殊舍利最上乘無生戒經』을 통해 본 指空和尚의 密敎的 色彩』, 『悔堂學報』 제7집(2002), 155~185쪽을 통해서 密敎와 연관된 經典으로 보고 있다. 그러나 필자는 密敎의 영향을 받은 大乘經典으로 본다. 그 이유에 대해 크게 다음과 같은 세 가지를 들고 싶다. 첫째, 毘盧遮那佛이 "毘盧遮那親宣 文殊菩薩 傳授"라는 無生戒의 상징성 확보 부분에서만 1차례 등장할 뿐 강조되지 않는다는 점. 둘째, 眞言이나 陀羅尼가 존재하지 않는다는 점. 셋째, 觀法이나 作法에 대한 부분이 없다는 점이다. 물론 이 중 첫째와 둘째는 반드시 密敎的인 것만은 아니다. 그러나 이의 강조는 密敎의 한 특징 중 하나임에 틀림없다. 이런 점에서 이 세 가지 요소 중 하나도 제대로 갖추지 않은 상황에서 시대적인 영향에 따른 金剛手菩薩 등이 존재한다고 해서 이를 곧 바로 密敎經典으로 단정하기에는 무리가 있다고 하겠다. 또 이는 指空이 사상적으로 密敎的인 색체가 약한 것과도 잘 맞아떨어진다.

38) 〈檜巖寺指空禪師浮屠碑〉, "安西王府: 與王傅可提相見. 提請留學法. 吾志在周流. 語之曰, 我道以慈悲爲本. 子之學倍是. 何耶. 提言衆生無始以來. 惡業無算. 我以眞言一句. 度彼超生. 受天之樂. 吾云. 汝言妄也. 殺人者. 人亦殺之. 生死相讎. 是苦之本. 提曰. 外道也. 吾云. 慈悲眞佛子. 反是眞外道. 王有獻. 却之."

39) 같은 碑文, "西蕃摩提耶城: 其人可化. 呪師疾吾. 以毒置茗飮."

40) 같은 碑文, "伽單: 呪師欲殺吾."

41) 같은 碑文, "蝦城: 蝦城主見吾大喜. 外道妬之. 打折吾一齒. 及將去. 欲要於路必殺之. 其主護送至蜀."

42) 같은 碑文, "天曆(1328)初. 詔與所幸諸僧講法內庭. 天子親臨聽焉. 諸僧恃恩. 頡頏作氣勢. 惡其軋己. … 云云 … 天曆以後. 不食不言者十餘年."; 危素 撰, 「文殊師利菩薩無生戒經序」, 『文殊師利最上乘無生戒經』, "天曆皇帝詔與諸僧講法禁中而有媚嫉之者 窘辱不遺餘力. 師能安常處順逃黙自晦居. 無何諸僧陷于罪罟."; 「白雲和尚語錄」下, "辛卯年上指空和頌"(『韓佛全』6, 659b), "還歸大元 與妙總統 僅一十年 鬪諍勞苦 又十餘年 掩關杜詞 觀機審法"

43) 〈楊州檜巖寺指空禪師浮屠碑〉, "師辮髮白髯. 神氣黑瑩. 服食極其侈."; 權衡 撰, 「庚申外史」下, "至正十九年(1359): 狀貌魁梧 不去鬚髮 服食擬于王者". 이는 우리나라에 오늘날까지 전해지는 다수의 指空 眞影에서도 확인되는 사실이다.

142

지공은 천성적으로 성품이 맑아서 계율적인 경향을 가졌던 인물이다. 여기에 계율을 중시하는 율현의 문하로 출가하게 되면서, 지공의 계율적인 측면은 강화된다. 지공이 율현에게 수학한 교학은 반야학 중심인데, 이는 후일 지공이 고려에서 구술해 전한 『무생계경』과 상호 연관된다. 즉 율현과의 직간접적인 관계 속에서, 지공의 계율관은 정립되는 것이다.

지공 계율관의 특징은 '불육식'과 '망어(妄語)'에 대한 방편적인 용인'이다. 이는 지공이 대승불교에 입각한 계율관을 견지하고 있다는 것을 알 수 있게 해준다. 그리고 지공의 계율적인 측면은 당시 티베트불교와는 맞지 않았다. 이는 티베트를 유력하는 과정에서 강한 충돌양상을 띄고 원의 황실에서 티베트 고승들과도 충돌하는 모습을 통해서 확인해 볼 수 있다. 즉 지공의 계율은 대승적인 것이므로 율장(律藏)과 차이가 있지만, 동시에 티베트의 밀교계통과는 강한 이질성을 보이는 특징을 갖고 있다.

5

지공의 계율관과
티베트불교와의 충돌양상 고찰

I

서론

지공은 고려에 머문 2년 7개월 동안 계율(무생계)을 통해 고려의 풍속을 바꾸고, 선법으로 고려의 선불교계를 환기시킨다. 이후 인가를 위해 원에 들어가는 고려 임제종의 선승들은 대다수가 지공이 주석하고 있는 대도의 법원사를 찾게 된다. 이들은 나옹·경한·자초·지천 등으로, 이후 여말선초 불교계의 핵심적인 인물들이 된다. 즉 고려 말 불교계는 지공이라는 인도승려의 강력한 영향력 속에 존재하고 있는 것이다.

그런데 지공은 선사이면서도 기존의 임제종 선승들과는 달리 계율을 강조하는 모습을 보인다. 또 계율을 통해서 적극적인 교화를 펼치는 모습을 보이고 있어 주목된다. 이는 지공이 인도불교의 마지막 잔존구조 속에서 수학한 대승불교의 인물이기 때문이다.

본고는 지공의 계율관 및 티베트불교와의 충돌에 관해서 고찰한 것이다. 지공의 인도대승불교적인 계율관이 당시 동아시아의 종교인 티베트불교와 어떻게 충돌하고 있는지를 검토하여, 그 전체적인 특징을 도출하고자 한다.

　지공의 계율관과 티베트불교의 관점적인 충돌에 대한 연구는 지공의 불교사상이 고려 말 불교에 막대한 영향을 미친다는 점에서 충분한 연구의의를 확보한다. 또 이와 아울러 인도불교가 사라졌다고 생각한 뒤의 잔존 양상에 대해서도 알 수 있도록 해준다는 점 역시 본 연구의 긍정적인 측면이라고 하겠다.

Ⅱ

지공의 유력과 티베트불교와의 충돌

1. 인도 유력에서 살펴지는 계율 관점

지공은 능가국의 보명에게 선법의 인가를 증득한 뒤, 하산게를 설하고는 인도를 유력한다.[01] 이 과정에서, 우지국(于地國)·신두국(神頭國)·적리라아국(的哩囉兒國)의 기록에는 계율과 연관된 측면이 기록되어 있어 주목된다. 이의 해당 부분을 제시해보면 다음과 같다.

① 우지국: 군주는 외도를 믿는다. 나에게 살·도·사음의 계가 있자 [지키자], 기생을 불러 함께 목욕하게 하였다. 내가 첩연(帖然)하여 망인(亡人) 같으니, 왕이 탄복하며 "이는 필시 이인(異人)일 것이다"라고 하였다. 그 외도가 목석으로 수미산을 만들면 … 남녀가 그 앞에서 교합하는데, 이를 음양공양(陰陽供養)이라고 한다.[02]

② 신두국: 유사(流沙)가 망망하여 갈 바를 알지 못했다. [마침] 그 열매가 복숭아 같은 나무가 있었다. 주림이 심하여 두 개째 먹고 있는

데, 공신(空神)이 [나타났다.] … 노인이 이르기를 "주지 않는 것을 취하는 것은 도둑질이다. 이제 너를 놓아줄 테니 계를 잘 호지토록 하여라"라고 하였다.⁰³

③ 적리라아국: 여인이 교합할 것을 요구하여, [내가] 주리므로 음식을 구하고자 하여 짐짓 응하는 듯하였다. [그리고는 좋은 말을 타고 국경을 넘었다.]⁰⁴

허흥식의 지도에 따르면, 우지국의 위치는 동남인도이며 신두국은 서북인도, 그리고 적리라아국은 파키스탄 쪽이다.⁰⁵이는 지공의 계율 중시가, 특정지역의 지역성과 결부된 것이 아닌 보편적인 일상이었다는 것을 의미한다.

위의 인용문에서 먼저 살펴지는 것은 '살·도·음의 거부'다. 살·도·음은 망(妄)과 더해져 율장의 사바라이에 해당하는 단두죄이다. 사바라이에서의 살이란 일반적인 살생이 아닌 살인이다. 또 도란 오전(五錢) 이상을 도둑질한 것으로 규정되어 있다.⁰⁶ 살과 도는 당시의 국법에도 있는 규정으로 승단의 특징이라고만은 할 수가 없다.

끝으로 음은 불음(不淫)으로 승단의 독신출가주의와 관련된 것이다. 이는 바라문주의나 이를 계승한 힌두교의 재가주의와는 다른 것으로, 인도 사문주의 전통의 특징이다. 즉 음에 대한 측면은 국법과 다른 사문전통의 출가주의 특징이 발현되는 측면이다. 그런데 〈비문〉이 수록되어 있는 모든 문헌은 이 부분을 '사음(邪淫)'으로 적고 있어 문제가 있다. 그러나 우지국과 적리라아국에서 지공이 여성을 거부하고, 이를 비판하는 것으로 보아 이는 명백한 오기로 판단된다. 특히 이 부분의 모든 기록이 사음으로 동일하다는 점에서, 이는 이색이 처음부터 잘못 기록한 것일 개연성이 크다고 판단된다.

지공이 살·도·음을 나열한 것은 분명 사바라이를 염두에 둔 것으로 보인다. 그러나 망에 대해서는 언급이 없다. 바라이가 되는 거짓말은 깨달음 없이 깨달았다고 하는 대망어(大妄語)이다. 그런데 적리라아국의 상황을 보면, 지공은 음식을 위해서 거짓말을 하고 있다. 이는 대망어는 아니지만 망어임에는 분명하다. 이와 같은 상황을 놓고 본다면, 지공은 망어에 대해서는 보다 유연한 관점을 취하고 있고, 그렇기 때문에 살·도·음의 3가지만을 거론한 것이 아닌가 한다. 즉 지공의 인식에서 살·도·음과 망은 계율의 경중에 있어서 차이가 있는 것이다.

이는 지공에 있어서는 살의 외연이 넓어져 불육식에까지 미치고, 신두국의 일화에서처럼 도의 범주가 주인 없는 것으로까지 확대되는 것을 통해서도 명백해진다. 즉 살·도는 율장보다 강조되고, 망에는 유연성의 관점에서 재정립되는 측면이 존재하는 것이다. 이는 초기불교의 계율 관념이라기보다는 대승불교의 계율에 대한 인식결과로 판단된다.

대승불교가 흥기하는 기원전후는 인도가 농경문화로 재편된 이후다. 이로 인하여 붓다시대처럼 유목문화의 영향이 강하게 작용하고 있을 때와는 상황이 달라진다. 또 대승시기에는 거대한 승원이 갖춰지면서 탁발의 필연성이 사라지면서, 음식을 취사선택하는 것이 가능해지게 된다. 즉 불육식과 오신채의 금지와 같은 금지식이 만들어지는 것이다.

또 대승불교는 강력한 동기론과 자비를 주장한다. 이는 불살생이 불육식으로까지 외연이 확대되는 배경으로 작용한다. 불육식의 논리에는 자비와 함께, 먹는 사람이 없으면 죽이는 사람도 없다는 강한 동기론이 작용하고 있다. 또 여기에는 부정한 음식을 통해서, 그것을 섭취하는 인간이 염오된다는 관점도 존재한다.[07]

또 동기론은 신두국의 도에 대한 이해 속에서도 확인된다. 신두국의 기록을 보면, 그 과일은 주인이 없는 것이다. 그럼에도 주지 않는 것은 모두 도(盜)로 규정하고 있다. 그러나 초기불교의 기본입장은 주인 없는 물건에는 도가 성립하지 않는다. 이는 유행생활의 비중이 큰 초기불교에서 승원생활이 일반화된 대승불교 시대로, 수행문화의 변화와 관련된 것으로 판단된다. 이렇게 놓고 본다면, 지공의 계율 인식은 율장보다는 대승불교적이라고 할 수 있다. 이는 지공이 후일 『무생계경』을 통해서 고려의 풍속을 교화하고, 또 만년에는 화려한 의복을 입고 머리와 수염을 길렀다는 기록을 통해서도 이해될 수 있다.[08] 즉 지공의 계율은 율장 속의 계율이 아닌 대승의 계율이 발전한 계경(戒經)의 계율인 것이다.

그러나 지공은 대승불교가 힌두교의 영향에 의해 변화한 밀교에 있어서는 비판적인 모습을 보인다. 지공의 시대를 고려해보면, 우지국의 기생문제나 음양공양 또는 적리라아국의 여성적인 부분은 탄트리즘이나 좌도밀교와 연결해서 이해될 수 있다. 그러나 지공은 이 부분

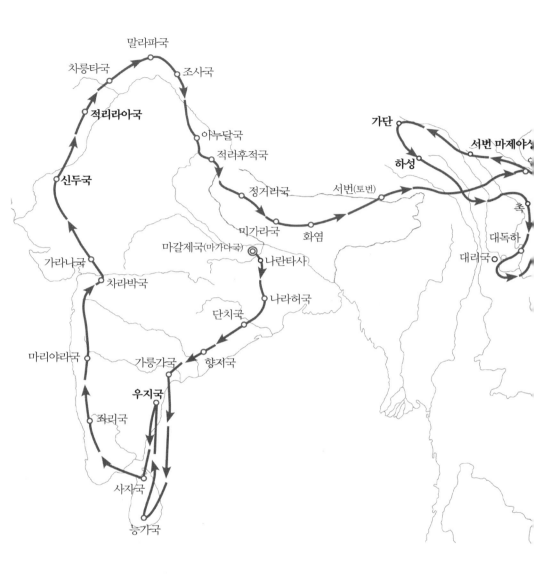

말라파국

차릉타국

조사국

적리라아국

아누달국

적리후적국

신두국

정거라국

서번(토번)

미가라국

화염

가단

서번 마제야

하성

촉

대독하

대리국

마갈제국(마가다국)

나란타사

가라나국

나라허국

차라박국

단치국

향지국

마리야라국

가릉가국

우지국

좌리국

사자국

능가국

〈지공의 인도와 티베트 유력 과정〉

152

에서 매우 단호한 면을 보인다. 이는 지공이 대승의 계율관을 가진 대승의 인물이지, 밀교의 승려는 아니라는 점을 분명히 한다. 이와 같은 측면은 지공이 티베트불교와 충돌하게 되는 한 이유를 설명해준다.

2. 티베트불교와의 충돌과 지공의 변화

티베트는 폐쇄적인 산악구조 속에서 발전한 주술적인 무속인 뵌교와 파트마삼바바를 중심으로 하는 인도의 후기밀교가 결합되면서 완성된 불교다. 특히 티베트의 자연환경은 척박하고 살기가 어렵기 때문에, 육식과 결혼이 정당화되는 주술성 강한 불교로 발전하게 된다.[09]

이러한 계율 부재와 주술의 문제는 지공의 대승적인 관점과 계율을 중시하는 측면에서는 받아들이기 어려운 면이 된다. 또 여기에는 지공이 인도불교라는 정통성을 전지한 인물이라는 자부심도 일정 부분은 작용했을 것으로 판단된다.

〈비문〉에는 지공이 티베트불교와 충돌하는 모습이 티베트 전역을 유력하는 내내 살펴진다. 이의 해당부분을 제시해보면 다음과 같다.

① 안서왕부: 왕의 스승인 가제(可提)와 더불어 상견하니, 가제가 [나에게] 머물면서 [불]법 가르쳐 주기를 청하였다. [그러나] 나의 뜻은 주유(周流)에 있었다. 내가 말하기를, "[불]도는 자비를 본으로 삼는데, 당신의 배움은 이와 다르니 어찌된 것인가?" 가제가 말하기를, "중

생들의 무시이래 악업이 헤아릴 수가 없다. 내가 진언일구로 저들을 도탈(度脫)시켜 생[사]을 넘어서 천상의 낙(樂)을 받도록 하는 것이다.” 내가 이르기를, “너의 말이 망녕되다. 사람을 죽인 이는 그 사람 또한 죽인 이를 죽이니, [이로써] 생사[윤회]에 있어서 서로 원수가 되는데, 이것이 [바로] 고(苦)의 근본이다.” 가제가 말하기를, “[그건] 외도이다.” 내가 말하기를, “자비야말로 참된 불자이다. 이의 반대야말로 진정한 외도인 것이다”라고 하였다. 왕이 [나에게] 봉헌한 것이 있었으나, 물리치고 [받지 않았다].[10]

② 서번 마제야성: 그 사람들이 가히 교화할 만하였다. [그러자] 주사(呪師)가 괴로워하여 나에게 독이든 차를 가지고 마시도록 하였다. 때마침 대도에서 사신이 와서는, 나에게 함께 돌아갈 것을 청하였다. 반특달(班特達)로 스승을 삼아서 서로 교화를 떨쳐보려 하였으나, 계합되지 않아 떠났다.[11]

③ 가단: 주사가 나를 죽이려고 하였다.[12]

④ 하성: 성주가 나를 보고는 크게 기뻐하였다. 외도가 그것을 질투하여, [나를 때리니] 내 치아 한 대가 부러졌다. 이에 떠나려 하자, 길목을 지키고 반드시 나를 죽이려고 하였다. 성주가 호송하여 촉(蜀)에 이르렀다.[13]

먼저 ①에서 가제는 티베트 밀교 승려로 이해된다. 지공의 가제 비판은 크게 ‘자비의 실천이라는 대승의 핵심’과 ‘진언을 통한 인과법의 초월에 관한 것’으로 볼 수 있다. 그런데 서로를 비판하는 과정에서 외도라는 말이 등장한다. 이는 이미 대승현교와 티베트밀교가 서로를 백안시할 정도로 현격한 차이를 나타내고 있었다는 것을 의미한다. 또 지공은 티베트밀교가 맞지 않다고 판단했기 때문에, 왕이 사여한 물건까지도 거부하는 모습을 보이고 있다.

②·③·④는 티베트밀교보다는 밀교의 영향을 받은 뵌교로 이해된다. 이는 지공이 충돌하는 대상을 주사와 외도라고 말하고 있기 때문이다. 또 이들 주사·외도와 지공은 ①에서처럼 서로를 비난하는 강도를 넘어서, 죽이려는 극단적인 상황에까지 이르고 있다. 그나마 ②가 독을 통한 간접적인 방법이었다면, ④는 노골적으로 생명을 위협하는 지경에까지 이르고 있다. 특히 ④에서는 구타와 길목지키기 같은 조직적인 움직임이 기록되어 있는데, 이는 성주의 호송이라는 기록을 통해서 가담자가 다수일 개연성을 환기시키고 있다. 즉 개인의 충돌과 같은 사소한 상황이 아닌 것이다.

②·③·④의 주사·외도라는 표현은 티베트불교의 승려를 의미하는 것은 아닌 것으로 판단된다. 그러나 티베트불교와 뵌교는 습합의 강도가 강하다는 점에서, 이 역시 티베트불교와 충돌이라는 연장선상에서 이해할 수 있다.

실제로 지공은 고려에서 원으로 돌아간 이후에, 황궁에서 티베트불교로 추정되는 승려들과 충돌하면서 무려 10여년에 이르는 극심한 고초를 겪게 된다. 이의 내용을 적시해보면 다음과 같다.

〈비문〉: [원나라 제8대 문종 때인] 천력(1328~1330) 초에 조서(詔書)에 의해 [황제가] 존중하는 제승(諸僧)들과 더불어, 내정(內庭)에서 [불]법을 강론하게 되었는데 천자(天子)가 친임(親臨)하여 들었다. 제승들이 [황제의] 은혜를 믿고는 힐항(頡頏)의 기세를 짓고, 그 다툼이 심하여 [법문을] 행함을 얻지 못하도록 막았다. 오래지 않아 제승들이 혹은 주살되고 혹은 배척되니, 사(師)의 명성이 중외(中外)를 진동했다. … 천력연간 이후로 불식(不食)·불언(不言)한 것이 십여 년이나 된다.[14]

「무생계경서」: 천력연간에 황제의 조서에 의해 제승들과 더불어 (불)법을 강론하였다. (그런데) 금[禁(宮)] 중에 모질(媢嫉)하는 자들이 있어 곤욕스럽게 됨으로, 여력이 미치지 못하였다. [그럼에도] 사(師)께서는 언제나 평안해서, 상처(常處)에서 묵연함에 수순하고 스스로의 거취를 드러내지 않았다. [그런데] 오래지 않아서 제승(諸僧)들은 죄고에 빠지게 되었다. [이로 인하여] 사의 명성은 중외의 사방에 크게 떨쳐져, 믿는 이들이 두루 많아졌다.

「지공화상송」: [고려에서] 대원으로 돌아간 뒤에, 묘총통(妙總統)과 더불어 근일십년(僅一十年)을 투쟁로고(鬪諍勞苦)하였다. 또 십여 년을 폐관(閉關)한 채 말을 하지 않으니, [오로지] 기틀을 보고 법만을 살필 뿐이었다.[16]

먼저 〈비문〉과 「무생계경서」의 내용은 상호 유사한 것을 알 수 있다. 다만 다른 것은 〈비문〉의 천력연간 이후로 불언·불식한 기간이 10여 년이나 된다는 추가 부분이다. 그런데 이는 백운의 「지공화상송」을 통해서도 확인된다. 즉 〈비문〉은 「무생계경서」와 「지공화상송」을 합해 놓은 것 정도로, 위의 3가지는 상호 유사한 내용을 지칭하고 있는 것을 알 수 있다.

그런데 〈비문〉과 「무생계경서」에는 이 사건이 오래지 않아 해결되고, 이로써 지공의 명성이 더욱 떨치게 되었다고 적혀 있다. 그러나 10여 년을 유폐되다 시피하고 있었다는 것은 이 사건이 매우 오랫동안 지공을 괴롭혔다는 점을 분명히 한다. 즉 지공의 입장에서 미화한 기록인 것이다. 그런데 이색과 위소가 동시에 이와 같은 미화를 보이고 있다는 점에서 주목된다. 이는 선행한 위소나 이와 유사한 기록을 바탕으로, 이색이 윤색해서 〈비문〉을 기록했기 때문이 아닌가 판단된다. 일반적으로 고승의 〈비문〉은 문도들이 자료를 취합해준 것을 바탕으로 제작된다. 또 앞서도 언급했다시피 〈비문〉을 작성할 때, 이색의 상황은 좋지 못했다. 그러므로 이와 같은 추론은 충분히 가능하다.

지공이 고려에 머물다가 원의 대도로 돌아간 1328년은 문종(文宗)의 천력연간이다. 〈비문〉에는 천력 초에 문제가 생겼다고 했으므로, 지공은 원의 대도로 돌아간 직후에 황제의 존숭을 받는 승려들과 충돌하게 되고, 결국 10여 년에 이르는 일종의 금고와 제대로 먹지도 못하는 극심한 탄압 속에 처해지게 되는 것이다.

진종의 어향사가 되었던 지공이 천력연간부터 탄압의 대상이 된다는 것은 1차적으로는 원 황실 내부의 정계개편과 관련해서 생각해

157

볼 수가 있다. 이와 같은 추론이 가능한 것은 지공에 대한 탄압 시점이 원의 대도로 되돌아간 직후라는 점과, 이때는 진종에서 흥종(興宗)을 거쳐 문종으로 황제가 바뀌는 측면이 존재하기 때문이다.

그러나 그 전체가 정계개편 과정 때문이라고만 하기에는 석연치 않은 점이 있다. 왜냐하면 그 이후로 9대 명종(明宗)과 10대 영종(寧宗)을 거쳤음에도 문제가 해결되지 않고, 장장 10여 년을 끌다가 11대 혜종(惠宗)에 와서야 풀리기 때문이다. 이는 이 일이 단순히 정계개편에만 관련된 것은 아니라는 것을 의미한다.

그러므로 2차적으로, 위의 인용문에서 지공이 주장하고 있는 티베트불교와의 갈등을 추론해 보게 된다. 실제로 지공이 외국승려라는 점은 정계개편 과정에서 불이익을 당할 개연성이 상대적으로 낮다는 것을 의미한다. 그런데도 이와 같은 일이 장기간에 걸쳐 발생한다는 것은 원 황실과 관련된 티베트불교 고승들과의 충돌 외에는 다른 가능성을 생각하기 어렵다. 즉 정계개편 과정에서 반(反) 지공 계통의 티베트 고승들에 의한 영향이 존재했고, 이들에 의해서 지공의 탄압이 주도된 것으로 이해해 볼 수가 있는 것이다. 이는 티베트 고승과의 충돌이 첫 번째이며, 이를 배경으로 두 번째의 정계개편 과정에서 지공이 탄압 대상이 되는 것으로 이해될 수 있다. 또 관련 기록의 주장처럼, 후일 이들이 몰락하면서 지공의 탄압은 중지된다고 하겠다.

그런데 왜 외국승려인 지공과 티베트 고승들이 충돌하는 것일까? 이 문제와 관련된 핵심은 관련기록에 이렇다하게 나타나는 내용이 없다. 그러나 지공의 유력 과정과 관련해 티베트 쪽에서 충돌하고 있는 기록들은 그 이유가 계율과 관련되었을 가능성을 환기시킨다.

또 붓다에 의해서 제시된 불교의 청정성을 티베트불교가 어기고 있는 상황에서, 절대권력자인 황제 앞에서 이 문제가 지공에 의해 대두할 경우 감정적인 측면으로 경도될 개연성이 있다. 당시 지공에 대한 탄압이 불식과 불언에 이를 정도라면, 일반적인 종교인에 대한 제재치고는 이해하기 쉽지 않은 강도이다. 이런 점에서 당시 계율과 관련된 충돌이 앙심을 가지게 되는 감정적인 부분으로까지 치닫게 된 상황이 아닌가 추정된다.

지공의 탄압이 풀리는 시기는 1328년에서 10여 년이 흘렀다고 되어 있으니, 이는 제11대 혜종(順帝)의 지원[至元(1335~1340)]연간이 된다. 지공은 금고시기에 머리와 수염을 기르고 거사의 복색을 하게 되는데,[17] 이는 그가 열반에 드는 1361년(공민왕 10) 11월 29일까지 계속된다. 즉 탄압에 의한 영향이 지공의 삶의 방식까지 바꾸고 있는 것이다.

지공의 탄압이 풀리는 이유로 기록에서 살펴지는 것은 티베트불교 고승 중 황실과 관련된 승려들의 변동이다. 즉 내부 갈등에 의한 티베트불교 안에서의 세력교체가 탄압이 풀리게 되는 이유인 것이다. 그런데 이들의 몰락과 함께 지공의 명성이 떨쳤겠다고 기록되어 있지만, 이것이 사실인 것 같지는 않다. 왜냐하면 지공은 이후에도 티베트불교나 강남 임제종과 적극적으로 교류하면서 영향력을 보이는 부분이 발견되지 않기 때문이다. 또 지정[至正(1341~1367)]연간에 태후와 황태자가 지공에게 법을 묻고[18] 주옥을 바치니 사양했다는 기록[19] 이외에, 딱히 이렇다하게 존중되는 모습 역시 살펴지는 것이 없다. 그리고 문제가 해소된 뒤에 지공을 경제적으로 후원하는 집단은 원의 황실과 관련된 원나라 사람들이 아닌 재원 고려인들이었다.[20] 이런 점에서 본다면, 혜종의 황후가 되는 기황후(奇皇后)와 재원 고려인들의 영향이 지공의 탄압 해소와 관련해서 어떤 작용을 했을 가능성도 생각해 볼 수가 있다.

지공은 탄압이 풀리고 난 이후에도 머리와 수염을 기르는데, 이는 탄압 기간의 충격 강도와 그의 계율관이 변모했다는 것을 말해준다. 그런데 특이한 것은 탄압시에 거사 복장을 했던 것에서, 오히려 군주와 같은 화려한 복색으로 바꾸고 이를 계속 입었으며 음식 역시 사치했다는 점이다.[21] 지공의 이와 같은 행동은 티베트불교와의 충돌 이후 이들과의 갈등요소를 제거하기 위한 파격행보일 수도 있다. 그러나 이를 통해서 지공의 계율관이 율장에 입각한 엄격한 것은 아니라는 점을 분명하게 인지해 볼 수 있다. 즉 지공의 계율에는 형식적인 엄격함보다는 내용과 관련해 대승적인 면이 더 크게 존재하는 것이다.

또 이후 지공을 찾아가게 되는 고려의 고승들인 나옹·경한·자초·지천 등은 시기상 승려 복색의 지공이 아닌 화려한 거사 행색의 지공을 만나게 된다. 그럼에도 불구하고 지공을 계율과 관련된 인물로 기록하고 있다는 것은 당시의 고려 역시 율장과 같은 엄격한 인식보다는 대승 관점에서의 유연한 계율관을 가지고 있었다는 점을 알게 해준다.

Ⅲ

결론

이상을 통해서 지공의 계율관과, 이를 통한 티베트불교와의 충돌양상에 대해서 살펴보았다. 이를 통해서 지공의 대승불교에 기초한 계율관을 보다 분명히 하고, 티베트불교와 강력하게 충돌하는 모습을 살펴볼 수 있다. 이는 지공이 원의 대도 황궁에서 티베트불교의 고승들과 충돌하면서, 10여 년이라는 긴 기간 동안을 금고되는 타당한 이해를 도출해 보게 한다.

그러나 지공이 금고 기간에 머리와 수염을 기르고 거사의를 입은 것이 금고가 끝난 이후에 회복되는 것이 아니라 오히려 더욱 화려한 의복으로 발전하는 모습이 확인된다. 이는 지공의 계율관이 율장에 입각한 엄격함이 아니라, 대승불교의 계경과 같은 철학성을 겸비한 유연함을 확보하고 있었다는 것을 의미한다. 즉 지공의 계율관은 티베트불교에 비해서는 엄격하지만, 그렇다고 초기불교와 같은 측면을 강조한 것은 아니라는 것이다. 그러나 이와 같은 정도만 하더라도, 당시 티베트불교의 영향에 의해 승려의 육식과 결혼이 일반화되어 있는 상황에서 불교의 정신을 환기할 수 있는 측면은 충분하게 존재한다고 판단된다.

01) 〈楊州檜巖寺指空禪師浮屠碑〉, "告吾師曰, 兩脚是一步. 吾師以衣鉢付之, 摩頂記曰, 下山一步, 便是師子兒. 座下得法出身, 二百四十三人, 於衆生皆少因緣. 汝其廣吾化. 其往懋哉, 號之曰蘇邪的沙野, 華言指空. 吾以偈謝師恩已, 語衆曰, 進則虛空廓落, 退則萬法俱沉, 大喝一聲."

02) 같은 碑文, "于阗國: 主信外道, 以吾有殺盜邪淫之戒, 召妓同谷. 吾帖然如亡人, 王嘆曰, 是必異人也. 其外道以木石作須彌山(人於頭胸腿, 安立一山, 以酒膳祠山) 男女合於前, 名陰陽供養. (吾擧人天迷悟之理, 勘破邪宗.)"

03) 같은 碑文, "神頭國: 流沙茫茫, 不知所適. 有樹其實如桃, 飢甚摘食二枚, 未竟空神勾到. (空居廣殿. 老人正座云, 賊何不作禮. 吾曰, 吾佛徒也, 何得禮汝. 老罵旣稱佛徒, 何偸果爲. 吾曰, 饑火所逼.) 老云, 不與而取, 盜也. 今且放汝, 其善護戒."

04) 같은 碑文, "的哩囉兒國: 女求合, 以飢欲求食. 若將應之. (而問其馬之良者, 以實告. 吾卽騎之而走, 果如飛. 便至他境.)"

05) 許興植 著, 「第1章 指空禪賢」, 『高麗로 옮긴 印度의 등불』(서울: 一潮閣, 1997), 30쪽의 地圖2.

06) 平川彰 著, 釋慧能 譯, 『比丘戒의 研究I』(서울: 民族社, 2002), 244~245쪽, "「빨리율」에서는 비구가 1파다(pāda)의 물건을 훔치면 波羅夷가 된다고 말하고 있고, 「四分」·「五分」·「十誦」 등의 한역에서는 5錢의 물건을 훔치면 바라이가 된다고 하고 있다."

07) 李巨龍, 「佛敎와 힌두교에서 肉食禁止 문제」, 『韓國佛敎學』 제33집(2003), 452~454쪽.

08) 〈楊州檜巖寺指空禪師浮屠碑〉, "師辮髮白髯, 神氣黑瑩, 服食極其侈"; 權衡 撰, 『庚申外史』下, "狀貌魁梧, 不去鬢髮, 服食擬于王者."

09) 티베트 라마교는 독신의 黃帽派와 결혼을 하는 赤帽派로 나뉘는데, 이 중 赤帽派가 다수를 점하며, 환경적인 특수성에 의해서 肉食文化가 일반화 된다. 王森 著, 『西藏佛敎發展史略』(北京: 中國社會科學出版社, 1997), 41~52쪽·183~225쪽; 李安宅 著, 『藏族宗敎史之實地研究』(上海: 上海人民出版社, 2005), 40~57쪽·91~106쪽.

10) 〈楊州檜巖寺指空禪師浮屠碑〉, "安西王府: 與王傅可提相見, 提請留學法, 吾志在周流. 語之曰, 我道以慈悲爲本. 子之學倍是, 何耶. 提言衆生無始以來, 惡業無算, 我以眞言一句, 度彼超生, 受天之樂. 吾云, 汝言妄也. 殺人者, 人亦殺之, 生死相讎, 是苦之本. 提曰, 外道也. 吾云, 慈悲眞佛子, 反是卽外道. 王有獻, 却之."

11) 같은 碑文, "西蕃摩提耶城: 其人可化, 呪師疾吾, 以毒置茗飮. 適使臣至自都, 請吾同還. 欲師班特達, 互爲揚化, 不契又去."

12) 같은 碑文, "伽畢: 呪師欲殺吾."

13) 같은 碑文, "蝦城: 蝦城主見吾大喜, 外道妬之, 打折吾一齒. 及將去, 欲要於路必殺之, 其主護送至蜀."

14) 같은 碑文, "天曆初, 詔與所幸諸僧講法內庭, 天子親臨聽焉. 諸僧恃恩, 頡頏作氣勢, 惡其軋己. 沮不得行, 未幾, 諸僧或誅或斥, 而師之名, 震暴中外 … 天曆以後, 不食不言者十餘年."

15) 危素 撰, 「文殊師利最上乘無生戒經序」, 『文殊師利最上乘無生戒經』, "天曆皇帝詔與諸僧講法. 禁中而有娟嫉之者, 窘辱不遺餘力. 師能安常處順湛黙自晦焉. 無何諸僧陷于罪罟."

16) 『白雲和尙語錄』下, 「辛卯年上指空和尙頌」(『韓佛全』6, 659b), "還歸大元, 與妙總統. 僅一十年, 鬪諍勞苦. 又十餘年, 掩關杜詞, 觀機審法."

162

17) 〈楊州檜巖寺指空禪師浮屠碑〉, "師自天歷襯僧衣". 許興植은 居士衣에 山字冠을 착용한 모습의 眞影이 禁錮時節의 形容일 것으로 推論하였지만(『第1章 指空禪賢』, 『高麗로 옮긴 印度의 등불』, 서울: 一潮閣, 1997, 57쪽), 筆者는 眞影의 山字冠과 服色 등이 화려하다는 점에서(文明大, 「指空和尙 眞影像의 圖像特徵」, 『講座美術史』 제35호[2010], 19쪽 ; 許興植 著, 『第1章 指空禪賢』, 『高麗로 옮긴 印度의 등불』, 서울: 一潮閣, 1997, 57쪽의 脚註134), 禁錮 이후의 모습을 표현한 것으로 보는 것이 더 타당하다고 판단한다.

18) 許興植은 至正년간에 指空에게 法을 물은 皇后를 奇皇后로 의미하는 것으로 추정하였다. 許興植 著, 『第1章 指空禪賢』, 『高麗로 옮긴 印度의 등불』(서울: 一潮閣, 1997), 64쪽.

19) 〈楊州檜巖寺指空禪師浮屠碑〉, "至正, 皇后皇太子迎入延華閣問法. 師曰, 佛法自有學者, 專心御天下, 幸甚. 又曰, 萬福萬福, 萬中缺一, 不可爲天下主. 所獻珠玉, 辭之不受."

20) 같은 碑文, "師所居寺, 皆高麗僧."·"大府大監察罕帖木兒之室金氏, 亦高麗人也. 從師出家, 買宅澄淸里, 闢爲佛宮, 迎師居之. 師題其額曰法源."

21) 같은 碑文, "師辮髮白髯, 神氣黑瑩, 服食極其侈"; 權衡 撰, 『庚申外史』下, "狀貌魁梧, 不去鬚髮, 服食擬于王者."

나옹은 신돈이 몰락하는 상황에서, 고려불교의 실질적인 1인자로 급부상하며 조선 초까지 막대한 영향력을 행사한다. 그러나 조선 중·후기에 이르면, 특별한 이유 없이 법계(法系)에서 배척되며 주류에서 이탈하게 된다. 본고는 나옹이 고려불교에서 급부상할 수 있는 근저에, 나옹의 탁월한 능력 이외에도 고려불교에서 깊이 존숭되던 '지공의 계승자'라는 측면이 존재한다는 점을 지적했다. 또 조선 중·후기에 들어서면서 나옹에 대한 인식이 바뀌고 주류에서 이탈하는 것 역시, 지공에 대한 판단의 변화와 관련된다는 점을 밝혔다.

지금까지의 나옹에 대한 연구들은 조선 중·후기로 오면서 나옹에 대한 인식변화가 존재하는 이유에 대한 해법을 제시하지 못했다. 그러나 본고에서는 이것이 원·명과 여·선 교체로 인하여 중국에 대한 관점이 변모하고, 이것이 지공에 대한 인식을 변화시켰기 때문이라고 정리하였다. 이와 같은 연구를 통해서, 우리는 나옹과 지공의 관계 및 나옹에 대한 보다 진일보한 입각점을 수립해 보게 된다.

6

나옹의 부침浮沈과 관련된
지공의 영향

–

지공에
대한
인식변화를
중심으로

I

서론

.

나옹(懶翁)은 공간적으로 보우(普愚)·경한(景閑)과 더불어 여말삼사(麗末三師)로 칭해지는 동시에, 시간적으로는 지공(指空)·자초(自超)와 함께 증명삼화상(證明三和尙)이 되는 여말·선초에 있어서 가장 핵심적인 인물이다. 이때는 원·명과 여·선 교체기인 동시에, 사상적으로는 유·불교체와 티베트불교 및 지공에 의한 인도불교까지 한데 뒤섞여 있던 복잡한 시기다. 이로 인하여 나옹에 대한 연구는 일찍부터 매우 활발하게 이루어졌다.

나옹과 관련된 연구는 문학·불교학·사학 쪽에서의 박사학위논문 5편과[01] 이종군[02]·전재강[03]·이철헌[04]·강호선[05]·김창숙[06]·황인규[07]·허흥식[08]을 필두로 하는 일련의 연구들이 약 100여 종이나 존재한다.[09]

기존연구들은 지공과 사법제자인 나옹의 연결이 당연시되었음에도 불구하고, 나옹이 조선중기 이후 법계에서 배척되고 보우 법맥으로 단일화되는 것에 대해서는 아직까지 이렇다 할 견해를 제시하지 못했다. 본고는 바로 이 부분에 주목한 것이다.

　나옹은 회암사(檜巖寺)에서 깨달음을 얻었지만, 이후 곧장 입원(入元) 인가(印可) 유학을 떠나기 때문에 고려의 승정체제(僧政體制)에 속한 인물은 아니다.[10] 이는 고려불교에서의 배경이 취약하다는 것을 의미한다. 이러한 나옹이 입원 유학을 마치고 고려로 돌아와서, 공부선(功夫選)의 주맹(主盟)이 되어 일약 고려불교의 실질적인 1인자로 대두하게 되는데, 이때가 51세가 되는 1370년(공민왕 19)이다. 그런데 이 해는 지공의 영골(靈骨)이 고려로 와서, 지공에 대한 추모열기가 고조되던 때다.

　나옹은 지공의 치명(治命)을 받은 수제자로, 고려에서 지공의 막대한 영향력을 계승하는 대표자의 위치를 확보한다. 이는 고려불교에서, 나옹이 일약 불교계의 실질적인 1인자가 될 수 있는 한 측면으로 이해될 수 있다. 즉 나옹이 고려불교 안에서 확고한 위상을 확립하는 부분에, 생불(生佛)로까지 평가되는 지공의 후광이 작용하고 있다는 말이다. 이는 나옹의 고려불교 위상확보와 관련된 이해에 있어서 매우 중요한 측면이다. 바로 이와 같은 부분이 '지공 → 나옹 → 자초'로 계승되는 여말선초 최고의 법계(法系)다.

　그런데 나옹은 조선 중·후기로 가게 되면서, 돌연 법맥설(法脈說)에서 제외된다. 이로 인하여 조계종의 법맥은 태고보우(太古普愚)를 사법(嗣法)한 것으로 확정되어 오늘에 이르고 있다. 이와 같은 나옹에 대한 인식 변화는 고려 말과 조선이라는 달라진 시대상황의 관점 차이가 작용했다는 것을 의미한다. 본고는 바로 이와 같은 인식변화에 대해서 주목하였다.

　지공이 인도의 붓다 혈통을 계승했다는 측면은 원 지배시기와 불교시대에 있어서는 최고의 존엄성이 될 수 있다. 그러나 명과 조선을 통해서 중화의식과 유교가 부흥한 상황에서, 이는 중화의 적통이 아닌 변방인이라는 인식으로 변모하게 된다. 즉 시대배경과 지배이데올로기의 변화에 따라서, 지공을 바라보는 관점이 크게 달라지는 것이다. 이는 지공을 계승하고 있는 나옹의 위치와도 직결된다. 이렇게 놓고 본다면, 나옹이 고려불교에서 실질적인 1인자로 대두할 수 있는 이유와 조선불교에서의 위치가 하락하는 이유 모두 지공과 연관된 관점 속에서 이해될 수 있게 된다.

Ⅱ

나옹의 고려에서의 대두와 지공

1. 나옹의 고려에서의 대두 배경

나옹은 고려의 회암사에서 4년 동안 장좌불와를 하다가,[11] 28살이 되는 1347년(충목왕 3) 깨달음을 증득한다.[12] 그러나 같은 해 11월 육로로 입원하여 대도의 법원사로 가기 때문에,[13] 고려에서 승과(僧科)와 같은 전통적인 과정은 거칠 수 없었다. 이는 나옹에게 고려불교의 배경이 취약하다는 것을 의미한다.

나옹은 입원하여 지공과 평산(平山)의 인가를 받고, 재고려인의 후원 하에 순제(順帝, 제11대 혜종)의 명에 의해 대도 광제선사(廣濟禪寺)에서 개당(開堂)한다.[14] 그럼에도 귀국 후 나옹은 개경으로 바로 들어가지 못하고, 평양과 동해 및 오대산 등지를 3년간 유력한다.[15] 이는 10년이라는 장기유학과[16] 고려의 승정체계를 밟지 않은 나옹에게, 고려불교에서 이렇다 할 기반이 없었기 때문이다.

그러나 당시 고려의 승정체제는 흔들리고 있었다. 여기에 10년이라는 장기유학을 통해서 원의 정세를 잘 알고 있다는 점, 그리고 고려에서 신망이 두터운 지공과 강남 오산불교(五山佛敎)[17] 정자사(淨慈寺)의 평산에게 사법인가를 받았다는 측면은 나옹이 주목받을 수 있는 유리한 조건으로 작용한다. 그 결과 귀국 후 3년 뒤인 1361년(공민왕 10) 10월 20일, 왕에 의해서 해주 신광사(神光寺)의 주지로 발탁된다.[18]

신광사는 원나라 순제의 원찰(願刹)로 고려로서는 매우 중요한 사찰이다. 그래서 당시의 정세변화 등과 관련해, 원의 소식에 밝은 나옹이 임명된 것이다. 또 이는 나옹이 고려불교의 중앙으로 들어갔으며, 왕실과도 연결되었다는 것을 의미한다. 나옹의 본격적인 행보는 이때부터 시작되며, 문도들이 늘어나는 것도 이 무렵부터다.

이 시기 가장 주목되는 사건은 『나옹어록』의 간행이다. 『어록』은 열반 후에 문도들에 의해서 간행되는 것이 일반적이다. 그런데 나옹의 경우는 1차 『나옹어록』이 비교적 젊은 나이인 44세 때인, 즉 신광사 주지 취임 1년 7개월 만에 간행된다.

나옹이 귀국한 것은 1358년(공민왕 7) 3월 13일이며, 신광사 취임은 1361년(공민왕 10) 10월 20일, 그리고 백문보(白文寶)에 의해서 『나옹어록』「서문」이 작성된 것은 1363년(공민왕 12) 7월의 일이다.[19]

중세의 책 간행은 전후의 여러 과정과 많은 시간을 요구한다. 그러므로 귀국한 지 얼마 안 된 상황에서 『어록』 간행이 준비되었고, 신광사 주지 취임 직후에 본격화되었다는 것을 짐작해 볼 수 있다. 이는 이때의 『나옹어록』 간행이 문도들에 의한 자발적인 간행이 아니라, 나옹의 의지가 강하게 작용한 전략적인 사업이었다는 것을 의

나옹 화상 진영(1782, 대곡사 소장)
사진 | 양주회암사지박물관 제공 제공

미한다. 이를 통해서 나옹이 현실적으로 인정받는 것을 중요시한 인물이라는 것을 알 수 있다. 실제로 나옹은 고려로 귀국한 직후에도 개경과 멀리 떨어진 곳으로는 유력하지 않고, 어느 정도 연결이 가능한 평양·동해·오대산 정도를 유지하는 모습을 보인다. 이러한 결과가 바로, 42세 때의 신광사 주지 취임인 것이다.

나옹은 보우만큼은 아니지만 정치적인 성향이 강한 인물이다. 다만 보우와 다른 점은 불교와 더불어 사회개혁에도 많은 관심을 가졌다는 것이다. 이 점이 공민왕에 의해서 1370년(공민왕 19) 공부선의 주맹으로 발탁되고 71년에는 왕사에 임명되며, 〈가사문학(歌辭文學)〉을 통해서 민중불교의 강한 실천적인 의지를 보이게 되는 이유라고 하겠다.[20]

나옹의 1차『어록』이 어떤 내용을 담고 있었는지 현재로서는 알 수 없다. 그러나 1차『어록』의 내용이, 현존하는『어록』에 대부분 계승되었을 것이라는 추정은 가능하다. 그러므로 우리는 현행『나옹어록』에 수록되어 있는 내용들 중, 연대가 확실한 이른 시기의 기록을 살펴보는 것을 통해서 1차『어록』의 대강을 추정해 볼 수 있다.

당시 나옹의 고려 행적에서 중요한 것은 신광사의 개당(開堂)뿐이다. 그러므로 1차『어록』의 핵심은 원과 관련해서는 '첫째 입원 유학의 화려한 이력 강조', '둘째 광제선사에서의 주지', '셋째 지공과의 인연'이라는 세 부분으로 압축될 수 있다. 그리고 고려에서의 일로는 신광사의 법어가 편입되었을 것이다.[21]

나옹이 강조하고 싶은 세 부분 중, 첫째에서의 핵심은 1350년 8

월에 있었던 평산의 인가다. 그러나 이때의 법거량은[22] 누가 봐도 나옹이 평산에게 배운 것으로 보기에는 어려움이 있다. 즉 이는 나옹의 최고 강조점이 아닐 수도 있다는 말이다.

둘째의 광제선사 주지와 관련해서, 당시는 원에서의 과거급제 이력이 고려에서도 인정받는 중요한 측면이었다. 이런 점에서 본다면, 황제[順帝]에게 인정받은 광제선사의 개당은 중요한 강조점이었음에 틀림없다.

셋째 지공과의 인연은 나옹이 입원 인가유학의 목적 자체가 처음부터 지공에게 있었다는 점에서 가장 중요하다. 사실 평산의 사법도 중요하지만, 이 부분이 상대적으로 덜 중요해지는 것은 나옹에게는 강조점이 더 큰 지공의 사법이 존재하기 때문이다.

이상의 3가지 중 가장 중요한 것은 세 번째 지공과의 인연이다. 당시 고려에서 지공이 차지하는 위상은 매우 높았다. 그러므로 지공의 후광을 얼마나 입을 수 있느냐는, 고려불교에서의 위치와 직결될 수 있기 때문이다. 실제로 지공의 영골이 고려로 전해져 회암사 북봉에 모셔지면서,[23] 나옹이 지공 계승자로서의 위치가 확고해지는 1370년(공민왕 19)부터 나옹의 위상은 급상승하기 시작한다. 물론 여기에는 신돈의 몰락과 새로운 인물의 대두라는 정치적인 역학관계 변화에 의한 필연성도 존재한다. 그러나 이 시기에 공민왕에 의해서 나옹이 선택될 수 있었던 이유에는 나옹이 지공의 계승자라는 측면이 크게 작용한 것 역시 사실이다.

2. 고려에서 지공의 위상

지공이 고려에서 2년 7개월간 머물고 원의 대도로 돌아간 뒤, 입원
유학을 떠나는 고려의 선승들이 주로 찾는 곳은 지공이 주석하는 법
원사였다. 나옹 역시 지공의 고려에서의 강력한 위치 때문에, 회암
사 오도 직후 대도의 법원사를 목적으로 입원하게 된다.

나옹은 지공에게 사법인가를 받은 것뿐만 아니라, 10년 동안 판
수(板首)를 살라는 최고의 대우를 받는다.[24] 판수란 당시 사찰의 직제
상 지공 밑의 총책임자다.[25]

나옹이 자신의 1차『어록』에서 가장 크게 강조하려고 한 것은 지
공과의 돈독한 관계이며 이를 통해서 고려불교에서의 입지를 보다
공고히 하는 것이었다고 판단된다. 실제로 나옹은 자신의 사법과 관
련해, 광제선사의 개당법회에서 "이 하나의 향을 서천(西天)의 108대
조사 지공 대화상과 평산 화상에게 받들어 올려 법유지은(法乳之恩)을
갚습니다"라고[26] 하여, 자신의 사법전통을 분명히 밝히고 있다.[27] 그
런데 여기에서 주목되는 것은 지공을 평산의 앞에 두며, 지공은 대
화상으로 존중하는 반면 평산은 화상이라고만 칭한다는 점이다. 이
는 나옹의 사법이 평산보다 지공에게 무게비중을 두고 있다는 점을
분명히 하는 것으로 이해된다.

『나옹어록』에는 이때 외에도 1367년(공민왕 16) 나옹이 청평사(淸平
寺)에 머물던 겨울에, 승려 보암(寶巖)이 지공이 유촉한 가사와 치명
의 친서를 가지고 오자,[28] 결제법어를 통해 "서천의 108대 조사 지공

대화상의 법유지은을 갚으려 합니다"라고 하여,[29] 지공을 통한 사법 전통을 명확히 하고 있다. 즉 나옹은 평산보다도 주로 지공을 계승하고 있는 것이다. 이와 같은 양상은 1363년(공민왕 12) 7월에 작성된 1차 『나옹어록』의 백문보 「서문」에서, 지공과 평산을 총 4차례나 순서적으로 언급하는 것을 통해서도 확인된다.[30] 이와 같은 인식은 나옹이 열반한 3년 뒤인 1379년(우왕 5) 8월 16일에 작성된, 이색의 『나옹어록』「서문」에서도 일관된 모습으로 살펴진다.[31] 즉 나옹에게 있어서 지공은 평산에 앞서는 보다 중요한 스승인 것이다. 또 나옹 당시에는 고려에서 지공의 후광을 입는 것이 평산에 비해서 보다 유리하게 작용하는 측면 역시 존재한 것 또한 사실이다.

Ⅲ

나옹의 부침과 지공

1. 지공을 계승한 나옹

고려불교에서 나옹의 위상이 비약적으로 상승하는 사건은, 공부선의 주맹으로 임명되는 1370년(공민왕 19) 9월이다.[32] 그런데 이 해의 모두(冒頭)에 지공의 영골이 고려에 도착한다는 점에 주목할 필요가 있다. 그 전 해에 나옹은 신돈계와의 갈등 때문인지 병을 명분으로 오대산으로 은거하는 모습을 보인다.[33]

나옹의 오대산 은거를 당시 실권자였던 신돈과의 충돌과 연관시켜서 파악해 볼 수 있는 이유는 보우와 신돈의 갈등 기록 때문이다. 이와 같은 양상은 양쪽에서 모두 살펴진다. 「보우행장」에는 보우가 신돈을 강하게 비판하는 모습이 기록되어 있으며,[34] 〈보우비문〉에는 1368년에 보우가 속리산(혹 속리사)에 금고되는 내용이 있다.[35] 보우는 가지산문 출신으로 신돈 이전에 왕사의 위치에서, 원융부(圓融府)를 통해 구산선문의 통합과 승단의 개편을 시도했던 인물이다.[36]

신돈은 화엄종으로 추정되는 인물이며, 신돈의 영향력에 의해서 국사가 되는 화엄종의 천희(千熙)와 함께 승록사(僧錄司)를 통해 불교계를 장악하게 된다.[37] 나옹은 사굴산문(闍崛山門)이었지만, 보우처럼 선문에 속한다는 점에서 신돈과 충돌할 개연성이 존재한다. 실제로 나옹이 고려불교의 실질적인 1인자로 등장하는 사건인 공부선의 주맹이 되는 1370년 9월에 앞서, 8월에는 공민왕이 친정을 선언해 신돈과의 관계를 정리하는 모습이 보인다.[38] 또 그 이듬해에 신돈은 결국 주살된다.[39] 즉 나옹은 신돈의 몰락과 함께 새롭게 대두하는 인물인 것이다.

공민왕이 나옹을 위해 신돈과의 관계를 정리했을 개연성은 크지 않다. 이보다는 신돈과의 오랜 관계로 인해서, 여러 가지 피로도가 누적된 결과로 보는 것이 더 타당하다. 그러나 신돈과의 관계가 정리되고 권력이 재편되는 과정에서 나옹이 선택되는 이유에는 나옹이 지공의 계승자라는 점이 작용한 것은 분명하다. 이는 오대산에 은거한 나옹이 재등장하는 시점이 지공의 영골 일부가 고려로 온 해와 일치하는 것을 통해서 판단 가능하다.

지공은 1361년(공민왕 10) 11월 29일에 대도의 천수사 귀화방장에서 열반에 든다. 그러나 당시는 원·명 교체의 혼란기였기 때문에 이 소식은 6년 후인 1367년 겨울에야 비로소 보암에 의해 고려의 나옹에게 전달될 수 있었다. 이때 보암은 지공이 맡긴 가사와 수서(手書)를 전해주는데, 여기에 '치명[제자]'이라는 내용이 있다.

지공의 유해는 먼저 단소육신(團塑肉身) 즉 환조수상(丸彫塑像)의 등신불로 만들어진다.[40] 그러나 1368년에 이르게 되면 명 태조 주원장에 의해 남경에서 명이 건국되고, 이듬해인 1369년에는 원의 대도가 함락된다. 이 과정에서 지공의 유해는 1368년 가을 병림성(兵臨城)으로 옮겨져 다비된다.[41] 이 영골의 2/5 가량이 10년 후인 1370년 1월 1일 회암사에 전해지고,[42] 1372년 9월 26일에는 왕명에 의해서 회암사 북봉에 부도가 건립 되기에 이른다.[43]

지공의 영골이 고려로 도착하면서, 지공의 추모열기가 일어나면서 지공에 대한 인식이 환기된다. 즉 지공 지지자들의 집결이 지공 영골을 통해서 가시화되는 것이다. 공민왕이 지공의 사리를 정대해서 왕궁으로 이운하는 다음의 기록은 당시의 열렬한 추모열기를 확인해 볼 수 있게 한다.

> 1370년(공민왕 19) 정월 갑인(24)일: 공민왕이 왕륜사에 행차하여 불치(佛齒)와 호승지공(胡僧指空)의 두골을 친견하고는, 친히 정대해서는 궁중으로 맞아 들였다.[44]

지공의 영골이 고려로 들어온 시기와 관련해서 〈나옹비문〉에는 봄이라고만 되어 있지만,[45] 「나옹행장」에는 1월 1일이라고 되어 있어 차이가 있다. 그러나 『고려사』의 갑인일을 계산해보면, 24일이 된다. 그러므로 1월 1일로 보는 것이 타당하다.

실제로 『고려사』는 정월을 춘정월(春正月)로 기록하고 있다. 그러므로 양자의 차이는 충돌하는 것이 아니다. 즉 1월 1일 이전에 지공

지공 선사 부도 및 석등(나옹 선사 부도 및 석등이라는 주장도 있음)

사진 | 양주회암사지박물관 제공

의 영골이 개경으로 들어와 회암사로 옮겨졌고, 이러한 가운데 영골의 일부인 두골이 왕륜사로 모셔졌던 것이다.

「나옹행장」과 〈나옹비문〉은 지공의 사리가 곧장 회암사로 모셔졌다고 되어 있지만, 개경으로 들어와서 회암사로 갔다고 하는 것이 지리적으로나 논리적으로 더 타당하다. 또 이러한 이동 중에, 가장 중요하다고 생각되는 두골이 왕륜사에 모셔진 것으로 판단된다. 이 두골을 공민왕이 왕륜사로 가서 친견하고, 불치와 더불어 정대해서 왕궁으로 모셔오는 것이다.

공민왕의 재위(1351~1374) 기간은 23년이다. 그러므로 공민왕 19년은 만년에 해당한다. 이때는 노국 공주의 영전공사(影殿工事) 강행 등 왕의 자존감과 고집이 상당히 강할 때다. 그런데도 불치와 더불어 지공의 두골이 대등한 위치에서 국왕에게 정대되고 있는 것이다. 이는 당시 지공과 관련된 추모열기가 실로 대단했음을 의미한다.

이와 같은 지공의 거국적인 추모열기 속에서, 강력한 구심적으로 대두하는 인물이 바로 나옹이다. 나옹은 지공의 치명을 받은 계승자다. 그러므로 지공의 추모열기가 나옹에 대한 기대로 연결되는 것은 당연한 일이다. 이와 같은 분위기 속에서 신돈 및 천희와 거리를 둔 공민왕이 다음 불교계 인사로 나옹을 생각한 것은 어찌 보면 자연스러운 일이다.

공민왕은 신돈의 발탁 이유와 관련해서, 신돈에게는 '특별한 배경이 없다'는 측면을 들고 있다.[46] 이는 공민왕이 왕을 위해서 일할 사람을 찾고 있었다는 의미다. 그런데 나옹 역시 출가배경이나 수학

등과 관련해서 고려불교에 특별한 배경이 없다. 이는 공민왕이 나옹을 선택하는 한 이유가 되었을 것이다. 여기에 나옹은 지공 및 원에서의 인정이라는 능력구조를 갖추고 있다. 이 점이 나옹을 일약 발탁하여 1370년 9월 공부선의 주맹으로 낙점하는 이유가 아닌가 한다. 나옹은 이듬해인 1371년 8월 26일에는 왕사로 봉해지고, 왕명에 의해서 동방제일도량 송광사(松廣寺)에 주석하게 된다.[47] 또 공민왕은 평산을 고려로 모셔오려고 했을 정도로,[48] 평산에 대한 존경심도 상당했었다. 이런 점에서 본다면, 나옹은 공민왕의 선택 가능한 이유를 두루 구족하고 있었다고 판단된다.

지공의 영골이 고려로 들어와, 거국적인 추모열기 속에서 나옹이 고려불교의 실질적인 1인자로 등장한다는 것은 두 사건이 결코 무관하지 않다는 것을 의미한다. 또 지공의 영골은 1372년(공민왕 21)에는 왕명에 의해서, 회암사의 북봉에 부도가 건립되어 안치된다. 이때가 9월 16일(혹 26일)인데, 이 행사를 주관한 것이 바로 나옹이다.

일반적으로 장례의 주재자가 대표성을 띤다는 것은, 중국문화뿐만 아니라 붓다의 화장에서도 살펴지는 공통된 측면이다. 실제로 붓다의 열반과 관련해서 마가가섭은 임종을 보지 못했고, 마하가섭이 도착하는 사이에 아난의 화장시도가 있었다.[49] 이것을 아나율이 저지하면서 마하가섭을 기다리고, 결국 마하가섭의 장례 주재로 인하여 마하가섭은 초기불교의 대표성을 확보하게 된다.[50] 이런 점에 비추어 본다면, 나옹의 지공 영골 안치의 주관은 나옹으로서는 상당한 힘이 실리는 사건이라고 하겠다.

실제로 『나옹어록』에는 지공의 영골 안치와 관련된 내용이 많은 분량으로 비중 있게 다루어지고 있다. 또 이와 관련해서는 일의 진행과정에서 지공의 사리가 몇 과 더 발견되었다는 이적까지 기록되어 있다.[51] 이는 의미적으로 '열반한 지공의 뜻에 나옹이 매우 합당했다'는 것인 동시에, 나옹이 지공의 수제자임을 천명하는 기술로 판단된다. 이와 같은 측면은 임종을 보지 못하고 장례의 주관자가 되는 마하가섭에게 붓다가 발을 보였다는 곽시쌍부(槨示雙趺)의 전승이나, 불이 붙지 않는 붓다의 관을 마하가섭이 7바퀴 돌자 저절로 불길이 치솟았다는 기록과 의미적인 유사성을 확보한다.

〈지공비문〉 등에는 왕명에 의해서 지공의 부도가 회암사에 마련되었다고만 되어 있다.[52] 그러나 이와 관련해서 의당 나옹의 역할이 있었을 것으로 판단된다. 이미 공민왕에 의해서 불교계의 실질적인 1인자가 된 나옹이 자신의 후광이라고 할 수 있는 지공과 관련해서 아무런 움직임도 없었다는 것은 이해될 수 없기 때문이다. 그리고 이와 연관해서 생각될 수 있는 것이 바로 나옹의 회암사 수조(修造) 결심이다.

나옹의 회암사 수조 결심에는 총 세 가지의 이유가 있다. 첫째는 나옹의 오도처(悟道處)라는 것. 둘째는 지공의 영골을 모신 곳이라는 것. 셋째는 지공이 삼산양수지기(三山兩水之記)로 수기(授記)한 곳이라는 것이 그것이다.[53] 그러나 이 중 둘째와 관련해서는 나옹이 직접 간여한 사건이고 셋째가 나옹에 의한 해석 결과일 뿐이라는 점을 고려한다면, 실질적인 이유는 나옹의 오도처라는 것밖에 없다. 즉 나옹은 자신과 관련된 회암사를 왕사의 하산소(下山所)로 정하면서, 지공을 끌어들여 명분을 강화시켜 성지화하고 있는 것이다. 이는 지공의 부도를 모신 1372년(공민왕 21) 9월 26일 무렵인 가을에, 나옹이 삼산양수지기를 아주 우연하게 떠올리면서[54] 회암사의 수조를 결심하게 되는 것을 통해서 인지해 볼 수 있다.

1369년(공민왕 18) 9월 오대산에 은거하던 나옹은 1370년 1월 지공의 영골 전래와 함께 3월에 출산(出山)하여, 9월에는 공부선의 주맹이 되고 이듬해인 1371년 8월 왕사의 임명이라는 비약적인 성공을 거둔다. 이후 1372년 9월 회암사에 지공의 부도를 모시고, 거국적인 모연(募緣)으로[55] 총 264칸이라는 거대한 규모로 회암사를 수조하게 된다. 이와 같은 과정에서 나옹은 생불로까지 존숭되기에 이른다.[56] 그런데 이와 같은 나옹의 행보는 지공에 대한 추모열기가 없었다면 쉽지 않았을 것이다. 물론 여기에는 단순히 지공의 후광만이 아닌, 나옹의 탁월한 능력과 공민왕의 필요와 후원이 있었기에 가능했던 일임은 재론의 여지가 없다.

2. 나옹 법계 문제와 조선후기의 배척

조선불교의 법맥이 보우 법맥이라는 주장에 대해서, 나옹 법계가 되는 것이 더 타당하다는 주장은 허흥식에 의해서 체계가 갖춰져 이철헌·김창숙·강호선 등에 의해서 반복되면서 논지가 보다 치밀하게 강화된다.[57] 그러나 주장의 핵심은 허흥식의 견해에서 크게 바뀐 것이 없다.

이들이 주장하는 요지는 크게 두 가지이다.

첫째는 혼수(混修)라는, 보우와 나옹의 문도로 함께 기록된 인물이 사실은 나옹계라는 점. 그래서 '나옹 → 혼수'와 '보우 → 찬영(璨英)'의 법계가 되어야 한다는 것이다.

둘째는 이와 같은 혼란의 원인 중 하나로 나옹의 방계인 자초가 이성계의 왕사가 되면서, 혼수를 밀어내고 나옹을 계승했기 때문이라는 점. 자초의 법맥은 함허득통(涵虛得通, 1376~1433) – 혜각신미(慧覺信眉) – 학열(學悅)과 학조(學祖)까지 번성하지만, 그 이후로는 이렇다 할 두각을 보이지 못하며 단절된다. 원대(元代) 이후 법맥은 사자상승을 중요시한다는 점에서, 단절된 법계는 타당성을 확보할 수 없다. 그러므로 지금까지도 계승되는 혼수의 법계가 중요하게 되는데, 이 경우 혼수를 나옹과 보우 중 누구의 문손으로 보느냐가 문제의 관건이 된다. 이러한 상황에서 조선 초기까지는 법맥이 나옹 중심이었지만, 조선 중·후기에 오면 혼수를 보우의 문손으로 확정하면서 나옹이 완전히 배제되는 상황이 연출되는 것이다. 이와 관련된 자세한 내용은 이미 선행연구들에 잘 정리되어 있기 때문에, 본고에서 재론할 필요는 없다고 판단된다.

그러나 필자는 문제가 이것만이 아니며, 보다 근원적인 문제로 여기에 지공이 존재한다고 생각한다. 나옹은 지공과 평산을 모두 계승했지만, 그 중에서도 보다 중요한 것은 지공이다. 그리고 지공이 당시에 강력한 타당성을 형성했던 배경에는 원 지배시기에 중국 한족의 위치가 낮았던 측면이 있다. 즉 이는 붓다와 달마의 혈통을 계승했다고 주장한 인도인 지공이 단기간에 고려에서 강력한 영향력을 행사할 수 있는 중요한 요인으로 작용하는 것이다.

그러나 원·명이 교체되면서, 이와 같은 관점에 변화가 일어나게 된다. 특히 원·명 교체는 몽고족과 한족 간의 왕조 교체라는 점에서, 같은 민족 안에서의 왕조 교체와는 다른 문제를 파생한다. 즉 원 지배시기에 폄하되던 한족과 한족문화가 부활하게 되는 것이다.

여기에 한반도에서도 불교국가인 고려를 무너트리고, 조선이라는 성리학을 지배이데올로기로 하는 국가가 건국되면서 중국의 한족적인 측면은 더욱 더 강조된다. 즉 시대가 바뀌면서 중국적인 가치가 정통과 우위를 확보하는 세상이 된 것이다. 이와 같은 상황변화 속에서 인도인인 지공이 붓다와 달마의 혈통을 계승했다는 것은 조선불교에서는 과거의 고려불교에서와 같은 강력함이 되지 못한다. 즉 명의 건국과 중화주의 및 조선의 성리학에 의한 관점 변화가 결국 조선불교의 인식에까지도 영향을 미치고, 이것이 지공에 대한 위치를 바꾸게 되었다는 말이다.

이와 같은 상황에서 임진왜란에 의한 명의 재조지은(再造之恩)은 조선을 중화의식으로 완전히 바꿔놓게 하는 직접적인 계기가 된다. 또 연이은 광해군의 폐위와 인조반정 역시, 반정의 당위성과 관련해서 소중화를 강조할 수밖에 없는 정권의 태생적인 숙명을 내포한다. 이 상황에서 지공과 평산을 계승했지만, 보다 지공 중심인 나옹 역시 조선불교에서는 배척될 수밖에 없게 되는 것이다. 이에 비해서 보우와 같은 경우는 석옥(石屋)의 법만을 계승했다. 이는 나옹에 비해서 보우가 더 순수한 임제정맥(臨濟正脈)이라는 인식을 확보할 수 있는 부분이다. 바로 이와 같은 후대의 인식변화가 나옹과 보우 중에서 보우가 보다 주류일 수 있도록 하는 한 요인이 된다.

혼수와 자초의 사법문제는 물론 중요하다. 그러나 조선중기까지 나옹 법맥으로 내려오던 관점이 후기로 내려가면서 오히려 보우로 통일되는 것은, 이것이 혼수와 자초의 문제만으로는 해소될 수 없다는 점을 분명히 한다. 즉 여기에는 '원 지배시기와 불교국가인 고려의 관점', 그리고 '명과 성리학국가인 조선의 관점'이라는 양자의 관점 차이가 존재하는 것이다. 그리고 이와 같은 관점의 변화 속에서, 지공의 위상은 추락하게 되고 결국 이를 계승한 나옹까지도 배제되기는 이른 것으로 판단된다. 이와 같은 변화와 함께, 지공과 나옹은 자초와 더불어 증명삼화상이라는 다소 초월적인 영역으로만 남게 된다. 이는 오늘날까지도 역사의 전면에서 사라진 강자의 자취를 잘 말해주고 있다.[58] 이렇게 놓고 본다면, 나옹은 지공에 의해서 대두되었다가 지공과 함께 몰락한 인물이라는 관점도 가능하다고 판단된다.

Ⅳ

결론

이상을 통해서 우리는 나옹이 고려불교의 실질적인 1인자로 대두하고, 또 조선 중·후기에 이르러 법계에서 배척되는 상황을 지공과 관련해서 고찰해 보았다. 이와 같은 연구접근은 단순히 나옹만을 통한 이해보다, 당시의 변화를 보다 타당한 관점에서 파악해 볼 수 있다는 점에서 충분한 연구의의를 확보한다.

나옹은 고려불교에 특별한 반연(攀緣)이 없었으나, 지공의 영골 전래와 더불어 최고의 위치로 급성장하는 모습을 보인다. 이는 신돈과 결별한 공민왕이 대체인물을 구하는 시점과 맞아 떨어진 결과였다. 물론 여기에는 나옹의 개인적인 능력 역시 역할을 한 것은 분명하다. 그러나 만일 지공의 고려에서의 후광이 없었다면, 나옹이 이렇게까지 급성장을 할 수 있었을지는 의문이 아닐 수 없다. 이런 점에서 우리는 나옹에 대한 지공의 영향을 생각해 보게 되는 것이다.

지공은 중국 한족과 고려인의 신분위계가 역전된 상황에서, 인도불교의 정통과 혈연적인 신성성 및 무생계라는 보편과 평등의 방법을 통해 고려불교로부터 높은 존숭을 받는다. 이와 같은 양상은 지공이 고려에서 원의 대도로 돌아간 뒤에도 계속되었다. 그러므로 나옹이 지공의 치명제자라는 점은 나옹의 위치가 확보되는 데 있어서 중요한 역할을 하게 된다.

지공의 고려불교에서의 위상은 지공의 계승자인 나옹의 입지가 비약적으로 강화될 수 있는 배경으로 작용한다. 그러나 지공과 결부된 나옹의 위치는 동시에 지공에 대한 인식과 관점이 바뀌게 되는 조선 중·후기로 오면서 급변하게 된다. 그 결과 조선 초기까지 나옹 중심으로 나타나던 법계가 보우 중심으로 변모되면서, 나옹은 방계로 배척되기에 이른다.

나옹에 대한 조선 초와 중·후기의 인식변화 사이에는 나옹 자체와 관련해서는 특별히 이렇다 할 만한 측면이 존재하지 않는다. 그런데도 이와 같은 관점 변화가 나타나는 것은 지공의 위치변화와 관련된 연장선에서 파악해 보는 것이 타당하다. 이렇게 놓고 본다면, 나옹에 대한 이해는 지공의 영향과 관련된 파악을 통했을 때 보다 분명한 입각점을 확보하게 된다. 물론 나옹에 대한 이해와 관련해서는 나옹 자체의 인물적인 특징 역시 중요하다. 그러나 전체적인 당시의 구조들은 나옹과 관련해서 지공의 영향을 고려하는 것이 나옹에 대한 보다 합리적인 이해를 도출하게 된다는 점을 분명하게 말해 주고 있다.

[**6**장 주석]

01) 文學−李鍾君, 「懶翁和尙의 三歌 研究」(釜山: 釜山大 博士學位論文, 1996) ; 佛敎學−李哲憲, 「懶翁 惠勤의 研究」(서울: 東國大 博士學位論文, 1997) ; 史學−金昌淑(曉呑), 「懶翁惠勤의 禪思想 研究」(서울: 東國大 博士學位論文, 1997) ; 姜好鮮, 「高麗末 懶翁慧勤 研究」(서울: 서울大 博士學位論文, 2011) ; 廉仲燮, 「懶翁의 禪思想 研究−指空의 영향과 功夫選을 중심으로」(서울: 高麗大 博士學位論文, 2014).

02) 李鍾君, 「懶翁 禪詩에 나타난 달(月)의 象徵」, 『韓國文學論叢』 제14집(1993) ; 「懶翁禪師와 관련된 牧隱의 記文 研究」, 『東洋漢文學硏究』 제9집(1995) ; 「懶翁和尙의 三歌 硏究」(釜山: 釜山大 博士學位論文, 1996) ; 「懶翁 三歌의 象徵性 硏究」, 『東洋漢文學硏究』 제10집(1996) ; 「懶翁三歌의 詩 世界」, 『東洋漢文學硏究』 제11집(1997).

03) 전재강, 「懶翁 歌辭에 나타난 詩的 대상 내용과 대상 인물의 성격」, 『語文學』 제111호(2011) ; 「懶翁 문학의 담화 방식과 갈래 성격」, 『國語敎育硏究』 제48집(2011) ; 「懶翁 禪詩에 나타난 시공 표현의 용어 유형」, 『우리말글』 제57호(2012).

04) 李哲憲, 「懶翁惠勤의 彌陀淨土觀」, 『韓國佛敎學』 제18호(1993) ; 「懶翁 惠勤의 法脈」, 『韓國佛敎學』 제19집(1994) ; 「懶翁 惠勤의 禪思想」, 『韓國佛敎學』 제21호(1996) ; 「懶翁 惠勤의 硏究」(서울: 東國大 博士學位論文, 1997) ; 「三和尙法系의 成立과 流行」, 『韓國佛敎學』 제25집(1999) ; 「懶翁 惠勤의 民衆 敎化」, 『佛敎文化研究』, 제9집(2008).

05) 姜好鮮, 「忠烈·忠宣王代 臨濟宗 수용과 高麗佛敎의 變化」, 『韓國史論』 제46집(2001) ; 「高麗末 懶翁惠勤 研究」(서울: 서울대 博士學位論文, 2011) ; 「高麗末 禪僧의 入元遊歷과 元 淸規의 수용」, 『韓國思想史學』 제40집(2012).

06) 金昌淑(曉呑), 「懶翁禪의 淨土融攝考」, 『東院論集』 제10집(1997) ; 「懶翁惠勤의 禪思想 研究」(서울: 東國大博士學位論文, 1997) ; 「懶翁의 敎·戒·密 融攝考」, 『歷史와 敎育』 제6집(1998) ; 「懶翁惠勤의 佛敎史的 位置」, 『寺刹造景研究』 제8권(2001).

07) 黃仁奎, 「懶翁惠勤과 대표적 繼承者 無學自超−懶翁惠勤과 無學自超의 遭遇事實을 중심으로」, 『東國歷史敎育』 제5집(1997) ; 「懶翁惠勤의 불교계 行蹟과 遺物·遺蹟−諸 紀錄 및 자료의 검토 試攷」, 『大覺思想』 제11집(2008) ; 「麗末鮮初 懶翁門徒의 五臺山 中興佛事」, 『佛敎研究』 제36집(2012).

08) 許興植, 「懶翁의 思想과 繼承者(上)」, 『韓國學報』 제16권(1990) ; 「懶翁의 思想과 繼承者(下)」, 『韓國學報』 제16권(1990) ; 「高麗로 옮긴 印度의 등불」(서울: 一朝閣, 1997).

09) 이 외에 주목되는 것으로는 『三大和尙 研究 論文集』이 총 3권으로 발행된 것이 있다. 『三大和尙 研究 論文集』 총 3권에 수록된 논문들 중 懶翁과 관련된 연구들은 11편인데, 이를 제시해 보면 다음과 같다.
불경서당 훈문회 編, 『三大和尙 研究 論文集−指空·懶翁·無學和尙』(서울: 佛泉, 1996), "①辛奎卓, 「懶翁和尙의 禪思想」 ; ②정원표, 「懶翁和尙 偈頌의 문학적 성격」 ; ③李鍾君, 「懶翁和尙 三歌의 형성 배경 연구」 ; ④정상홍, 「懶翁禪師의 '三歌詩' 형태에 대한 一考」 ; ⑤한성자, 「禪佛敎와 西洋思想의 주요개념 비교」 ; ⑥김치온, 「懶翁惠勤의 塔銘에 관한 고찰」"
불경서당 훈문회 編, 『三大和尙 研究 論文集Ⅱ−指空·懶翁·無學和尙』(서울: 佛泉, 1999), "①박재금, 「懶翁 禪詩의 한 특성」 ; ②정진원, 「懶翁和尙 '偈頌'에 대한 텍스트 언어학적 분석(1)」 ; ③

이덕진, 「懶翁惠勤의 緣起說 研究」

불경서당 훈문회 編, 『三大和尙 研究 論文集Ⅲ-指空·懶翁·無學·涵虛和尙』(서울: 佛泉, 2001), "①주호찬, 「懶翁惠勤悟道詩의 一考察」; ②이창구, 「懶翁禪의 實踐體系」

이상의 연구들 말고 다른 것들을 세세하게 나열하는 것은 너무 번거롭다. 그러므로 懶翁과 관련된 博士學位論文의 參考文獻 등을 살피는 것이 타당하다.

10) 당시는 蒙山 禪風의 영향으로 悟後印可 문화가 폭넓은 영향을 미치고 있었다.

11) 『懶翁和尙語錄』, 「行狀」(『韓佛全』6, 703a·b), "於是辭退 遊歷諸山 至正十四年甲申 到檜巖寺宴處一室 晝夜長坐"; 〈碑文〉(『韓佛全』6, 710b), "師至正甲申 至檜巖 晝夜獨坐"

12) 같은 책, 「行狀」(『韓佛全』6, 703b), "勤脩四載 一但忽開悟 欲往中國尋師訪道"; 〈碑文〉(『韓佛全』6, 710b), "忽得開悟 尋師中國之志決矣"

13) 같은 책, 「行狀」(『韓佛全』6, 703b), "丁亥十一月 發足向北 戊子三月十三日 行到大都法源寺"; 〈碑文〉(『韓佛全』6, 710b), "戊子三月 至燕都 叅指空"

14) 李穡 撰, 『白雲和尙語錄』, 「白雲和尙語錄序」(『韓佛全』6, 637a), "余之游燕也 懶翁方以道譽動天子 開堂說法 鄕人尤飯仰焉 而子未之知也"

15) 『懶翁和尙語錄』, 「行狀」(『韓佛全』6, 706a), "戊戌(1358)三月二十三日 禮辭指空 還於遼陽平壤東海等處 隨機說法至庚(1360)子秋 入臺山象頭菴居焉"; 〈碑文〉(『韓佛全』6, 710c), "戊戌春 辭指空 得授記東還 且行且止 隨機說法 庚子入臺山居焉"

16) 懶翁은 1347년 11월에 入元하여 1358년 3월에 歸國하였으니, 往復한 기간을 제하고도 만10년이나 된다.

17) 5山佛敎는 일반적으로 ①徑山 興聖萬壽寺·②北山 景德靈隱寺·③太白山 天童景德寺·④南山 淨慈報恩光孝寺·⑤阿育王山 鄮峰廣利寺를 가리키나, 그 순서에 있어서는 완전한 의견일치가 되어 있는 것은 아니다. 이들 주지는 皇帝나 行宣政院使에 의해서 임명되는데 江南 최고의 官寺였다. 野口善敬 著, 『元代禪宗史研究』(京都: 禪文化研究所, 2005), 261~279쪽.

18) 『懶翁和尙語錄』, 「行狀」(『韓佛全』6, 706b), "因請住神光寺 師辭云 山僧只欲還山 專心祝上 伏望聖慈 上曰若然則 於法吾將退矣 卽遣近臣金仲元 爲輔行 師不得已 是月二十日 到于是寺"; 〈碑文〉(『韓佛全』6, 710c), "請住神光寺 因辭 上曰於法吾亦退矣 不得已卽行"

19) 白文寶 撰, 「普濟尊者語錄序」, 『懶翁和尙語錄』(『韓佛全』6, 702c~703a), "至正十三年秋七月有日"

20) 懶翁의 歌辭文學 및 文學과 관련된 연구는 李鍾君의 博士論文인 「懶翁和尙의 三歌 研究」, 釜山: 釜山大 博士學位論文, 1996을 필두로 약 45종이 있다.

21) 이는 1차 語錄의 「序文」을 쓴 白文寶가, 神光寺의 법문을 白眉로 꼽은 것을 통해서도 인지된다(『普濟尊者語錄序』, 『懶翁和尙語錄』, 『韓佛全』6, 702b·c).

22) 『懶翁和尙語錄』, 「行狀」(『韓佛全』6, 704c), "師以座具打山 山倒在禪床大叫云 這賊殺我 師便扶起云 吾劍能殺人 亦能活人 山呵呵大笑 卽把手歸方丈 請茶留數月 一日手書囑云 三韓慧首座 來見老僧 看其出言吐氣 便與佛祖相合 宗眼明白 見處高峻 言中有響 句句藏鋒 玆以雪菴所傳及菴先師法衣一領 拂子一枝 付囑表信"; 〈碑文〉(『韓佛全』6, 710b), "師以坐具(第一六張)提山 山倒在禪床 大叫賊煞我 師曰吾劒也 能殺人能活人 乃扶起 山以雪巖所傳及菴拂子 表信"

23) 李穡 撰, 〈楊州檜巖寺指空禪師浮屠碑〉, "壬子(1372)九月十六日 以王命樹浮屠於檜巖寺 將入塔灌骨 得舍利若干粒."

「行狀」에는 날짜가 26일로 되어 있어 다소 차이가 있다.

『懶翁和尙語錄』, 「行狀」(『韓佛全』6, 707b), "壬子秋: 九月二十六日 將指空靈骨舍利 安塔于寺之北峯"

24) 『懶翁和尙語錄』, 「行狀」(『韓佛全』6, 704b), "空知是法器 卽俾居板首十年"

25) 板首는 前堂板首로 즉 前堂首座를 의미하며, 僧堂의 第一座에 자리한다(崔法慧 譯註, 『勅脩百丈

清規 譯註」, 서울: 伽山佛教文化研究院, 2008, 27쪽). 그러나 板首라는 職制는『禪苑淸規』에는 나타 나지 않는다. 그럼에도『懶翁和尙語錄』(『韓佛全』6, 705a,「檜巖板首驚雲門」)과『懶翁和尙歌頌』(『韓 佛全』6, 738b,「神光板首勘來機」)에도 板首라는 용어가 나타나는 것으로 보아, 후에 추가되어 懶 翁 당시에는 사용되던 職制로 판단된다.

26) 『懶翁和尙語錄』,「行狀」(『韓佛全』6, 706a),"此一辦香 奉爲西天一百八祖 指空大和尙 平山和尙 用酬法乳之恩"

27) 開堂에서 自身의 嗣法系統을 밝히는 것은 당시의 일반적인 遺風이었다.

28) 『懶翁和尙語錄』,〈碑文〉(『韓佛全』6, 711a),"丁未秋 住淸平寺 其冬覬寶巖 以指空袈裟手書 授 師曰治命也"

29) 같은 책,「結制上堂」(『韓佛全』6, 716b),"奉爲西天一百八祖指空大和尙 用醯法乳之恩"

30) 白文寶 撰,「普濟尊者語錄序」(『懶翁和尙語錄』(『韓佛全』6, 702b),"杏村公 示余以懶翁之錄曰 懶 翁往遊燕都 又入江南 得杀指空平山 授以法衣麈尾 於佛法 旣積力久"‧"(702c)師範師指空平山 指空平山 各有章句"‧"(702c)宜得傳於指空平山不傳之傳 以爲自家之軌範也"

31) 李穡 撰,「普濟尊者語錄序」(『懶翁和尙語錄』(『韓佛全』6, 702b),"玄陵之師普濟尊者 嗣法於西天 指空浙西平山 大闡宗風故"

32) 『高麗史』42,「世家42」,〈恭愍王5~19年(1370)~9月〉,"辛丑 幸廣明寺 大會僧徒 命僧惠勤 試功 夫選";『懶翁和尙語錄』,「行狀」(『韓佛全』6, 707a);〈碑文〉(『韓佛全』6, 709b);『懶翁和尙語錄』, 「庚戌九月十六日國試工夫選場垂語」(『韓佛全』6, 722a);「十七日垂語」(『韓佛全』6, 722b).

33) 『懶翁和尙語錄』,「行狀」(『韓佛全』6, 707a),"己酉九月 以疾辭退 又入臺山 住靈感菴";〈碑文〉(『韓 佛全』6, 711a),"己酉再入臺山"

34) 『太古和尙語錄』下,「普愚行狀」(『韓佛全』6, 699b),"時辛旽 假僧儀 寵幸謟諛 賢良重足 師慨然思 危 上書論旽曰國之治 眞僧得其志 國之危 邪僧逢其時 願上察之遠之 宗社幸甚 … 云云 … 旽 用事 鍋于俗離山 師木食 怡然無怨色"

35) 李穡 撰,〈太古寺圓證國師塔銘〉,"旽下其事推訊之誣服 師之左右鍋于俗離寺"

36) 『太古和尙語錄』下,〈普愚行狀〉(『韓佛全』6, 698c),"而九爲老陽 一爲初陽 老而衰也 理之常而又立 都之時 九山之來旣久 不如反其初 爲新陽之爲愈也 此數之變也 當是時也 若統爲一門 九山不 爲我人之山 山名道存 同出一佛之心 水乳相和 一樂齊平"

37) 俞瑩淑,「眞覺國師 千熙의 生涯와 信仰」『韓國佛教文化思想史-伽山李智冠스님華甲紀念論叢 上』(서울: 伽山佛教文化研究院, 1994), 1057~1058쪽;閔賢九,「辛旽의 執權과 그 政治的 性格 (上)」『震旦學報』제38호(1968), 83~84쪽.

38) 『高麗史』132,「列傳45」,〈叛逆6~辛旽~013〉,"王因諫官言, 令六部臺省, 官每月六衙日, 親奏事."

39) 같은 책,〈叛逆6~辛旽~015〉,"旽當刑束手, 乞哀於樸曰,'願公見阿只, 活我.'乃斬之, 支解徇諸 道, 梟首京城東門."

40) 〈楊州檜巖寺指空禪師浮屠碑〉,"有旨省院臺百司具儀衛. 送龕于天壽寺. 明年, 御史大夫圖堅帖 木兒, 平章伯帖木兒函香謁師. 用香□泥布梅桂水團塑肉身."

41) 같은 碑文,"戊申秋, 兵臨城茶毗"

42) 『懶翁和尙語錄』,「行狀」(『韓佛全』6, 707a),"庚戌秋(秋는 '春'의 誤記로 판단됨) 元朝司徒達睿奉指 空靈骨舍利到檜巖"

43) 같은 책(『韓佛全』6, 707b),"九月二十六日 將指空靈骨舍利 安塔于寺之北峯";〈楊州檜巖寺指空 禪師浮屠碑〉,"壬子九月十六日. 以王命樹浮屠於檜巖寺. 將入塔靈骨. 得舍利若干粒."

44) 『高麗史』42,「世家42」,〈恭愍王5~19年(1370)~正月〉,"甲寅 幸王輪寺, 觀佛齒及胡僧指空頭骨, 親自頂戴, 遂迎入禁中"

45) 『懶翁和尙語錄』,〈碑文〉(『韓佛全』6, 711a),"庚戌春 司徒達睿 奉指空靈骨來"

191

46) 『高麗史』132, 「列傳45」, 〈叛逆6-辛旽-002〉, "思得離世獨立之人大用之, 以革因循之弊. 及見旽, 以爲得道寡欲. 且賤微無親比, 任以大事, 則必徑情, 無所顧藉, 遂拔於髡緇, 授國政而不疑. 請旽以屈行救世"

47) 『懶翁和尙語錄』, 「行狀」(『韓佛全』6, 707b), "辛亥八月二十六日 遣工部尙書張子溫 賫書降印并賜金襴袈裟內外法服鉢盂 封爲王師大曹溪宗師禪敎都摠攝勤修本智重興祖風福國祐世普濟尊者 太后亦獻金襴袈裟 謂松廣寺 爲東方第一道場" ; 〈碑文〉(『韓佛全』6, 709b), "辛亥八月二十六日 遣工部尙書張子溫 賫書降印法服鉢盂具 封爲王師大曹溪宗師禪敎都摠攝勤修本智重興祖風福國祐世普濟尊者 謂松廣寺東方第一道場"

48) 徐一夔, 「淨慈寺志」12, 〈普慧性悟禪師平山林和尙塔碑〉, 『中國佛寺志叢刊』64, 809~810쪽, "高麗國王 遣僧輩十賫香幣 航海而來迎 師至其國 闡揚宗旨 丞相雅不欲師去中國 乃以師年者 爲辭語其使曰 師四會語有錄 此卽其道所在錄之 還國足矣 其使錄之而去"

49) 廉仲燮, 「破僧伽에 대한 佛敎敎團史的 관점에서의 고찰−進步와 保守의 충돌양상을 중심으로」, 『宗敎硏究』제50집(2008), 310~311쪽 ; 廉仲燮, 「律藏의 의미와 僧侶法의 당위성 고찰」, 『佛敎學報』제61집(2012), 387~388쪽.

50) 梯示雙趺라는 超越的인 방식으로 摩訶迦葉이 붓다의 발에 예배하자, 摩訶迦葉은 곧 자신이 葬禮의 主宰者임을 宣布한다(『摩訶僧祇律』32, 「明雜跋渠法之十」, 『大正藏』22, 492b, "時尊者大迦葉言. 我是世尊長子. 我應闍維. 是時大衆皆言善哉. 卽便闍維").

51) 〈楊州檜巖寺指空禪師浮屠碑〉, "壬子(1372)九月十六日. 以王命樹浮屠於檜巖寺. 將入塔灌骨. 得舍利若干粒." 「行狀」에는 날짜가 26일로 되어 있어 다소 차이가 있다. 『懶翁和尙語錄』, 「行狀」(『韓佛全』6, 707b), "壬子秋: 九月二十六日 將指空靈骨舍利 安塔于寺之北峯"

52) 〈楊州檜巖寺指空禪師浮屠碑〉, "以王命樹浮屠於檜巖寺."

53) 『懶翁和尙語錄』, 「行狀」(『韓佛全』6, 707b), "師曰此地是吾初入道處 亦先師安骨之地況又先師曾授記於我 烏得無心哉"

54) 같은 책, 「行狀」(『韓佛全』6, 707b), "壬子秋 師偶念指空三山兩水之記 請移錫檜巖" ; 〈碑文〉(『韓佛全』6, 709b), "壬子秋 偶念指空三山兩水之記 欲移錫檜巖"

55) 金守溫 撰, 『拭疣集』2, 「檜巖寺重創記」, "有玄陵王師普濟尊者. 受指空三山兩水之記. 遂來居此. 乃欲大創. 分授棟樑. 奔走募緣. 功未及半. 而王師亦逝矣. 其徒倫絶潤等. 念王師未究之志. 踵其遺矩. 以畢其績."

56) 『東文選』56, 「奏議」, 〈闢佛疏(無名氏)〉, "臣等又聞前朝之季. 有僧懶翁. 以寂滅之敎. 惑愚庸之輩. 當時推戴. 目爲生佛. 至屈千乘之尊. 枉拜匹夫之賤. 而國勢將傾. 吾道浸衰" ; 『世宗實錄』85, 21年(1439) 4月 18日, 乙未, 〈成均生員李永山等六百四十八人上疏〉, "臣等又聞前朝之季, 有僧懶翁以寂滅之敎, 惑愚庸之輩, 當時推戴, 目爲生佛, 至屈千乘之尊, 拜匹夫之賤, 而國勢將傾, 吾道浸衰"

57) 許興植, 「指空의 思想과 繼承」, 『겨레문화』제2권(1988), 77~98쪽 ; 崔柄憲, 「朝鮮時代 佛敎法統說의 問題」, 『韓國史論(金哲埈博士停年紀念號)』제19호(1989), 286~292쪽 ; 許興植, 「4. 門徒와 法統의 繼承者」, 「懶翁의 思想과 繼承者(下)」, 『韓國學報』제16권(1990), 68~78쪽 ; 李哲憲, 「懶翁 惠勤의 法脈」, 『韓國佛敎學』제19집(1994), 358~368쪽 ; 李哲憲, 〈V. 惠勤의 法統〉, 「懶翁 惠勤의 硏究」(서울: 東國大 博士學位論文, 1997), 167~208쪽 ; 金昌淑(曉呑), 〈V. 懶翁法統說과 역사적 위치〉, 「懶翁惠勤의 禪思想 硏究」(서울: 東國大 博士學位論文, 1997), 151~186쪽 ; 李哲憲, 「三和尙法系의 成立과 流行」, 『韓國佛敎學』제25집(1999), 447~448쪽 ; 姜好鮮, 〈2. 門徒의 構成과 法統의 繼承〉, 「高麗末 懶翁慧勤 硏究」(서울: 서울大 博士學位論文, 2011), 259~276쪽.

58) 『作法龜鑑』下, 〈佛像時唱佛〉(『韓佛全』10, 584c) ; 李哲憲, 〈2. 儀禮集에서의 惠勤〉, 「懶翁 惠勤의 硏究」(서울: 東國大 博士學位論文, 1997), 216~222쪽.

나옹 출가의 심리적인 요인은 죽음의 문제였다. 이는 친구의 죽음을 통해서 환기되는데, 나옹의 열반기록에는 이 부분이 해소되는 기록이 있어 주목된다. 이를 통해서 보면, 나옹의 죽음 극복은 선불교의 깨달음에 입각한 '일상의 긍정'이었다. 즉 죽음이라는 출가와 연관된 문제의식은 결국 선적인 관점을 통해서 완전히 해소되는 것이다.

나옹의 출가서원에 해당하는 것은 '초출삼계(超出三界) 이익중생(利益衆生)'이다. 먼저 초출삼계는 나옹의 선불교 추구와 직결되는 부분이다. 이는 현재 회암사 오도의 내용과 오도송이 전하지 않는 상황에서, 나옹의 깨달음을 이해하는 중요한 단서를 시사해 준다는 점에서 매우 중요하다. 다음으로 이익중생과 관련해서는 동시대의 다른 선사들과는 다른 나옹불교만의 특징인 '계율'과 '가사문학'적인 측면을 이해해 볼 수가 있다. 이는 나옹의 불교가 넓은 외연을 확보하게 되는 요인으로 작용하게 된다.

7

나옹 출가의
문제의식과
그 해법

I

서론

나옹과 관련해서는 100편이 넘는 많은 연구논문들이 있다. 그러나 이러한 다수의 연구들에도 불구하고, 나옹의 생애와 관련해서는 박사논문과 같은 종합 연구에서만 제한적으로 다루어지고 있을 뿐이다. 즉 나옹의 생애에 대해서는 개설적인 관점 이외의 체계적인 연구가 진행되어 있지 않은 것이다. 주지하다시피 생애는 그 사람의 사상이나 철학을 알 수 있는 배경이 된다. 그러므로 나옹의 사상과 철학을 이해하는 데 있어서 생애에 대한 이해는 많은 유용한 관점을 제공한다.

본고는 나옹의 생애에서 출가와 관련된 그의 문제의식을 검토해, 나옹의 해법인 선(禪)관념을 이해하는 보다 분명한 토대를 확보하고자 한 것이다.

「나옹행장」이 전하는 나옹의 출가와 관련한 동기는 두 가지로 정리된다. 첫째는 심리적인 동기에 관한 것이다. 나옹이 20세에 겪은 친구의 죽음은 그 계기를 제공하였다. 그는 '죽어서 가는 곳은 어디인가?'라는 의문을 품었던 것이다. 둘째는 대승사 묘적암의 요연(了然) 선사에게 출가한 뒤, 요연과 진행한 문답에서 드러난다. 이는 일종의 출가서원에 해당된다. 이러한 두 가지의 출가동기를 통하여, 나옹에게 '죽음'이라는 출가동기와 관련된 심리적인 문제의식과 '초출삼계(超出三界) 이익중생(利益衆生)'이라는 출가서원이 존재한다는 것을 알 수 있다.

나옹의 출가동기에 대한 분석은 나옹의 불교관을 파악할 수 있는 중요한 열쇠다. 특히 열반과 관련된 기록에는 나옹의 출가의문이 해소되는 내용이 기술되어 있고, 이를 유추하면 나옹의 해법을 고찰할 수 있게 된다. 또 출가서원과 관련된 요연과의 문답에는 나옹의 본래면목에 대한 강력한 추구와 선수행으로 나아가는 방향성이 잘 드러나 있다. 이는 나옹 선사상의 배경이 되는 문제의식과 방법선택, 그리고 해법에 관한 실마리들을 제공한다는 점에서 중요한 연구의 의를 확보한다.

Ⅱ

출가의문과 열반기록의 검토

1. 죽음에 대한 의문과 열반기록

나옹 출가의 심리적 원인은 죽음에 대한 의문이다. 이는 나옹에게
있어서 최초의 화두라고 할 수 있다. 「행장」의 해당 부분을 제시해
보면 다음과 같다.

> 나이 20살이 되었을 때 이웃의 친구가 죽는 것을 보고, 여러 부로(父
> 老)들에게 '죽으면 어디로 가는가?'를 물었다. (그러나) 모두가 '알지
> 못하는 바이다'라고 하였다.[01]

위의 자료는 나옹의 출가와 관련된 심리적인 원인이 죽음의 문제
임을 보여주는 것이다. 그렇다고 하여 20살이 될 때까지 죽음의 문
제를 인식하지 못했다는 것은 논리적으로 설득력이 약하다. 다만 친
구의 죽음을 계기로 이 문제가 크게 환기된 것으로 판단된다.

이와 같은 나옹의 출가의문은 57세로 열반하는 신륵사에서 해소되는 모습을 보이고 있어 주목된다. 다시 말하면 열반 과정에서의 해법 제시와 서로 맞물려 있는 것이다. 나옹의 열반 상황과 관련된 「행장」의 전반부는 다음과 같다.

① 여흥수(驪興守) 황희직(黃希直)과 도안감무(道安監務) 윤인수(尹仁守)가 [호송관] 탁첨(卓詹)의 명을 받고, 빨리 갈 것을 독려하였다. 시자가 [신륵사에서 형원사로 빨리 가서야 한다고] 고하자, 스승이 말하기를 "그것은 어렵지 않다. 나는 마땅히 갈 것이다."고 하였다.

② 그때 어떤 승려가 물었다. "지금과 같을 [때는] 어떻게 해야 합니까?" 스승이 주먹을 치켜세웠다.
승려가 다시 물었다. "사대(四大)가 각기 흩어지면, 어디로 돌아갑니까?" 스승이 주먹을 교차하여 가슴에 대고 "다만 이 속에 있을 뿐이다."라고 하였다.
또 물었다. "그 속에 있을 때는 어떠합니까?" 스승이 "별달리 특별한 것은 없다."고 하였다.

③ 또 다시 승려가 물었다. "어떤 것이 '특별할 것이 없는' 도리입니까?"
스승이 눈을 똑바로 보면서 말하기를, "내가 너를 볼 때에 무슨 특별한 일이 있느냐?"라고 하였다.[02]

이 내용은 회암사의 대대적인 수조와 공민왕의 급서 및 우왕의 등장이라는 정계개편 상황에서 대관[臺官(사헌부)]과 도당(都堂)의 탄핵을[03] 받아 유배 가는 나옹을 수행원이 재촉하는 것에서 시작된다. ① 에서 나옹은 수행원들이 빨리 갈 것을 독촉하자, "그것은 어렵지 않다"고 하면서 열반에 들 것을 암시하였다. 이는 '간다'라는 말을 통한 언어유희인 동시에 죽음의 문제가 이미 극복되었다는 것을 보여준다. 죽음을 희화화하면서 담담히 받아들이는 것은 선종에서는 깨달음을 성취한 선사의 자신감으로 이해된다.

　　그러므로 ②에서 '죽음에 직면한 지금과 같은 때는 어떻게 해야 하냐?'는 승려의 물음에, 나옹은 주먹을 치켜세우는 것으로 응대하였다. 주먹을 치켜세우는 것은 선가에서 '일상에 대한 환기'와 '사려를 끊는 단절의 의미'로 사용된다. 그러므로 나옹의 이런 행동은 '열반이라는 것도 지극히 일상적인 것이며, 이를 특화시키려는 생각은 위험하다'고 경계하는 것이다.

　　특히 ②의 다시금 '사대가 흩어지면 어디로 돌아가느냐?'고 하는 승려의 질문은 이를 불교식으로 보다 구체화하는 것이다. 이에 대해서 나옹은 주먹을 교차하여 가슴에 대고 "오직 이 속에 있을 뿐"이라는, 선종의 유심주의적인 답변을 몸짓으로 제시하였다. 이러한 행동은 생사의 일체란 그저 마음의 일일 뿐이라는 의미로 이해된다.

　　그 다음의 물음은 '마음속에 있을 때는 어떠냐?'는 것이다. 그러자 나옹은 '특별할 것이 없다'고 답한다. 이는 선의 일상성으로 문제를 환원하는 답변이다. 즉 나옹이 말하는 마음이란 홍주종(洪州宗) 이래의 일상인 평상심(平常心)을 여의지 않는 것이다. 이러한 문답 과정을 통하여 ①에서 '가는 것'과 열반을 등치시켰고, 그것은 '어려울 것 없다'고 한 평이함으로 재차 환원된다. 이것으로 나옹의 답변은 모두 끝났다.

그러나 상대 승려가 이를 알아듣지 못하고 ③에서 '특별할 것이 없는 것'에 대해서 재차 묻자, 나옹은 가장 평범한 일상으로 응대하였다. 이는 죽을 먹었으면 발우를 씻는 것과 같은, 가장 평범한 일상을 통하여 현재의 완성을 드러내는 선종의 관점이다. 또한 여기에는 '이 이상 도대체 무엇이 있을 수 있는가!'라는 뜻의 가벼운 질책의 의미도 내포되어 있다.

이상에서 살펴본다면, 죽음에 대한 나옹의 최초 의문은 선종의 '유심주의'와 '일상성'을 통해서 해결되는 것으로 이해된다.

나옹의 열반 과정을 보여주는 「행장」의 후반부는 초월성에 대한 질책과 죽음의 선택적 수용에 관한 내용으로, 나옹의 출가의문에 대한 해소 관점을 보조해주고 있다. 이의 해당부분을 제시해보면 다음과 같다.

① 또 어떤 스님이 가까스로 '병들지 않는 자의 화두'를 거론하자, 스승이 꾸짖어 말하기를 "그 따위를 다투어 묻느냐?"라고 하였다.

② 이에 대중에게 고하였다. "너희들 모두는 [이제] 각기 진리를 보아야만 한다. 노승은 오늘 너희들을 위하여 열반불사를 지어 마칠 것이다." [그리고는] 진시[7~9시]에 이르러 적연히 가시니, [때는] 5월 15일이었다.[04]

여기에서 ①의 시작은 "우유승(又有僧)"인데, 이를 통해서 묻는 승려가 바뀌었다는 것을 알 수 있다. 또 질문 내용도 앞의 죽음이라는 문제를 통해서, 깨달음을 얻으려는 것과는 논리적 차원이 다른 '불병자화두(不病者話頭)'가 등장하고 있다. 이 화두는 『경덕전등록(景德傳燈錄)』 권15에 수록되어 있는데, 동산양개(洞山良价)가 열반에 이를 무렵에 제기된 것이다.[05] 진각혜심(眞覺慧諶, 1178~1234)의 『선문염송(禪門拈頌)』 권17의 707칙에도 수록되어 있다.[06] 그 의미는 '병이란 현상적인 말단으로 본성에는 아무런 문제가 없다는 것' 정도이다. 이를 통해서 '불병자화두'를 언급한 승려의 의도는 '깨달음을 성취한 나옹으로서 의지에 따라서 병을 극복할 수도 있지 않느냐?'는 정도로 파악된다.

그러나 앞서 살펴본 것처럼, 나옹은 일상에 대한 관점의 환기를 언급하였다. 이런 관점에서 초월성의 거론은 나옹의 의사에 반하는 것이다. 또한 나옹이 깨달아서 병을 넘어설 수도 있다는 시각에서 본다면, 이는 나옹의 깨달음에 대한 의구심으로 간주될 수도 있다. 그러므로 나옹은 '그 따위를 다투어 묻냐?'라고 질책하였던 것이다.

나옹의 열반에 즈음하여 질문을 할 수 있었던 승려라면, 나옹을 호종했던 측근이었다고 판단된다. 그런데 그 가운데에도 파열이 보이는 것이다. 나옹은 최대 후원자인 공민왕의 급서와 함께 우왕을 중심으로 정국이 개편되는 과정에서 몰락한다.[07] 심지어 여기에는 독살의 의혹마저도 존재한다.[08]

이렇게 본다면, 위의 대화는 나옹이 적극적으로 사건을 타개하지 못하고 힘없이 밀려나는 것에 대한 반발일 수도 있다. 실제로 나옹의 탄핵 이유로 표면적으로 드러나는 것은 대대적으로 수조한 회암사를 찾는 사람들이 인산인해를 이룬다는 것이다.[09] 이는 억불의 기운이 있던 고려 말이라고 해도 불교국가에서 왕사의 탄핵 이유로는 석연치 않다.[10] 그런데도 나옹은 이렇다 할 대처를 하지 못하고 몰락한다. 이런 점을 고려한다면, '불병자화두'의 거론은 나옹의 측근이 제기할 수 있는 불만의 표현일 수도 있다. 실제로 나옹이 몰락할 때, 나옹에게는 많은 비난이 집중된 것으로 기록되어 있다.[11] 심지어 당시 국사 보우 등의 불교계 인사조차도 나옹에 대한 옹호 발언이 전혀 없었다. 이런 나옹에 대한 비판적인 여론이 극적으로 반전되는 것은 열반과 관련된 이적과 다수의 사리로 인한 추모 열기 때문이었다.[12] 나옹의 열반 후 거국적인 추모 열기는 일찍이 없었던 일이다. 다만 그 반전의 계기가 나옹의 열반이었다는 점에서, 열반 이전 나옹의 세력 내부에 균열이 일어났다고 이해해도 비약은 아니다.

나옹의 최후선택은 '불병자화두'와 같은 초월을 통한 초월이 아니라, ②에 보이는 것처럼 일상수순으로서의 초월이다. 여기에서 나옹은 제자들의 노력을 각성하는 한편 열반도 제자들을 가르치는 수단이 될 수 있음을 드러내고 있다. 생의 마지막에서 그는 예고된 열반으로 최후를 담담하게 맞고 있다. 이렇게 본다면, 나옹의 출가화두는 열반에 의해서 풀렸다고 할 수 있다.

2. 열반기록의 신뢰성 문제

나옹의 열반기록에는 붓다의 열반구조와 합치시키려는 의도가 존재한다는 점에서 주의할 필요가 있다. 주지하다시피 「행장」이나 〈비명〉은 문도의 입장에 따른 주관적인 기술로 명확한 객관성이 담보되지 않는다. 이 점은 나옹과 같은 승려를 학문적으로 접근할 때에 보다 비판적인 시각이 요청되는 부분이다. 그러나 다른 자료적인 대안이 없는 상황에서는 또한 그대로 받아들여질 수밖에 없는 자료의 양면성을 지닌다. 그런데 이런 기록에 '불병자화두'가 살펴지는 것이다.

붓다의 열반과 관련된 8종의 열반문헌에도[13] 최후공양인 춘다의 수카라맛다바와 이를 통한 중독 증세가 확인된다. 실제로 붓다는 이 음식으로 인해 심각한 고통을 겪었다. 그럼에도 불구하고 종교문헌의 특성상 이를 이겨내고 고요한 열반에 드는 것으로 마무리된다. 결과론적으로 본다면, 어떤 의미에서 춘다의 공양은 부정을 통해 대긍정으로 가는 보다 높은 완성구조를 현시하고 있다. 이런 점에서 '불병자화두' 부분은 춘다의 공양에 비견될 수 있는 측면으로 보인다. 이외에도 나옹이 스스로 수행(壽行)을 포기하고 열반을 택하는 것이나, 열반의 과정 속에서도 제자들을 교화하고 위로하는 모습을 보이는 것 역시 붓다의 열반과정과 일치한다.

「행장」의 편자인 각굉(覺宏)이 붓다의 생애를 의식했다는 것을 알 수 있는 결정적인 대목은, 나옹의 화장 후 나타나는 무수한 사리와[14] 40개의 치아에 관한 기록이다.[15] 무수한 사리와 관련해서는 가능성

나옹 선사 부도 및 석등(지공 선사 부도 및 석등이라는 주장도 있음)
사진 | 양주회암사지박물관 제공

이 없지 않다. 그러나 40개의 치아라는 부분은 이해하기 쉽지 않다. 왜냐하면 붓다에게서 나타나는 40개의 치아라는 것도 실은 '완전함'을 상징할 뿐이기 때문이다.

붓다 당시 인도의 진법체계는 4진법과 7진법이 주로 사용되는데, 그 중 보편적인 것은 4진법이었다. 4진법체계로 인하여 4와 4의 배수들은 만수(滿數)의 완전함이라는 완성의 의미가 내포된다. 마치 우리가 10진법을 쓰면서 10×10인 100에 '온'이라는 온전의 의미를 부여하고, 100×100인 만(萬)에는 만사·만물·만세에서와 같은 '전체' 내지 '전부'라는 의미가 내포되는 것과 같다.

완전함의 의미를 차용하기 위해서, 붓다의 생애는 4와 4의 배수로 점철되어 있다. 이를 대략적으로 제시해 보면 다음과 같다. 붓다는 4남8자 중 8자의 첫째로 4월 8일에 탄생해서, 40개의 치아와 32상(4×8)과 80종호를 구족하고, 키는 1장 6척(4×4)이었다. 또한 4문 유관으로 출가하여 4성제와 8정도의 가르침을 설하고, 연기법은 12연기로 정리된다. 또 일평생 8만 4천(혹 8만) 법문을 16대국을 다니면서 설하고는 80세를 일기로 열반하였다. 이를 화장하니 8섬 4말의 사리가 나왔으며, 이것이 8개국의 왕들에 의해서 근본8탑으로 건립된다.[16]

이렇게 본다면 이 숫자들에 강한 상징성이 내포한다는 것을 알 수 있다. 물론 여기에는 4성제·8정도·12연기에서와 같이, 그것이 실질적인 항목의 개수를 가리키는 것도 있다. 그러나 이마저도 의도적으로 그 숫자에 맞추어진 것임을 배제할 수 없다. 또한 32상 80종호나 키가 1장 6척이라는 것, 또는 당시에 16대국이 존재했다는 것이나[17] 8섬 4말의 사리가 나왔다는 기록들은 명백한 허구다. 이와 같은 4라는 만수의 완전성적인 의미에 존재하는 상징 중에 바로 40개의 치아도 존재한다.[18] 그런데 나옹의 화장과 관련하여 40개의 치아라는 이야기가 확인되는 것이다.

치아를 제외한 다른 부분들은 외적으로 쉽게 드러나기 때문에 적절하게 맞추기가 쉽지 않다. 반면에 치아의 경우는 상대적으로 주장하기가 용이하였을 것이다. 또한 40개의 치아와 관련된 이야기는 고려 왕궁의 십원전(十員殿) 좌측 소전에 모신 불아(佛牙)에서도 확인된다.[19] 즉 40개의 치아 가운데 하나인 불치(佛齒)가 고려를 대표하는 최고의 불사리였던 것이다. 이는 나옹의 40개 치아 주장을 통하여 나옹을 붓다와 동일시하는 가장 손쉬운 구조가 확보된다는 것을 의미한다.

치아가 40개라는 의미는 최고의 덕상(德相)인 동시에 나옹이 붓다의 화신(化身)이라는 것을 암시하는 것이다. 즉 각굉의 「행장」 편집에는 나옹을 붓다에 비견하려는 인식이 깔려 있다는 말이다. 이는 나옹이 조선시대에 이르러 붓다의 화신으로까지 이해되는 하나의 단초를 제공하였을 것이다.[20]

각굉이 왜 이와 같은 서술구조를 택했는지는 알 수 없다. 그러나 이에 대해서는 두 가지로 이해할 수 있다. 첫째로는 스승인 나옹을 붓다에 비견해서 높이려는 의도다. 이는 문도로서는 당연한 행동이다. 또한 당시는 티베트 라마불교의 영향으로 생불에 대한 인식이 선종에도 존재하고 있었다.[21] 다시 말하면 나옹을 생불로 재포장하는 것은 당시의 관점에서 그다지 큰 문제가 아닐 수도 있다는 말이다.

둘째로는 나옹의 갑작스러운 죽음과 그 과정 속에서 나타나는 무기력함에 대한 나옹 문도로서의 변증이다. 실제로 붓다와 나옹은 모두 중독과 유사한 질병을 보이지만 모두 이를 극복하고 평안한 열반에 드는 것으로 묘사되었다. 이는 나옹의 갑작스러운 죽음에 붓다를 끌어들여 변증하는 방식을 취한 것으로 이해된다. 실제로 붓다의 생애에도 이와 같은 방식이 다수 사용되었다. 불전에 마야 부인이 붓다를 낳고 7일 후에 돌아가시는 것을 모든 붓다의 통규라고 기록하는 것은 대표적인 사례다. 각굉은 충실한 문도의 입장에서 정치권력의 소용돌이 속에서 열반하는 스승을 위해, 모종의 변증을 하는 것이 스승이나 문도의 존립을 위해서 필요하다고 판단하였을 것이다. 실제로 회암사의 관련 기록에는 나옹의 몰락과 함께 회암사가 철거될 수 있다는 강한 우려가 기록되어 있다.[22] 이는 제자들이 스승의 당위성을 변증해야할 필연성이 있었다는 것을 의미한다.

또한 후대이긴 하지만 『동문선』 권56과 『세종실록』 권85에는 나옹이 생불로 존숭되었다는 기록도 있다[23] 특히 이 글은 「벽불소(闢佛疏)」에 나온다는 점에서 상당히 신뢰할 만하다. 이는 나옹이 생전에도 생불로 일컬어졌을 개연성을 보여준다. 다시 말하면, 나옹에 대한 생전의 인식과 열반 과정에서의 문제에 대한 합리화의 필연성이 각굉으로 하여금 나옹을 붓다에 비견하도록 만들었다는 것이다. 그리고 이는 나옹의 열반에서 발생한 이적과 정국의 변화로 인하여 나옹이 부활하면서 신격화의 방향으로 나가게 된다.

이색의 「신륵사보제사리석종기(神勒寺普濟舍利石鐘記)」의 〈보제존자진당시병서(普濟尊者眞堂詩幷序)〉에는 "우리 스승(나옹)이 오탁악세에 나타나셔서, 근기에 상응한 것을 비유하면 붓다가 (다시) 나오신 것과 같다. 그러므로 회암사는 기수(급고독원)와 같고, 신륵사는 쌍림(의 쿠시나가라)와 같다고 하겠다."[24] 이는 1379년(우왕 5)의 기록이다. 나옹을 붓다에 비견하는 것이 아주 분명하게 나타난다. 이는 나옹의 신륵사 열반 이후 사리이적 등으로 인해 상황이 반전되자 나옹에 대한 붓다화가 본격화되었음을 보여주는 것이다. 이와 같은 측면이 발전해서 결국 조선의 『통록촬요(通錄撮要)』 권4에서는 『치성광명경(熾盛光明經)』을[25] 인용하는 형식으로 석가모니의 입을 빌어 나옹이 '붓다의 화신'으로까지 묘사되고 있다. 요컨대 「행장」의 편자 각굉에게 보이는 나옹의 인식은 결국 스승을 붓다의 화신으로까지 승격시켰던 것이다. 그러나 각굉의 이러한 편집 태도는 당시로서 필연적이었을지 모르지만, 기록의 불신을 초래한다는 점에서는 커다란 문제점으로 지적된다.

특히 이와 같은 열반기록의 신뢰성 상실은 나옹의 출가의문이 열반기록을 통해 해소되고 있다는 점에서, 본고와 관련해 문제가 되고 있다. 그러나 열반기록과 관련된 의도적인 왜곡은 나옹 및 나옹 문도와 관련된 당시의 정치적인 역학관계의 비중이 크다. 나옹의 붓다화가 당시의 정치적인 특수한 상황과 현실 속에서 이루어졌다는 내용은 뒤의 「나옹의 붓다화에 대한 고찰」을 통해 정리하게 된다. 그러므로 여기에서 나옹의 사적인 문제로까지 논점을 확대할 필요는 없다고 판단된다.

　나옹의 열반기록에서 문제가 되는 핵심은 불병자화두이다. 불병자화두는 나옹의 열반기록에서 부정적인 이질성을 형성하고 있으며, 열반기록의 또 다른 논리적 층위를 구성하고 있는 나옹의 붓다화와 동시에 물려 있기 때문이다. 그러나 이것을 가지고 열반기록 전체가 종교적인 관점에서 윤색되었다고 판단하기에는 어려움이 있다. 그보다는 불병자화두의 강한 이질성이 정치적인 흐름을 극복하는 종교적인 방어기제와 관련해서 작동하고 있다는 정도로 이해하는 것이 더 타당하다고 판단된다. 이와 같은 인식이 가능한 것은 다음의 두 가지 이유 때문이다. 첫째는 나옹의 열반과 관련해서 다수의 사람들이 함께 했기 때문에, 종교적인 윤색의 필연성이 존재한다고 하더라도 그 작업이 제한적일 수밖에 없다는 점. 둘째는 나옹의 붓다화가 40개의 치아와 같이 현실적이기는 하지만, 구체적인 부분까지 개방되어 있는 측면에서 이루어지고 있지는 않다는 점이 그것이다. 즉 주장만 있지 주장의 검토가 용이한 부분에서 이루어지고 있지는 않은 것이다.

　이런 점을 고려한다면 불병자화두가 나옹의 붓다화라는 종교적인 재구성과 연관되어 있기는 하지만, 이를 통해서 그 이전 기록들의 신뢰성마저도 무너트리는 것까지는 아니다. 그러므로 나옹의 출가의문이 열반기록 속에서 선적으로 해소된다는 판단은 충분히 타당하다고 판단된다.

Ⅲ

출가서원과 선(禪)에 대한 의문

1. 나옹의 출가서원 검토

나옹은 현재의 경북 문경시 산북면 전두리에 위치한 사불산 대승사에 속한 묘적암으로 출가한다. 사불산 대승사는 『삼국유사』에서[28] 창건설화를 살펴볼 수 있는데, 신라 제26대 진평왕(재위 579~632)대에 창건된 유서 깊은 사찰이다. 당시 묘적암은 사굴산문계통의 사찰로 추정된다. 이는 나옹이 왕사가 되어 송광사에 주석하는 것을 미루어 판단해 볼 수 있다. 왜냐하면 나옹은 출신산문이 불명확하지만, 송광사 주석을 통해서 사굴산문으로 인식되는 것이 일반적이기 때문이다.[29]

나옹의 은사인 요연 선사는 '선사'라는 칭호 및 나옹과의 문답을 통하여 선을 수행한 승려로 인식된다. 그러나 요연에 대한 별다른 내용이 전해지지 않는 것으로 보아 두드러진 견처를 증득한 인물은 아니었던 것 같다. 동아시아에는 은사를 존중하는 문화도 존재한다는 점에서, 나옹의 성공은 스승에 대한 사후 존숭이나 추모로 연결될 수도 있다. 그러나 당시는 인가문화로 인하여 은사보다는 법사(法師)가 중심이었다. 그러므로 삭발은사인 요연에 대해서는 나옹과 문도들이 모두 크게 관심을 기울이지 않았던 것으로 판단된다.

「행장」에 수록된 나옹과 요연의 문답에는 출가서원과 관련된 내용이 있다. 이를 적시하면 다음과 같다.

① [나옹은] 공덕산으로 들어가 묘적암 요연 선사에게 삭발하였다.
그러자 스승이 물었다. "너는 무엇을 하려고 삭발[출가]하였느냐?"
답하기를, "초출삼계하여 이익중생하고자 함입니다." 하였다.[30]

이를 통해서 드러나는 나옹의 출가서원은 내적으로 초출삼계의 해탈이며 외적으로 이익중생이라는 것을 알 수 있다. 여기에서의 삼계란 욕계·색계·무색계로 6도윤회하는 수직적인 공간이자, 죽음이라는 '본질적인 고'를 내포한 세계이다. 나옹은 선적인 유심주의를 보임에도 불구하고 때로는 윤회에서의 해탈이라는 관점을 드러내보이곤 한다. 다시 말하면 중국선종의 유심주의와 인도불교의 윤회론이 충돌하고 있는 것이다. 이는 나옹의 정토사상에서도 보이는 것으로[31] 인도불교가 동아시아의 일원론적인 문화에 혼입되면서 나타나는 한 특징이기도 하다.

다음의 이익중생을 위해서라는 답변은 대도의 법원사에서 지공을 처음 만나 선기(禪機)를 겨루고 난 후, 지공의 물음에 대한 나옹의 답변에서도 확인된다.

> 지공이 말하기를 "무엇 하러 왔는가?"하니, [나옹이] 답하기를 "후인
> (後人)을 위해서 왔습니다." 하였다. [그러자] 지공이 허락하고, 이에
> [방부를 받아서] 대중과 함께 하도록 하였다.[32]

　여기에서의 '후인을 위해서'란 두 가지로 해석될 수 있다. 첫째는
'뒷사람이 의심하지 않게 하기 위해서'라는 의미다. 이는 인가와 관
련된 해석이다. 둘째는 중생구제라는 의미로 풀이될 수 있다. 그렇
다면 이 역시 "초출삼계 이익중생"과 통하는 일면이 있다. 그러나 이
때 나옹이 지공을 처음 만나서 방부를 들이는 상황이라는 점을 고려
한다면, 인가보다는 '바른 가르침을 세워서 중생을 구제하기 위함'이
라는 의미가 보다 합당하다.
　인용한 나옹과 지공의 문답에서 확인되는 것은 초출삼계보다는
이익중생의 의미가 강하다. 이는 이에 앞서 초출삼계와 연관될 수
있는 법거량이 진행된 이후에[33] 최종적으로 이 문답이 오갔기 때문
이다. 즉 입방 법거량의 전체구조는 결국 초출삼계 이익중생의 구조
와 크게 다르지 않은 것이다.
　초출삼계와 관련된 선의 추구는 출가서원 이후에 나타나는 다음
항에서 검토되는 부분이 있다. 그러므로 본 항에서는 나옹의 이익중
생과 관련해서만 접근해 보고자 한다.
　이익중생은 붓다와 벽지불(辟支佛)의 차이이며, 대승불교가 흥기

하게 되는 중요 동인이다. 그러나 대승불교에서도 선종은 자성의 깨달음을 강조하기 때문에, 이익중생의 실천이 상대적으로 약하다. 선종의 깨달음은 대사회적인 실천이라기보다는 내면적인 본래심의 추구에 보다 집중하므로 중생구제와 일정한 거리가 존재한다. 또한 관점을 전환시켜 본래부터 구족했다는 것을 깨닫게 되면, 이제는 이익중생의 대상 자체가 존재하지 않게 된다. 다시 말하면 강력한 주관주의에 의한 통체적인 관점으로 인해 객관대상이 소멸하는 것이다. 여기서 자칫 무애행(無碍行)이라는, 윤리의 결핍과 자비가 존재하기 어려운 측면이 발생하기도 한다. 그런데 나옹은 자신의 깨달음과 더불어 이익중생이라는 대사회적인 객관화를 동시에 추구하고 있다. 이는 나옹이 대승적인 기질을 가지고 있고, 윤리적인 계율이 쉽게 수용될 수 있다는 것을 의미한다.

나옹의 이와 같은 특징은 계율을 강조하는 지공과 쉽게 근접할 수 있는 측면으로 작용한다. 또한 강남의 평산도 엄격한 청규를 통해 윤리를 강조한 인물이다.[34] 그러므로 나옹의 이러한 특징은 평산과도 쉽게 계합할 수 있도록 한다.[35] 즉 나옹과 법사인 지공·평산 사이에는 이들이 선승임에도 불구하고 계율과 청규라는 윤리가 작동할 수 있는 공통분모가 존재하였던 것이다. 이는 당시의 다른 선승들과 구분되는 큰 특징이기도 하다.

당시의 불교는 오랜 타성과 라마불교의 영향에 의한 세속화에 봉착해 있었다. 그러므로 불교의 윤리인식은 시대적인 요청 덕목이었다. 나옹은 이익중생과 윤리인식을 기반으로 삼아 가사문학과 정토를 통한 실천적 민중구제를 추구한다. 이는 결국 열반 후 전국적인 추모열기 속에서 붓다의 화신으로까지 부활하는 한 원동력으로 작용하게 된다.

2. 가르침의 요청기록과 선의 추구

출가서원과 관련된 부분에는 요연에게 가르침을 요청하는 측면도 수록되어 있다. 이를 제시해보면 다음과 같다.

> ② 청하기를, "개시(開示)해 주십시오." 하였다.
> 스승이 말하기를, "지금 이곳에 온 너는 어떠한 물건인가?" 하니, 답하기를 "능히 말하고 능히 듣는 주체가 이곳에 와 있으니, 볼 수 없는 본체를 보고 찾을 수 없는 물건을 가히 찾고자 합니다. 어떻게 닦아 나가야 하겠습니까?" 하였다.
> [그러자] 스승이 말하기를, "나도 또한 너와 같아서, 아직 알지 못한다. [그러니] 가르침이 있는 곳에 가서 구하도록 하라."[36]

일반적인 『나옹록』의 번역들은 나옹의 출가서원인 ①과 이 ②부분을 하나로 연결시켜 이해하고 있다. 그러나 출가 직후에 ②와 같이 묻거나, 곧바로 스승을 떠난다는 것은 출가전통을 고려한때 거의 불가능하다. 그러므로 ②를 출가 직후의 대화로 보는 것은 무리라고 판단된다. 이 구절의 다음에, 나옹은 요연을 떠나서 제방을 참방하고 마침내 회암사로 간다. 그렇다면 나옹과 요연의 인연은 삭발과 관련된 것밖에 없게 된다. 즉 일반적인 사찰의 출가과정을 미루어볼 때, 이러한 전개는 납득하기 어려운 것이다.

문도의 입장에서는 특출하지 않은 요연과의 출가인연을 부각시킬 필요가 없었다. 그러므로 출가 직후부터 나옹이 스승을 능가하여 자득(自得)으로 나가는 모습은 나옹의 추숭에 보다 필요한 측면이었을 것이다. 그리고 나옹은 입원하여 지공과 평산에게 사법한다. 그러므로 고려에 뚜렷한 스승이 있다는 것은 나옹을 부각시키는 전체 구조상에서 그다지 바람직하지 않다. 이로 인하여 요연 부분은 더욱 축소될 수밖에 없게 된다.

나옹이 요연의 문하에서 얼마나 지냈는지는 알 수 없다. 그러나 나옹이 출가한 것은 1339년이고, 오도처가 되는 회암사로 간 것은 1344년이다. 그 중간에 제방을 유력했다고 되어 있으니, 그 대략적인 윤곽을 그리는 것은 어렵지 않다. 그러나 요연과의 선문답 과정에서 이미 요연을 능가하는 모습을 통해, 나옹의 높은 자질과 요연을 떠나서 깨달음을 얻을 수밖에 없다는 사실을 알 수 있다.

또한 ②에서는 나옹이 요연에게서 가르침을 요청한 것에 대해, 요연이 선적으로 응대한 것이 나타나 있다. "지금 이곳에 온 너는 어떠한 물건인가?"라는 요연의 물음은 법거량을 하러온 나옹의 소소영령한 본래면목에 대한 질문이었다. 그러자 나옹은 이를 바로 간파하고, 이에 대한 문제의식은 이미 있는데, 이를 어떻게 깨달아 찾을 수 있는지 모르겠다며 방법을 되묻는다. 이는 세움 없는 이룸과 닦을 것 없는 수행이라는, 선의 본래완성에 대한 인식의 환기를 요청하는 대목이다. 또한 나옹이 깨달음을 얻기 이전의 문제의식과 자질을 잘 보여주는 부분이기도 하다. 그러자 요연은 자신의 지도 한계를 겸허하게 인정하면서 다른 스승을 찾아갈 것을 권유한다. 이는 비록 요연은 뛰어난 스승이 아니지만 스승의 자질이 충분하다는 것을 의미한다.

이상 요연과의 문답을 통하여, 나옹이 출가서원의 해법으로 선의 본래심과 이의 체현에 주목하고 있다는 사실을 알 수 있다. 이러한 나옹의 의지는 그가 요연을 떠나 제방을 유력하다가 회암사에 머물며 장좌불와하는 것으로까지 연결된다.[37] 요컨대 나옹의 회암사 깨달음은 본래심의 자각과 이의 체현이라는 선의 본질적인 가르침에 집중되어 있는 것이다.

Ⅳ

결론

이상을 통해서 나옹 출가의 문제의식과 이의 해법에 관해서 고찰해 보았다.

나옹 출가의 심리적인 부분은 붓다와 같은 죽음의 문제였다. 이 는 친구의 죽음을 통해서 환기되는데, 나옹의 열반기록에는 이 부분 이 해소되는 내용이 있어 주목된다. 나옹의 죽음 극복은 선불교의 깨달음에 입각한 '일상의 긍정'이다. 그러나 나옹의 돌연한 급거에는 공민왕에서 우왕으로 변화하는 정치적인 격변이 존재한다. 이로 인 하여 나옹의 열반기록은 문도들에 의한 종교적인 재구성을 입게 된 다. 그렇지만 선적인 관점에서 죽음을 극복하는 내용은 이와 같은 재구성을 입을 개연성이 적다. 그러므로 나옹의 출가와 연관된 문제 의식인 죽음 문제는 결국 선적인 관점을 통해서 완전히 해소된 것으 로 판단해 볼 수 있다.

다음으로 나옹의 출가서원에 해당하는 것은 '초출삼계 이익중생' 이다. 이는 대승불교의 '상구보리 하화중생'과 유사한 측면으로, 나옹의 선이 지향하는 목적과 추구를 분명하게 확인할 수 있는 부분이다. 이는 지공과의 입방 법거량 과정에서도 확인된다.

먼저 첫째의 이익중생과 관련해서는, 동시대 다른 선사들과는 다른 나옹불교만의 특징인 '계율'과 '가사문학'을 이해해 볼 수 있다. 계율의 강조는 인도승 지공과 강남 오산불교의 평산의 영향에 의한 것으로, 이는 이후 나옹의 불교가 넓은 외연을 확보하게 되는 한 요인으로 작용한다. 또 나옹의 가장 큰 특징인 가사문학은 나옹의 불교가 조선 초기에 이르러 조계종을 주도하면서 나옹이 붓다로까지 재탄생하게 되는 계기로 작용하게 된다.

둘째 초출삼계는 나옹의 선불교 추구와 직결되는 부분이다. 나옹은 요연과의 문답을 통한 문제의 해법도출 과정에서, 선의 항상한 본래면목과 이의 체현에 주목하고 있다. 이것이 회암사의 장좌불와와 오도로까지 연결되는 것이다. 즉 나옹의 초출삼계는 곧 회암사 오도를 파생하는 제일보가 된다. 현재 회암사 오도의 내용과 오도송이 전하지 않는 상황에서, 이는 나옹의 깨달음을 이해하는 중요한 단서를 시사해 준다는 점에서 주의가 주목된다.

이와 같은 연구접근을 통해서, 나옹에게 있어 가장 근저에 흐르고 있는 불교관을 확인해 볼 수 있었다. 이는 나옹의 사상과 철학을 이해하는 데 보다 진일보한 인식을 부여할 수 있다는 점에서 충분한 연구의 의의를 확보한다.

[**7장 주석**]

01) 『懶翁和尚語錄』,「行狀」(『韓佛全』6, 703a), "年至二十, 見隣友亡. 問諸父老曰, 死何之. 皆曰, 所不知也.";〈碑文〉(710b), "年甫冠, 隣友亡. 問諸父老曰. 死何之. 皆曰, 所不知也."

02) 같은 책,「行狀」(『韓佛全』6, 708a·b), "①驪興守黃希直·道安監務尹仁守, 受卓命, 督行急. 侍者以告, 師曰, 是不難, 吾當逝矣. ②時有僧問. 正當伊麼時如何. 師竪起拳頭. 僧又問. 四大各離, 向什麼處去. 師交拳當心云, 只在這裏. 又問. 在這裏時如何. 師云, 別無奇特. ③又僧問. 如何是無奇特底道理. 師瞪目視之曰, 吾與你相見時, 有甚麼奇特";〈碑文〉(710a), "卓又督行急. 師曰. 是不難, 吾當逝矣. 是日辰時寂然而逝."

03)「行狀」과〈碑文〉, 그리고〈安心寺指空懶翁舍利石鐘碑〉에는 모두 懶翁彈劾의 주체가 "臺(官)"이라고만 언급되어 있다. 그러나 『高麗史』권133 「列傳46」禑王 2년 丙辰(1376) 4월조에는 "憲府遣吏, 禁斥婦女, 都堂又令閉關"라고 하여 司憲府와 더불어 都堂이 언급되어 있다. 姜好鮮은 당시 정국을 都堂이 장악하고 있다는 점을 들어, 彈劾의 주체를 都堂으로 파악했다(「高麗末 懶翁惠勤 研究」, 서울: 서울大 博士學位論文, 2011, 201~204쪽).

04) 『懶翁和尚語錄』,「行狀」(『韓佛全』6, 708b), "①又有僧, 纔擧不病者話. 師勅云, 爭問甚麼. ②乃告衆云, 汝等諸人各宜諦看, 老僧今日爲汝等, 作涅槃佛事畢矣. 到辰時寂然而逝, 五月十五日也."

05) 『景德傳燈錄』15,「潭州前雲巖曇晟禪師法嗣一筠州洞山良价禪師」(『大正藏』51, 323b), "師將圓寂謂眾曰 … 云云 … 問, 和尚遷和還有不病者也無. 師曰, 有. 僧曰, 不病者還看和尚否. 師曰, 老僧看他有分. 曰和尚爭得看他. 師曰, 老僧看時即不見病.";「筠州洞山悟本禪師語錄」全1卷(『大正藏』47, 415c ~ 416a).

06)「禪門拈頌」17,「707則」(『高麗藏』46, 289), "洞山不安. 僧問和尚病, 還有不病者麼. 師云有. 僧云不病者還看和尚否, 師云老僧看他有分. 僧云和尚看他時如何. 師云老僧看時即不見有病."

07) 이형우,「高麗 禑王代의 政治的 推移와 政治勢力 硏究」(서울: 高麗大 博士學位論文, 1999), 56~59쪽 ; 洪榮義 著,「高麗末 政治史 硏究」(서울: 혜안, 2005), 177~182쪽.

08) 許興植,「懶翁의 思想과 繼承者(上)」,「韓國學報」제16권(1990), 142쪽 ; 宗梵,「懶翁禪風과 朝鮮佛敎」,「韓國佛敎文化思想史-伽山李智冠스님華甲紀念論叢 上」(서울: 伽山佛敎文化硏究院, 1992), 1147쪽.崔柄憲은 他殺說을 주장하고 있어 주목된다(「牧隱 李穡의 佛敎觀」,「牧隱 李穡의 生涯와 思想」, 서울: 一朝閣, 1996, 182쪽).

09) 『懶翁和尚語錄』,「行狀」(『韓佛全』6, 708a), "至丙辰春, 脩營已畢. 四月十五日, 大設落成會. 上遣具官柳之璘, 爲行香使, 京外四衆, 雲臻輻湊, 莫知其數. 會臺評, 以謂檜嵓密邇京邑, 四衆往還, 晝夜絡繹 或至癈業. 於是有旨移住瑩源寺, 逼迫上道.";〈碑文〉(709b), "臺評以謂檜巖, 密邇京邑士女往還, 晝夜絡繹, 或至癈業, 禁之便. 於是有旨移住瑩源寺, 逼迫上道."

10) 佛敎國家인 高麗에서 王師로 탄핵된 예는, 懶翁 이외에 光宗代 王師였던 均如(923~973)가 더 있다. 그러나 均如는 誣告이기는 하지만 逆謀에 연루된 사건이었다(赫連挺 撰,「大華嚴首坐圓通兩重大師均如傳」,『韓佛全』4, 516a·b ; 崔鈗植,「⑵ 均如의 生涯와 活動」,「均如 華嚴思想 硏究-敎判論을 중심으로」, 서울: 서울大 博士學位論文, 1999, 51~61쪽).

11) 李穡 撰,「牧隱文藁」2,「香山潤筆菴記」, "普濟在世, 則謗者多."

12) 李穡 撰,「驪興郡神勒寺普濟舍利石鐘記」, "禪覺王師普濟尊都之示寂于驪興神勒寺也. 靈異赫然疑者釋信者益奮. … 云云 … 今夫普濟舍利散而之四方, 或在崔嵬雲霧之中, 或在閭閻烟塵之

內, 或頂而馳, 或臂而宿. 其所以奉持之者, 比之普濟生存之日, 不啻百倍加矣."；〈安心寺指空懶翁舍利石鐘碑〉, "此山(妙香山임) 普賢舍利無籌散在名山, 四衆奉持供養者多矣, 何暇枚擧持之." ; 李穡 撰, 『牧隱文藁』4, 「砥平縣彌智山潤筆菴記」, "普濟之弟子, 莫可數也. 而爲普濟奔走於入滅之後, 銘浮圖, 記眞堂, 以謀其不朽者, 踵相接也."

여론의 직접적인 반전은 涅槃의 異蹟이었지만, 여기에는 禑王 3년(1377) 3월 李仁任이 池奫勢力을 몰락시키는 정국의 전환이라는 측면도 작용했을 것으로 판단된다(『高麗史』133, 「列傳46」, 〈辛禑1−3年[1377]−3月〉, "三月池奫伏誅").

13) 8종의 涅槃文獻은 빨리본·산스크리트본·티벳본과 漢譯 5종이다. 漢譯 5종은 『長阿含經』1∼4, 「遊行經」(『大正藏』1, 11a∼30b)·『般泥洹經』1∼2(『大正藏』1, 176a∼191a)·『佛般泥洹經』1∼2(『大正藏』1, 160b∼175c)·『大般涅槃經』1∼3(『大正藏』1, 191b∼207c)·『根本說一切有部毘奈耶雜事』35∼38(『大正藏』24, 382b∼402a)이다.

14) 『懶翁和尙語錄』, 「行狀」(『韓佛全』6, 708b), "茶毗已訖, 頭骨五片, 牙齒四十, 皆不燒. 以香水洗之時無雲雨其地, 其舍利不知其數. 四衆撥灰爐沙土而得之者, 亦不可勝數也."；「碑文」(710a), "旣火之, 洗骨, 無雲而雨若, 方數百步, 得舍利一百五十五粒. 禱之, 分爲五百五十八. 四衆得之灰中, 以自祕者, 莫知其數."

15) 같은 책, 「行狀」(『韓佛全』6, 708b), "頭骨五片, 牙齒四十, 皆不燒."

40개 치아에 대한 기록은 覺宏의 「行狀」에만 기록되어 있고, 李穡의 〈碑文〉에는 보이지 않는다.

16) 廉仲燮, 「불교 숫자의 상징성 고찰–'4'와 '7'을 중심으로」, 『宗敎硏究』 제55집(2009), 230∼244쪽.

17) 붓다 당시는 빔비사라왕의 鴦伽(Aṅga) 정복 등에 의해서 이미 16대국 구조는 무너져 있었다(람샤란 샤르마 著, 이광수 譯, 『印度古代史』, 서울: 김영사, 1994, 151쪽). 그럼에도 경전에 16대국이라고 나오는 것은 '印度全體世界'라는 의미 정도로 이해되는 것이 타당하다.

18) '40개 치아'는 32상 안에 존재하는 상이다(『長阿含經』1, 「(一)第一分初大本經第一」, 『大正藏』1, 5b, "二十二, 口四十齒").

19) 『三國遺事』3, 「塔像第四–前後所將舍利」(『韓佛全』6, 993b·c), "昔聞帝釋宮有佛四十齒之一牙. … 云云 … 於是睿宗大喜, 奉安于十員殿左掖小殿, 常鑰匙殿門, 施香燈于外, 每親幸日開殿瞻敬."

20) 南東信, 「麗末鮮初期 懶翁 顯彰 運動」, 『韓國史硏究』 제139호(2007), 163∼198쪽.

21) 禪宗에서도 祖師를 生佛로 보는 사례가 있었는데, 그 가장 이른 예는 다름 아닌 惠能이다(『南宗頓敎最上大乘摩訶般若波羅蜜經六祖惠能大師於韶州大梵寺施法壇經』全1卷, 『大正藏』48, 342a). 그러나 生佛의 관점은 티베트불교의 영향으로 보다 광범위해지게 된다. 이를 鐵山紹瓊과 指空 등의 예를 통해서 확인할 수가 있다.

22) 李穡 撰, 『牧隱文藁』2, 「天寶山檜巖寺修造記」, "後之人或不知此, 指爲新造撤而去之, 則普濟門人, 所以劬躬締美之意, 滅而不傳."

23) 『東文選』56, 「奏議–闢佛疏(無名氏)」, "臣等又聞前朝之季, 有僧懶翁, 以寂滅之敎, 惑愚庸之輩, 當時推戴, 目爲生佛. 至屈千乘之尊, 枉拜匹夫之賤, 而國勢浸傾, 吾道浸衰."；『世宗實錄』85, 21年(1439) 4月 18日, 乙未, 〈成均生員李永山等六百四十八人上疏〉, "臣等又聞前朝之季, 有僧懶翁以寂滅之敎, 惑愚庸之輩, 當時推戴, 目爲生佛. 至屈千乘之尊, 拜匹夫之賤, 而國勢將傾, 吾道浸衰."

24) 李穡 撰, 「驪興郡神勒寺普濟舍利石鐘記」, 〈普濟尊者眞堂詩幷序〉, "吾師於五濁惡世現, 相應機譬則佛出也, 是以檜巖也猶祇樹焉, 神勒也猶雙林焉."

25) 「熾盛光明經」에 대해서는 南東信의 연구를 참조하라. 南東信, 〈Ⅳ.《熾盛光明經》의 成立〉, 「麗末鮮初期 懶翁 顯彰 運動」, 『韓國史硏究』 제139호(2007), 192∼198쪽.

26) 『通錄撮要』4(『韓佛全』7, 806a), "熾盛光明經云, 世尊告迦葉尊者曰, 我滅度後後五百歲, 吾法乃行新羅, 五種外道盛行於世, 敢壞我法. 庚申之間, 有一比丘, 作大沙門, 作大佛事, 破諸外道,

號曰普濟懶翁. 其會曰工夫選, 迦葉當知, 我身是也.";金昌淑(曉呑), 「懶翁惠勤의 佛敎史的 位置」, 『寺刹造景硏究』 제8권(2001), 78쪽;南東信, 〈2. '生佛' 관념〉, 「麗末鮮初期 懶翁 顯彰 運動」, 『韓國史硏究』 제139호(2007), 188~191쪽.

27) 廉仲燮, 「懶翁의 붓다化에 대한 고찰」, 『史學硏究』 제115호(2014), 224~247쪽.

28) 『三國遺事』3, 「興法第三-四佛山 掘佛山 萬佛山」(『大正藏』49, 991b).

29) 許興植, 「懶翁의 思想과 繼承者(上)」, 『韓國學報』 제16권(1990), 126쪽;李哲憲, 〈4. 惠勤의 法系〉, 「懶翁 惠勤의 硏究」(서울: 東國大博士學位論文, 1997), 162쪽;姜好鮮, 「高麗末 懶翁惠勤 硏究」(서울: 서울大 博士學位論文, 2011), 149~150쪽.

30) 『懶翁和尙語錄』, 「行狀」(『韓佛全』6, 703a), "投功德山, 妙寂菴了然禪師所祝髮. 然師問, 汝爲何事剃髮. 答云, 超出三界, 利益衆生.";〈碑文〉(710b), "入功德山, 投了然師祝髮. 師曰, 汝爲何事出家. 對以超三界利群生."

31) 懶翁의 淨土는 禪的인 부분이 주류이지만(金榮郁, 「韓國 看話禪의 개화-太古와 懶翁을 중심으로」, 『韓國思想과 文化』 제34권[2006], 273~279쪽), 이와 동시에 윤회와 관련된 실질적인 측면도 확인된다.
金昌淑(曉呑), 「懶翁禪의 淨土融攝考」, 『東院論集』 제10집(1997), 116~127쪽;李哲憲, 「懶翁惠勤의 彌陀淨土觀」, 『韓國佛敎學』 제18호(1993), 418~424쪽;이병욱, 〈2) 懶翁의 念佛觀〉, 「懶翁 禪思想에 대한 體系的 理解」, 『普照思想』 제10집(1997), 184~189쪽;金昌淑(曉呑), 「懶翁惠勤의 佛敎史的 位置」, 『寺刹造景硏究』 제8권(2001), 70~71쪽.

32) 『懶翁和尙語錄』, 「行狀」(『韓佛全』6, 703b), "空云, 爲何事來. 答云, 爲後人來. 空然之, 乃令隨衆."

33) 같은 책, 「行狀」(『韓佛全』6, 703b), "丁亥十一月, 發足向北. 戊子三月十三日, 行到大都法源寺. 初參西天指空和尙. 空云, 汝從甚處來. 答云, 高麗來. 空云, 船來耶, 神通來耶. 答云, 神通來. 空云, 現神通看. 師近前叉手而立. 空又問, 汝從高麗來, 東海那邊, 都見來也未. 答云, 若不見, 爭得到這裏. 空云, 十二箇房子將來否. 答云, 將得來."
〈碑文〉은 指空과의 房付 法擧量을 다음과 같이 縮約하여 적고 있을 뿐이다. "戊子三月, 至燕都. 參指空, 會問契合.(710b)"

34) 徐一夔, 「淨慈寺志」12, 「普慧性旹禪師平山林和尙塔銘」(『中國佛寺志叢刊』64[杭州: 廣陵書社, 2006), 805~806쪽;姜好鮮, 「高麗末 懶翁惠勤 硏究」(서울: 서울大 博士學位論文, 2011), 81~82쪽.

35) 南宗禪과 관련해서 懶翁의 戒律과 관련된 부분은, 平山이 懶翁에게 嗣法의 信標를 전해주면서 설한 게송을 통해서 확인된다.
「懶翁和尙語錄』, 「行狀」(『韓佛全』6, 704c), "玆以雪菴所傳及菴先師法衣一領, 拂子一枝, 付囑表信. 作偈曰, 拂子法衣今付囑, 石中取出無瑕玉. 戒根永淨得菩提, 禪定慧光皆具足."

36) 『懶翁和尙語錄』, 「行狀」(『韓佛全』6, 703a), "請開示. 師曰, 汝今來此, 是何物邪. 答曰, 此能言能聽者, 能來耳, 欲見無體可見欲覓, 無物可覓. 未審如何脩進. 師曰, 吾亦如汝, 猶未之知, 可往求之有餘.";〈碑文〉(710b), "請開示. 曰, 汝之來此, 是何物耶. 曰, 此能言能聽者, 能來爾, 但未知脩進之術. 曰, 吾亦如汝, 猶未之知, 可往求之有餘."

37) 『懶翁和尙語錄』, 「行狀」(『韓佛全』6, 703a·b), "於是辭退, 遊歷諸山, 至正十四年甲申, 到檜巖寺宴處一室, 晝夜長坐.";〈碑文〉(710b), "師至正甲申, 至檜巖, 晝夜獨坐."

공부선(功夫選)은 신돈과 결별한 공민왕의 새로운 불교개편 의지가 강력하게 투영된 특별승과(特別僧科)였다. 이 공부선의 주맹으로 나옹이 발탁됨으로 인해, 나옹은 일약 교려불교계에서 가장 중요한 인물로 급부상하게 된다.

공민왕이 나옹을 주맹으로 선택한 이후, 나옹은 이듬해 왕사가 되고 송광사에 주석하면서 실질적인 고려불교계의 1인자가 된다. 그러나 공민왕에게서 부여된 권한의 크기는 공민왕의 돌연한 훙서와 회암사의 수조가 맞물리면서, 마침내 신륵사에서의 돌연한 열반으로 끝이 나고 만다. 즉 나옹의 본격적인 대두와 위상은 공민왕의 삶과 정확하게 궤적을 같이하고 있는 것이다.

8

고려 말 공부선功夫選의 시행과 의미 고찰

–

공민왕과
나옹의
상호관계를
중심으로

I

서론

공부선은 공민왕의 불교개편 의지가 가장 강력하게 드러나는 초승과(超僧科)다. 또 조선전기까지 막대한 영향력을 행사하는 나옹과 그 문도들이 불교계의 주류가 되는 여말불교의 가장 큰 사건이다. 실제로 나옹과 관련해 이색은 〈나옹비문〉에서, 일생의 사건 순서를 넘어 공부선을 첫머리에 배치하고 있다. 또 조선에 들어와 나옹을 붓다로까지 만들고 있는 『통록촬요』 권4 역시 『치성광명경』을 인용하여 나옹의 회상을 석가모니의 영산회나 미륵의 용화회에 비견하여 공부선회(功夫選會)라고 언급하고 있을 정도다.[01] 즉 나옹과 관련해서 공부선이 가장 중요한 사건이라는 점은 나옹의 열반 직후부터 후대까지 통론으로 인정되는 가치인 것이다. 실제로 현대의 나옹과 관련된 연구들 역시 공부선을 가장 핵심적인 측면으로 이해하고 있다.[02]

그런데 공부선은 나옹이 주도적으로 기획한 것이 아니라, 공민왕이 주도하고 나옹이 주맹으로 발탁된 공민왕 중심의 불교개편 행사였다는 점에 주목할 필요가 있다. 즉 공민왕이 기획한 것을 나옹이 주관한 불교행사가 바로 공부선이라는 말이다. 그러므로 공부선에 대한 이해는 '공민왕의 불교개편 의지'와 '나옹의 역할과 이후의 변화'라는 두 가지 관점에서 다루어지는 것이 바람직하다.

본고는 나옹을 중심으로 하는 공부선의 내용과 철학적인 의미보다, 공부선이 베풀어지게 되는 이유와 이를 통한 불교적인 흐름의 변화에 대해서 고찰한 것이다. 즉 공부선과 관련해서 공민왕의 위치와 역할을 보다 큰 틀에서 보고, 그 속에서 나옹의 역할과 전개 및 이후 나옹과 문도들의 변화에 대해서 접근한 것이다.

이와 같은 연구접근을 통해서, 공민왕의 불교개편 흐름과 신돈·천희에서 나옹으로 무게중심이 변화하는 불교사적인 측면을 보다 거시적으로 판단해 볼 수 있게 된다. 이는 여말·선초라는 격변기의 불교변화를 이해하는 데 있어서 매우 중요한 연구의미를 확보한다.

Ⅱ

공부선의 시행배경과 방법

1. 공민왕의 불교개편과 공부선의 시행배경

공부선은 공민왕 19년이 되는 1370년 9월 16~17일의 양간에 걸쳐 광명사(廣明寺)에서 개최되는[03] 고려 말 불교계의 최대사건이다. 공민왕은 1374년 9월 21일 시해된다.[04] 이런 점에서 공부선은 공민왕 만년의 불교개편 의지를 파악하는 중요한 사건이라고 하겠다.

공민왕의 불교계 개편 의지는 총 3차례에 걸쳐 확인된다.

첫째는 즉위 5년이 되는 1356년 4월 24일 태고보우(1301~1382)를 왕사로 책봉하고,[05] 원융부를 설치해 구산선문을 하나로 통합하려는 움직임이다.[06] 보우가 가지산문 출신의 선승이라는 점과 원융부가 구산선문의 통합을 주도했다는 점에서, 이때 보우에 의한 개편은 선종을 중심으로 하는 것임을 판단해 볼 수 있다.

둘째는 공민왕 14년인 1365년 2월에 노국 공주가 난산 끝에 사망한 뒤,[07] 신돈에게 청한거사(淸閑居士)라는 호를 내리고 기용하는 측면이다.[08] 신돈은 승록사(僧錄司)를 통해서 불교계를 개편하게 되는데, 이때 속퇴한 신돈을 대신해서 불교계의 대표가 되는 인물이 바로 화엄종의 설산국사(雪山國師) 천희(1307~1382)다.[09] 신돈과 관련해서는 승려시절의 법명이 편조(遍照)라는 화엄종 색채를 가졌다는 점 등을 들어 (문수)화엄과 연관된 연구들이 있다.[10] 즉 보우에서 신돈·천희로의 변화는 가지산문을 중심으로 하는 선종에서 화엄종이라는 교종으로의 변화를 의미하는 것이다.

이와 같은 불교계의 변화는 자연스러운 것이 아니었다. 이는 보우가 신돈을 강도 높게 비판하는 것과[11] 신돈 집권기에 보우가 속리산에 금고되어 있는 것을 통해서 파악이 가능하다.[12] 그러나 설산국사 천희와 관련해서, 천희가 꿈에 몽산덕이(蒙山德異)를 보고 입원하여 휴휴암의 몽산진당(蒙山眞堂)을 참배했다는 내용을 자랑스럽게 〈비문〉에까지 새기고 있는 것을 보면,[13] 당시 불교의 대세는 선종으로 경도되어 되돌릴 수 없는 상황이었다는 것을 알 수 있다.

이와 같은 시대배경에 입각해서, 공민왕의 세 번째 불교변화는 선종을 통한 불교통합으로 나타나게 된다.

공민왕의 마지막 불교개편 의지가 투영된 것이 바로 나옹이 주맹이 되어 진행하는 공부선이다. 이는 나옹이 여말 불교계에 급부상하면서 실질적인 제1인자가 되는 시작인 동시에, 조선전기의 최대사찰인 양주 회암사의 수조 및 이후의 영향과 직결되는 매우 중요한 사건이다. 즉 공부선은 여말·선초의 불교를 이해하는 데 있어서 가장 핵심적인 사건인 것이다.

공부선은 신돈을 멀리하고, 1370년 8월 친정을 선언하는 공민왕의[14] 정계개편과 연계된 종교적인 구상으로 이해된다. 앞선 '보우-원융부(普愚-圓融府)'와 '신돈·천희-승록사(辛旽·千熙-僧錄司)'에 의한 불교개편이 보우나 신돈의 영향이 주로 작용하고 있다면, 셋째의 공부선은 공민왕의 구상에 나옹이 주맹으로 선택되는 특징을 보인다. 즉 공민왕의 불교개편 의지가 가장 강력하게 드러나는 것이 바로 공부선이라는 말이다.

1370년 8월 친정을 선언하는 공민왕이 승록사를 통해 종교권력을 위임받고 있던 신돈에게서 이를 회수해 오는 것은 당연한 선택이다. 실제로 신돈은 이듬해인 1371년 7월 역모혐의에 의해서 주살되고,[15] 이 무렵 국사 역시 천희에서 보우로 바뀌게 된다.[16] 그런데 당시 불교계의 실질적인 1인자라고 할 수 있는 인물은 국사인 보우가 아닌 공부선의 주맹으로 1371년 8월 26일 왕사에 책봉되는 나옹이다.[17] 즉 불교계가 공민왕의 의지변화에 따라, 신돈에서 나옹에게로 단기간에 교체되고 있는 것이다.

공부선에 공민왕의 불교개편 의지가 강력하게 존재한다는 것은 공부선이 선교양종[兩宗·五敎]을 모두 아우르는 초승과이자[18] 친임시(親臨試)로 개최되었다는 것을 통해서도 확인된다.[19] 공부선은 기존의 승과가 선종과 교종으로 분리되어 시행되던 것과는 달리, 선교양종을 아우르며 여기에 이미 승과에 합격한 사람도 참여할 수 있는 아주 특별한 승과였다. 이는 공부선의 유일한 합격자인 혼수가 이미 선시(禪試) 상상과(上上科)에 합격했던 인물이라는 점을 통해서 분명해진다.[20] 즉 공부선을 통해서 기존의 고려불교를 하나로 통합·개편하려는 공민왕의 의지를 확인해볼 수가 있는 것이다. 그리고 그 중심에는 교종이 아닌 선종이 위치하고 있다.

보우의 원융부에서 선종은 이미 하나의 통합을 모색하고 있었다. 그러던 것이 신돈과 천희의 화엄종을 거쳐, 결국 공부선이라는 선종 중심의 선교통합이 추진되고 있는 것이다. 이와 같은 공민왕의 강력한 의지가 단적으로 드러나는 것이 바로 '공부선'이라는 명칭이다. 공부선의 '공부'란 곧 참선을 가리킨다. 여기에 여말삼사 중 교학적인 색채가 가장 적은[21] 나옹을 주맹으로 삼고, 주맹으로 하여금 시제(試題)를 제시하는 동시에 승시(僧試)의 판단자 역할까지도 하게 했다는 것은, 선종에 치우친 공부선의 측면을 잘 말해준다.

물론 공부선은 나옹의 주도하에 소기의 성과를 거두면서 고려 말의 불교를 개편하게 된다. 특히 원간섭기 티베트 라마불교의 영향에 의해 결혼하는 대처승 비율이 절반 정도나 되었지만,[22] 이후 신속하게 회복되는 것은 여말삼사와 나옹의 역할에 의한 것이었다. 그러나 공민왕의 돌연한 훙서와 더불어 나옹도 몰락하게 되면서, 통합된 불교라는 시대적인 요청 과제는 완수되지 못한 채 다음 왕조인 조선으로 넘어가게 된다.

2. 나옹과 천희(千熙)의 충돌 및 공부선의 방법

'보우—원융부'와 '신돈·천희—승록사'의 변화에, 불교계의 권력교체
와 관련된 충돌양상이 존재한다는 것은 앞서 지적한 바 있다. 그런
데 공부선과 관련해서도 천희와 나옹의 충돌로 이해될 수 있는 기록
이 있어 주목된다.

당시 천희는 공부선의 증명법사 자격으로 배석하고 있었다.[23] 그
런데 천희는 주맹인 나옹과 선으로 충돌하는 모습이 살펴지는 것이
다. 이의 해당 부분을 제시해 보면 다음과 같다.

그때 설산[진각]국사 [천희]도 이 법회에 와 있었다. 스승[나옹]은 국존
(國尊)과 상견하고 먼저 방장실로 들어가 좌구(坐具)를 들고 일어나
"화상" 하고 불렀다. 국존이 무어라 말하려고 하자, 스승은 좌구로
깎은 머리를 치고는 곧장 나가 버렸다.[24]

공부선이라는 국왕의 친임시에서, 증명으로 참석한 국사의 머리
를 방석으로 치는 행위는 제아무리 법거량의 관점에서 본다 하더라
도 일반적이지 않다. 더구나 천희는 선에 경도된 인물이기는 하지
만, 화엄종 출신으로 국사에 오른 인물이다. 그러므로 나옹의 이와
같은 일방적인 행동은 선적이라기보다는 격을 무너트린 것으로 파
악하는 것이 더 타당하다.

물론 나옹에게는 입원시에 강남 임제종의 평산과 펼친 좌복을 사

용한 법거량이 전해진다.[25] 그러나 공부선이 1370년 8월의 공민왕 친정선언 직후에 전개되는 대대적이 불교행사라는 점, 그리고 1371년 7월에 신돈이 죽고 8월에 나옹이 왕사에 임명된다는 점을 고려해 볼 때, 이 대목을 불교계의 권력교체와 관련된 갈등으로 이해하는 것이 더 타당하지 않은가 한다. 실제로 이 내용은 『나옹어록』에는 기록되어 있지만, 천희의 〈비문〉 등에서는 일체 수록되어 있지 않다. 즉 최소한 나옹과 문도 측에서는 이 사건을 비중 있고 유의미한 행동으로 이해하고 있는 것이다.[26] 이는 이 행동이 나옹의 의도성이 내포된 행동이었다는 것을 의미한다.

친임시이자 초승과인 불교 최대의 평가무대가 되는 공부선장(功夫選場)에서, 증명법사로 참석한 국사와 주관자인 주맹이 충돌한다는 것은 누가 봐도 비상식적이다. 그런데 이것을 법랍 등에서 여러모로 후배인 나옹이 도발하고 있는 것이다. 그러므로 이는 단순히 선의 역량 평가를 넘어서, 나옹이 공부선에 내포된 공민왕의 불교개편 의지를 파악하고 대립각을 세우는 것으로 판단해 볼 수 있다. 즉 선종의 법거량을 빙자한 권력이동의 표면화로 이해될 수가 있는 것이다.

나옹은 공부선의 시제와 관련해서도 공민왕에게, '삼구(三句) → 공부십절목(功夫十節目) → 삼관(三關)'이라는 철저하게 선수행과 관련된 방법만을 제시하고 있다.[27] 공부선이 선교양종을 아우르는 초승과이자 화엄종의 천희가 증명법사가 되어 있는 상황이라는 점을 고려한다면, 이와 같은 선종일변도의 편향적인 시제제출은 공민왕의 의지가 투영되지 않았다면 불가능한 일이라고 하겠다. 실제로 공민왕은 공부선 전 금경사(金經寺)에 있던 나옹에게 평가방법을 묻는 모습을 보인다.[28] 즉 일종의 간접승인이 이루어진 셈이다.

또 공부선의 판단방법과 관련해서는 가지산문 출신의 백운경한(1299~1374)이 9월 15일에 공민왕에게 제시한 것도 있다.[29] 9월 16일에 공부선이 시작된다는 점을 고려한다면, 이때 주맹은 이미 결정된 상황이었을 것으로 판단된다. 공부선은 주맹이 시제와 판단자의 역할을 겸하고 있다는 점을 고려한다면, 시제의 변동은 있을 수 없다는 말이다. 그러므로 경한의 공민왕에 대한 진언은 단순히 참고자료의 성격만을 가질 뿐이다. 그런데 이때 제시되는 경한의 시제 역시 선 일변도로만 되어 있어 주목된다.

공부선의 판단기준으로 제시되는 나옹과 경한의 방법제시[試題]에는, 교종에 대한 배려가 전혀 존재하지 않는다. 이는 당시에 선종이 대세를 점하고 있는 시대적인 상황도 존재하겠지만, 그보다는 공부선을 구상해서 불교개편을 표명한 공민왕의 의지와 직결되는 것으로 이해된다. 만일 그렇지 않다면, 이와 같은 선 일변도의 편파적인 양상은 나타나지 않았을 것이다. 즉 공부선이라는 초승과의 명칭과 시제인 판단방법의 일치를 통해서, 공민왕의 의지와 이에 부합하는 나옹의 관점을 확인해 볼 수가 있는 것이다.

Ⅲ

공민왕의 나옹 선택과 공부선의 주맹

1. 지공의 계승자와 공민왕의 선택

나옹이 고려 말의 불교계를 압도하면서, 그 문도들이 조선전기까지 강력한 영향력을 미치게 되는 결정적인 원인은 공민왕이 나옹을 공부선의 주맹으로 발탁하는 것에 있다. 공민왕이 왜 하필 세 번째 불교개편 파트너로 나옹을 선택했는지에 관해서는 분명하게 전하는 것이 없다. 그러나 공민왕의 인재선택과 관련된 내외적인 측면들은 공민왕이 나옹을 선택할 수밖에 없는 구조를 말해주고 있어 주목된다.

먼저 내적인 측면으로는 공민왕이 보우와 신돈을 선택할 때의 판단기준이 참고 될 수 있다. 보우는 26세 때인 1326년(충숙왕 13) 화엄선(華嚴選)에 합격하고, 46세가 되는 1347년 7월에는 강남 석옥청공(石屋淸珙)의 인가를 받게 된다.[31] 또 입원 유학 과정에서 원에 숙위하고 있던 공민왕과도 관계를 맺는다.[32] 즉 보우는 모든 이력을 밟은 최고의 선승이었던 것이다. 바로 이 점이 공민왕이 보우를 선택하는 배경이 된 것으로 판단된다.

그러나 공민왕이 보우에게 불교권력을 위임하고 왕사에 임명하자 보우는 권승과 같은 모습을 보이는데,[33] 이는 보우가 공민왕에게 배척되는 원인으로 작용한다. 이와 같은 판단이 가능한 것은 공민왕이 신돈을 선택하는 이유로, 당시 기득권자들이 세력집단을 만드는 것과 달리 신돈은 출신이 미천하여 왕에게만 의지할 수밖에 없다는 것을 들고 있기 때문이다.[34] 공민왕의 신돈 선택 이유는 왜 보우에서 신돈으로 불교권력이 이동하게 되는지를 잘 말해주고 있다. 즉 보우가 능력 있는 기득권자라면, 신돈은 능력을 갖춘 야인으로 왕권에 도움이 될 것으로 공민왕은 판단했던 것이다.

보우와 신돈 뒤에 선택되는 인물이 바로 나옹이다. 나옹은 이렇다 할 출신배경과 고려에서의 승과급제와 같은 측면이 존재하지 않는다. 그러나 원나라에서 10년간이나 장기유학을 한 국제 감각을 갖춘 인물이자, 지공과 평산이라는 고려불교와 공민왕이 중시하는 두 법맥의 계승자였다. 또 나옹은 중국 강남 오산불교의 영향을 받아 국왕과 국가를 높이는 축도의례[祝禱儀禮(祝禱之規)]를 강조한다.[35] 즉 나옹은 최고의 능력을 갖춘 비주류로서, 국왕에게 유리한 소양을 두루 겸비한 인물이었던 것이다. 이는 공민왕 인물선택의 전체적인 흐름에서, 나옹이 선택될 수밖에 없다는 추론을 가능하게 한다.

또 나옹은 공부선이 개최되기 한 해 전인 1369년 9월에는 병을 핑계로 오대산 영감암(靈感菴)으로 은거하는 모습을 보인다.[36] 이는 보우와 신돈의 충돌처럼 전면적이지는 않지만, 나옹이 신돈과 갈등

구조가 있었음을 생각해 볼 수 있는 자료인 동시에, 공부선장에서 천희와 충돌하는 부분과도 연결점을 확보한다. 즉 공민왕으로서는 불교계에서 신돈을 대체하는 인물로 선택할 수 있는 충분한 조건이 나옹에게 모두 존재하고 있었던 것이다.

다음으로 외적인 조건을 살펴보면, 나옹이 고려에서 명망이 높은 인도승 지공과 강남 임제종의 인가를 동시에 증득한 인물이라는 점이다. 이는 공부선과 관련해서, 나옹 다음으로 적극적인 인물인 경한과도 일치되는 인가구조다. 물론 나옹이 강남 임제종에서 평산처럼의 법맥을 받았다면, 경한은 보우와 같이 석옥청공을 계승했다는 점에서는 차이가 있다.[37]

그러나 당시 고려불교 안에서의 영향관계나 공민왕의 존숭태도를 놓고 본다면, 보다 강력한 변별점은 강남 임제종의 법맥보다도 오히려 지공의 계승자(수제자)라는 측면이 더 크게 작용하고 있다. 이는 강남의 임제종이라는 중국 강남불교의 보편성과는 다른, 지공만이 가지는 인도불교적인 특수성과 혈통적인 신성성 때문으로 판단된다.

공민왕이 고려불교의 개편과 관련해서 공부선의 주맹으로 나옹을 선택한 것은 지공의 추모열기와 공민왕의 지공에 대한 존숭 역시 일정 부분 작용했을 것으로 판단된다. 이는 오대산에 은거했던 나옹이 지공의 영골이 고려에 도착하는 것과 관련해서 출산하고, 곧이어 공부선의 주맹으로 발탁되는 일련의 짧은 과정 속에서 자연스럽게 유추해 볼 수 있는 내용이다.

또 지공과 더불어 나옹의 사법스승이 되는 강남 오산불교의 평산처림과 관련해서도, 공민왕이 고려로 모셔오고자 했다는 기록도 있어 주목된다.[38] 평산은 청정함으로 인해 강남 오산불교에서 중요한 위치를 차지하는 인물이다.[39] 이런 점을 놓고 본다면, 나옹과 관련된 두 사법스승을 공민왕이 모두 크게 존중하고 있었다는 것을 알 수 있다.

이와 같은 영향이 1369년 9월 오대산에 은거하는 나옹이 1370년 9월에는 초승과인 공부선의 주맹이 되는 극적인 반전의 결과를 초래하는 것이 아닌가 한다. 물론 여기에는 나옹이 지공의 계승자라는 측면이 더 크게 작용했을 것이다. 즉 지공에 대한 고려에서의 추모 열기가 나옹이 치명제자라는 점과 연관되어, 결국 공민왕의 불교개편 구조 속에서 나옹이 선택되는 상황을 파생하고 있다는 말이다.

2. 공부선을 통한 나옹의 부각과 몰락

공부선은 선교양종을 아우르는 초승과이자 이미 승과에 합격한 사람도 응시할 수 있는 특별승과였다. 나옹은 이런 공부선의 주맹으로 시제의 출제와 판단이라는 전권을 부여받게 된다. 즉 나옹에게 전례를 찾아볼 수 없는 이례적인 막대한 권한이 부여된 것이다. 공부선의 결과를 살펴보면, 나옹에게도 오대산에서 입실(入室)한 적이 있는[40] 환암혼수(幻庵混修, 1320~1392) 1인만이 최종 입격(入格)하는 것으로 끝나게 된다.[41]

그러나 공부선과 관련된 나옹의 방법과 일처리가 공민왕에게는 상당히 만족스러웠던 것 같다. 그 결과 1371년 8월 26일 나옹은 왕사에 책봉되며, 왕명에 의해 동방제일도량이자 사굴산문의 대표적 사찰이었던 송광사에 주석하게 된다.[42] 이는 지눌(知訥) 이래의 송광사적인 전통과 범사굴산문의 대표적인 성격이 나옹에게 부여된다는 것을 의미한다. 특히 이 시기인 1371년 7월에 신돈이 주살되면서 국사가 천희에서 보우로 바뀌게 된다는 점은 앞서 언급한 바 있다. 즉 나옹은 공부선을 기점으로 고려불교의 실질적인 1인자로 올라서게 되는 것이다.

나옹의 이후 행적은 262칸에 이르는 양주 회암사의 대대적인 수조(修造)다.[43] 이 '수조'라는 명칭은 당시의 대규모 불사에 대한 반대여론을 의식해서 명분을 비튼 것이지,[44] 사실은 신창(新創)이라고 할 수 있는 대작불사였다. 이때 나옹에게 많은 후원자가 있었다는 기록은[45] 당시 나옹의 고려불교에서의 입지를 잘 나타내준다.

그러나 공민왕의 나옹에 대한 신임과 불교계의 권한부여는 공민왕의 갑작스러운 홍서 및 우왕의 옹립과 관련된 정계개편 과정에서 나옹 역시 위기에 처할 수밖에 없다는 것을 의미한다. 결국 우왕 2년인 1376년, 나옹은 회암사의 대대적인 수조 이후 이곳을 찾는 사람들이 인산인해를 이룬다는 것이 발단이 되어 대관(사헌부)과 도당의 탄핵을 받게 된다.[46] 이로 인하여 영원사(瑩源寺)로 가는 도중 신륵사에서 최후를 맞이한다.[47] 이는 비록 억불의 기운이 있던 고려 말이라고 해도 불교국가인 고려에서 왕사의 탄핵 이유로는 이해하기 쉽지 않은 사건이다.

또 나옹의 급격한 열반과 관련해서는 『세종실록』 권85와 『동문선』 권56에 유생의 개입으로 나옹이 죽게 되었다는 기록이 있어 주목된다.[48] 이러한 기록과 당시의 정황 등을 고려하여 허흥식과 종범은 나옹의 독살설을 제기하고 있으며,[49] 최병헌은 타살설까지도 주장하고 있다.[50] 물론 현재로서 나옹의 최후에 대한 정확한 판단을 한다는 것은 불가능하다. 다만 이와 같은 논의가 있을 정도로 나옹의 최후가 비정상적이었으며, 또한 공민왕에 대한 비판과 정개개편 과정에서 나옹 또한 몰락하고 있다는 것은 자못 분명하다. 즉 나옹이 고려 불교계의 실질적인 1인자로 등장하게 된 것이 공민왕에 의한 공부선 주맹의 발탁 때문이라면, 나옹의 돌연한 열반 역시 공민왕과 관련된 정계개편 과정에서 발생하는 사건인 것이다.

또 이후에 나옹의 열반과 관련된 사리이적과[51] 이인임(李仁任)계 안에서의 권력변화로 인하여,[52] 나옹에 대한 인식이 전환하면서 조선전기까지의 불교는 나옹계가 주류를 점하게 된다. 이 외에도 공부선의 유일한 합격자인 혼수는 보우 이후 국사에 오르지만,[53] 조선의 건국 이후 돌연 열반하는 모습을 보인다.[54] 이는 무학자초(1327~1405)의 나옹 계승 노력과도 관련되어 이해될 수 있는 것으로,[55] 결국 조선후기에 오게 되면 '나옹→자초'와 '보우→혼수'라는 법맥론으로 확정되어 오늘의 대한불교조계종에까지 이르고 있다. 즉 공부선의 판도가 나옹을 통해서 여말선초의 불교계는 물론이거니와 현대의 한국불교에 대한 인식에까지도 영향을 미치고 있는 것이다.

IV

결론

이상을 통해서 고려 말 가장 큰 불교사건인 공부선이 왜 베풀어지게 되었고, 또 이를 통해서 나옹이 어떻게 대두되었으며, 이후 불교적인 변화가 어떻게 전개되는지에 관해서 고찰해 보았다.

공부선은 신돈과 거리를 두게 된 공민왕의 불교개편 의지에 따른 것으로, 나옹은 이와 같은 공민왕의 개편구조 속에서 주맹으로 발탁되면서 일약 핵심으로 떠오르게 된다. 나옹에게는 시제의 제시와 판단까지 공부선과 관련된 전권이 부여되었는데, 여기에서 나옹이 제시한 것은 '삼구 → 공부십절목 → 삼관'이라는 선적인 방법이다. 이는 공부선이라는 선종을 중심으로 한 제종파의 통합적인 측면과 맥을 같이 하는 것이다. 또 주맹인 나옹은 증명법사로 참석한 천희와 충돌하게 되는데, 이는 불교개편 과정에서의 필연적인 충돌양상으로 이해해 볼 수가 있다.

공민왕이 나옹을 선택하는 이유와 관련해서는, 나옹 이전에 공민왕이 함께했던 불교개편의 파트너인 보우와 신돈의 선택배경이 추론을 가능하게 하는 측면이 있다. 이를 통해서 확인되는 것은 나옹이 고려불교에서 이렇다 할 배경이 없고, 장기간 입원 유학한 국제 정세에 밝은 인물이었다는 점이다. 또 나옹의 사승(嗣承)과 관련해서, 고려불교에서 인기가 높은 지공과 공민왕에게도 존숭받는 평산의 법맥을 계승했다는 점도 존재한다. 즉 나옹은 구세력에 의지하지 않고 공민왕을 중심으로 불교개편을 추진할 수 있는 능력을 갖춘 가장 적합한 인물이었던 것이다.

공민왕이 나옹을 주맹으로 선택한 이후, 나옹은 이듬해에는 왕사가 되고 송광사에 주석하면서 실질적인 고려불교계의 1인자가 된다. 그러나 공민왕에게서 부여된 권한의 크기는 공민왕의 돌연한 훙서와 회암사의 수조가 맞물리면서 결국 나옹의 열반을 초래하게 된다. 즉 나옹의 본격적인 대두와 위상은 공민왕의 삶과 정확하게 궤적을 같이하는 것이다. 이런 점에서 나옹에 대한 이해는 공민왕과 분리된 철학적인 관점도 중요하지만, 공민왕과 결부되는 사학적인 측면에서의 이해 역시 중요한 의미를 내포한다고 하겠다.

01) 『通錄撮要』4(『韓佛全』7, 806a), "熾盛光明經云, 世尊告迦葉尊者曰, 我滅度後後五百歲, 吾法乃行新羅, 五種外道盛行於世, 敢壞我法. 庚申之間, 有一比丘, 作大沙門, 作大佛事, 破諸外道, 號曰普濟懶翁. 其會曰工夫選, 迦葉當知, 我身是也."; 金昌淑(曉呑), 「懶翁惠勤의 佛敎史的 位置」, 『寺刹造景硏究』 제8권(2001), 78쪽; 南東信, 〈2. '生佛' 관념〉, 「麗末鮮初期 懶翁 顯彰 運動」, 『韓國史硏究』 제139호(2007), 188~191쪽.

02) 李哲憲, 〈2) 惠勤 禪思想의 特性〉, 「懶翁 惠勤의 硏究」(서울: 東國大博士學位論文, 1997), 107~109쪽; 金昌淑(曉呑), 〈4. 懶翁禪의 確立〉, 「懶翁惠勤의 禪思想 硏究」(서울: 東國大 博士學位論文, 1997), 85~86쪽; 姜好鮮, 〈1. 懶翁의 禪思想〉, 「高麗末 懶翁惠勤 硏究」(서울: 서울大博士學位論文, 2011), 218~234쪽; 廉仲燮, 「懶翁의 禪思想 硏究-指空의 영향과 功夫選을 중심으로」(서울: 高麗大學位論文, 2014), 93~207쪽.

03) 『高麗史』42, 「世家42」, 〈恭愍王5-19年[1370]-9月〉, "辛丑 幸廣明寺, 大會僧徒, 命僧惠勤, 試功夫選."; 「懶翁和尙語錄」, 〈碑文〉(『韓佛全』6, 709a·b), "玄陵在位之二十年庚戌秋九月十日召師入京, 十六日 就師所寓廣明寺. 大會兩宗五敎諸山衲子, 試其所得號曰功夫選, 上親幸觀焉."

04) 같은 책, 「世家42」, 〈恭愍王5-23年[1374]-9月〉, "甲申 王暴薨. 在位二十三年, 壽四十五."

05) 『太古和尙語錄』下, 「普愚行狀」(『韓佛全』6, 698b), "四月二十四日, 封爲王師. 是日久早而雨."; 〈太古寺圓證國師塔銘〉, "四月二十四日, 封爲王師."

06) 『太古和尙語錄』下, 「普愚行狀」(『韓佛全』6, 698c), "而九爲老陽 一爲初陽 老而衰也 理之常而又立都之時 九山之來旣久 不如反其初 爲新陽之爲愈也 此數之變也 當是時也 若統爲一門 九山不爲我人之山 山名道存 同一佛之心 水乳相和 一隙齊平"; 〈太古寺圓證國師塔銘〉, "四月二十四日, 封爲王師, 立府日圓融, 置僚屬長官正三品, 尊崇之至也."

07) 『高麗史』41, 「世家41」, 〈恭愍王4-14年[1365]-2月〉, "二月 丁酉 以公主有娠彌月, 赦二罪以下. 甲辰 公主病劇, 又赦一罪. 是日, 公主薨, 王奉太后, 移御于德寧公主殿, 輟朝三日, 百官玄冠素服."

08) 『高麗史』132, 「列傳45」, 〈叛逆6-辛旽-001〉, "賜號淸閑居士, 稱爲師傅, 咨訪國政, 言無不從, 人多附之."

09) 같은 책, 〈叛逆6-辛旽-008〉, "有僧禪顯·千禧, 皆旽所善者也, 千禧自言, '入江浙, 傳達磨法.' 王親訪于佛腹藏, 尋封國師, 又邀禪顯于康安殿, 封王師, 王九拜, 禪顯立受."

10) 李啓杓, 〈二. 華嚴宗僧侶로서의 辛旽〉, 「辛旽의 華嚴信仰과 恭愍王」, 『歷史學硏究』 제1호(1987), 2~6쪽; 黃仁奎, 「遍照 辛旽의 佛敎界 行蹟과 活動」, 『萬海學報』 통권 제6호(2003), 47~48쪽; 강은경, 〈1) 辛旽의 華嚴信仰의 性格〉, 「高麗後期 辛旽의 政治改革과 理想國家」, 『韓國史學報』 제9호(2000), 138~142쪽.

11) 〈太古寺圓證國師塔銘〉, "丙午十月, 辭位封還印章, 仍乞任性養眞. 玄陵從之辛旽用事故也. 先是師, 上書論旽曰, 國之治, 眞僧得其志, 國之危, 邪僧逢其時, 願上, 察之遠之宗社幸甚."

12) 『太古和尙語錄』下, 「普愚行狀」(『韓佛全』6, 699b), "旽用事 錮于俗離山 師木食 怡然無怨色"; 〈太古寺圓證國師塔銘〉, "旽下其事推訊之誣服 師之左右錮于俗離寺"

13) 〈彰聖寺眞覺國師大覺圓照塔碑〉, "吾師到休休菴, 蒙山眞堂夜有光. … 其收蒙山衣物放之去. … 叅究禪旨 在小伯山, 夢見蒙山付其衣法. 在金剛五臺亦如之, 此所以決志南遊也."; 崔鈆植,

「眞覺國師 千熙의 生涯와 思想」, 『文化史學』 제39호(2013), 80~83쪽 ; 趙明濟, 「高麗後期 『蒙山法語』의 受容과 看話禪의 展開」, 『普照思想』 제12집(1999), 257~258쪽.

14) 『高麗史』132, 「列傳45」, 「叛逆6-辛旽-013」, "王因諫官言, 令六部臺省, 官每月六衙日, 親奏事."

15) 같은 책, 「列傳45」, 「叛逆6-辛旽-015」, "旽當刑束手, 乞哀於樸曰, '願公見阿只, 活我.' 乃斬之, 支解徇諸道, 梟首京城東門."

16) 〈太古寺圓證國師塔銘〉, "辛亥(1371)七月, 旽誅, 玄陵遣使, 備禮進封國師, 請住瑩源寺, 師以疾辭. 有旨遙領寺事凡七年, 戊午冬, 被今上命, 始至寺居一年而還. 辛酉冬, 移陽山寺入院之日, 上再封國師, 先君之思也."

17) 『懶翁和尙語錄』, 「行狀」(『韓佛全』6, 707b)"辛亥八月二十六日, 遣工部尙書張子溫, 賷書降印并賜金襴袈裟內外法服鉢盂, 封爲王師大曹溪宗師禪敎都摠攝勤脩本智重興祖風福國祐世普濟尊者, 太后亦獻金襴袈裟."; 〈碑文〉(709b), "辛亥八月二十六日, 遣工部尙書張子溫, 賷書降印, 法服鉢盂皆具, 封爲王師大曹溪宗師禪敎都摠攝勤脩本智重興祖風福國祐世普濟尊者."

18) 『懶翁和尙語錄』, 「行狀」(『韓佛全』6, 707a), "九月設工夫選大會兩宗五敎諸山衲子."; 〈碑文〉(709b), "大會兩宗五敎諸山衲子."

19) 〈忠州靑龍寺普覺國師幻庵定慧圓融塔碑〉, "上親臨觀."; 『懶翁和尙語錄』, 〈碑文〉(『韓佛全』6, 709b), "試其所自得號曰功夫選, 上親幸觀焉."

20) 같은 碑銘, "至正紀元辛巳, 赴禪試登上上科."; 黃仁奎, 「幻庵混修의 生涯와 佛敎史的 位置」, 『慶州史學』 제18집(1999), 105~106쪽.

21) 懶翁은 동시대를 대표하는 어떤 선사보다도 純禪적인 인물이며, 文章이나 敎學에 대한 이해가 충분하지 않았던 것으로 판단된다.
『懶翁和尙語錄』, 「行狀」(『韓佛全』6, 709a), "師常自言曰, 山僧不解文字, 然其歌頌法語, 若不經意, 皆極其妙."; 李穡 撰, 『牧隱文藁』13, 「書懶翁三歌」, "懶翁文字, 信手未嘗立草, 吐出實理粲然, 寫出韻語琅然. 然於世俗文字, 不甚解亦可見焉."; "楊州檜巖寺禪覺王師碑", "江月軒, 平生未嘗習世俗文字, 有請題詠, 操筆立書, 若不經意, 理趣深遠."

22) 『高麗史』39, 「世家29」, 〈忠烈王2-7年(1281)-6月〉, "癸未: 王次慶州, 下僧批. … 云云 … 娶妻居室者, 居半."

23) 〈彰聖寺眞覺國師大覺圓照塔碑〉, "庚戌九月, 玄陵請王師懶翁, 選境內禪敎諸僧功夫節目, 師爲證明."

24) 『懶翁和尙語錄』, 「行狀」(『韓佛全』6, 707a), "十六日, 開選席. 上率諸君兩府文武百僚, 親幸臨觀. 禪講諸德江湖衲子, 悉皆集會. 時雪山國師, 亦赴是會. 師與國尊相見, 初入方丈, 提起座具云(第九張). 和尙, 國尊擬議, 師以座具打埈頭, 便出."

25) 『懶翁和尙語錄』, 「行狀」(『韓佛全』6, 704b·c), "師即条見平山處林禪師. 山適在僧堂. 師直入堂內, 東西信步. 山云, 大德從何方來. 師云, 大都來. 山云, 曾見甚麼人來. 答云, 曾見西天指空來. 山云, 指空日用何事. 答云, 指空日用千劍. 山云, 指空千劍且置, 將女一劍來. 師以座具打山, 山倒在禪床大叫云, 這賊殺我. 師便扶起云, 吾劍能殺人, 亦能活人. 山呵呵大笑, 即把手歸方丈請茶. 留數月. (一日手書囑云, 三韓慧首座. 來見老僧, 看其出言吐氣, 便與佛祖相合. 宗眼明白, 見處高峻, 言中有響, 句句藏鋒, 玆以雪菴所傳及菴先師法衣一領, 拂子一枝, 付囑表信)."; 〈碑文〉(710b), "是春南遊江淛, 秋八月, 条平山. 山問, 曾見何人. 曰, 西天指空, 日用千劍. 山云, 且置指空千劍, 將女一劍來. 師以坐具(第一六張)提山, 山倒在禪床, 大叫賊煞我. 師曰, 吾劍也, 能殺人能活人. 乃扶起, 山以雪巖所傳及菴拂子, 表信."

26) 이는 『懶翁語錄』의 編輯과 監修者인 覺璉·覺雷·幻菴 등 懶翁門徒들의 입장이라고 이해해도 될 것이다.

27) 『懶翁和尙語錄』, 「行狀」(『韓佛全』6, 707a·b), "先問入門等三句, 次問功夫十節, 後問三關, 可驗

244

功行淺深.'"

28) 같은 行狀(『韓佛全』6, 707a·b), "師之前在金經寺也, 上使左街大師慧深, 問師曰, 以何言句, 試取功夫. 師答云, 先問入門等三句, 次問功夫十節, 後問三關, 可驗功行淺深, 衆皆未會, 故不及十節三關. 會罷, 上使天台禪師神照, 請問功夫十節, 師手書進歟[垂問時言句十節三關具載語錄]."

29) 『白雲和尙語錄』上, 「洪武庚戌九月十五日 承內敎功夫選取御前 呈似言句」(『韓佛全』6, 656a·b).

30) 『太古和尙語錄』下, 「普愚行狀」(『韓佛全』6, 696a), "二十六歲, 寅緣入華嚴選, 旣中探索經義, 窺其壺奧.";최석환 著, 「太古普愚 國師 年譜」, 『石屋·太古 評傳』(서울: 茶의 世界, 2010), 379쪽.

31) 〈太古寺圓證國師塔銘〉, "至正, 丙戌, 師年四十六遊燕都. … 至湖州霞霧山, 見石屋珙禪師, 具陳所得, 且獻太古庵歌. … 遂以袈裟表信, 曰, 老僧今日展脚睡矣."

32) 『太古和尙語錄』下, 「普愚行狀」(『韓佛全』6, 698a), "師披二宮皇后所獻金襴, 大振雷音. 玄陵爲世子, 加嘆久之曰, 小子若新政於高麗, 則當師吾師矣."

33) 『高麗史』39, 「世家39」, 〈恭愍王2-5年(1356)-5月〉, "乙酉: 王以誕日, 邀普愚于內殿, 飯僧百八. 時僧徒求住寺者皆附愚干請, 王曰, 自今禪敎宗門寺社住持, 聽師注擬, 寡人但下除目爾. 於是僧徒爭爲門徒, 不可勝計."

34) 『高麗史』132, 「列傳45」, 〈叛逆6-辛旽-002〉, "思得離世獨立之人大用之, 以革因循之弊. 及見旽, 以爲得道寡欲, 且賤微無親比, 任以大事, 則必徑情, 無所顧藉, 遂拔於髡緇, 授國政而不疑. 請旽以屈行救世."

35) 李穡 撰, 『牧隱文藁』2, 「天寶山檜巖寺修造記」, "吾師之闡法於此. 其祝釐之規, 捧喝之風, 猶夫前日也, 而威儀號令之索爾. 院宇之闃寂, 香火之蕭條, 江月之境平, 沈於野霧矣.";李達衷 撰, 「懶翁和尙語錄跋」, 『東文選』102, "今觀此錄, 益信其爲然, 常以去妄修眞, 壽君福國, 爲定規."

36) 『懶翁和尙語錄』, 「行狀」(『韓佛全』6, 707a), "己酉九月, 以疾辭退, 又入臺山, 住靈感菴.";〈碑文〉(『韓佛全』6, 711a), "己酉再入臺山."

37) 懶翁이 指空의 繼承者라면 景閑은 普愚보다도 오히려 石屋의 高麗繼承者로 인정된다. 黃仁奎, 「白雲景閑(1298~1374)과 高麗末 禪宗系」, 『韓國禪學』 제9호(2004), 227~229쪽; 金聖洙, 「白雲和尙의 '無心'에 관한 書誌的 硏究」, 『韓國文獻情報學會紙』 제46집(2012), 127~128쪽; 鶴潭, 「高麗末 臨濟法統의 傳受와 白雲禪師의 無心禪」, 『湖西文化論叢』 제13집(1999), 53쪽.

38) 徐一夔 撰, 『淨慈寺志』12, 「普慧性悟禪師平山林和尙塔銘」, 『中國佛寺志叢刊』64(杭州: 廣陵書社, 2006), 809~810쪽, "高麗國王, 遺僧輩十賚香幣, 航海而來迎. 師至其國, 闡揚宗旨. 丞相雅不欲師去中國, 乃以師年者爲辭, 語其使曰, 師四會語有錄, 此卽其道所在錄之, 還國足矣. 其使錄之而去."

39) 같은 책, 805~806쪽.

40) 〈忠州靑龍寺普覺國師幻庵定慧圓融塔碑〉, "乃入金龍山, 又入五臺山, 居神聖菴. 時懶翁勤和尙, 亦住孤雲菴, 數與相見, 咨質道要矣."

41) 같은 碑文, "上勅攸司製入格文留宗門."

42) 『懶翁和尙語錄』, 「行狀」(『韓佛全』6, 707b);〈碑文〉(『韓佛全』6, 709b).

43) 李穡 撰, 『牧隱文藁』2, 「天寶山檜巖寺修造記」, "凡爲屋二百六十二間. 凡佛躬十五尺者七, 觀音十尺."

44) 당시는 倭寇와 飢饉의 문제도 있었던 데다가, 특히 魯國大長公主와 관련된 대규모 土木工事, 즉 影殿·正陵·願刹에 대한 恭愍王의 완강한 고집이 국가적인 문제가 되었다.

45) 姜好鮮은 懶翁의 門徒인 覺田과 覺持 등의 예를 통해서 檜巖寺의 修造가 募緣에 의한 것으로 판단했다. 姜好鮮, 「高麗末 懶翁惠勤 硏究」(서울: 서울大 博士學位論文, 2011), 193·195쪽.

46) 『懶翁和尙語錄』, 「行狀」(『韓佛全』6, 708a), "至丙辰春, 脩營已畢. 四月十五日, 大設落成會. 上遣具官柳之璘, 爲行香使, 京外四衆, 雲臻輻湊, 莫知其數. 會臺評, 以謂檜嵓密邇京邑, 四衆往

還, 晝夜絡釋 或至癈業. 於是有旨移住瑩原寺, 逼迫上道."; 〈碑文〉(709b), "臺評以謂檜巖, 密
邇京邑士女往還, 晝夜絡釋, 或至癈業, 禁之便. 於是有旨移住瑩源寺, 逼迫上道."; 〈妙香山安
心寺指空懶翁碑〉, "臺評 檜巖 密迩國都 士女絡繹 恐癈業 請徒之便"

47) 『懶翁和尚語錄』, 「行狀」(『韓佛全』6, 708a·b), "驪興寺黃希直·道安監務尹仁守, 受卓命, 督行急,
侍者以告, 師曰, 是不難, 吾當逝矣. … 老僧今日爲汝等, 作涅槃佛事畢矣. 到辰時寂然而逝, 五
月十五日也."; 〈碑文〉(710a), "卓又督行急, 師曰, 是不難, 吾當逝矣. 是日辰時寂然而逝."

48) 『世宗實錄』85, 21年(1439) 4月 18日, 乙未, 〈成均生員李永山等六百四十八人上疏〉, "幸賴有道之
士, 絶其根株, 竟使自斃, 誠衰世之一大幸也."; 『東文選』56, 「奏議」, 〈闢佛疏(無名氏)〉.

49) 許興植, 「懶翁의 思想과 繼承者(上)」, 『韓國學報』 제16권(1990), 142쪽 ; 宗梵, 「懶翁禪風과 朝
鮮佛敎」, 『韓國佛敎文化思想史-伽山李智冠스님華甲紀念論叢 上』(서울: 伽山佛敎文化硏究院,
1992), 1147쪽.

50) 崔柄憲, 「牧隱 李穡의 佛敎觀」, 『牧隱 李穡의 生涯와 思想』(서울: 一潮閣, 1996), 182쪽.

51) 姜好鮮, 「高麗末 懶翁惠勤 研究」(서울: 서울大 博士學位論文, 2011), 244~245쪽 ; 李哲憲, 「懶翁
惠勤의 研究」(서울: 東國大 博士學位論文, 1997), 223~224쪽.

52) 懶翁에 대한 여론의 직접적인 반전은 涅槃의 異蹟이었지만, 여기에는 禑王 3년(1377) 3월 李
仁任이 池奫勢力을 몰락시키는 정국의 전환이라는 측면도 작용했을 것으로 판단된다(『高麗
史』133, 「列傳46」, 〈辛禑1-3년[1377]-3月〉, "三月池奫伏誅").

53) 混修는 普愚가 小雪山에서 1382년(禑王 8) 12월 17일에 涅槃에 들자(〈太古寺圓證國師塔銘〉) 1383
년 4월 1일로 國師로 봉해진다(〈忠州靑龍寺普覺慧勤師尼庵定慧圓融塔碑〉).

54) 混修는 功夫選 이후 高麗 末 최대의 명성을 떨치다가 朝鮮 建國 2개월 만에 入寂하게 된다. 混
修의 돌연한 入寂과 入寂時期로 인하여 毒殺說의 가능성까지 제기되고 있을 정도이다. 이에
비해서 自超는 朝鮮의 開國과 함께 佛敎界를 주도하게 되는 인물이다. 黃仁奎, 「幻庵混修의 生
涯와 佛敎史的 位置」, 『慶州史學』 제18집(1999), 123~124쪽.

55) 自超가 王師가 된 후 懶翁 追慕事業에 매우 적극적이었다. 李成桂의 信任이 두터웠던 自超는
1393년(太祖 2) 指空과 懶翁의 塔名을 받아서 새기고(〈楊州檜岩寺妙嚴尊者無學大師碑〉, "其年九月,
師以先師指空懶翁二塔名, 及掛懶翁眞本奉旨, 刻塔名於檜巖, 大設掛眞佛事於廣明寺"), 1397년(太祖 6)
에는 王命으로 指空과 懶翁의 浮圖塔 곁에 壽塔을 건립한다(같은 碑文, "檜巖寺, 懶翁所居, 大道場,
命師入焉. 丁丑秋, 命造塔于寺之北崖, 師師指空浮屠所在也"). 懶翁의 繼承者 위치를 놓고, 混修와 自
超 간에는 모종의 갈등 양상이 확인되는데(같은 碑文, "翁之徒有忌師者"), 이를 타개하는 自超의
방법이 바로 '懶翁 追慕事業'과 '檜巖寺 駐錫'이었다.

나옹삼구(三句)는 공부선(功夫選)의 시제(詩題)로 나옹에 의해서 제기된 선불교적인 가치다. 그러나 나옹삼구는 '①입문구(入門句) → ②당문구(當門句) → ③문리구(門裏句)'라는 간결한 구조로만 되어 있기 때문에 내용파악에 어려움이 따른다. 그러나 여기에는 공부선의 유일한 합격자인 혼수(混修)의 답변이 존재하고 있기 때문에 이를 통한 접근이 가능한 측면이 존재한다.

나옹삼구는 나옹이 제시한 기관(機關)이라는 점에서, 나옹 선사상을 이해하는 데 있어서 중요한 의미를 확보한다. 특히 나옹이 공부선장에서 판단근거로 사용하기 위해서 특별히 고심하여 도출한 문제라는 점은 삼구에 내포된 가치를 분명히 해준다. 그러므로 나옹의 선사상을 올바르게 이해하는 데 있어서, 나옹삼구에 대한 정확한 판단은 충분한 연구의의를 확보한다.

9

나옹삼구懶翁三句의
선사상 고찰

I

서론

나옹이 고려불교의 실질적인 1인자로 등장하는 계기로 작용하는 공부선의 삼구(三句)에 대해서는 독립된 연구가 이루어지지 않았다. 삼구는 공민왕의 친임시로 개최된 초승과인 공부선에서, 주인 나옹이 판단기준으로 제시한 3가지 시제(試題) 중 첫 번째에 해당한다.

나옹이 공민왕에게 제시한 공부선의 판단기준은 '삼구(三句) → 공부십절목(功夫十節目) → 삼관(三關)'이다.[01] 그러나 공부선장에서 실제로 사용된 문제는 삼구와 삼관뿐이었다. 이 중 본고에서는 삼구와 관련된 부분을 통해서 나옹 선사상의 특징을 고찰해 보고자 하였다.

나옹이 제시한 삼구는 '①입문구(入門句) → ②당문구(當門句) → ③문리구(門裏句)'라는 아주 짧고 간결한 구조로 되어 있는 것이 전부며, 여기에는 나옹의 정답에 대한 부기(附記) 부분도 존재하지 않는다. 그러므로 이것만으로 삼구를 통한 나옹의 선사상을 파악한다는 것은 불가능에 가깝다.

그러나 공부선과 관련해서는 유일한 합격자인 환암혼수(幻庵混修)

가 존재하며,[02] 그렇기 때문에 나옹의 문제에는 나옹이 긍정한 혼수의 답변이 있을 수밖에 없다. 또 공부선이 당시 초승과적인 거대한 규모의 종교행사였기 때문에 이와 관련된 여러 기록들도 존재하고 있다. 그러므로 이와 같은 측면들을 종합하여 나옹의 선사상을 인지해 보는 것이 가능하다. 즉 나옹의 삼구와 나옹이 긍정한 혼수의 답변, 그리고 공부선과 관련된 주변상황들이 본고의 1차적인 핵심자료가 된다.

또 나옹삼구와 관련해서, 삼구의 순서문제와 나옹 이전의 선문(禪門)에서 활용되던 삼구와의 관계 및 문을 통한 학인의 제접(提接) 구조에 대한 연구가 함께 진행되어야만 한다. 그러므로 본고에서는 나옹삼구를 통한 나옹 선사상의 파악을 중심으로, 나옹삼구와 관련된 문제점들과 특징들에 관해서도 아울러 정리해 보고자 한다.

또 이를 통해 나옹의 선사상적인 측면 역시 보다 명료해지게 된다는 점에서, 본고는 충분한 연구의의를 확보한다.

Ⅱ

나옹삼구의 대두배경과 구조

1. 공부선에서 삼구의 대두 배경

공부선의 개최 상황은 경술년(1370) 9월 16일에 베풀어진 「국시공부
선장수어(國試工夫選場垂語)」를 통해 살펴볼 수 있다. 이 수어(垂語)는
공부선과 관련된 일종의 입재(入齋), 즉 개회법어였다. 이 속의 말미
에서 바로 나옹삼구가 시작된다. 이 수어는 『나옹어록』에 다음과 같
이 기록되어 있다.

스승이 법좌에 올라 잠시 있다가 말하였다.
"고금의 방식을 깨트려버리고, 범성(凡聖)의 자취를 쓸어 없애라. 납
승(衲僧)의 목숨을 끊어버리고, 중생의 식견을 물리쳐 버려라. 변통
(變通)과 살활(殺活)을 모두 때에 맞게 하며, 호령(號令)과 권형(權衡)을
모두 [손으로] 장악하여 버려라. 삼세제불도 이 같을 뿐이며, 역대조
사도 이와 같을 뿐이다. 천하노화상(天下老和尙)도 이 같을 뿐이며, 산

승(山僧)도 다만 이와 같은 법(法)이다.

봉축하노니, 우리 주상전하께서 만세·만세·만만세토록 색신(色身)과 법신(法身)이 무궁하여 수명과 혜명(慧命)이 다하지 마소서.

엎드려 바라노니, 모든 이들이 각기 충실하게 답하고, 허망한 소식은 함부로 통하지 말지어다.”

학자가 문에 이르자, 스승이 또 말하였다.

“행이 이르렀으나 언설이 이르지 못하면 이것은 능히 행하는 것이 아니요, 언설이 도달했으나 행이 이르지 못하면 그것은 능히 말한 것이 아니다. 설령 언설로 도달하고 행동으로 도달한다고 하더라도, 모두 다 문밖의 일이다. 문에 들어가는 일구(一句)는 [과연] 무엇인가?”**03**

나옹은 고금과 범성의 도식적인 모사(模寫)를 모두 떨쳐내고, 자신이 주인공이 되는 한 소식을 일러보라고 하며 사구백비(四句百非)가 끊어진 일구를 요구하고 있다. 『나옹어록』에는 이때 “학자들이 모두 말없이 물러났다”고 간략하게 기록되어 있지만, 「행장」은 그 다음 상황을 다음과 같이 묘사하였다.

사나당(舍那堂) 가운데에 법좌를 배설(排設)하고 스승이 향을 집어 사른 뒤 자리에 올라가서 [앞 인용문의 “모두 다 문밖의 일이다. 문에 들어가는 일구는 과연 무엇인가?”]라는 물음을 내렸다. 법회에 있던 대중들이 차례로 입대(入對)하였으나, 모두 미회[未會(不通)]라고 평가하였다. 혹자는 이(理)에는 통했으나 사(事)에서 막혔고, 혹자는 광(狂)이 심하여 말을 실수하였다. [이렇게] 일구에서 물러나곤 하였다. [이를 보는] 주상의 용안에 불쾌함이 역력했다. 환암혼수 선사가 뒤늦게 이르자, 스승이 삼구와 삼관을 차례로 물었다.[04]

나옹과 혼수의 삼구와 삼관에 대한 대화는 나옹 관련 자료에는 없고, 혼수의 비문인 〈충주청량사보각국사환암정혜원융탑비(忠州靑龍 寺普覺國師幻庵定慧圓融塔碑)〉에만 기록되어 있다. 이는 나옹에게는 공부선의 주맹이 중요한 반면, 혼수는 자신이 어떻게 유일한 합격자가 되었는가를 부각하였기 때문이다. 다시 말하면 공부선과 관련된 두 문헌에는 나옹문도와 혼수문도라는 관점의 차이가 존재하는 것이다.

2. 삼구의 순서와 오문(五門) 구조의 차이

『나옹어록』은 삼구와 삼관을 입문삼구(入門三句)와 삼전어(三轉語)라는 제목으로, 간략하게 질문 중심으로만 기록하고 있다.[05] 그런데 삼구의 순서에서 '①입문구 → ②당문구 → ③문리구'로 되어 있어, 〈혼수 비문〉의 '①당문구 → ②입문구 → ③문리구'의 순서와 비교하면 ① 과 ②의 순서가 다르다.

삼구를 언급하고 있는 다른 기록은 『백운어록(白雲語錄)』과 『용재 총화(慵齋叢話)』 그리고 『양촌집(陽村集)』도 있다. 이 중 『백운어록』은

『나옹어록』과 같은 순서를 따르고 있다.⁰⁶ 그런데 성현의 『용재총화』 권6은 〈혼수비문〉과 같다.⁰⁷ 또한 〈혼수비문〉의 찬자인 양촌권근의 『양촌집』 권37에 수록된 〈혼수비문〉 내용은⁰⁸ 당연히 〈혼수비문〉과 같다. 그러므로 이를 같은 자료로 보아 제외하면, 삼구의 순서는 『나옹어록』과 『백운어록』이 같고, 〈혼수비문〉(『양촌집』 포함)과 『용재총화』가 같다.

삼구와 관련해서 『나옹어록』이 1차적이고 그 교정과 감수자가 혼수라는 점을 감안한다면,⁰⁹ 『나옹어록』에 보이는 '①입문구 → ②당문구 → ③문리구'의 순서가 맞을 것으로 보인다. 다시 말하면 〈혼수비문〉은 혼수문도들에 의한 2차 기록이고, 『나옹어록』은 혼수의 직접적인 감수과정을 거친 것이므로 『나옹어록』이 더 신빙성이 있다는 것이다. 또한 9월 16일에 베풀어진 「국시공부선장수어」 말미에 "문에 들어가는 일구는 (과연) 무엇인가?"라고 하여 시작이 '입문일구'로 나타난다. 그리고 공부선에 참석한 경한도 같은 순서로 기록하고 있다. 이상에서 참석자들의 관점이 통일되었다는 것을 알 수 있다. 그러므로 '①입문구 → ②당문구 → ③문리구' 순서로 이해하는 것이 합당하다.

문의 진입구조와 관련된 학인의 제접방식은, '분양오문구(汾陽五門句)'와¹⁰ 대헐정(大歇定)의¹¹ 경우에서도 확인된다. 여기에 등장하는 오문의 구조는 '①입문구 → ②문리구 → ③당문구 → ④출문구(出門句) → ⑤문외구(門外句)'다. 그러나 오문으로는 나옹삼구에서 문제가 되는 입문구와 당문구의 순서파악에는 그다지 도움이 되지 않는다. 다만 여기에서 문을 활용한 차제적인 학인제접은 나옹 이전의 선종전통에도 존재하였다는 것을 미루어 알 수가 있다.

문을 통한 접근법이 보이는 선종문헌은 이상 두 가지 경우인데, 그 가운데에 분양오문구의 내용은 『인천안목(人天眼目)』에도 수록되어 있다. 『인천안목』은 남송의 회암지소(晦巖智昭)가 선종 오가(五家)인 임제종·운문종·조동종·위앙종·법안종의 특징과 기관 등의 중요한 가르침을 모아 엮은 책이다. 이 책은 1188년에 간행되었는데, 1357년(공민왕 6) 재원 고려인인 강금강(姜金剛)이 간행한 것도 있다.[12] 그런데 바로 강금강은 지공이 번역한 『무생계경』을 간행한 인물이기도 하다.[13] 그러므로 지공의 영향을 많이 받은 나옹이 이 책을 보았을 가능성은 매우 크다. 또한 1395년(태조 4) 자초(自超)가 강금강의 간행본을 바탕으로 회암사에서 재간행한 본이 현재 보물 제1015호와 1094호로 지정되어 있다. 주지하다시피 자초는 나옹의 계승자임을 주장한 대표적인 인물이다. 그러므로 나옹이 열반(1376)한 약 20년 뒤 자초가 『인천안목』을 회암사에서 간행한 것은 나옹도 이 책을 구득하여 중시하였을 신빙성이 더욱 커진다. 그러므로 나옹의 삼구와 관련된 삼문구조는 분양오문에서 시사된 것으로 보아도 무리는 없을 듯하다.[14]

그러나 문을 언급하는 순서가 다르고, 문을 통한 차제적인 접근법은 필요에 의해서 누구나가 할 수 있는 것이다. 그러므로 굳이 나옹이 분양오문을 모사하여 삼구의 삼문을 성립시켰다고 판단할 필요는 없다. 다시 말하면 분양오문의 영향으로 나옹이 삼문의 관점을 취할 수는 있지만, 반드시 그 영향으로 삼구의 삼문을 제시한 것은 아니라는 말이다. 필자는 나옹이 사찰의 문이 지니는 상징성을 이용하여 학인을 제접하는 보다 입체적인 구조를 만들고자 한 것이 아닌가 한다. 이는 이후에서 살펴지는 바와 같이 혼수가 직접 문을 통과하면서 나옹에게 대답하는 구조가 나타난다는 점을 통해서 알 수 있다.

여기서 기존의 오문구조와 나옹의 삼문구조를 대비해 보는 것도 나름대로 의미가 있다. 양자를 비교해보면, 문의 차제적인 순서를 제외하고도 오문구조는 입문에서 문외까지로 완전한 순환구조로 된 점. 다시 말하면 출세문(出世間)을 넘어 출출세문(出出世間)으로 종결되는 점이 특징적이다. 이러한 양상은 마치 「십우도(十牛圖)」에서 제8의 인우구망(人牛俱忘)을 넘어 제10 입전수수(入廛垂手)로 마치는 것을 연상시킨다. 이는 나옹의 삼문이 출세간에서 끝나는 것과는 다르다. 나옹의 삼문이 문리에서 끝나는 것은 공부선의 판단에 있어서 공부 십절목과 삼관이 후속하여 더 존재하기 때문으로 이해된다. 결국 오문구조는 이를 통하여 전체를 드러내야 하는 반면에, 나옹은 앞부분만 드러내면 되는 목적의 차이가 달랐던 것이다.

Ⅲ

나옹삼구의 선사상적인 특징

1. 혼수의 답변과 나옹의 선사상

현재 삼구의 내용을 알 수 있는 〈혼수비문〉은 마모와 파손에 의한 결락이 있다. 그러나 그 내용은 『양촌집』 권37에도 수록되어 있고, 또한 『용재총화』 권6에도 유사한 내용이 전한다. 그러므로 그 전체를 파악하는 데는 전혀 문제가 없다. 권근의 〈혼수비문〉과 『양촌집』 권37에 기재된 삼구의 대화는 다음과 같다.

> 나옹이 한 말(앞 인용문의 "모두 다 문밖의 일이다. 문에 들어가는 일구는 과연 무엇인가?")을 드리웠으나, 여러 납자들 가운데 한 사람도 능히 대답하는 자가 없었다. 주상이 불쾌하여 법회를 파하려는데, 스승이 뒤늦게 이르러 위의를 갖추고 당문(堂門)의 섬돌 아래에 섰다.
> 나옹이 물었다. "무엇이 당문구인가?"
> 스승이 즉시 섬돌로 올라서며 말하였다. "좌우나 중앙에 떨어지지

않고, 중앙에 서는 것입니다."

(또) 물었다. "(무엇이) 입문구인가?"

(스승이) 문으로 들어서며 말했다. "들어오니 도리어 들어오지 않을 때와 같습니다."

(또 나옹이) 문내구(門內句)를 물었다.

(스승이) 대답했다. "내외가 본래 공(空)한데, 중(中)이라고 할 것을 어떻게 세우겠습니까?"[15]

위의 자료는 나옹의 삼구가 문을 통한 차제설이라는 것을 보여준다. 이는 공부선이라는 단계적인 판단기준으로서 삼구가 제시되고 있는 상황과 부합한다. 여기서의 문이란 깨달음에 입문하는 상징수단이다. 동아시아 불교에서 문은 차단과 단절의 의미가 아닌 상호관계성에 바탕을 둔 상징적 분기의 의미이다. 이는 가람배치의 삼문구조 등과 관련하여 일상적으로 보이는 것이기도 하다.

혼수의 일구에 대한 답변은 중도의 적절성, 다시 말하면 현상 자체에 문제가 포함된 것이 아닌 취사선택의 적절성 문제를 언급하고 있다. 중도의 적절성이 확보되면 일체는 그릇된 것이 없지만, 중도를 잃게 되면 적합한 당위성은 성립될 수 없다. 혼수는 섬돌을 올라서며 이를 답변한 것이다. 그러므로 문에 들어가려는 자는 치우친 자기적인 판단이 아닌 중도의 적절성을 확보해야 한다는 의미다.

혼수의 이구에 대한 답변은 중도를 넘어선 평등 즉 사(捨)를 의미한다. 선종에서 문을 넘어선 곳의 의미는 새로운 곳이라기보다는 관점이 환기된 또 다른 일상일 뿐이다. 그러므로 문안에서 보았을 때 역시 문 밖과 다르지 않다. 물론 문 밖에서 문 안을 볼 때, 그것은 분명 차별을 포함한다. 이는 산에 올라가지 않은 사람과 산을 올라갔다 내려온 사람간의 차이라고 할 수 있다. 그러나 그 차이는 본질적인 차별은 아니다. 그러므로 들어오기 전에는 차별적이나, 들어오고 나니 특별할 것이 없다는 의미가 성립한다.

이는 삼조승찬(三祖僧璨)이 「신심명(信心銘)」에서 말한 "지도무난유혐간택(至道無難唯嫌揀擇), 단막증애동연명백(但莫憎愛洞然明白)"이라는 구절을 상기시킨다.[16] 선종의 시각에서 보면, 본래면목의 자각 속에는 판단을 버리기만 하면 일상이 곧 그대로 진리지, 그 이상의 새로운 변화는 존재하지도 존재할 수도 없다. 그러므로 문으로 들어오면서 안팎을 구분하는 것은 분별에 따른 속박으로부터 자유롭지 않다는 것을 의미한다. 혼수는 바로 이 점을 말하고 있는 것이다. 또한 이구에 대한 답은『대승기신론소기회본(大乘起信論疏記會本)』에서 이문의 불상리(不相離)구조를 상기시킨다.[17] 즉 하나의 문에는 방향에 따른 두 가지의 문이 존재하지만, 양자는 각기 다른 차별상을 가지고 있음에도 불구하고 서로 분리되지 않는 것이다.[18] 일구가 차별상에서 중도라는 적절성을 말하였다면, 이구는 차별상을 넘어선 불리(不離)의 보편성을 말하고 있는 것이다.

삼구에 대한 혼수의 답변은, 일구에서 시작한 중도의 문제를 문안의 경계인 개진(皆眞)의 관점에서 역으로 무너트리는 대목이다. 중도란 현상적인 차별이 존재할 때의 올바름이다. 그런데 문 안에 들어가서 본래면목을 자각하면, 일체가 진(眞)이 되므로 이때는 중도마저도 사족이 된다. 이는 깨달음의 문제를 다시금 일상으로 환원하여 일상 자체를 완전으로 이해하는 단계를 제시한 것이다. 그 다음은 무차별의 완전성에 입각한 사량을 넘어 실천의 문제로 나아가게 된다. 그러나 삼구는 입문삼구인 관계로 여기까지 전개되지는 않았다.

혼수는 단순히 나옹의 삼구에 답변하는 데 그치지 않고, 섬돌을 오르고 문으로 들어가는 것과 같은 실천을 겸비하고 있다. 이는 선이라는 현실긍정의 실천적이면서 즉각적인 측면을 반영한 것으로 이해된다. 특히 나옹이 선 중심의 강력한 실천면모를 갖춘 사람이라는 점에서, 이는 나옹의 의중에 부합하였을 것으로 판단된다.

이상 혼수의 삼구에 대한 답변에 나옹은 매우 긍정한 것으로 판단된다. 왜냐하면 나옹은 원래의 계획과 달리 공부십절목을 건너뛰고 곧장 삼관으로 들어가기 때문이다. 물론 여기에는 공부선이 매우 지체되어 공민왕이 피곤했기 때문일 수도 있다. 이는 왕이 법회를 파하려 했다는 기록으로 뒷받침된다.[19] 그러나 왕까지 배석한 자리에서 나옹이 중간단계를 건너뛴다는 것은 당시 혼수의 답변이 나옹 이외에도 다수가 긍정할 정도로 흡족하였음을 의미한다. 또 나옹이 혼수의 답변을 수긍했다는 것은 나옹의 견해 역시 혼수와 크게 다르지 않다는 의미가 된다.

실제로 『나옹어록』과 『가송』에는 혼수의 견해와 유사한 나옹의 관점들이 확인된다. 먼저 일구는 "뜻을 두어서 구하면, 구할수록 더욱 더 멀어진다"[20]와 "인의(仁義)의 도(유교) 중에는 친정(親情)과 애심(愛心)이 없으면 안 되지만, 우리 불도 중에는 조금이라도 이러한 생각이 있다면 문득 대착(大錯)이 된다"[21]는 구절과 근사하다. 다시 말하면 여기에는 공부입문과 관련된 올바름과 구할 수 없는 것에 대한 구함의 의미가 잘 나타나 있는 것이다. 또한 그것은 세속적인 관점과는 다른 논리적 층차의 대상이라는 점도 분명히 알 수 있다. 이러한 나옹의 공부입문관은 혼수가 "좌우나 중앙에 떨어지지 않고, 중앙에 서는 것"이라고 말한 것과 상통한다.

또한 이구는 "종전의 만별천차(萬別千差)가 당하(當下)에 칠통팔달(七通八達)이 되어 낱낱이 원성(圓成)하고 각각이 명묘(明妙)하다"[22]와 "눈에 보이고 눈썹을 치켜 올리는 것들이 (모두) 격외선(格外禪)이리"[23]라는 구절과 비슷한 의미다. 이는 관점만이 환기될 뿐 본질의 변화가 없다는 것으로, 혼수의 "들어오니 도리어 들어오지 않을 때와 같습니다"라는 말과 통한다. 다시 말하면 본래구족에 대한 관점 환기를 통한 일상개진(日常皆眞)을 의미한다는 점에서 양자는 서로 부합한다고 하겠다.

끝으로 삼구와 관련된 구절은 보다 많다. "본래 무결(無結)인데, 어떻게 풀겠는가, (그러므로) 풂이 없이 때를 따라서 도의 흐름을 보인다",[24] "바람이 스스로 불어와 티끌이 절로 일어나지만, 본래면목은 (언제나) 당당하게 드러나 있네",[25] "언덕에 이르렀으면 배를 버리는 것이 상식사(常式事)거늘 어찌해서 문득 뱃사공에게 묻는단 말인가",[26] "양쪽을 끊었고 중간에도 머물지 않는다"[27] 등이 그것이다. 이상은 삼구와 매우 유사한 의미를 지니고 있다. 전체적으로 보면 본래무일물에 더해지는 모든 것은 사족이라는 뜻으로 "내외가 본래 공

한데, 중이라고 할 것을 어떻게 세우겠습니까?"라는 혼수의 답변과
상통한다.

이상과 같은 나옹의 기록과 내용 대조를 통해서, 혼수의 답변과
나옹의 선사상이 상호 유사한 것임을 알 수 있다. 그러나 나옹의 언
급들은 혼수처럼 삼구라는 정형한 문제에 대한 답변이 아니다. 따라
서 관점에서 양자의 유사성은 인정될 수 있지만, 양자가 완벽하게
부합한다고 결론 내리기에는 무리가 있다. 이는 각기 다른 배경에서
진술되는 내용이 지닌 필연적인 한계일 것이다.

삼구와 관련해서 최종적으로 정리한다면 나옹의 삼구는 연속된
발전단계를 나타내는 차제론이고, 혼수의 답변에서 보이는 관점은
본래면목이라는 이미 완성된 본질에 대한 자각과 이를 통한 전체완
성으로 전개되고 있다는 점에서 차이가 있다. 그러나 양자는 문답이
라는 입각점에 의한 차이지 본질적인 것은 아니다. 또 삼구에는 일
반적으로 선종에서 보이는 언어도단과 같은 부정과 역설의 충격적
인 관점환기가 발견되지 않는다. 다시 말하면 삼구는 전체 완성의
긍정성에 초점이 맞추어져 있다. 이는 나옹의 선사상이 훨씬 더 현
실적이며 실천적이라는 것을 의미한다. 즉 자기모순에 대한 극복에
매몰되기보다 현실을 긍정하면서 곧장 실천으로 나갈 수 있는 구조
를 갖추고 있는 것이다. 현실긍정과 강력한 실천성은 나옹이 친정치
적이면서도 동시에 염불게송이나 가사문학 등을 통해서 민중마저도
감싸 안으려는 성향에서 잘 나타난다. 가사를 통한 민중의 계몽은
다른 고승들에게서는 잘 드러나지 않는 모습이다. 이는 나옹의 선사

상이 일상의 긍정을 가장 낮은 현실과도 유리되지 않는 관점으로 전개하는 것이라고 하겠다.

2. 나옹삼구와 선문삼구의 차이

삼구는 나옹 이전에도, 임제삼구를 필두로 운문삼구[28]·덕산삼구[29]·파릉삼구[30]·암두삼구[31]·분양삼구[32]·대양삼구[33] 등에서도 보이는 선의 간결한 시험요목인 기관이다. 운문삼구의 함개건곤(函蓋乾坤)·절단중유(截斷眾流)·수파축랑(隨波逐浪)은 각각 전체와 개별 그리고 변화의 작용을 나타내는데, 덕산삼구는 바로 운문삼구를 계승한 것이다. 다음으로 파릉삼구는 동일과 개별 그리고 일상의 자연스러운 흐름을 나타내며, 암두삼구는 가고 머물고 가지도 않고 머물지도 않는 것을 통하여 본체와 현상의 문제를 제기하고 있다. 또한 분양삼구는 타대상(打大像)·관철우(灌鐵牛)·농사자(弄師子)를 통해 경계의 타파와 본래 완성을 현시하고 있으며, 태양삼구는 평상무생(平常無生)·묘현무사(妙玄無私)·체명무진(躰明無盡)을 통하여 본래적인 완성에 입각한 전체긍정을 나타내고 있다.

이들 가운데에 성립 시기나 핵심으로 삼은 측면 등에 있어서, 나옹은 임제의 영향을 가장 많이 받은 것으로 추정된다. 이는 나옹이 임제의 정신을 되살리고자 의지를 천명하는 것이나, 삼현(三玄)·삼요(三要)·사료간(四料揀)·사빈주(四賓主)·사할(四喝) 등의[34] 임제선법을 언

급하는 점을 통해서 알 수 있다.³⁵ 그러나 삼구와 관련하여 나옹이
제기한 방식은 임제와는 사뭇 다르다. 양자를 비교하기 위해 『임제
어록』에 보이는 임제삼구를 제시해보면 다음과 같다.

> [임제가] 당(堂)에 오르자, [한] 승려가 물었다. "어떤 것이 제일구입니
> 까?"
> 스승이 대답했다. "삼요(三要)의 도장에 붉은 [인주]점이 드러나니, 의
> 논을 받아들이기 전에 [이미] 주빈(主賓)이 나누어진다."
> [또] 물었다. "어떤 것이 제이구입니까?"
> 스승이 대답했다. "묘해[妙解(文殊)]가 어찌 무착[無著(文喜)]의 물음을
> 용납하겠으며, 방편이 어찌 유기(流機)를 끊는 일을 저버리겠는가."³⁶
> [또] 물었다. "어떤 것이 제삼구입니까?"
> 스승이 대답했다. "무대 위의 인형극을 보라. [줄을] 당겨서 움직이는
> 것이 모두 다 [무대] 위 사람에게 달린 것이다."³⁷

임제의 제일구는 진리도장의 붉은 인주가 분명함을 통하여 본래
적인 전체완성을 나타낸다. 그리고 이와 같은 완성구조의 대전제에
서, 사량분별 이전부터 이미 모든 차별은 스스로 떳떳하다는 의미이
다. 다시 말하면 이는 완성이라는 무차별을 바탕으로 구현되고 있는
차별상을 보여주는 동시에, 그것은 인간의 사량을 초월한다는 것이
다. 요컨대 제일구는 본래적인 완성에 입각한 견해라고 하겠다. 제
이구는 진리란 무착의 물음도 용납되지 않는다는 본질적 언급에도

불구하고 다시 대립과 차별적인 방편이 존재하지 않을 수 없다는 것이다. 다시 말하면 제일구가 본래적이라면, 제이구는 본질과 현상의 양자에 걸쳐 있는 셈이다. 마지막 제삼구는 현상이란 환영적인 허상임을 말한 것으로, 제이구의 불완전한 현상계가 보다 부각된다. 현상의 차별성이란 실로 『원각경』의 공화(空花)처럼 실체가 아니다.[38] 그러므로 인형을 조종하는 본질은 현상보다 중요하므로 주목되어야 한다는 의미다.

임제삼구와 관련해서 『임제록』에는 다음과 같은 다른 내용도 수록되어 있다.

물었다. "어떠한 것이 '진불(眞佛)'이고 '진법(眞法)'이며 '진도(眞道)'입니까? 청컨대 가르쳐 주십시오"
스승이 대답했다. "불이란 심청정(心淸淨)이요, 법이란 심광명(心光明)이며, 도란 처처무애정광(處處無礙淨光)이니라. 이 셋은 곧 하나일 뿐으로, 모두 다 가명[假名(空名)]일 뿐이어서 진실로 있는 것이 아니다. 참다운 정각도인(正覺道人)이라면 염념심(念念心)에 간단(間斷)이 없으니, 달마대사가 서토로부터 와서 다만 미혹에 빠지지 않은 사람[本來人]을 찾았을 뿐이다. 뒤에 이조(二祖)를 만났는데, [혜가는] 일언에 문득 이해하여 비로소 이전에 했던 것이 쓸데없는 공부였음을 알았다. 산승의 금일 견처(見處)는 조(祖)·불(佛)과 다르지 않다. 만약 제일구에서 얻는다면 조·불의 스승이 될 것이고, 만약 제이구에서 얻으면 인·천의 스승이 될 것이나, 만약 제삼구에서 얻는다면 스스로도 구

제할 수 없으리라.[39]

　이상 임제의 삼구는 불·법·도의 전체가 유심구조라는 점에서 앞
의 삼구와는 완전히 다르다. 다만 그 말미에 삼구의 차등양상이 나
타나는 부분은 주의가 요구된다. 이는 삼구의 '상 → 중 → 하'의 순
서적인 차등이다. 이러한 순서는 앞선 임제삼구에서도 마찬가지이
다. 다시 말하면 임제삼구는 즉각적인 관점환기를 통하여 '상 → 중
→ 하'라는 고저의 견처를 말한 것이다. 이는 나옹이 삼구에서 공부
법의 차례를 말한 것과 큰 차이를 보인다. 나옹은 '하 → 중 → 상'이
라는 순서에 따른 공부법을 언급하였는데, 이는 모두가 거쳐야 할
일종의 정석이다. 그러므로 문의 진입이라는 현상적인 측면을 활용
한 것으로 판단된다. 그런데 임제가 언급한 '상 → 중 → 하'의 편차
는 실질적인 발전과정이 아니라 단지 깨달음의 높낮이를 나타낼 뿐
이다. 이는 선종의 삼구가 학인들을 제접하는 기관이자 상대의 관점
을 환기시키는 방법으로 사용되었기 때문이다. 그러므로 돈오라는
남종선의 관점에서 본다면, '하 → 중 → 상'이라는 차제적인 접근방
식에는 분명히 문제가 있다. 그러므로 맨 처음에 상(上)을 말하고, 각
어구가 분절되는 삼구 방식이 보다 타당하였던 것이다.

　그러나 공부선의 주맹으로서 납자들을 시험해야만 하는 나옹의
입장에서는 일종의 기준이 있어야 했다. 이러한 필요성에 따라 삼구
에 보이는 나옹의 독자적 특징이 형성되었을 것으로 판단된다. 이는
공부십절목에서도 엿볼 수 있는 측면이다. 다시 말하면 나옹은 삼구

를 통하여 깨달음을 현시해야 하는 것이 아니라, 납자의 수준을 판단해야했던 것이다. 그러므로 나옹삼구는 임제삼구와는 완전히 다른 방향의 접근방식이 된다. 이는 임제삼구가 차등을 설정하면서도 그 속에 다시금 각각 격외의 도리를 갖춘 점을 통해서도 이해될 수 있다. 그러나 나옹의 경우는 '당문 → 입문 → 문리'라는 차등을 통한 연결과 연속적인 속성이 강하다. 이는 공부선의 판단근거 제시라는 현실적인 측면이 반영된 결과라고 하겠다.

나옹삼구에는 임제삼구의 현실부정을 통한 돈오 강조보다도 본래면목의 변만(遍滿)에 의한 전체 긍정의 요소가 보다 크게 작용한다. 이는 이후의 공부십절목이나 삼관에서도 보이는 나옹 선사상의 가장 두드러진 특징이다. 그리고 변만에 대한 긍정적 인식은 나옹이 보다 현실참여적인 행보를 보이는 하나의 이유로 판단된다.

IV

결론

이상을 통해서 나옹삼구의 구조와 내포 의미를 통한 나옹 선사상의 특징에 관해서 고찰해 보았다.

나옹삼구는 공부선이라는 특수한 상황에서 판단자료로 만들어진 기관이다. 즉 일반적인 남종선에서처럼 돈오라는 관점 환기를 위해서 고안된 것이 아니라, 동일한 기준 제시를 통해서 공부선이라는 초승과에 도전하는 승려들을 시험하고 판단하기 위해서 만들어진 특수한 기관인 것이다. 이 점은 선어 특유의 주관성이 일정 부분 객관화를 입을 수 있는 측면으로 작용할 여지가 있다. 이런 점에서 본다면, 나옹삼구는 나옹 선사상의 특질을 파악할 수 있는 좋은 자료라고 하겠다.

나옹삼구와 관련해서는 먼저 전승에 따른 삼문 순서의 차이가 존재한다. 그러나 이 문제와 관련해서 본고에서는 『나옹어록』에 수록되어 있는 '①입문구 → ②당문구 → ③문리구'의 순서가 보다 타당하다는 점을 변증하였다. 또 문을 통한 학인의 제접방식은 분양오문구와 같은 전설(前說)의 영향에 기초한 것이지만, 그 구조의 차이나 직접 문을 사용하는 입체적인 방식은 당시 공부선장에 최적화한 나옹만의 독특한 창안이라고 판단했다.

다음으로 나옹삼구의 선사상적인 특징은 혼수의 답변을 통해서 검토해 볼 수 있다. 이를 통해서 알 수 있는 나옹의 선사상은, 일구에서는 '중도의 적절성'을 이구에서는 '중도를 넘어선 평등 즉 사(捨)'의 인식이 파악된다. 그리고 마지막 삼구에서는 '본래면목의 자각을 통한 개진(皆眞)의 변만성(遍滿性)'이 목도된다. 또 이와 같은 삼구의 진행이 현실적인 문과 연관해서 입체적인 실천 속에서 이루어지고 있다는 점 역시 나옹의 강한 실천적인 선의 형태와 연관해서 주목되는 부분이다.

혼수의 답변과정에서 파악되는 이러한 선의 관점은 1차적으로는 나옹에 의해서 긍정되고, 2차적으로는『나옹어록』을 통해서도 유사한 인식이 확인된다. 그러므로 이를 곧장 나옹 선사상의 특징으로 이해해도 큰 문제는 없다고 판단된다. 이렇게 종합된 나옹의 선사상은 남종선의 특징인 역설과 부정을 통한 돈오의 강조보다도 본래면목의 변만에 의한 전체긍정이 강하게 나타나는 것으로 인식해 볼 수 있다. 또 이처럼 현실·긍정적인 나옹의 인식은 자신의 특징 중 하나인 가사문학과도 연결될 수 있다는 점에서 주목된다.

마지막 끝으로, 나옹삼구는 그 이전의 선문삼구라는 배경 하에서 만들어진 것이다. 그러나 양자를 비교해보면, 나옹삼구는 공부선의 판단기준이라는 특성상 기존의 선문삼구와는 다른 순서적인 차제의 평가방식이라는 점에서 차이가 있다.

이상과 같은 결론을 종합해보면, 나옹은 앞선 선문의 전설들을 바탕으로 하는 온고지신의 관점 속에서, 공부선장에 합당한 자신만의 특수한 기관을 완성한 것으로 판단해 볼 수 있다. 즉 나옹삼관은 나옹 선사상만의 특징적인 관점이 공부선장이라는 특수한 상황에 맞춰서 구조화된 한국 조계종만의 기관인 것이다.

01) 『懶翁和尙語錄』, 「行狀」(『韓佛全』6, 707a·b), "師之前在金經寺也, 上使左街大師慧深, 問師曰, 以何言句, 試取功夫. 師答云, 先問入門等三句, 次問功夫十節, 後問三關, 可驗功行淺深. 衆皆未會, 故不及十節三關. 會罷, 上使天台禪師神照, 請問功夫十節, 師手書進獻[垂問時言句十節三關具載語錄]."

02) 李穡 撰, 『牧隱文藁』4, 「幻庵記」, "又於功夫選, 獨公開口的答問意, 又知公名不虛得, 出於衆萬萬矣."; 〈忠州靑龍寺普覺國師幻庵定慧圓融塔碑〉, "上勅攸司製入格文留宗門."

03) 『懶翁和尙語錄』, 「庚戌九月十六日國試工夫選場垂語」(『韓佛全』6, 722a), "師陞座良久云, 破却古今之窠臼, 掃盡凡聖之蹤由. 割斷衲僧之命根, 奪却衆生之情解. 變通煞活, 摠在臨時, 號令權衡, 都歸掌握. 三世諸佛, 也只如是, 歷代祖師, 也只如是. 天下老和尙, 也只如是, 山僧只將如是之法. 奉祝我主上殿下萬歲萬歲萬萬歲, 色身與法身無窮, 壽命與慧命無盡. 伏請諸人各須實答, 切莫妄通消息. 學者到門師又云. 行到說不到, 未是能行, 說到行不到(第四四張), 未是能說. 直饒說到行到, 摠是門外事. 入門一句作麼生. (學者皆無語而退)."

04) 같은 책, 「行狀」(『韓佛全』6, 707a), "舍那堂中, 排設法座, 師拈香罷, 陞座垂問. 在會大衆以次入對, 皆曰未會. 或理通而礙於事, 或狂甚而失於言. 一句便道. 上若有不像色然. 幻庵倚禪師後至, 師歷問三句三關."

05) 같은 책, 「入門三句」(『韓佛全』6, 722a), "入門句分明道, 當門句作麼生, 門裏句作麼生."; 「三轉語」(722a), "山何嶽邊止. 水何如成渠. 飯何白米造."

06) 『白雲和尙語錄』上, 「懶翁和尙三句與三轉語釋三句」(『韓佛全』6, 655a).

07) 成俔 撰, 『慵齋叢話』6, "師立門外. 懶翁問, 如何是當門句. 師曰, 不落左右中中而立. 問, 如何是入門句. 師卽入門曰, 入已還同未入時. 問, 如何是門內句. 曰, 內外本空中云何立."

08) 權近 撰, 『陽村集』37, 「碑銘類」, 〈有明朝鮮國普覺國師碑銘 幷序〉.

09) 『懶翁和尙語錄』(『韓佛全』6, 711b), "侍者, 覺璉錄. 廣通普濟住, 釋幻庵校正."; 「懶翁和尙歌頌」(『韓佛全』6, 730a), "侍者, 覺雷錄. 廣通普濟住, 釋幻庵校正."

10) 『人天眼目』6, 「汾陽五門句(石門錄中未見有此荅)」(『大正藏』48, 329a), "僧問如何是入門句. 汾云遠客投知己, 暫坐笑吟吟. 石門聽云六親不相識, 口中道遠來. 又云瞎. 如何是門裏句. 汾云四相排班立, 凝青望聖容. 門云密室不通風, 獨自歸家坐. 又云收. 又問賓中主. 如何是當門句. 汾云坐斷千差路, 舒光照萬機. 門云開門不扃戶, 按劍看四方. 又云斬. 又主中主. 如何是出門句. 汾云擧目望千山, 遍界無相識. 門云威儀不整望長安. 又云貶. 如何是門外句. 汾云樵子愛荒郊, 騎牛常扣角. 門云威儀濟濟向長安. 又云賓中賓."

11) 『五燈全書』103, 「吳陵開化大歇定禪師」(『大正藏』82, 618a), "昭陽邢氏子, 僧問, 如何是入門句. 師曰, 觀見容顔便得知. 曰, 如何是門裏句. 師曰, 運籌幃幄, 決勝千里. 曰, 如何是當門句. 師曰, 吹毛須不動. 曰, 如何是出門句. 師曰, 杖頭挑日月, 袖裏貯乾坤. 曰, 如何是門外句. 師曰, 那山又有那山高(冰懷能嗣)."

12) 송정숙·정영식, 『人天眼目』의 편찬·수용과 판본비교」, 『書誌學研究』 제50집(2011), 539·548쪽.

13) 『文殊師利最上乘無生戒經』, 「序」, "資正院使姜公金剛, 旣施財刻是經以傳."; 「跋」, "資政院使姜金剛刻板, 燕京禮安君禹公謀重刊十餘紙而未竟, 聖菴賢公畢其功, 請子(李穡)跋."

14) 정영식, 「懶翁惠勤의 江南遊學에서의 행적과 그 영향」, 『韓國禪學』 제36호(2014), 51~52쪽.

15) 〈忠州靑龍寺普覺國師幻庵定慧圓融塔碑〉, "翁下一語, 諸衲無一能對者. 上不憚將罷, 師後至 具威儀, 立堂門階下. 翁問, 如何是當門句. 師卽上□□□□□□□□□□□□(陽村集」37의 補充-階盒曰, 不落左右中中而立. 問, 入門句. 卽入門句, 入已還同未入時. 間(問의 誤), 門內句. 曰, 內外本空中云何立."; 成俔 撰, 『慵齋叢話』6, "一時衲子無有升堂者, 上有不豫色. 薄暮將罷. 場 師後至, 上喜甚迓之, 師立門外. 懶翁問, 如何是當門句. 師曰, 不落左右中中而立. 問, 如何是 入門句. 師卽入門句, 入已還同未入時. 問, 如何是門內句. 曰, 內外本空中云何立. 問, 山何嶽邊 止. 曰, 逢高卽下遇下卽止. 問, 水何以成渠. 曰, 大海潛流到處成渠. 問, 飯何白米造. 曰, 如蒸 沙石豈成嘉餐. 深肯之."

16) 『景德傳燈錄』30, 「三祖僧璨大師信心銘」(『大正藏』51, 457a).

17) 『大乘起信論疏記會本』, 「大乘起信論別記」(『韓佛全』1, 741b·c), "設使二門雖無別體, 二門相乖不 相通者, 則應眞如門中, 攝理而不攝事, 生滅門中, 攝事而不攝理. 而今二門互相融通, 際限無分, 是故皆各通攝一切理事諸法. 故言二門不相離故."

18) 牟宗三 著, 「第7講 一心開二門」, 『中國哲學之會通十四講』(臺北: 學生書局, 中華民國85年), 97~98 쪽; 牟宗三 著, 鄭仁在·黃炳碩 譯, 「第14講 大乘起信論의 一心開二門」, 『中國哲學特講』(서울: 螢雪出版社, 1996), 321~329쪽.

19) 〈忠州靑龍寺普覺國師幻庵定慧圓融塔碑〉, "上不憚將罷."; 成俔 撰, 『慵齋叢話』6, "上有不豫 色. 薄暮將罷."

20) 『懶翁和尙語錄』, 「自恣日趙尙書請普說」(『韓佛全』6, 714c), "着意求之, 轉求轉遠."

21) 같은 책, 「答妹氏書」(『韓佛全』6, 728a), "於仁義道中, 不無親靑, 及與愛心, 我佛道中, 纔有此念, 便乃大錯也."

22) 같은 책, 「王師封崇日普說辛亥八月二十六日」(『韓佛全』6, 723a), "從前萬別千差, 當下七通八達, 一一圓成, 一一明妙."

23) 같은 책, 「送明禪者余方」(『韓佛全』6, 738c), "觸目揚眉格外禪."

24) 같은 책, 「結制上堂」(『韓佛全』6, 713b), "本來無結何須解, 無解逈時示道流."

25) 같은 책, 「自恣日趙尙書請普說」(『韓佛全』6, 715a), "風自動兮塵自起, 本來面目露堂堂."

26) 같은 책, 「國行水陸齋起始六道普說」(『韓佛全』6, 718b), "到岸捨舟常式事, 何須更問渡頭人."

27) 같은 책, 「解制上堂太后殿送袈裟一領」(『韓佛全』6, 721b), "截斷兩頭不居中."

28) 『人天眼目』2, 「雲門宗—三句」(『大正藏』48, 312a), "師示衆云函蓋乾坤, 目機銖兩, 不涉萬緣, 作麼 生承當. 衆無對. 自代云一鏃破三關.";「雲門匡眞禪師廣錄」3, 「頌雲門三句語(幷餘頌八首)」(『大正 藏』47, 576b), "函蓋乾坤—乾坤幷萬象, 地獄及天堂, 物物皆眞現, 頭頭總不傷. /截斷衆流一堆 山積岳來, 一一盡塵埃, 更擬論玄妙, 氷消瓦解摧. /隨波逐浪—辯口利舌問, 高低總不虧, 還 如應病藥, 診候在臨時.";『白雲和尙語錄』上, 「雲門三句釋」(『韓佛全』6, 655a), "函蓋乾坤句, 普 天普地, 理事圓融. /絕斷衆流句, 不受一塵, 了無朕迹. /隨波逐浪句, 不守自性, 隨緣成立."

29) 『人天眼目』2, 「雲門宗—三句」(『大正藏』48, 312a), "後來德山圓明密禪師, 遂離其語爲三句曰函蓋 乾坤句, 截斷衆流句, 隨波逐浪句.";「景德傳燈錄」22, 「前韶州雲門山文偃禪師法嗣—朗州德 山第九世緣密圓明大師」(『大正藏』51, 384c), "德山有三句語, 一句函蓋乾坤, 一句隨波逐浪. 一 句截斷衆流."

30) 『人天眼目』2, 「巴陵三句(嗣雲門名顯鑒叢林目為鑒多口)」(『大正藏』48, 313a), "僧問巴陵如何是提婆宗, 陵云銀盌裏盛雪. 問如何是吹毛劍. 陵云珊瑚枝枝撐著月. 問祖意教意, 是同是別. 陵云雞寒上 機, 鴨寒下水.";『三山來禪師五家宗旨纂要』3, 「巴陵三句」(『大正藏』65, 281b), "僧問巴陵, 如何是 提婆宗. 陵云, 銀盌裏盛雪. 三山來頌云, 銀盌盛雪, 內外明徹, 不是巴陵, 有口難說. 如何是吹 毛劍. 陵云, 珊瑚枝枝撐著月. 三山來頌云, 珊瑚枝枝撐著月, 一道寒光照不歇, 大鵬一口吸滄 溟, 驚起魚龍皆惡發. 祖意教意, 是同是別. 陵云, 雞寒上樹, 鴨寒下水. 三山來頌云, 雞寒上樹,鴨寒下水, 信爾自然, 忘其彼此. 一般景致兩般看, 紅是桃兮白是李."

31) 『人天眼目』6, 「巖頭三句」(『大正藏』48, 382c), "咬去咬住. 欲去不去. 欲住不住. 或時一向不去, 或時一向不住."; 『虛堂和尚語錄』5, 「巖頭三句」(『大正藏』47, 1022b), "巖頭示眾, 大凡唱教, 須從無欲中, 流出三句, 只是理論. 咬去咬住. 去住不住. 欲住不住. 或時一向不去, 或時一向不住."

32) 『人天眼目』2, 「汾陽三句」(『大正藏』48, 307b), "汾陽上堂, 僧出問如何是學人著力句. 汾云嘉州打大像. 如何是學人轉身句. 汾云陝府灌鍮牛. 如何是學人親切句. 汾云西河弄師子. 又云若人會得此三句, 已辨三玄, 更有三要語在, 切須薦取."

33) 『白雲和尚語錄』上, 「大陽三句釋」(『韓佛全』6, 655a), "平常無生句, 平常心是道, 無生亦無滅. / 妙玄無私句, 妙法本無私, 感應難思議. / 躰明無盡句, 靈明體空寂, 恒沙用無盡."

34) 三句·三玄·三要·四料簡·四賓主·四喝·四種無相境은 臨濟의 接化方法인 施設機關이다.

35) 『懶翁和尚語錄』, 「結制上堂普說」(『韓佛全』6, 715b~716a), "且臨濟正宗, 作麼生扶起. 扶起三玄·三要耶, 四料揀·四賓主·四喝耶? … 云云 … 世法佛法了無縫鏬, 便見三玄·三要·四料揀·四賓主·四喝, 以至四大五蘊六根六識, 山河大地萬像森羅, 無一法不是臨濟正宗."; 같은 책, 「普說」(729a), "三玄·三要·四料揀·四賓主, 全殺全活, 全明全暗, 雙放雙收, 爲而不爲, 不爲而爲, 眞不掩僞, 曲不藏直."

36) 『五燈會元』9, 「潙仰宗-杭州無著文喜禪師」(『大正藏』80, 193a·b).

37) 『臨濟慧照玄公大宗師語錄』全1卷(『大正藏』47, 497a), "上堂, 僧問. 如何是第一句. 師云. 三要印開朱點側, 未容擬議主賓分. 問. 如何是第二句. 師云. 妙解豈容無著問, 漚和爭負截流機. 問. 如何是第三句. 師云. 看取棚頭弄傀儡, 抽牽都來裏有人."; 『人天眼目』1, 「三句」(『大正藏』48, 301b·c), "僧問, 如何是第一句(風穴以下答附). 師云, 三要印開朱點窄, 未容擬議主賓分. 風穴云, 隨聲便喝. 道吾真云, 直下衝雲際. 東山絕信來. 海印信云, 邪吒忿怒. 雲峯悅云, 垂手過垂手過膝. 如何是第二句. 師云, 妙解豈容無著問, 漚和爭負截流機. 穴云, 未開口前錯. 吾云, 面前渠不見, 背後稱冤苦. 印云, 衲僧罔措. 峯云, 萬里崖州. 如何是第三句. 師云, 看取棚頭弄傀儡, 抽牽元是裏頭人. 穴云, 明破則不堪. 吾云, 頭上一堆塵, 腳下三尺土. 印云, 西天此土. 峯云, 糞箕掃帚."; 『景德傳燈錄』12, 「前洪州黃蘗山希運禪師法嗣-鎮州臨濟義玄禪師」(『大正藏』51, 219a), "僧問, 如何是第一句. 師曰, 三要印開朱點窄, 未容擬議主賓分. 曰如何是第二句. 師曰, 妙解豈容無著問, 漚和爭負截流機. 曰, 如何是第三句. 師曰, 看取棚頭弄傀儡, 抽牽全藉裏頭人."

38) 『大方廣圓覺修多羅了義經』全1卷(『大正藏』17, 913c); 『大方廣圓覺修多羅了義經略疏』1(『大正藏』39, 533c~534c).

39) 『臨濟慧照玄公大宗師語錄』全1卷(『大正藏』47, 497a), "問. 如何是真佛真法真道, 乞垂開示. 師云. 佛者心清淨是, 法者心光明是, 道者處處無礙淨光是, 三即一皆是空名, 而無寔有. 如真正學道人, 念念心不間斷, 自達磨大師從西土來, 秖是覓箇不受人惑底人. 後遇二祖, 一言便了, 始知從前虛用功夫. 山僧今日見處與祖佛不別. 若第一句中得, 與祖佛爲師. 若第二句中得, 與人天爲師. 若第三句中得, 自救不了."

274

공부십절목은 나옹의 일생에서 가장 큰 전환점이라고 할 수 있는. 공부선과 관련해 체계화된 일종의 시제였다. 그러나 막상 공부선장에서는 활용되지 못하고, 이후에 공민왕에게 문건으로 제출되면서 세상에 드러나게 된다.

본고는 공부십절목의 체계와 내용을 「나옹어록」의 「시중(示衆)」에서 살펴지는 구조와 비교하고, 이를 통해서 공부십절목의 의미를 보다 분명하게 드러내보고자 한 것이다. 공부십절목에는 종고·몽산·고봉·종열 등의 영향이 살펴지는데, 이는 나옹이 선문의 전설(前說)과 정론들을 집취하여 하나로 집대성하였다는 것을 의미한다. 즉 나옹은 선문의 정론을 집대성하여, 중국선종을 넘어서는 고려 조계종의 주체적인 결과물을 도출하고 있는 것이다.

10

공부십절목功夫十節目의
선사상 고찰

I

서론

공부십절목은 나옹의 일생에서 가장 큰 전환점이라고 할 수 있는, 공부선과 관련해 체계화된 두 번째의 시제였다. 그러나 막상 공부선장에서는 활용되지 못하고, 이후에 공민왕에게 문건으로 제출되면서 세상에 드러나게 된다.[01] 그런데 공부십절목은 기존의 선문 정론들을 토대로 나옹이 선수행법을 체계적으로 정리하고 있다는 점에서, 나옹의 선수행과 관련된 관점이 분명하게 드러나고 있어 주목된다.

공부십절목과 관련해서는 몽산(蒙山)의 무자십절목(無字十節目)의[02] 영향을 받았다는 주장이 있다.[03] 물론 제목에 있어서 유사성이 높게 살펴지는 것은 사실이다. 그러나 공부십절목이 선수행의 공부법을 체계화한 것이라면, 무자십절목은 무자화두의 병통[無字話頭＋種病]에 대한 극복이라는 점에서 차이가 있다. 즉 제목을 제외한 내용적인 유사도는 거의 없는 것이다. 그러므로 이는 나옹의 특징적인 선수행 관점이 체계적으로 정리된 것으로 이해하는 것이 더 타당하다.

당시 고려불교에는 간화선의 한계양상이 노출되어 있었고, 또 몽산 등에 의해서 간화선의 체계화 노력도 일부 시도되고 있었다. 그러나 이를 전체적으로 체계화한 것은 나옹의 공부십절목이 유일하다. 나옹에게서 선수행의 전체적인 체계화가 분명하게 나타날 수 있는 이유는 공부선이라는 시험단계를 상정해서 공부십절목이 구조화되었기 때문이다. 그러나 이 외에도 『나옹어록』의 「시중(示衆)」에는 공부십절목과 유사한 구조의 선수행 체계화가 전해지고 있어 주목된다. 이는 나옹이 당시 고착화되어 있던 간화선법에 새로운 방향성을 제시하려고 한 것이 아닌가 하는 추론을 가능하게 하는 측면이 된다. 또 나옹은 묘적암의 요연에게 출가한 직후에, 선수행의 공부법을 묻다가 제대로 답변을 듣지 못하고 제방을 유력하는 것으로 「행장」은 전한다.[04] 이는 나옹이 선수행법의 체계적인 정립 필연성을 일찍부터 절감하고 있었을 것이라는 개연성을 부여한다.

본고는 공부십절목의 체계와 내용을 「시중」에서 살펴지는 구조와 비교하고, 이를 통해서 공부십절목의 의미를 보다 분명하게 드러내보고자 한 것이다. 공부십절목은 남종선의 전통과 나옹의 체험이라는 이중적인 요소가 융합된 결과물이다. 그러므로 이러한 양자에 대한 분석은 합당한 접근법으로서 필수적이다.

이와 같은 연구접근의 결과로 도출되는 것은 나옹이 종고(宗杲)·몽산(蒙山)·고봉(高峰)·종열(從悅) 등의 영향과 함께, 자신의 직접적인 체험을 바탕으로 공부십절목과 수행체계를 제시한 것으로 모아진다. 또한 이와 같은 구조적 집취를 통해서, 나옹은 고려불교의 새로운 가능성을 제시하려고 했던 측면도 인식된다.

II

공부십절목과 「시중」의 공부론

1. 공부십절목의 공부론

공부십절목은 선의 수행법을 일목요연하게 차제화(次第化)한 것이다. 이전의 선문조사(禪門祖師) 가운데 누구도 시도하지 않았다는 점에서 이는 매우 특기할 만하다. 그러나 순차적인 구조화가 남종선의 동성 돈오(同性頓悟) 정신과 부합하는지에 대해서는 또 다른 검토가 필요하다. 왜냐하면 이는 어떤 의미에서는 나옹이 변화를 모색하고 있는 종고의 간화선보다도 훨씬 선의 경직화를 초래할 위험성이 있기 때문이다. 나옹이 공부선의 판단과정을 '삼구 → 공부십절목 → 삼관' 이라고 분명하게 제시하였음에도 불구하고,[05] 공부십절목을 제외한 이유도 의미적으로는 이와 무관하지 않다고 추론할 수 있다. 물론 현존하는 자료로는 시간이 부족했기 때문이라는 판단 이상은 불가 능하다.[06]

그러나 오교(五敎)·양종(兩宗)의 종장(宗匠)들이 모두 모인 공부선장에서,[07] 나옹이 체계화된 선수행법을 제시하는 일은 그것이 비록 기존의 조계종에서 활용되던 일반론이라고 하더라도 상당한 부담이 될 수밖에 없다. 실제로 공부선과 관련해서 많은 관심을 보인 경한도[08] 공부십절목과 관련해서는 별도로 언급하지 않고 있다. 이는 1차적으로 공부십절목이 당시의 공부선장에서 언급되지 않았기 때문이지만, 2차적으로 경한이 공부십절목에 동의하지 않았기 때문으로도 해석될 여지가 있다. 게다가 나옹이 공민왕의 전폭적인 지지에 의해 일거에 주맹이 되었다는 점에서도 그 시도에 대한 부담은 더욱 컸을 것이다.

그럼에도 불구하고 나옹이 공부십절목을 제시한 것은 조계종에서 선수행과 관련된 다양한 방법들이 산만하게 전개되고 있었다는 것을 반증한다. 말하자면 당시 조계종에서 수행법의 재정립은 시대적인 과제였던 것이다. 물론 그럼에도 이와 같은 문제의식이 공부선의 시제로서 타당한지에 대해서는 제고되어야 할 부분이 분명히 있다. 어쩌면 나옹 역시 이와 같은 문제를 인식하였기 때문에 공부선장에서는 공부십절목의 판단을 제외한 것이 아닌가 하는 추론도 가능하다.

선수행과 관련하여 조사들의 어록에도 다양한 체험이나 공부법이 언급되어 있다. 그러나 이는 모두 단편적이거나 학인을 지도하는 과정에서 필요에 의해 마련된 정도에 불과하다. 나옹의 경우처럼 선수행 전체를 하나의 구조로 체계화하려는 노력은 일찍이 없었다. 그러므로 공부십절목은 당시의 선수행법에 대한 나옹의 인식을 살펴볼 수 있는 동시에, '조계종을 단일한 수행체계로 재편하려는 시도가 아니었는가'를 가늠할 수 있는 자료가 된다. 만일 이와 같은 인식이 가능하다면, 공부십절목은 동아시아 선종사와 선사상사에서 가장 특기할 만한 시도로 평가될 수 있을 것이다.

나옹이 제시하고 있는 선수행의 차제론인 공부십절목의 내용을 제시해 보면 다음과 같다.

① 세상 사람들은 모두 색을 보면 색을 초월하지 못하고 소리를 들으면 소리를 넘어서지 못한다. 어떻게 하면 소리를 초월하고 색을 넘어설 것인가?

② 소리와 색을 초월한 뒤에는 반드시 공부를 해야만 한다. 어떻게 하는 것이 바른 공부인가?

③ [바른] 공부를 터득한 뒤에는 반드시 공부를 익혀야만 한다. 바른 공부가 익은 때는 어떠한가?

④ 공부가 잘 익은 뒤에는 다시 더 노력하여 타실비공(打失鼻孔)해야만 한다. 노력해서 타실비공할 때는 어떠한가?

⑤ 비공타실(鼻孔打失)하면, 냉랭하고 담담하여 전혀 아무런 맛도 없고 기력도 없게 된다. [이는] 의식이 미치지 못하고 심로(心路)가 끊어진 때로, 환신(幻身)이 인간 세상에 있는 줄 모른다. 여기에 이르는 것은 어떠한 시절인가?

⑥ 공부가 [여기에] 이른 뒤에는 동정(動靜)에 틈이 없고 오매(寤寐)가 항일(恒一)하니, 부딪쳐도 흩어지지 않고 움직여도 잃어버리지 않는다. [이는] 마치 개가 기름이 끓는 솥을 보는 것과 같아서, 핥으려 해

도 핥을 수 없고 포기하려 해도 포기할 수가 없을 때에, 어떻게 문제를 해결하겠는가?

⑦ 갑자기 일어나는 [힘을] 얻으면 마치 120근이나 되는 짐을 내려놓은 것과 같아서, 졸지에 문득 꺾이고 갑자기 문득 끊길 때에, 너의 자성(自性)은 무엇인가?

⑧ 자성을 깨달은 뒤에는 모름지기 자성의 본용(本用)은 수연응용(隨緣應用)이라는 것을 알아야 한다. 무엇이 본용의 응용인가?

⑨ 자성의 본용을 안 뒤에는 생사를 벗어나야 한다. [그런데] 안광(眼光)이 땅에 떨어질[죽으면][09] 때에 어떻게 벗어나는가?

⑩ 생사를 벗어난 뒤에는 갈 곳을 알아야만 한다. 사대(四大)가 각기 흩어져 향하는 곳은 어디인가?[10]

공부십절목의 구조를 살펴보면, ①~⑤까지는 앞의 내용을 이어받는 연속구조이다. 그러나 ⑥·⑦에 오게 되면 이러한 연속체계가 흐트러진다. 특히 ⑦은 돈오와 관련된 인식전환, 즉 관점환기에 해당된다. 이는 돈오라는 순차성을 벗어나는 것을 의미하므로, 이를 연속된 발전과정으로 이해하기에는 무리가 있다. 즉 돈오는 결과적 사고를 벗어나 있다는 말이다. 이것은 ⑥·⑦이 전체와 다른 구조를 보이는 이유이기도 하다.

그러다가 다시금 ⑧~⑩에 이르면 앞의 ①~⑤까지의 방식과 같은 순서적인 구조를 띠게 된다. 중간의 산만한 구조는 나옹이 원래 의도한 것인지, 아니면 기록하는 과정에서 우발적으로 발생한 것인지는 정확하지 않다. 다만 공부선의 주맹을 맡은 나옹은 시험방법을 고안하면서 분명히 체계성을 염두에 두었을 것이라는 점이다. 그럼에도 불구하고 이러한 구조와 양상이 나타난다는 것은 비규정성적인 돈오의 특징에 따른 불가피한 측면으로 판단된다.

이렇게 놓고 본다면 공부십절목은 총 3단계로 나누어 볼 수 있다. 이는 ①~⑤ / ⑥·⑦ / ⑧~⑩이다. 그 가운데에 ①~⑤는 색(色)·성(聲)이라는 현상의 이면에 대한 추구에서부터, 콧구멍이 없어지는 의식적인 공부를 제거하는 것까지를 말한다. ⑥·⑦은 무의식적인 공부에서 꾸준히 힘을 받는 상황과 돈오의 변화를 말한 것이다. 그리고 마지막 ⑧~⑩은 자성의 성취에서 발휘되는 작용과 함께 생사를 벗어난 향상일로(向上一路)를 언급한다고 하겠다.

2. 「시중」의 공부론과 공부십절목

나옹이 선수행의 올바른 체계를 세우려는 노력은 「시중」에도 보인다. 이는 공부십절목과 대비하여 나옹 선사상의 수행법적인 특징을 보다 분명하게 확인할 수 있다는 점에서 유의할 필요가 있다. 그 내용은 다음과 같다.

① 모름지기 대장부심(大丈夫心)을 발하여 결정지(決定志)를 세워라. [그래서] 평생에 깨우치려는 것과 이해하려고 하는 것, [그리고] 일체불

법과 사륙문장(四六文章) 및 어언삼매(語言三昧)를 일거에 대양해(大洋海) 속으로 쓸어버리고 다시는 거론하지마라.

② 팔만사천의 미세한 생각들을 싸잡아 단번에 쭉 눌러 앉아서 끊어버리고 본래 참구하던 화두를 한 번 들면 계속 들어라. [이때] 혹 '만법귀일 일귀하처(萬法歸一 一歸何處)' 하던가, 혹 '나개시 본래면목(那箇是 本來面目)' 하던가, 혹 '나개시 아성(那箇是 我性)'을 [들어] 보아라. 어떤 승려가 조주에게 묻기를, "개에게도 불성이 있습니까?" 하니, 조주가 "없다"고 [답]하였다. [다시 묻기를.] "꿈틀거리는 [작고 하잘 것 없는] 생명들도 모두 불성이 있거늘, 무엇 때문에 개에게는 불성이 없습니까?"라는 것을 들어라.

③ 여기에서 [중요한 것은] 말후일구(末後一句)를 힘을 다해서 드는 것이다. [이렇게] 계속해서 들게 되면, 공안(公案)이 앞에 나타나 들지 않아도 스스로 들리고, 고요한 상황이나 시끄러운 상황에서도 들지 않아도 저절로 들린다. 이러한 경지에서 의정(疑情)을 잘 일으켜, 행주좌와(行住坐臥)와 옷 입고 식사하며 대소변을 보는 일체처에서, 온몸을 하나의 의단(疑團)으로 만들어야만 한다.

④ 의심으로 오고 의심으로 가며 추궁하여 오고 추궁하여 가면서, 의단으로 신심을 다스리고 낱낱이 쳐서 밝혀야 한다. 공안으로 해결하려고 해야지, 『[선]어록』이나 『경서』상에서 찾는 것은 불가하다. 바로 졸지단(崒地斷)하고 폭지절(爆地絶)해야 비로소 집에 이를 것이다.

⑤ 만약 화두를 들어도 들리지 않아 냉랭담담하여 전혀 아무런 맛이 없거든, 낮고 낮은 소리로 연달아 세 번을 읊조려 보라. 화두가 문득

힘이 생김을 깨달을지니, 그 단계에 이르거든 올바로 힘을 붙여서 놓치지 말라.

⑥ 여러분들이 각기 입지(立志)하였다면, 정신을 바짝 차리고 눈을 비비면서 정진하는 가운데에 더욱 정진하고 용맹처에서도 다시 더욱 용맹하라.

⑦ [그러다가] 홀연히 척착개착(踢着磕着)하면, 천(千)이 이해되고 백(百)이 합당하리라. 이 단계에 이르거든 선지식을 만나보라.

⑧ 묵연히 20~30년을 수변(水邊)과 임하(林下)에서 성태(聖胎)를 장양(長養)하라. [그러면 이후] 천룡팔부의 [옹호 속에] 나가게 되어, 사람들 앞에서 대구(大口)를 열고 대화(大話)를 설하리라. [또한] 금강권(金剛圈)을 삼켰다 토하고, 형극림(荊棘林) 중에서도 자재하여 팔을 흔들며 지나가게 된다. [또한] 일념 중에 시방세계를 삼켜버리고 삼세제불을 뱉어낸다.

⑨·⑩ 만약 이러한 경지에 이르면, 바야흐로 그대들이 정수리에 노사나관(盧舍那冠)을 쓰고 보신(報身)과 화신불(化身佛)의 머리 위에 앉는 것이 허락되리라.

혹여 그렇지 못하다면 주삼(晝三)과 야삼(夜三)에 좌복 위에 꼿꼿하게 앉아 급히 눈을 부릅뜨고 이것이 무슨 도리인가를 참구하라.[11]

「시중」의 숫자는 공부십절목과 대비하기 위해서 필자가 임의로 붙인 것이다.

양자의 효율적인 관계를 보다 분명하게 드러내기 위해서, 공부십절목과 「시중」의 내용을 하나의 표로 만들어보면 다음과 같다.

NO	공부십절목	시중
1	세상 사람들은 모두 색을 보면 색을 초월하지 못하고 소리를 들으면 소리를 넘어서지 못한다. 어떻게 하면 소리를 초월하고 색을 넘어설 것인가?	모름지기 大丈夫心을 발하여 決定志를 세워라. (그래서) 평생에 깨우치려는 것과 이해하려고 하는 것, (그리고) 一切佛法과 四六文章 및 語言三昧를 일거에 大洋海 속으로 쓸어버리고 다시는 거론하지마라.
2	소리와 색을 초월한 뒤에는 반드시 공부를 해야만 한다. 어떻게 하는 것이 바른 공부인가?	八萬四千의 微細한 생각들을 싸잡아 단번에 쭉 눌러 앉아서 끊어버리고 본래 참구하던 화두를 한 번 들면 계속 들어라. (이때) 혹 '萬法歸一 一歸何處' 하던가, 혹 '那箇是 本來面目' 하던가, 혹 '那箇是 我性'을 (들어) 보아라. 어떤 승려가 조주에게 묻기를, "개에게도 佛性이 있습니까?" 하니, 조주가 "없다"고 (답)하였다. (다시 묻기를,) "꿈틀거리는 (작고 하잘 것 없는) 생명들도 모두 불성이 있거늘, 무엇 때문에 개에게는 불성이 없습니까?"라는 것을 들어라.
3	(바른) 공부를 터득한 뒤에는 반드시 공부를 익혀야만 한다. 바른 공부가 익은 때는 어떠한가?	여기에서 (중요한 것은) 末後一句를 힘을 다해서 드는 것이다. (이렇게) 계속해서 들게 되면, 公案이 앞에 나타나 들지 않아도 스스로 들리고, 고요한 상황이나 시끄러운 상황에서도 들지 않아도 저절로 들린다. 이러한 경지에서 疑情을 잘 일으켜, 行住坐臥와 옷 입고 식사하며 대소변을 보는 一切處에서, 온몸을 하나의 疑團으로 만들어야만 한다.
4	공부가 잘 익은 뒤에는 다시 더 노력하여 打失鼻孔해야만 한다. 노력해서 打失鼻孔할 때는 어떠한가?	의심으로 오고 의심으로 가며 추궁하여 오고 추궁하여 가면서, 의단으로 身心을 다스리고 낱낱이 쳐서 밝혀야 한다. 公案으로 해결하려고 해야지, 「(禪)語錄」이나 「經書」상에서 찾는 것은 불가하다. 바로 㘞地斷하고 爆地絶해야 비로소 집에 이를 것이다.
5	鼻孔打失하면, 冷冷하고 淡淡하여 전혀 아무런 맛도 없고 기력도 없게 된다. (이는) 의식이 미치지 못하고 心路가 끊어진 때로, 幻身이 인간 세상에 있는 줄 모른다. 여기에 이르는 것은 어떠한 시절인가?	만약 話頭를 들어도 들리지 않아 冷冷淡淡하여 전혀 아무런 맛이 없거든, 낮고 낮은 소리로 연달아 세 번을 읊조려 보라. 話頭가 문득 힘이 생김을 깨달을지니, 그 단계에 이르거든 올바로 힘을 붙여서 놓치지 말라.

6	공부가 (여기에) 이른 뒤에는 動靜에 틈이 없고 寤寐가 恒一하니, 부딪쳐도 흩어지지 않고 움직여도 잃어버리지 않는다. (이는) 마치 개가 기름이 끓는 솥을 보는 것과 같아서, 핥으려 해도 핥을 수 없고 포기하려 해도 포기할 수가 없을 때에, 어떻게 문제를 해결하겠는가?	여러분들이 각기 立志하였다면, 精神을 바짝 차리고 눈을 비비면서 精進하는 가운데에 더욱 정진하고 勇猛處에서도 다시 더욱 勇猛하라.
7	갑자기 일어나는 (힘을) 얻으면 마치 120근이나 되는 짐을 내려놓은 것과 같아서, 졸지에 문득 꺾이고 갑자기 문득 끊길 때에, 너의 自性은 무엇인가?	(그러다가) 홀연히 踢着磕着하면, 千이 이해되고 百이 합당하리라. 이 단계에 이르거든 善知識을 만나보라.
8	자성을 깨달은 뒤에는 모름지기 자성의 本用은 隨緣應用이라는 것을 알아야 한다. 무엇이 本用의 응용인가?	묵연히 20~30년을 水邊과 林下에서 聖胎를 長養하라. (그러면 이후) 天龍八部의 (옹호 속에) 나가게 되어, 사람들 앞에서 大口을 열고 大話를 설하리라. (또한) 金剛圈을 삼켰다 토하고, 荊棘林 중에서도 자재하여 팔을 흔들며 지나가게 된다. (또한) 一念 중에 十方世界를 삼켜버리고 三世諸佛을 뱉어낸다.
9	자성의 本用을 안 뒤에는 생사를 벗어나야 한다. (그런데) 眼光이 땅에 떨어질(죽으면) 때에 어떻게 벗어나는가?	만약 이러한 경지에 이르면, 바야흐로 그대들이 정수리에 盧舍那冠을 쓰고 報身과 化身佛의 머리 위에 앉는 것이 허락되리라.
10	생사를 벗어난 뒤에는 갈 곳을 알아야만 한다. 四大가 각기 흩어져 향하는 곳은 어디인가?	

이상에서 보면, 공부십절목과 「시중」의 구조 및 순서는 매우 유사하다. 또한 나옹이 선수행의 체계를 정립하려는 노력은 그 선사상의 한 특징이라는 것을 알 수가 있다. 다시 말하면 선수행의 체계와 방법의 정립은, 단순히 공부선의 시험을 위한 것이 아니라 나옹의 선적 소신과 관련된 것이었다. 이는 나옹이 당시 조계종의 문제점이 어디에 있다고 판단했는지에 대한 부분을 분명하게 보여준다.

나옹은 출가 직후 은사인 묘적암의 요연에게 공부법을 물었고, 그 대답을 찾아 여러 곳을 전전하다가 결국 회암사에서 깨달음을 얻게 된다.[12] 이러한 과정 속에서 나옹은 스스로 공부법의 정립을 간절히 절감했을 것이다. 실제로 공부십절목의 마지막 ⑩에 보이는 사대각리의 문제도 나옹의 출가 동기인 친구의 죽음이나 나옹의 열반과 관련된 사대각리의 해법제시와 유사하다.[13] 요컨대 나옹의 문제의식은 일관되었던 것이다. 다시 말하면 나옹은 '죽음의 초월'과 '공부법의 정립'이라는 두 가지 화두를 가지고 있었고, 그 공부법의 정립은 변화를 요구하던 고려불교의 시대상과 일치된다고 판단했던 것이다.

물론「시중」의 앞부분에서는 화두의 제시와 간화가 강조된다는 점에서 공부십절목과는 다른 면모가 확인된다. 이는「시중」의 대상에는 초납자(初衲子)도 섞여 있는 상황인데 반하여, 공부십절목은 공부선에 응시하는 승려들을 대상으로 하는 기본 조건의 차이에 의한 것으로 판단된다.

그리고「시중」의 ⑧에서는 오후보임과 장양성태라는 관점이 보인다. 먼저 오후보임은 나옹이 회암사에서 깨달음을 얻은 후 10년간 입원유학과 귀국한 뒤에 점차 불교계의 전면으로 대두하는 과정에 상응하는 것으로 이해된다. 예컨대 혜능도 홍인(弘忍)의 인가 이후 15년간이나 사냥꾼과 함께 은둔하였으니,[14] 나옹의 경우에도 별다른 문제가 있는 것은 아니다. 그렇지만 남종선이 현실개진(現實皆眞)을 바탕으로 하는 현실긍정의 전체작용으로 발전한다는 점에서 보면,[15] 나옹의 20~30년의 오후보임 주장은 분명 재고되어야 마땅하다. 특히 당시의 평균수명 등을 고려해 보았을 때 20~30년의 오후 보임이란 필연적으로 교화의 배제를 수반한다는 점. 그리고 이는 동시에 자신의 행동에 대한 당위성을 강조하는 측면도 존재한다는 점에서도 분명 문제의 소지가 있다.

다음으로 장양성태는 지눌 등의 조계종 문헌에서도 일부 확인되는 측면이다.[16] 그러나 장양성태가 강조되는 것은 불교보다는 신도교(新道教)다. 신도교의 내단법(內丹法)은 불성사상의 영향으로 외단이 내단으로 변모하고, 이것이 다시금 북종과 남종의 전진교(全眞教)와 금단도(金丹道)에 의해 완성된다.[17] 신도교에서 도태(道胎)라고도 하는 성태는 출신(出身)에 앞서 양신(陽身)을 장양(長養)하는 것으로 전진교에서 신선이 되는 최후의 과정 가운데 하나다. 장양성태가 성태라는 실체적인 관점에서 신도교적인 용어로 정착된 후에 나옹이 사용하였다면, 오후보임을 장양성태와 연관 지어 이해하는 데는 다소 문제가 있다. 이런 점에서 본다면, 「시중」은 공부십절목에 비해서 더 사적인 나옹의 관점이 녹아 있는 기록이라고 하겠다. 이는 공부십절목이 공부선에 따른 판단자료라는 성격 때문에 사적 관점이 상대적으로 적을 수밖에 없는 것과 대비된다. 그러나 공부십절목에는 혼수의 답변이 존재하지 않은 관계로, 설령 사적 성격이 있다고 하더라도 「시중」은 나옹의 선사상을 보완하는 좋은 자료가 될 수 있다. 이는 「시중」의 긍정적인 측면이라고 하겠다.

Ⅲ

공부십절목에 나타난 선사상

1. 돈오 이전의 수행론

이제 공부십절목의 전체적인 구조와 의미를 바탕으로 구체적인 내용과 각론을 고찰해보자. 이미 서술하였듯이 공부십절목은 나옹이 당시의 조계종 수행법과 입원에서의 경험 등을 바탕으로 체계화한 수행론이다. 따라서 공부십절목에는 선행한 선적(禪籍)의 영향이 존재한다. 가운데에 일반적인 것을 제외하고, 주목할 만한 부분들을 중심으로 세부적인 내용을 살펴보면 다음과 같다.

먼저 ①은 색·성이라는 현상의 문제점을 제기하고, 이를 극복하려는 문제의식의 확대를 촉구한 것이다. 말하자면 이것은 발심과 문제제기에 해당된다. 선종의 일상긍정이란 우리가 태생적으로 확보하고 있는 일상에 대한 단순긍정이 아니라, 부정을 통해서 재인식된 일상에 대한 긍정이라는 점에 유의할 필요가 있다.

②는 문제의식으로 인한 새로운 공부, 즉 선수행을 언급한 것이

다. 다만 여기의 선수행에서는 간화와 같은 방법이 상정될 수 있는 구체적인 측면은 보이지 않는다. 그러나 구조적 측면에서 나옹이 화두를 직접 언급하지 않았지만, 전체적으로 이를 화두와 관련된 수행으로 보아도 큰 문제는 없다.

이와 관련하여 「시중」에는 나옹이 화두를 권하는 측면이 확인된다. 그리고 나옹이 주로 권하는 화두는 ①만법귀일 일귀하처 ②나개시 본래면목 ③나개시 아성 ④무자(無字)의 네 가지였다. 이 가운데에 ①과 ④는 조주의 유명한 화두로,[18] 각각 근본자리와 근본의심에 대한 것이다. 또한 이 화두들은 각각 몽산덕이와 고봉원묘가 특히 강조한 것이기도 하다.[19] ②는 혜능의 『육조단경』의 내용과[20] 위산(潙山)과 향엄(香嚴)의 '부모미생전[父母未生前(時)]'이[21] 결합된 것으로, 후일 '부모미생전 본내면목'으로도 나타나는 화두이다. 이는 항상한 존재로서의 본래면목에 대한 것이다. 마지막 ③은 흔히 '이 뭣고'로 번역되는 시심마(是甚麼)에 해당된다. 이는 존재의 근원에 대한 자기자각을 위한 물음이다. ③을 시심마와 직결하여 이해할 수 있느냐에 대해서는 좀 더 신중한 검토가 필요하다. 그러나 일단 이를 동일선상에서 파악하면, 나옹에게서는 오늘날까지도 화두의 비율 가운데에 절대다수를 차지하는 '무자'와 '이 뭣고'의 두 가지가 모두 확인되는 셈이 된다.

『나옹어록』과 『가송』에는 나옹이 화두를 권면하는 기록이 다수 등장한다.[22] 그 가운데에 가장 많은 빈도수를 차지하는 것은 ④의 무자 화두이다. 무자는 이 「시중」의 인용문을 제외하고도 모두 5차례나 더 등장한다.[23] ②와 ③이 각각 3번밖에 등장하지 않고,[24] ①은 이곳 이외에 달리 나타나는 곳이 없다. 이에 따라 나옹도 당시 몽산 선풍의 영향으로 보편화된 무자화두를 가장 폭넓게 사용하였다는 것을 알 수가 있다.[25]

③은 화두의 의단이 항상하게 잡히는 의단독로(疑團獨露)와 같은 단계를 말한다. 이는 마치 화두가 더 이상 집중해서 들지 않아도 항상하여 소동파의 흉중성죽(胸中成竹)처럼[26] 완상할 수 있는 경지를 의미한다. 나옹은 이러한 경지를 공부가 익었다고 기술하였다.

이런 경지에 이르면, 외부적인 경계를 넘어 보다 본질적인 내면으로 이행할 수가 있다. 이는 『나옹가송』의 「운선자구송(雲禪者求頌)」에 멋지게 표현되어 있다. "도를 배우는 것은 비유하면 불덩이를 가지고 노는 것과 같다. 움켜잡고 오고 움켜잡고 가면서 (조금도) 틈이 있어서는 안 된다. (그러다가) 홀연히 허공을 굴려서 움켜잡으면, 만리에 구름이 없어 가을 색이 차리라."[27]

④는 화두가 단단히 잡히면 더 이상 의식적으로 채찍질하지 않아도 무의식적으로 계속해서 나가는 상황의 진일보를 의미한다. 비공(鼻孔)이란 인간의 존재유지에 있어서 가장 절실한 숨과 관련된 부분인 동시에 인간존재의 첫 자리라는 의미다. 그러므로 비공이 없어야 한다는 것은 호흡을 넘어선 의식 이전의 항상함을 상징한다. 말하자면 이는 노력한다는 그 자체마저도 잃어버리고, '종심소욕불유구(從心所欲不踰矩)'처럼 노력하지 않아도 저절로 항상함이 이루어지는 그 다음을 의미하는 것이다.

⑤는 비공을 잃어버린 속에서의 항상함으로, 특정한 방향이 없는 일종의 망아와도 같은 상태를 의미한다. 그렇다고 하여 완전히 나를 망각한 것은 아니고, 깊은 무의식 세계에서는 계속 흘러서 공부가 누적되어야 한다. 이러한 결과는 이럴 수도 없고 저럴 수도 없는 ⑥의 충만한 상태를 만나는 것이다. 또한 「시중」에는 이때 무기공(無記空)과 같은 상태에 빠질 가능성에 대한 경계가 언급되어 있다.

그런데 ⑤와 관련하여 『몽산법어』에는 "적적성성하지만 심로(心路)가 행하지 않을 때에는 환신(幻身)이 인간 세상에 있다는 것도 알지 못하고, 다만 하나의 화두만이 면면하여 끊어지지 않음을 볼 뿐이다"라는 비슷한 내용이 보인다.[28] 『몽산법어』의 「몽산화상시총상인(蒙山和尙示聰上人)」은 「시중」에 직접적으로 영향을 미쳤다. 이는 「시중」에서 ⑤화두를 낮은 소리로 세 번 읊조리라는 내용이 "한두 번 소리를 내어서 화두를 들라"는 것이나,[29] ④의 직수졸지단폭지절(直須崒地斷爆地絶)과 ⑧의 홀연척착개착(忽然踢着磕着)이 "홀연축착개착졸지절폭지단(忽然築着磕着 崒地絶爆地斷)"이라는 구절로 나타나는 점.[30] 또 ⑦에 보이는 정호견인(正好見人), 즉 선지식을 통한 인가와 같은 부분도 "오후(悟後)에 선지식을 보지 않으면, 뒷일을 요달치 못하게 되어 그 해(害)됨이 하나가 아니다"라고 하는 내용으로 확인된다.[31] 다시 말하면 몽산의 「몽산화상시총상인」은 나옹의 선수행체계에 상당한 영향을 미쳤던 것이다.

그러나 「시중」은 분명히 「몽산화상시총상인」의 영향을 받았지만, 그 순서나 관점은 사뭇 다르다. 예컨대 몽산은 "홀연축착개착 졸지절폭지단(忽然築着磕着 啐地絶爆地斷)"을 연속된 관점으로 보고 있지만 나옹은 이를 ④와 ⑧로 분리시켰다. 이런 점에서는 '졸지절박지단(啐地折嚗地斷)·졸지변절박지변파(啐地便折嚗地便破)·졸지파박지단(啐地破嚗地斷)·절지절박지파(啐地折嚗地破)'로 조금 다르게 총 7차례에 걸쳐 사용하고 있는,『대혜어록(大慧語錄)』의 영향을 추론해 볼 수 있다.[32] 또한 몽산이 선지식의 인가를 절대시한 것과[33] 달리, 나옹은 선지식을 만나보라는 권유에 그치고 있다. 이는 몽산과 나옹의 수행론과 관점이 다르다는 것을 의미한다. 요컨대 나옹은 몽산의 영향을 받지만, 그 속에는 종고와 같은 다른 측면들도 있으며, 이것들을 아울러 수용하면서 자신만의 수행체계를 재정립하였던 것이다. 그리고 이의 객관적인 표현이 바로 공부십절목이라고 하겠다.

2. 돈오와 나옹 선사상의 목적

⑥은 ⑤까지의 순차적이고 양적인 변화가 질적인 변화로 바뀌어 깨달음에 이르기 위한 최종단계이다. 여기에서 등장하는 '끓는 기름 솥을 개가 먹을 수도 포기할 수도 없다'는 말은 이도저도 할 수 없는 극한의 상황을 나타낸 것이다. 이는 양적인 변화가 질적인 변화를 수반하는 최종단계에 이르렀음을 의미한다. 이와 거의 동일한 내용은『대혜어록』의 「보설(普說)」에도 보인다. "마치 개가 기름이 끓는 솥을 보는 것과 같아서, 핥으려 해도 핥을 수 없고 포기하려 해도 포기할 수

없다."³⁴ 이는 나옹이 종고의 영향을 받았다는 점을 분명히 해준다.

그 밖에도 고봉화상 『선요(禪要)』의 「시신옹거사홍상사(示信翁居士洪上舍)」에는 "개가 기름이 끓는 솥을 핥는다[狗舐熱油鐺]"라는 내용이 있다.³⁵ 이는 이러지도 저러지도 못한다는 의미보다는 역설을 통한 관점 환기를 촉구하는 대목이다. 그러므로 이 부분은 종고의 영향으로 판단하는 것이 타당하다.

⑦은 양적인 변화가 드디어 순간에 질적으로 전환되는 돈오를 의미한다. 이는 마치 석탄이 계속된 압력 속에서 어느 한 순간에 질적인 변화를 일으켜 다이아몬드가 되는 원리와 흡사하다. 다만 그 변환은 압력의 결과도 아니고 그렇다고 이것을 넘어 있는 것도 아니다. 이는 바로 자신의 자성, 즉 본래면목에 대한 자각과 환기이다. 순간적으로 오기 때문에 이는 돈오로 언급되고, 「시중」에서 "홀연척착개착(忽然踢着磕着)"으로 서술되어 있다.

공부십절목에서는 돈오의 전환을 120근의 짐을 내려놓는 것과 같다고 비유하고 있다. 120근이란 당시인의 평균 몸무게를 의미한다. 따라서 이 비유는 업신(業身)의 나를 벗어던진 진정한 나로서의 삶이 시작된다는 상징적 의미를 담고 있다. 120근의 비유는 양기방회(楊岐方會, 992~1049)에서 비롯되어³⁶ 종고에서도 확인된다.³⁷ 그러나 『양기어록』은 당시 널리 유통되던 선적이 아니었으며, 종고와 같은 경우는 의미적인 구조가 다르다. 이 부분에서 주목되는 것이 『선요』다. 『선요』「통앙산노화상의사서(通仰山老和尙疑嗣書)」의 "어찌 다만 120근의 짐을 내려놓은 것이겠습니까?"라는 부분은 의미적으로 전체구조와 의미에 있어서 상당히 유사하다.[38] 나옹은 『선요』의 영향도 받고 있는 것이다. 이상을 종합하면, 공부십절목과 「시중」에서 확인되는 『몽산법어』·『대혜어록』·『선요』의 영향에서 보이듯이, 나옹은 당시 일반적인 선사상의 영향을 받아 공유하면서도 자신의 선수행체계를 재정립하였다고 결론지을 수가 있다.

⑥과 ⑦은 경험에 있어서 개인차가 있을 수 있는 부분이다. 사람마다 ⑥의 상태가 얼마나 필요할지, 그리고 이것이 어떻게 ⑦의 양태로 나타나게 되는지는 다를 수밖에 없다. 또한 ⑦의 경우는 말 그대로 돈오이므로 어떠한 형상으로 묘사하거나 규정할 수조차 없다. 앞서 다이아몬드의 비유처럼, 압력은 다이아몬드의 발생에 있어서 필수조건이다. 그러나 압력이 바로 다이아몬드를 만드는 것은 아니다. 이런 점에서 흑연의 다이아몬드로의 전환은 인과를 초월한 돈오의 속성을 지니는 것이다.

이와 달리 점오란 깨달음의 구조를 일상의 공부와 같은 방식으로 이해한다. 말하자면 이는 점진적인 변화를 포함하는 것이다. 그러나 점오는 그 자체로 깨달음의 한계를 긋는 것이기도 하다. 여기에는 '점차적으로 누적된 가치가 어떻게 완전성이 될 수 있느냐'는 문제가 존재하기 때문이다. 그러므로 돈오라는 본래의 완전성, 즉 불성이나 자성에 대한 관점환기만이 '완전에서 완전으로'라는 모순 없는 논리구조를 성립시킨다. 이와 같이 돈오라는, 전체에 속해 있지만 전체로부터 분리되어 있어야만 하는 특수성이, 나옹으로 하여금 ⑥·⑦의 서술구조를 공부십절목의 전체 구성과 달리 만든 것으로 판단된다.

⑧은 ⑦에서의 깨달음에 대한 완전성의 작용을 말한 것이다. 자성을 완전히 깨달으면 더 이상 깨달음의 노력은 필요가 없게 된다. 그러므로 문제는 자연스럽게 작용으로 넘어간다. 바로 작용의 문제만 남는 것이다. 이것이 바로 '전체작용(全體作用)'이나 '작용시성(作用是性)'이다.[39] 이는 돈오의 현상적인 전개라고 할 수가 있다.

나옹은 ⑧에서 자성의 본용을 말하면서 수연응연(隨緣凝然)으로 설명한다. 이는 화엄의 성기론(性起論)적인 관점을 취한 것으로, 방편만이 존재하는 지선(至善)에서의 변화현상을 의미한다. 만일 깨달음에만 머문다면, 이는 대승불교에 속해 있는 선불교로서 사회성에 문제가 있는 것이다. 또한 깨달음이 본래 구족해 있는 본질에 대한 자각과 재인식일 뿐이라면, 본용의 묘용은 필연적이다. 그러므로 이와 같은 양자에 입각하여, 나옹은 돈오 이후의 작용 문제를 언급한 것이다.

⑨와 ⑩은 전체구조를 완성하기 위해 사족과 같은 상징적인 선수행의 이상을 제시한 것으로 판단된다.[40] 이미 ⑧에 이르면 무주처열반(無住處涅槃)과 같은 경지에 도달한 상황이므로 달리 벗어날 생사가 없다. 그런데 나옹은 ⑨에서 생사를 벗어나는 것을 말하고 있는 것이다. 그러나 동아시아의 전통적인 선불교에서 생사는 별도로 벗어나는 대상이 아니라, 생사라고 할 것이 달리 없다는 것을 깨닫는 것으로 끝이 난다. 이에 따라 나옹이 ⑩에서 제시하는 선의 최후 이상인 사대각분(四大各分), 즉 사대각리(四大各離)를 넘어선다는 내용은 다분히 상징적인 것으로 이해된다.[41]

그런데 이와 관련하여 도솔종열(兜率從悅)의 도솔삼관(兜率三關)에는 최후의 이상으로 안광낙시(眼光落時)와 사대분리(四大分離)를 넘어서는 관점이 제시되어 있어 주목된다. 특히 도솔삼관의 제이관과 제삼관은 공부십절목의 ⑨·⑩과 매우 흡사하다. 다음은 양자를 효율적으로 대비하기 위하여 제시해본 것이다.

제이관: 자성(自性)을 인식하여 얻었다면 바야흐로 생사를 벗어나라. 안광(眼光)이 떨어질 때, 어떻게 생을 벗어나겠는가?
제삼관: 생사의 벗어남을 얻었다면 문득 갈 곳을 알아야만 한다. 사대가 분리되면, 어디로 향해 갈 것인가?[42]

⑨ 자성의 본용(本用)을 안 뒤에는 생사를 벗어나야 한다. [그런데] 안광이 땅에 떨어질[죽으면] 때에 어떻게 벗어나는가?
⑩ 생사를 벗어난 뒤에는 갈 곳을 알아야만 한다. 사대가 각기 흩어져 향하는 곳은 어디인가?

이상 생사를 해탈한 다음 사대의 궁극적 지향점에 대한 나옹의 논리는, 도솔삼관에서 받은 절대적 영향을 긍정하지 않을 수 없다. 그런데 도솔삼관은 『무문관』의 제47칙으로 수록되어 있고, 또 종고의 『종문무고(宗門武庫)』에서도 살펴지지만,[43] 선어로서 널리 회자되는 일반론은 아니다. 그런데 나옹의 문장과는 조금 차이가 있지만, 매우 흡사한 구조가 『대혜어록』에서도 발견된다.[44] 즉 종고의 영향도 살펴지는 것이다. 이런 점에서 나옹이 종열의 도솔삼관을 그대로 답습한 것이라기보다는, 관점이 부합했기 때문에 필요에 의해 수용한 것이라고 판단해 볼 수 있다. 실제로 안광낙지(眼光落地)라는 표현은 운문문언(雲門文偃)에게서도 보이며,[45] 『대혜어록』의 표현이 더 극진하다.[46] 또한 사대각리의 표현 역시 송대를 대표하는 경전인 『원각경(圓覺經)』에 나타나는 표현이며,[47] 영명연수(永明延壽)의 『종경록(宗鏡錄)』에서도 살펴진다.[48] 법안종(法眼宗)의 제3조인 연수는 고려 광종(光宗, 재위 949~975)이 특별히 존숭해, 문서로 제자의 예를 표하고 고려승려들로 하여금 법을 전수받아 고려불교를 교화하게 한 승려다.[49] 이것이 고려불교에서의 법안종 확대다. 이런 점에서 공부십절목의 ⑨·⑩은 나옹의 선적인 이상(理想)에 대한 판단의 필요 결과물이라고 보는 것이 더 타당하다고 판단된다.

　나옹은 「시중」에서 최후의 이상으로, "정수리에 노사나관을 쓰고 보신과 화신불의 머리 위에 앉는 것이 허락되리라"라는 선의 주관주의적인 완성을 기술하였다. 여기에서 노사나는 뒤의 보신·화신과 대구를 이룬다는 점에서, 80권 『화엄경』에서의 보신 노사나가 아니라 60권 『화엄경』에서의 법신 노사나를 지칭하는 것으로 판단된다. 굳이 80권 『화엄경』이 유행하고도 한참 뒤인 고려 말에 법신 노사나를 열거하는 이유는, 비로자나불의 경우 머리가 나발(螺髮)로 되어 있지만 노사나불은 장엄보살(莊嚴菩薩)이라고 하여 보관을 쓴 모습으로 묘사되기 때문으로 이해된다.

　나옹이 제시한 선의 최종 이상은 '사대각리의 너머'와 '법신의 주재와 작용으로서의 본래면목 증득'이라는 두 가지다. 그러나 이러한 두 이상은 실로 '상징적인 것'과 '증득의 문제'일 뿐 서로 다른 것은 아니다. 왜냐하면 사대각리의 너머라는 측면도, 현실적인 지금의 항상성에 대한 자각을 의미하는 것이지 일상의 초월을 말하는 것은 아니기 때문이다. 이는 나옹이 열반할 때에 사대각리의 너머라는 질문을 받자, "주먹을 교차하여 가슴에 대고는 '다만 이 속에 있을 뿐이다'"라고 한 것을 통해서 분명히 드러난다.[50] 그러므로 이마저도 문제를 위한 문제라고 할 수가 있다. 이에 대한 답변은 '세수하다 코 만지기'나 '눈은 가로고 코는 세로'라는 정도에서[51] 해결된다고 하겠다.

IV

결론

이상으로 필자는 공부십절목에 내포된 나옹 선수행의 개별적이고 순차적인 특징을 고찰하였다.

공부십절목은 공부선의 시제로 구성된 것이지만, 실제로 공부선장에서 사용된 것은 아니기 때문에 삼구와 삼관과는 달리 공부선과 관련된 〈혼수비문〉의 혼수 답변은 존재하지 않는다. 그러나 『나옹어록』의 「시중」에서 나옹의 선에 대한 유사한 관점을 읽어 볼 수 있는 부분이 있어 내용파악에 많은 도움이 된다.

이를 통해서 파악되는 공부십절목의 특징은 크게 2가지로 간취될 수 있다.

첫째는 선수행과 관련된 체계적인 구조이다. 공부십절목의 가장 큰 특징인 체계적인 구조는 비단 공부선의 사용이라는 측면 이외에도 「시중」에서도 확인된다는 점에서, 나옹의 필연성에 의한 사고와 관련된 것으로 이해된다. 돈오를 강조하는 조계종에서 나옹이 선수행법을 체계적인 구조로 제시한 것은 매우 특기할 만하다. 사실 선수행은 인간내면의 자각과 관련된 가치라는 점에서 획일화될 수 있는 성격은 아니다. 그러나 이를 책임진 조계종 선승의 입장에서, 체계화할 수 없다고 말하며 끝내는 것 역시 무책임하다. 이는 당시 한계에 봉착한 간화선에 제도화를 통해서 새로운 전환점을 마련하려고 했던 나옹의 관점이, 시대적인 필연성을 확보할 수 있는 측면이 된다. 즉 당시 나옹은 표준의 문제를 가지고 깊이 고민하였던 것이다.

둘째는 돈오 이후의 이상적인 목적에 관한 부분이다. 일반적인 선수행의 지도와 관련해서 이와 같은 측면은 언급되는 일이 별로 없다. 또 단편적으로 언급된다고 하더라도 이의 체계적인 인식을 확보하는 것은 매우 어렵다. 그러나 나옹은 공부십절목에서 자신이 생각하는 선적인 관점의 이상을 적시하고 있다. 이는 나옹 선사상의 분명한 목적을 알 수 있는 매우 중요한 자료다.

나옹이 제시하는 돈오 이후의 전개는 '전체작용'과 '생사초월', 그리고 '사대각리 너머'의 3단계다. 이 중 전체작용은 선문(禪門)에서 다수 회자되는 것인데 반해서, 생사초월과 사대각리 너머가 순서로 나오는 예는 찾아보기 쉽지 않다. 이를 통해서 나옹 선수행의 최종목적을 확인해 보는 것이 가능하게 된다. 또 공부십절목이 시제라는 특성상 문제만 있고 답이 없는 한계가 있지만, 이는 「시중」을 통한 보충인식을 통해서 개략적인 내용인지가 가능하다.

또한 공부십절목에는 종고·몽산·고봉·종열 등의 영향이 살펴지는데, 이는 나옹이 선문의 전설(前說)과 정론들을 집취하여 하나로 집대성하였다는 것을 의미한다. 동아시아의 중국문화권에서는 유교적인 배경 때문에 새로운 것을 창안하는 것보다도 술이부작(述而不作)하여 집대성하는 것이야말로 최고의 가치가 된다. 맹자가 공자를 집대성자라고 칭탄하고,[52] 오늘날까지 공자를 모신 사당을 대성전(大成殿)이라고 하는 것이 모두 이와 같은 관점에 따른 것이다. 그러므로 나옹이 선문의 정론을 집대성해서 공부십절목을 구조화한 것은 중국 선종을 넘어서는 고려 조계종의 주체적이고 찬란한 철학적 결과물이라고 하겠다.

[**10**장 주석]

01) 『懶翁和尙語錄』, 「行狀」(『韓佛全』6, 707a·b), "會罷, 上使天台禪師神照, 請問功夫十節, 師手書進獻[垂問時言句十節三關具載語錄]."

02) 『蒙山法語』, 「無字十節目」.

03) 趙明濟는 功夫十節目이 無字十節目을 본뜬 것으로 보았다. 趙明濟, 「高麗後期 『蒙山法語』의 受容과 看話禪의 展開」, 『普照思想』 제12집(1999), 257쪽 ; 趙明濟, 「高麗末 元代 看話禪의 수용과 그 사상적 영향─蒙山, 高峰을 중심으로」, 『普照思想』 제23집(2005), 171~172쪽.

04) 『懶翁和尙語錄』, 「行狀」(『韓佛全』6, 703a·b) ; 〈碑文〉(710b).

05) 같은 책, 「行狀」(『韓佛全』6, 707a), "師之前在金經寺也, 上使左街大師慧深, 問師曰, 以何言句, 試取功夫. 師答云, 先問入門等三句, 次問功夫十節, 後問三關, 可驗功行淺深. 衆皆未會, 故不及十節三關."

06) 같은 책, 「行狀」(『韓佛全』6, 707a), "舍那堂中, 排設法座, 師拈香罷, 陞座垂問. 在會大衆以次入對, 皆曰未會. 或理通而礙於事, 或狂甚而失於言. 一句便退. 上若有不豫色然. 幻菴脩禪師後至, 師歷問三句三關.";〈忠州靑龍寺普覺國師幻庵定慧圓融塔碑〉, "翁下一語, 諸衲無一能對者. 上不懌將罷, 師後至具威儀, 立堂門階下."

07) 『懶翁和尙語錄』, 「行狀」(『韓佛全』6, 707a), "九月設工夫選大會兩宗五敎諸山衲子.";〈碑文〉(709b), "大會兩宗五敎諸山衲子."

08) 功夫選과 관련해서 景閑은 恭愍王에게 功夫選의 방식과 관련된 제안서를 제출하고, 懶翁이 功夫選場에서 제시한 '三句'와 '三關'에 대해서 스스로 답변을 제시한 내용이 『白雲語錄』에 수록되어 있다.

09) 『景德傳燈錄』19, 「福州雪峯義存禪師法嗣下─越州諸暨縣越山師鼐號鑒眞禪師」(『大正藏』51, 278a), "眼光隨色盡."

10) 『懶翁和尙語錄』, 「工夫十節目」(『韓佛全』6, 722b·c), "①盡大地人, 見色不超色, 聞聲不越聲. 作麼生超聲越色去(第四五張). ②旣超聲色, 要須下功. 作麼生下个正功. ③旣得下功, 須要熟功. 正熟功時如何. ④旣能熟功, 更加打失鼻孔. 打失鼻孔時如何. ⑤鼻孔打失, 冷冷淡淡, 全無滋味, 全無氣力. 意識不及, 心路不行時, 亦不知有幻身在人閒. 到這裏, 是甚時節. ⑥工夫旣到, 動靜無閒, 寤寐恒一, 觸不散蕩不失. 如狗子見熱油鐺相似, 要舐又舐不得, 要捨又捨不得時, 作麼生合殺. ⑦驀然到得如放百二十斤擔子相似, 啐地便折, 嚗地便斷時, 那个是你自性. ⑧旣悟自性, 須知自性本用, 隨緣(緣의 誤)應用. 作麼生是本用應用. ⑨旣知性用, 要脫生死. 眼光落地時, 作麼生脫. ⑩旣脫生死, 須知去處. 四大各分, 向甚處去."

11) 같은 책, 「示衆」(『韓佛全』6, 717a~c), "①須發丈夫心, 立決定志. 將平生悟得底, 解會得底, 一切佛法, 四·六文章, 語言三昧, 一掃掃向大洋海裏去, 更莫擧似. ②把八萬四千微細念頭一坐坐斷, 却將本条話頭, 一提提起. 或萬法歸一一歸何處, 或那箇是本來面目, 或那箇是我性, 或僧問趙州, 狗子還有佛性也無. 州云, 無. 蠢動靈皆有佛性, 因甚狗子無佛性. ③只將末後一句, 着力提起(第三張). 提來提去公案現前, 不提自提, 靜中閒中, 不擧自擧. 却來這裏, 好起疑情, 行住坐臥, 着衣喫飯, 屙屎放尿, 於一切處, 通身并作一箇疑團. ④疑來疑去, 捘來捘去凝定身心, 討箇分曉. 不可向公案上卜度, 語錄經書上尋覓. 直須啐地斷爆地絶, 方始到家. ⑤若是話頭提不起, 冷冷淡淡, 全無滋味, 低低出聲連擧三徧. 話頭便覺有力, 到這裏, 正好着力, 不可放

305

捨. ⑥諸人各各立志, 抖擻精神, 挪挱眼睛, 精進中更加精進, 勇猛處更加勇猛. ⑦忽然踢着磕着, 千了百當 到這裏. 正好見人. ⑧不問二十年三十年, 水邊林下, 長養聖胎. 天龍推出, 敢向人前, 開大口說大話. 金剛圈呑吐自在荊棘林中, 掉臂經過. 於一念中, 呑却十方世界, 吐出三世諸佛. ⑨·⑩若到這裏, 方許你頂盧舍那冠, 坐報化佛頭. / 其或未然, 晝三夜三, 高着蒲團, 急着眼睛, 看他是箇甚麼道理."

12) 같은 책, 「行狀」(『韓佛全』6, 703a·b), "投功德山, 妙寂菴了然禪師所祝髮. 然師問, 汝爲何事剃髮. 答云, 超出三界, 利益衆生, 請開示. 師曰, 汝今來此, 是何物邪. 答曰, 此能言能聽者, 能來耳, 欲見無體可見欲覓, 無物可覓. 未審如何脩進. 師曰, 吾亦如汝, 猶未之知. 可往求之有餘. 於是辭退, 遊歷諸山. 至正十四年甲申, 到檜巖寺宴處一室, 晝夜長坐, 勤脩四載, 一旦忽開悟. 欲往中國尋師訪道."; 〈碑文〉(710b), "入功德山, 投了然師祝髮. 師曰, 汝何事出家. 對以超三界利群生. 且請開示. 曰, 汝之來此, 是何物耶. 此能言能聽者, 能來爾, 但未知脩進之術. 曰, 吾亦如汝, 猶未之知. 可往求之有餘. 師至正甲申, 到檜巖, 晝夜獨坐, 忽得開悟, 尋師中國之志決矣."

13) 같은 책, 「行狀」(『韓佛全』6, 703a), "年至二十, 見隣友亡. 問諸父老曰, 死何之. 皆曰, 所不知也.": 〈碑文〉(710b), "年甫冠, 隣友亡. 問諸父老曰. 死何之. 皆曰, 所不知也."; 「行狀」(『韓佛全』6, 708a·b), "僧又問. 四大各離, 向什麼處去. 師交拳當心云, 只在這裏. 又問. 在這裏時如何. 師云, 別無奇特."

14) 『六祖大師法寶壇經』全1卷, 「行由第一」(『大正藏』48, 349c).

15) 야나기다 세이잔 著, 추만호·안영길 譯, 「全體作用」, 『禪의 思想과 歷史』(서울: 民族社, 1992), 135~136쪽.

16) 『勸修定慧結社文』(『韓佛全』4, 707a); 『牧牛子修心訣』(『韓佛全』4, 710a); 『法集別行錄節要幷入私記』(『韓佛全』4, 743a); 『禪門拈頌拈頌說話會本』5·7·17(『韓佛全』5, 160a·231a·525b).

17) 구보 노리다다 著, 崔俊植 譯, 『道敎史』(서울: 분도출판사, 2000), 206쪽 ; 요시오카 요시토요 著, 崔俊植 譯, 『中國의 道敎』(서울: 民族社, 1991), 166~169쪽.

18) 『景德傳燈錄』10, 「前池州南泉普願禪師法嗣—趙州觀音院(亦曰東院)從諗禪師」(『大正藏』51, 278a); 『佛果圜悟禪師碧巖錄』5, 「四五」(『大正藏』48, 182c); 『無門關』全1卷, 「趙州狗子」(『大正藏』47, 292c~293a).

19) 趙明濟, 〈2. 蒙山과 高峰의 看話禪 思想體系〉, 「高麗末 元代 看話禪의 수용과 그 사상적 영향—蒙山, 高峰을 중심으로」, 『普照思想』제23집(2005), 147~157쪽.

20) 『六祖大師法寶壇經』全1卷, 「行由第一」(『大正藏』48, 349b), "那箇是明上座本來面目."

21) 『潭州潙山靈祐禪師語錄』全1卷(『大正藏』47, 580b).

22) 『懶翁和尙歌頌』에는 6곳의 話頭에 대한 강조와 3번의 特定話頭에 대한 언급이 보인다. 話頭를 강조하는 대목에서 特定話頭가 나타나지 않는 것은 『歌頌』의 특성상 구체적으로 話頭가 언급되기 어려울 것으로 판단된다. 特定話頭와 관련된 언급은 다음의 脚註들에서 다루어지므로, 여기서는 話頭를 강조하는 6곳만 제시한다. 『懶翁和尙歌頌』, 「紹禪者求偈」(『韓佛全』6, 739b), "掃盡從前諸雜解, 話頭提起念加功. 一朝識破娘生面, 虎穴魔宮正路通"; 「惺禪者求偈」(739c), "提起話頭末後句, 經行坐臥起疑團. 疑團打破娘空轉, 倒向橫拈現一端"; 「蘭者求頌」(740b), "學道叅禪須勇猛, 話頭提起莫昏沉. 疑團打破虛空轉, 一道寒光爍古今"; 「示廉侍中(第四〇張)」(742a), "本自圓成不在言, 何勞開口爲君宣. 未興一念先提起, 蟇蹋威音更那邊"; 「示朴成亮判書」(743b), "提起話頭末後句, 翻來覆去起疑情. 疑來疑去無疑處, 掇轉虛空笑一聲"; 「警世五首(第四八張)」(744c), "要脫輪廻無別法, 祖師公案好提撕".

23) 같은 책, 「普說」(『韓佛全』6, 715c); 「示一珠首座」(724a); 「示得通居士」(725b); 「答李相國齊賢—又」(725c~726a); 「懶翁和尙歌頌」, 「希禪者求頌」(741b).

24) ②: 같은 책, 「普說」(『韓佛全』6, 715c); 「答李相國齊賢」(725c); 「懶翁和尙歌頌」, 「仲禪者求頌」

(742a). ③: 같은 책, 「示志得侍者」(724c) ; 「示知申事廉興邦」(726b) ; 「懶翁和尙歌頌」, 「休禪者求頌」(740a).

25) 無字話頭와 관련하여 「答李相國齊賢-又」에서는, '無字話頭가 다른 餘他의 話頭를 관통하는 최고의 話頭'라는 언급이 있어 주목된다. 「懶翁和尙歌頌」, 「答李相國齊賢-又」(『韓佛全』6, 725c~726a).

26) 蘇軾 撰, 「文與可畫篔簹谷偃竹記」, "所以畫竹必定要心裡先有完整的竹子形象, 拿起筆來仔細看去, 就看到了他所想畫的竹子, 急速起身跟住它, 動手作畫, 一氣呵成."

27) 「懶翁和尙歌頌」, 「雲禪者求頌」(『韓佛全』6, 740b), "學道猶如弄火團, 拶來拶去不須閒. 忽然拶得虛空轉, 萬里無雲秋色寒."

28) 『蒙山法語』, 「蒙山和尙示聰上人」, "寂寂惺惺, 心路不行時, 亦不知有幻身在人間, 但見箇話頭綿綿不絕."

39) 같은 책, "或有昏沈掉擧, 着些精彩, 提擧一二聲話頭, 自然諸魔消滅."

30) 같은 책, "忽然築着磕着, 崒地絕爆地斷, 洞明自己."

31) 같은 책, "悟後, 若不見人, 未免不了後事, 其害非一."

32) 『大慧普覺禪師語錄』14(『大正藏』47), "(868c)直須崒地折嚗地斷方敵得生死." · "(869a)只要得渠崒地折嚗地斷." · 卷22, 「示妙心居士(孫通判長文)」, "(903c)若於宗師一言之下, 崒地折嚗地斷, 便是徹底處也." · 卷23, 「示徐提刑(敦立)」, "(908b)故於脚跟下不能得崒地折嚗地斷耳." · 卷26, 「答陳少卿(季任)」, "(992c)不能得崒地便折, 嚗地便破." · 卷29, 「答樓樞密-又」, "(938c)忽然崒地破嚗地斷." · 卷30, 「答張舍人狀元(安國)」, "縱未得崒地折嚗地破."

33) 『蒙山法語』, 「蒙山和尙示聰上人」, "悟後, 若不見人, 未免不了後事, 其害非一. 或於佛祖機緣上有疑, 是悟淺未盡玄妙."

34) 『大慧普覺禪師語錄』17(『大正藏』47, 883b), "恰如狗看著熱油鐺相似, 要舐又舐, 不得, 要捨又捨不得."

35) 『高峰和尙禪要』, 「示信翁居士洪上舍」, "今日, 忽有人問, 萬法歸一一歸何處, 只向他道, 狗舐熱油鐺."

36) 『楊岐方會和尙語錄』全1卷(『大正藏』47, 642b), "我昔日行脚時, 被老和尙將一百二十斤擔子, 放在我身上, 如今且得天下太平."; 『圓悟佛果禪師語錄』20, 「楊岐和尙」(『大正藏』47, 807b), "三脚驢子弄蹄行, 解道鉢盂口向天. 荷擔他一百二十斤, 重擔子牽梨拽杷, 無端壞却慈明禪."

37) 『大慧普覺禪師語錄』16(『大正藏』47, 879a), "趙州將一百二十斤擔子, 一送送在他肩上." · 卷30, 「答鼓山逮長老」, "(942c)如擔百二十斤擔子, 從獨木橋上過, 脚蹉手跌, 則和自家性命不可保."

38) 『高峰和尙禪要』, 「通仰山老和尙疑嗣書」, "日前被老和尙, 所問拖死屍句子, 驀然打破, 直得魂飛膽喪, 絕後再甦. 何啻如放百二十斤擔子?"; 「示衆 其二」, "無藥可療. 後至雙徑, 夢中, 服斷橋和尙所授之丹, 至第六日, 不期觸發仰山老和尙, 所中之毒, 直得魂飛魄散, 絕後再蘇. 當時便覺四大輕安, 如放下百二十斤一條擔子相似."

39) 야나기다 세이잔 著, 추만호·안영길 譯, 『禪의 思想과 歷史』(서울: 民族社, 1992), 135~138쪽.

40) 김방룡은 功夫十節目의 ⑧·⑨·⑩을 知訥의 『眞心直說』을 염두에 둔 것으로 이해하였다. 김방룡, 「麗末 三師(太古普愚·懶翁惠勤·白雲景閑)의 看話禪 思想과 그 性格」, 『普照思想』 제23집(2005), 208쪽, "知訥의 『眞心直說』을 염두에 둔 인상을 받게 되는데, ⑧은 眞心妙用 ⑨는 眞心出死 ⑩은 眞心所往과 비슷함을 볼 수 있다."

41) 이창구는 ⑨까지를 聖胎를 기르는 漸修의 과정으로 파악하고, 최종적인 ⑩을 證悟의 경지로 이해하고 있어, 筆者의 관점과는 차이가 있다. 이창구, 「懶翁禪의 實踐體系」, 『三大和尙 硏究論文集Ⅲ-指空·懶翁·無學·涵虛和尙』(서울: 佛泉, 2001), 120~121쪽.

42) 『無門關』全1卷, 「兜率三關」(『大正藏』47, 298c), "兜率悅和尙, 設三關, 問學者, 撥草參玄, 只圖見性. 即今上人, 性在甚處. 識得自性, 方脫生死, 眼光落時, 作麽生脫. 脫得生死, 便知去處, 四大分離, 向甚處去."

43) 『大慧普覺禪師宗門武庫』全1卷(『大正藏』47, 951a·b), "62-兜率悅和尚, 首眾於廬山棲賢, 時洪帥熊佃通, 請住龍安兜率. 悅設三問, 以問學者. 一日, 撥草參玄只圖見性, 即今上人性在什麽處. 二日, 識得自性方脫生死, 眼光落地時作麽生脫. 三日, 脫得生死便知去處, 四大分離向什麽處去. 無盡有三頌酬之. 其一日. 陰森夏木杜鵑鳴, 日破浮雲宇宙清. 莫對曾參問曾晢, 從來孝子諱命名. 其二日. 人間鬼使符來取, 天上花冠色正萋. 好箇轉身時節子, 莫教閣老等閑知. 其三日. 鼓合東村李大妻, 西風曠野淚沾衣. 碧蘆紅蓼江南岸, 却作張三坐釣磯. 悅住兜率五年, 一日說偈日. 四十有八, 聖凡盡殺, 不是英雄, 龍安路滑. 奄然而化."

44) 『大慧普覺禪師語錄』24, 「示遵璞禪人」(『大正藏』47, 913c), "只要臘月三十日眼光落地時, 這一片田地, 四至界分, 著實分明."

45) 『景德傳燈錄』19, 「福州雪峯義存禪師法嗣下一韶州雲門山文偃禪師」(『大正藏』51, 357c), "忽然一日眼光落地, 到來前頭將什麽抵擬."

46) 眼光落地時와 관련된 宗杲의 표현은 앞의 것 외에 다음과 같은 것이 있다. 『大慧普覺禪師語錄』22, 「示永寧郡夫人(鄭兩府宅)」(『大正藏』47, 904b), "眼光落地時, 唯有平昔造善造惡兩路境界."

47) 『大方廣圓覺修多羅了義經』全1卷(『大正藏』17, 914b), "四大各離, 今者妄身, 當在何處."

48) 『宗鏡錄』 구절은 『圓覺經』을 그대로 답습하고 있다. 『宗鏡錄』66(『大正藏』48, 790c) ; 『宗鏡錄』79 (『大正藏』48, 856a).

49) 『景德傳燈錄』26, 「前天台山德韶國師法嗣一杭州慧日永明寺智覺禪師延壽」(『大正藏』51, 422a), "高麗國王覽師言教 遣使齎書敕弟子之禮 奉金線織成袈裟紫水精數珠金澡罐等 彼國僧三十六人親承印記 前後歸本國各化一方". 같은 내용이 『宋高僧傳』28, 「宋錢塘永明寺延壽傳」(『大正藏』50, 887b)나 『五家正宗贊』4, 「永明智覺禪師」(『大正藏』78, 621a) 등에서도 살펴진다.

50) 『懶翁和尚語錄』, 「行狀」(『韓佛全』6, 708a·b), "時有僧問. 正當伊麽時如何. 師竪起拳頭. 僧又問. 四大各離, 向什麽處去. 師交拳當心云, 只在這裏. 又問. 在這裏時如何. 師云, 別無奇特."

51) 같은 책, 「結制上堂」(『韓佛全』6, 713a), "師云眼橫鼻直皆相似." ; 「普說」(715b), "臨濟眼橫鼻直, 諸人眼橫鼻直, 覓一絲毫異相不得. 覓一絲毫同相不得." ; 「示辛相國廉二首」(742c), "忽覺眉毛橫眼上, 不勞脩道得心歡." ; 「讚出山像」(745c), "人人鼻直兩眉橫, 何事饑寒雪嶺行."

52) 『孟子』, 「萬章 下」, "0106/1: 孔子之謂集大成. 集大成也者, 金聲而玉振之也."

308

본고는 나옹이 공부선의 판단기준으로 제시하고 있는 '삼구 → 공부십절목 → 삼관' 중에서 마지막 삼관(三關)을 분석 고찰한 것이다. 나옹은 기존에 선문(禪門)에서 널리 사용되던 삼관을 나옹이 공부선의 판단기준에 맞춰 새로운 구조로 조합하였다. 즉 나옹삼관에는 이전의 선문삼관들을 바탕으로 해서, 이를 넘어서는 시대정신이 잘 온축되어 있는 것이다.

나옹삼관은 공성(空性)으로 현상의 대립과 같은 일체의 문제를 극복하고, 본래면목의 자각을 통한 변만(遍滿)으로 미혹이 존재할 근거를 소멸한다. 그리고는 일상으로 다시금 복귀하는 모습을 보이고 있다. 이는 공부선의 판단기준과 관련된 나옹 선사상의 가장 두드러진 특성이며, 본래완성의 자각이라는 남종선의 면모를 간결하면서도 유연하게 잘 드러내주고 있어 주목된다.

11

나옹삼관懶翁三關의
선사상 고찰

I

서론

나옹은 공부선의 판단기준으로 '삼구(三句) → 공부십절목(功夫十節目) → 삼관(三關)'을 제시하였다. 이 중에서 본고는 마지막 삼관에 대한 부분을 분석 고찰한 것이다. 나옹은 본래 공부선과 관련해서 3단계 의 문제를 생각했지만, 실제로 공부선장에서 사용된 것은 삼구와 삼 관뿐이다. 그런데 이 중 삼구는 문제가 너무 단순하기 때문에 나옹 선사상의 관점 모색이 용이하지 않다. 그러나 삼관의 경우는 삼구에 비해서 문제가 훨씬 구체적이다. 이는 삼관을 통한 나옹 선사상의 접근과 파악이 가능하다는 것을 의미한다.

이를 위해서 본고에서는 먼저 나옹삼관과 그 이전의 선문에서 살 펴지는 삼관들을 검토해, 나옹삼관의 영향관계와 특징을 분명히 해 보고자 한다. 이와 같은 작업을 바탕으로 공부선의 유일한 합격자 인 혼수(混修)의 삼관에 대한 답변을 통해, 나옹삼관의 의미에 관해 서 모색하여 보았다. 그리고 마지막으로 삼관 중 가장 유명한 것이 어서 나옹 역시 숙지하고 있었을 것으로 판단되는 조주(趙州)와 몽산

(蒙山)의 삼관을 살펴보고, 이를 통해 나옹삼관과의 관점 차이를 부각해 보고자 한다. 이는 나옹삼관의 관점과 내용을 보다 명확하게 하는 작업이 될 것이다.

이상의 연구접근을 통해서, 공부선에서 마지막 시제라고 할 수 있는 삼관의 구조와 특징에 대해서 살펴보게 된다. 이 작업은 공부선과 나옹 선사상의 색깔을 보다 분명히 한다는 점에서, 충분한 연구의의를 확보한다.

II

선문(禪門)에서의 나옹삼관과 구조

1. 나옹삼관과 선문(禪門)의 삼관(三關)

나옹은 공부선의 평가방법으로 '삼구 → 공부십절목 → 삼관'을 제시
하였지만, 혼수에 대한 평가에는 '삼구 → 삼관'만이 사용될 뿐이다.
삼관에서의 '관(關)'이란 기관(機關) 혹은 관문(關門)이라는 의미다.

그런데 「나옹행장」이나 〈혼수비문〉과 달리 『나옹어록』과 『백운어
록』에는 이것이 삼전어(三轉語)로 기록되어 있다. 이는 삼관이 삼전어
로도 불렸다는 것을 의미한다. 실제로 삼관을 삼전어와 통용하는 것
은 『무문관』 제47칙의 '도솔삼관(兜率三關)'을 무문혜개(無門慧開)가 삼
전어로 이해하고 있는 것이나,[01] '황룡삼관(黃龍三關)'을 삼전어로 이해
하는 사례 등에서 확인된다.[02] 삼전어에는 전회의 의미가 존재한다
는 점에서 엄밀하게 규정하면, 양자는 다른 방식의 선어(禪語)체계라
고도 할 수 있다. 그러나 본래면목의 자각을 위한 수단으로써 동일
목적을 위해 구조화된 세 가지 선어라는 점에서 보면, 양자는 점차

혼용된 것으로 판단된다. 삼관과 삼전어뿐만 아니라 삼구와 삼전어도 혼용되는 모습이 확인된다. 이는 운문의 사법제자인 파릉(巴陵)의 삼구를 운문이 삼전어로 이해하는 것으로 뒷받침된다.[03] 이상을 종합하면 삼전어가 가장 포괄적인 개념이고, 그 안에 삼관과 삼구 등이 포함되던 것이 동일목적에서 상호 혼용된 것으로 이해된다. 그런데 삼구와 삼관 및 삼전어의 개념과 관계를 고려하면, 삼구의 상위에 삼관을 배치한 나옹의 관점이 반드시 타당한 것은 아니다. 그러나 나옹의 삼구는 삼문과 연결되어 있으므로 그 순서의 위계 부분을 보다 분명히 정한 것으로 이해된다.

선종의 삼관으로 대표적인 것은 송대 불교에서 유행한 『능엄경(楞嚴經)』에서 항주 천축사의 자운준식(慈雲遵式, 964~1023)이 도출한 능엄삼관이다. 능엄삼관은 자운준식이 『능엄경』의 주석자에게 세 가지를 질문한 것이다. "첫째, 진정묘원(眞精妙元)한 성정명심(性淨明心)을 어떻게 주석해야 알음알이가 될까? 둘째, 삼·사와 사·삼이 완전십이(宛轉十二)이고, 유변(流變)하여 삽첩(三疊)하면 일십백천(一十百千)이라 하였으니, 이것은 어떤 뜻인가? 셋째, 이십오성(二十五聖)이 증득한 원통(圓通)과 관련하여 (붓다께서는) 실로 우열이 없다고 하였는데, 문수는 어찌하여 홀로 관(세)음만이 얻었다고 하였는가?"이다.[04] 송대의 『능엄경』은 당대의 『원각경』을 대체하는 선문의 대표 경전으로 인식되었다. 그러므로 이를 통한 정리가 유행하였던 것이다.

그리고 임제종 양기파와 더불어 황룡파의 시조인 황룡혜남(黃龍慧南, 1002~1069)에 의한 황룡삼관도 있다. 황룡삼관은 "첫째, 상좌(上

座)의 생연처(生緣處)는 어떤 곳인가? 둘째, 내 손이 붓다의 손과 같은 가? 셋째, 내 다리가 나귀의 다리와 같은가?"이다.[05] 이는 본질에 대한 물음을 통하여 완전성의 관점 환기를 촉구하고, 최상의 이상인격인 붓다와의 같음과 천한 나귀와의 같음을 질문함으로써 만물을 차별상 가운데서 그 자체로 제일(齊一)시키는 방식이다. 다시 말하면, 황룡삼관은 완성된 본질을 바탕으로 하는 고저의 구조를 취하고 있으며, 최후는 일상의 자각이라고 할 수가 있겠다.

앞의 능엄삼관은 『능엄경』에 대한 의문을 간취하여 상대의 관점을 환기시키는 것이므로, 나옹의 삼관과 구조나 내용면에서 차이가 있다. 물론 황룡삼관은 고저의 대비를 통하여 일상의 자각을 촉구하는 점에서 일부나마 구조적인 유사성이 보인다. 그렇지만 '생연처'라는 본질적인 물음을 바탕으로 삼는다는 점에서, 작용이 보다 강조되는 나옹의 삼관과는 다른 면모가 있다. 남종선이 본질적인 완성을 바탕으로 작용을 강조한다는 점(全体作用)을 고려한다면, 황룡삼관은 나옹의 삼관에 미치지 못한다. 위와 같은 차별상에도 불구하고, 기존의 삼관이 나옹에게 영향을 미쳤다는 점은 부정하기 어려울 것이다.

삼관은 또한 삼관어(三關語)로도 표현된다. 이는 몽산삼관어(蒙山三關語)에 의해 뒷받침된다. 몽산삼관어는 몽산이 학인들을 점검하기 위해서 고안한 것이다. 나옹 역시 몽산삼관어를 숙지하였을 것이다. 그 근거는 고려불교에 대한 몽산 선풍의 영향으로써, 나옹의 공부십절목이 몽산의 무자십절목(無字十節目)과[06] 내용이 다르지만 제목이 유사하다는 점을 들 수가 있다. 아울러 『백운어록』에도 몽산의 삼관어가 보인다는 점도[07] 한 방증이 된다. 그밖에 대표적인 삼전어로는 조주삼전어(趙州三轉語)가 있다. 조주삼전어도 선문에서 널리 회자되는 것이므로, 나옹도 숙지하고 있었을 것으로 판단된다.

2. 나옹삼관의 의미와 구조분석

공부선과 관련하여 삼관이란 명사는 『나옹어록』의 독립된 항목에서는 삼전어로 기록되어 있다. 바로 삼관이 삼전어와 혼용되었던 것이다. 삼관과 삼전어의 개념은 공부선이라는 시험과 관련해서는 관문이나 기관이라는 의미의 삼관이 더 타당하고, 이후의 일상적인 선구로 사용될 때는 삼전어라는 용어가 더 합당하다. 이러한 측면에서 이들 용어의 편차가 발생하는 것으로 판단된다.

삼관은 『나옹어록』에도 〈혼수비문〉과 거의 같은 문구가 확인된다.[08] 삼관은 삼구에서와는 달리 나옹의 구체적인 물음이 존재하기 때문에, 나옹의 의도파악에 보다 용이한 면이 있다. 나옹의 삼관 물음은 다음과 같다.

> 일관: 산하악변지(山何嶽邊止) — [작은] 산은 어째서 큰 산 가에서 그치는가?
> 이관: 수하도성거(水何到成渠) — [적은] 물은 어찌하여 도랑을 이루는가?

삼관: 반하백미주[飯何白米做(造)] – 밥은 어째서 백미로 짓는가?[09]

　　가장 먼저 확인되는 사항은 나옹이 미리 다섯 글자로 구성된 문제를 만들었다는 점이다. 이는 공부선과 관련해서 나옹이 치밀한 준비와 특정한 답변을 상정하고 있었다는 것을 의미한다. 사실 '답을 상정하는 문제가 과연 선에 존재할 수 있는가?'는 의문이지만, 공부선이라는 평가가 불가피한 상황에서는 답변의 상정도 필수적이다. 그러므로 여기에는 나옹의 선에 대한 관점이 보다 분명하게 드러나 있을 것으로 판단해 보는 것은 어렵지 않다.

　　또 나옹의 삼관은 전체가 나옹의 독창적인 관점은 아니라고 판단된다. 그 이유는 제1관과 같은 경우는 원오극근(圜悟克勤)의『어록』에 3차례나 등장하는 "천봉세도악변지(千峯勢到嶽邊止), 만파성귀해상소(萬派聲歸海上消)."라는[10] 구절과 유사하며, 제2관 역시『벽암록』·『종경록』·『경덕전등록』 등에 수록되어 있는 "수도거성(水到渠成)"과 흡사하다.[11] 그리고 제3관은『대혜어록』에 수록되어 있는 "반시미주(飯是米做)"라는[12] 구절에서 엇비슷함이 확보되기 때문이다. 이 구절들이 수록된 문헌들은 모두 당시 선종에서 일반화되어 있는 전적이므로 이를 나옹이 인지하지 못했다는 것은 이해하기 어렵다. 그러나 나옹의 삼관과 같은 구조와 정형성은 나옹 이전에는 살펴지는 것이 없다. 그러므로 이와 같은 구조적인 완성은 나옹의 관점에 의해서 재정립된 것으로 판단된다. 즉 선문의 여러 전설들 중 필요한 것을 공부선이라는 상황의 필연성에 입각해서 나옹이 구조화한 것이 바로 나옹의 삼관인 것이다.

삼관은 '산(山) → 수(水) → 반(飯)'으로 이루어진 구조다. 또한 삼구에서와 같이 삼관도 시험을 위한 상향식구조라는 점에서 보면, 산이 가장 낮고 밥이 가장 높다는 것을 알 수 있다. 삼관에서 산과 물은 각각 일반적인 관점의 높고 낮음을 의미한다. 다만 나옹은 일반적인 산수의 의미를 찾는 데 그치는 것이 아니라, 그 일상적인 가치에 대한 재해석을 요구하고 있는 것이다.

산·수가 자연에서의 대비관계를 형성하고 있다면, 밥은 산수 전체와 대비되는 인사(人事)이자 일상성을 상징한다. 삼관에는 자연에서의 대비와 전체적으로 인위적인 일상과 대비되는 이중적 구조가 갖추어져 있다. 게다가 삼관에서 확인되는 질문은 모두 일상적이다. 다시 말하면 세 가지 질문의 공통점은 일상이고, 그 궁극적인 귀결도 밥을 통한 일상의 환기로 맺어진다. 요컨대 삼관이란 '일상에 대한 일상의 환기'라고 하겠다. 이러한 구조를 간략히 도식해보면 다음과 같다.

三關의 구조

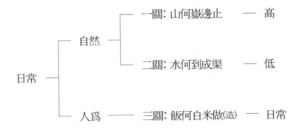

319

불교에서의 산이란, 중요한 상징의미를 지닌다. 수미산(須彌山) 우주론(宇宙論)에서 수미산은 축산(軸山)인 동시에 산왕(山王) 및 묘고(妙高)로 일컬어진다. 또한 향산(香山)이나 흑산(黑山)과 같이 히말라야와 직접 관련된 다수의 외경적 관점도 확인된다. 산악의 숭배는 비단 인도문화에 의한 불교적인 것만은 아니다. 주지하다시피 우리나라도 산이 많은 관계로 고대로부터 삼산(三山)·오악(五嶽)과 같은 산악신앙이 뿌리 깊게 유전되었다.[13] 그럼에도 불구하고 나옹은 삼관에서 산을 최하위에 놓았다. 이는 선의 역설적 측면과 관련된 것이다. 또한 산에 대한 물음도 큰 산과 연관시켜서 묻고 있다.

산에 높은 존숭의 의미가 존재한다면, 물은 일반적인 인식에서는 낮고 흔한 것으로 평가된다. 물론 중국철학에는 『관자(管子)』의 「수지(水地)」편이나[14] 『노자(老子)』 제8장의 "상선약수(上善弱水)" 또는 66장의 "백곡왕(百谷王)"과 같은 물의 덕을 높이는 측면도 존재한다.[15] 그렇다고 하여 나옹이 삼관에서 이와 같은 관점을 취하여 이관인 물을 일관인 산보다 높였다고는 생각되지 않는다. 왜냐하면 『나옹어록』에는 물과 관련된 어떠한 긍정적 인식도 보이지 않기 때문이다. 그러므로 이관도 일관처럼 선적인 역설의 관점에서 판단하는 것이 보다 합당하다. 나옹이 일관에서 산의 높음을 언급했다면, 이관에서는 물이 낮은 곳으로 흐르는 유연성을 말한 것이다. 이렇게 되면 일관과 이관은 상호 대비 관계 속에서 구조화된 것임을 알 수가 있다.

산의 높음보다는 물의 낮음을 귀하게 여기는 역설은 삼관에 와서 일상을 통한 관점 환기로 정점을 찍는다. 밥이란 '일상다반사(日常茶飯事)'에서처럼 평상시에 반복되는 인위적인 측면을 말한다. 그런데 이와 같은 단순한 일상은 자연의 산수보다도 오히려 높은 위치를 차지한다. 이는 나옹 선사상의 현실긍정과 일상성을 잘 보여준다. 다시 말하면 평범한 일상에서 그 자체의 관점을 환기시켜 힘을 내는 것, 이것이 바로 선의 정신이다. 나옹은 이러한 선종의 정맥(正脈)을 간결하게 구현하고 있다. 이를 통해서 나옹의 선사상은 특수를 넘어선 보편으로, 일상에서 힘을 쓰는 특징이 있음을 알게 된다.

Ⅲ

나옹삼관의 선사상적인 특징

1. 혼수 답변의 타당성과 나옹의 관점

나옹의 공부선 시제 중 삼구와 삼관에 대한 혼수의 답변을 고찰할
수 있는 자료는 혼수 측의 기록만 있다. 특히 혼수의 대답에 대해 나
옹이 고개를 끄덕이며 수긍하는 모습은 혼수의 답변과 함께 나옹의
관점을 읽어볼 수도 있게 한다. 그러므로 〈혼수비문〉에 대한 검토는
나옹의 관점을 이해할 수 있는 자료가 된다. 〈혼수비문〉에 나오는
삼관의 내용은 다음과 같다.

> 나옹이 또 삼관으로 물었다. "[작은] 산은 어째서 큰 산 가에서 그치
> 는가?"
> 답하였다. "높은 것을 만나면 낮아지고, 낮은 것을 만나면 곧 그치는
> 법입니다."
> [또] 물었다. "[적은] 물은 어찌하여 도랑을 이루는가?"

답하였다. "대해(大海)의 잠류처(潛流處)가 도랑일 뿐입니다."

[또] 물었다. "밥은 어째서 백미로 짓는가?"

답하였다. "사석(沙石)으로 쪄서 짓는다면, 어떻게 좋은 음식이 이루어지겠습니까?"

나옹이 이에 고개를 끄덕이며 [수긍]하였다.

[그러자] 주상(主上)이 유사(攸司)에게 명하여, 입격문(入格文)을 만들어 종문(宗門)에 두게 하였다.[16]

제일관에 대한 혼수의 답변은 높고 낮음에 대한 상대론적인 것이다. 그 의미는 산이 높은 것도 하늘처럼 더욱 높은 것과 비교될 때는 낮은 것일 수밖에 없고, 더 낮은 것과 비교될 때는 이미 높으므로 더 높아질 필요가 없다는 것이다. 다시 말하면 이는 높고 낮다는 것이 모두 상대적인 것이므로, 여기에서 중요한 것은 절대적인 높음이 아니라 중도와 같은 적절성이라는 의미이다. 이는 '실체를 부정하는 공'과 '현상적인 타당성의 중도'를 말하는 것으로 이해된다.

『나옹어록』에 보이는 상대적인 관점은 거의 없다. 거의 유일하다고 할 수 있는 것이 「신광사입원(神光寺入院)」에 나오는 "공적으로는 바늘도 용납될 수 없으나, 사적으로는 거마(車馬)도 통한다는 것"이다.[17] 그러나 이는 나옹만의 표현이 아닌 중국의 선어록에 다수 등장하는 표현이다. 이런 점에서 본다면, 혼수의 답변이 나옹의 생각과 정확하게 일치하는가의 여부에 대해서는 좀 더 신중한 자세도 필요하다. 다시 말하면 혼수 답변의 전부가 나옹과 일치된 견해가 아닐 수도 있다는 말이다.

제이관에 대한 혼수의 답변은 물이 낮게 흘러 보잘 것 없지만, 그것은 모두 바다로 연결된다는 변만성(遍滿性)을 강조한 것이다. 혼수의 경우 일관의 대답이 비실체인 공 관점의 상대론적인 것이라면, 이관의 대답은 전체적인 완성의 충만을 나타낸다. 물이 낮은 곳으로 흘러 바다로 모인다는 것은 앞의 『노자』 66장에서도 보이는 철학적 관점이다. 또한 모든 물이 하나로 연결되어 있다는 관점은 동아시아 문화의 일반론이다. 그러므로 혼수의 대답은, 물은 바다라는 완전성을 내포한 상태에서 모든 곳에 두루 편재한 존재이므로 딱히 낮은 것도 아니라는 의미이다. 이는 앞의 산에 대한 대답이 낮은 곳에서 그친다는 것과는 상반되는 인식이다. 다시 말하면 혼수도 나옹의 역설에 대해 반대 역설로 선어를 완성하고 있는 것이다.

『나옹어록』에서 혼수의 답변과 상응할 수 있는 구절은 다음의 두 가지를 생각할 수 있다. 첫째는 「지공화상탄생지신(指空和尙誕生之晨)」의 "비록 흑·백과 동·서에는 다름이 있지만, 비공(鼻孔)의 당당함은 매한가지다."[18]이며, 둘째는 「답리상국제현-우(答李相國齊賢-又)」의 "비로소 하나는 짓지 않는 것이며, 둘은 쉬지 않는 것임을 알 것이다."[19]라는 대목이다. 우선 첫째는 차별을 관통하는 일관성을 의미한다. 본 의미는 검은 얼굴의 지공이 서쪽에서 왔지만 그 본질적인 선법의 깨침은 동아시아의 선종과 일치한다는 내용이다. 차별을 넘어 보편을 의미한다는 점에서 양자는 유사하다. 둘째는 짓지 않으면서 쉬지 않는 본질에 대한 것으로, 이것도 혼수가 말한 차별 이면 속의 보편과 통한다. 물론 이 구절들이 완벽한 정합성을 보이는 것은 아니지만, 그럼에도 나옹이 혼수를 긍정하는 하나의 타당성을 여기에서 확인할 수는 있다.

또한 『나옹어록』의 「결제상당보설(結制上堂普說)」에는 삼관의 제일관과 제이관의 의미와 연결될 수 있는 내용도 수록되어 있다. 이는 "땅이 산을 높인 것이지만 산의 높음을 알지 못하는 것과 같고, 돌이 옥을 머금었지만 옥의 흠결 없음을 알지 못하는 것과 같다"는 것이다.[20] 그 의미는 차별상과 그 차별상을 초월한 본래완성의 변만성을 나타낸다. 특히 이 구절은 나옹이 스스로 같은 의미로 보다 분명하게 드러내는 부분이 있어 이해가 더욱 용이하다. 이는 해당 구절의 바로 앞에 배치되어 있다.

담연(湛然)하여 변이(變異)가 본무(本無)이며, 허철(虛徹)하여 영통(靈通)이 자재(自在)하다. 묘진(妙盡)의 공망(功忘)한 공처(空處)에서 적조지중(寂照之中)으로 되돌아가는 저 일구(一句)는 소리[말]에 앞서 전부가 드러나 있어 개천(盖天)·개지(盖地)하고 개성(盖聲)·개색(盖色)한다. 서건(西乾)의 사·칠조사(四·七祖師)도 이로부터 기틀을 잃고, 동진(東震)의 이·삼조사(二·三祖師)도 여기에서 입을 잃어버렸다. 요호호처(鬧浩浩處)에서는 명교교(明皎皎)요, 명교교처(明皎皎處)에서는 요호호(鬧浩浩)라. 직하(直下)에서는 왕의 보검과 같고 취모검(吹毛劍)에 비견되는데, [이미 드러난 진실을 모르는] 복시(伏屍)가 만리(萬里)로다.[21]

이는 본래적인 항상과 변만성에 대한 것이다. 이 구절의 다음에 "갱설십마(更說什麼)"가 들어가고 다시금 앞의 산과 옥의 언급이 나온 다는 점에서, 앞의 구절도 본래적 항상과 변만에 대한 내용이라는 것을 분명하게 알 수 있다. 또한 이는 삼관의 제일·이관의 의미와도 상통하는 것이다. 그러므로 이는 혼수의 답변이 나옹의 뜻에 부합한 다는 증거가 된다.

제삼관에 대한 혼수의 답변은 '밥을 쌀이 아니면 모래로 짓는단 말인가?'라는, 일상을 일상의 관점으로 재차 환기시키는 역설이다. 다시 말하면 제일관과 제이관이 특수에 대한 보편의 역설을 말하고 있다면, 삼관은 일상을 일상으로 자각하기 위한 역설이다. 이와 같 은 일상성에 대한 나옹의 언급은 상당하다. 이는 남종선의 목적이 일상과 유리되지 않는 현재자각을 강조하기 때문이다.

혼수의 답변과 의미적인 연관관계 속에서 이해될 수 있는, 대표 적인 나옹의 언급은 다음과 같다.

"어떤 것이 북숭봉(北崇峰) 앞의 경계입니까?"
스승이 말하였다. "산문은 예로부터 남쪽으로 향해 열려있다."
물었다. "어떤 것이 경계 중의 사람입니까?"
스승이 말하였다. "눈은 가로고 코는 세로이니, 모두 이와 같도다."[22]

"어떤 것이 학인 본분의 일입니까?"
스승이 말하였다. "옷 입고 밥 먹는 것이다."[23]

"어떤 것이 [천 명의 성인도] 전하지 못하는 일입니까?"

스승이 말하였다. "네가 묻고 내가 답하는 것이다."[24]

문득 눈썹이 가로인 눈 위에 있다는 것을 깨달으면,

힘들여서 수도하지 않아도 마음의 기쁨 얻으리라.[25]

이러한 내용들은 모두 밥을 쌀로 짓는 것처럼, 일상성을 나타내는 것들이다. 이 중 산문이 남향으로 열려 있다는 것은, 동아시아 중국문화권에서는 명당건축에 의해 남향하는 측면이 사찰에 수용되어 정착된 것이다.[26] 참고로 인도불교의 경우는 사원의 문이 동향이다.[27] 그러나 이는 중국문화권으로 정착되면서 배경문화에 입각하여 수정되었다.

삼관은 삼구와는 달리 선적인 지견의 완성을 보이는 부분이다. 그럼에도 불구하고 간화(看話)와 연관된 역설을 통한 관점 환기의 양상이 전혀 살펴지지 않는다는 점은 상당히 특이하다. 지눌과 같은 경우에도 간화경절문(看話徑截門)을 설시하고 있다. 그러므로 나옹이 이와 같은 부분을 쓰지 않는 것은 분명 이례적이다. 물론 나옹은 『나옹어록』과 『나옹가송』의 여러 곳에서 간화와 역설을 통한 관점환기 방식을 강조하며 사용하였다. 그러나 보우와는 달리 나옹은 이를 절대시하지는 않는다. 이런 점에서 본다면, 공부선의 삼구와 삼관에서 화두와 역설적인 관점 환기가 사용되지 않는 것은 나옹의 선사상 이해에 있어 중요한 관점을 시사한다고 하겠다.

2. 조주 · 몽산과의 관점 차이

본 항에서는 나옹이 삼관을 제시하기에 앞서, 이미 숙지하고 있었음직한 조주의 삼전어와 몽산의 삼관어를 제시해 보고 이를 나옹의 삼관과 비교해 보고자 한다. 이는 기존의 일반론과 다른 나옹 선사상의 특징을 도출하는 토대가 될 것이다. 먼저 조주의 삼전어는 다음과 같다.

> 조주종심 화상이 당(堂)에 올라 말했다.
> "금불(金佛)은 용광로를 건너지 못하고,
> 목불(木佛)은 불을 건너지 못하며,
> 니불(泥佛)은 물을 건너지 못하지만,
> 진불(眞佛)은 [언제나] 속 안에 앉아 있구나."[28]

조주의 삼전어는 형상을 초월하는 이면의 본질이 여여부동함을 나타내고 있다. 이에 대해서는 두 가지 해석이 가능하다. 첫째는 불상은 방편이며 진불은 인간의 본질에 언제나 항상 존재하고 있다는 것이며, 둘째는 모든 것은 방편일 뿐으로 진불은 그 이면에 언제나 항존한다는 의미이다.

조주의 삼전어는 현상과 본질의 이중구조를 제시하는 동시에 보다 중요한 것이 본질임을 강조하고 있다. 이는 나옹이 삼관에서 차별과 일상의 이중구조를 제시한 다음 이를 일상으로 귀납시키는 측면과 유사한 논리다. 그러나 본질을 현상의 이면에서 보는 조주에 비해 나옹은 현상 자체를 전체로 긍정하고 있다는 점에서, 조주삼전어의 경계를 넘어서는 삼관의 논리를 살펴볼 수 있다. 물론 조주도 '끽다거(喫茶去)'나 '정전백수자(庭前柏樹子)' 등의 선화(禪話)를 통하여[29] 일상의 보편에 대한 강한 긍정을 보여주고 있다. 그러나 조주의 삼전어에는 일상보다는 차별을 넘어서는 보편적 초월이 강하게 드러나 있을 뿐이다. 이런 점은 나옹의 삼관과 다르다. 이 부분에서 나옹의 삼관은 조주의 삼전어를 모사한 것이 아니라, 이와는 다른 독창성을 지닌 것으로 인식해 볼 수 있다.

이어 몽산의 삼관어는 다음과 같다.

스승이 삼관어를 베풀어 배우는 이들을 시험하였다.

말하였다. "[모기 눈썹에 산다는] 초명충(蟭螟蟲)이 마른 창해(滄海)를 [단숨에] 들여 마시면, 물고기·용·새우·게 [등의 어족들은] 어느 곳에서 안신입명(安身立命)하겠는가?

또 말했다. 해파리가 비상하여 [색계의 최상인] 색구경천(色究竟天)에 이르러 [천주(天主)인] 마혜수라(摩醯首羅)의 눈 속에 들어가 춤을 추는데, 어째서 보지 못하는가?

또 말했다. 연호교(蓮湖橋)는 일체인(一切人)을 위해서 곧장 가리키는데, 명안인(明眼人)은 어째서 우물에 떨어지는가?[30]

몽산의 삼관어에서 일관어는 『열자(列子)』의 「탕문(湯問)」편에 등장하는 동아시아 사유 속에서 가장 작은 생물인 초명(焦螟)이,[31] 마른 대해(大海)라는 가장 큰 것을 들어 마시는 대소의 모순과 그 모순 가운데에서도 일관된 평안에 대한 질문이다. 특히 여기에서의 대해는 '마른 대해'라는 점에서 이중모순 구조를 드러내고 있어 주목된다. 일반적인 불교관점에서 대소의 역설은 인도적인 비유인 '수미산이 겨자씨에 들어가는 것'으로 나타난다.[32] 이와 달리 몽산은 중국의 도가적인 관점에 따른 비유를 들었다. 이관어는 가장 낮은 곳에 사는 생물인 해파리가, 색계 18천 중 가장 높은 곳에 위치하는 신인 마혜수라의 눈에 들어가도 문제가 없는 상하의 모순과 그 모순성에 어떤 문제도 없는지에 대한 물음이다. 끝으로 삼관어는 드러난 곧음이 있음에도 굳이 어둡고 제한적인 우물에 빠지는, 눈 밝은 장님에 대한 문제를 제기한 것이다.

몽산의 삼관어는 대소와 상하의 모순 및 드러난 현실의 왜곡문제를 나타내고 있다. 이는 나옹의 삼관이 고저와 일상의 환기를 말한 것과 유사하다. 그렇지만 나옹의 삼관이 특별히 상호모순과 역설을 강조하지 않고 일상의 자각을 면면히 이어가고 있는 것과는 분명히 큰 차이가 있다. 이것으로만 판단하면, 나옹의 선적인 관점은 '일상성'이라는 남종선의 종지에 보다 더 충실하다. 이런 점에서 나옹은 전철(前轍)을 넘어서는, 보다 분명한 선의 경계를 보인다고 하겠다.

이상에서 필자는 나옹의 삼관과 조주의 삼전어 및 몽산의 삼관어를 비교하였고, 그 결과 나옹이 선행한 선의 견해들을 수용하면서도 이를 초월하여 독창적인 해법을 제시하였음을 드러내었다. 나아가 이는 나옹 선사상의 가장 큰 특징인 일상에 대한 깊은 긍정으로 귀결된다.

IV

결론

이상을 통해서 공부선의 시제 중에서 공부선장에서 사용된 최종문제인 삼관에 대해서 살펴보았다. 삼관은 나옹의 구체적인 문제제시가 있기 때문에, 삼구에 비해서는 나옹의 관점이 보다 명확하게 드러난다. 그러나 이 역시도 총 5언 15자에 불과하다는 한계가 있다. 그렇지만 나옹이 긍정한 혼수의 답변, 그리고 이와 의미적으로 통할 수 있는 『나옹어록』과 『가송』이 존재한다는 점에서 그 의미의 대체를 파악해보는 것은 충분히 가능하다.

　나옹삼관과 관련해서 가장 먼저 파악되는 것은, 삼관이 나옹이전에도 선문에서 널리 사용되던 것을 나옹이 공부선의 판단기준에 맞춰 새로운 구조로 조합한 것이라는 점이다. 즉 나옹삼관에는 전설의 선문삼관들을 바탕으로 해서, 이를 넘어서는 온고지신의 정신이 잘 온축되어 있는 것이다. 이런 점에서 나옹삼관의 의의는 삼관이라는 자체나 삼관의 각각적인 구절이 아닌, 나옹삼관의 전체구조와 선사상적인 관점에서 특징이 찾아져야만 한다.

다음으로는 나옹삼관의 내용과 관련해서, 나옹삼관과 혼수의 답변을 통해 고찰된 나옹삼관의 선사상적인 특징은 각각의 삼관에 맞추어 다음의 3가지로 정리해 볼 수 있다. 제일관은 공성(空性)으로 현상의 대립과 같은 일체의 문제를 극복하는 측면이고, 제이관은 본래면목의 자각을 통한 변만으로 미혹이 존재할 근거를 소멸하는 모습이 살펴진다. 그리고 마지막 제삼관은 일상으로 다시금 복귀하는 구조를 보이고 있다. 이는 삼구에서도 확인되는 측면으로 공부선의 판단기준과 관련된 나옹 선사상의 가장 두드러진 특성이라고 하겠다.

총체적인 관점에서 나옹삼관은, 일상의 환기를 통한 본래완성의 자각이라는 남종선의 면모를 간결하면서도 유연하게 전개하고 있다. 그런데 여기에는 남종선에서 흔히 강조되는 화두와 역설을 통한 관점 환기와 같은 양상이 전혀 살펴지지 않는다. 이는 삼구와 공부십절목에서도 확인되는 나옹의 공부선 판단기준에서 살펴지는 또 다른 중요한 특징이다. 물론 나옹에게도 공부선의 판단기준을 제외한 『나옹어록』이나 『가송』에서는 간화를 강력하게 주장하는 모습들이 다수 존재한다. 그러나 보우처럼 간화선의 절대화 경향은 뚜렷하게 나타나지 않는다. 이는 나옹의 선에 대한 이해가 전통적인 간화선을 활용하면서도, 간화선을 넘어서는 새로운 경계로 넘어가고 있었다는 인식을 가능하게 한다. 이는 나옹 선사상에 대한 논의를 한 단계 진일보시킬 수 있다는 점에서 시사하는 바가 크다. 즉 나옹삼관을 통해서 드러나는 나옹 선사상의 특징 속에는 탈간화선적인 모습에 관해서도 인지해 볼 수 있는 것이다.

[**11**장 주석]

01) 『無門關』全1卷, 「兜率三關」(『大正藏』47, 298c), "兜率悅和尚, 設三關, 問學者, 撥草參玄, 只圖見性. 即今上人, 性在甚處. 識得自性, 方脫生死, 眼光落時, 作麼生脫. 脫得生死, 便知去處, 四大分離, 向甚處去. 無門曰, 若能下得此三轉語, 便可以隨處作主, 遇緣即宗. 其或未然, 蔍飡易飽, 細嚼難飢."

02) 『人天眼目』2, 「黃龍三關」(『大正藏』48, 310b), "南禪師問隆慶閑禪師云, 人人有箇生緣, 上座生緣在什麼處. 閑云, 早晨喫白粥, 至晚又覺饑. 又問, 我手何似佛手. 閑云, 月下弄琵琶. 又問, 我脚何似驢脚. 閑云, 鷺立雪非同色. 黃龍每以此三轉語, 垂問學者, 多不契其旨."

03) 같은 책, 「巴陵三句(嗣雲門名顒鑒藂林目為鑒多口)」(『大正藏』48, 313a), "雲門聞此語云, 他日老僧忌辰, 只舉此三轉語, 供養老僧足矣.";『佛果圜悟禪師碧巖錄』2, 「一三」(『大正藏』48, 154a), "後出世, 法嗣雲門, 先住岳州巴陵, 更不作法嗣書, 只將三轉語上雲門. 如何是道. 明眼人落井. 如何是吹毛劍. 珊瑚枝枝撐著月. 如何是提婆宗. 銀椀裏盛雪. 雲門云, 他日老僧忌辰, 只舉此三轉語, 報恩足矣. 自後, 果不作忌辰齋, 依雲門之囑, 只舉此三轉語."

04) 『佛祖統紀』10, 「寶雲旁出世家」(『大正藏』49, 208c), "師曰, 真精妙元性淨明心, 不知如何注釋, 三四四三宛轉十二流變三疊一十百千, 為是何義(昔師注者云, 初變一為十; 以三世四方互成十二. 次變十為百, 三世四方互成百二十. 三疊百為千; 三世四方成千二百, 是為一根功德之數. 總六根為七千二百, 除眼鼻身三根, 各虧四百, 實得六千, 為六根功也. 一為變十百千為三疊, 凡三番織成其數.). 二十五聖所證圓通, 既云實無優劣, 文殊何得獨取觀音."

05) 『人天眼目』2, 「黃龍三關」(『大正藏』48, 310b), "南禪師問隆慶閑禪師云, 人人有箇生緣, 上座生緣在什麼處. 閑云, 早晨喫白粥, 至晚又覺饑. (一轉語) 又問, 我手何似佛手. 閑云, 月下弄琵琶. (二轉語) 又問, 我脚何似驢脚. 閑云, 鷺鷥立雪非同色. (三轉語) 黃龍每以此三轉語, 垂問學者, 多不契其旨. 而南州居士潘興嗣延之, 常問其故, 龍云, 已過關者, 掉臂徑去, 安知有關吏. 從關吏問可否, 此未過關者. 復自頌云, 我手何似佛手. 禪人直下薦取, 不動干戈道出, 當處超佛越祖. 我脚驢脚並行, 步步踏著無生, 會得雲收月皎, 方知此道縱橫. 生緣有路人皆委, 水母何曾離得蝦. 但得日頭東畔出, 誰能更喫趙州茶.";『黃龍慧南禪師語錄』2, 「黃龍慧南禪師語錄續補」(『大正藏』47, 603c), "師室中常問僧, 出家所以鄉關來歷. 復扣云, 人人盡有生緣處, 那箇是上座生緣處. 又復當機問答, 正馳鋒辯. 却復伸手云, 我手何似佛手. 又問, 諸方參請宗師所得. 却復垂脚云, 我脚何似驢脚. 三十餘年, 示此三問, 往往學者多不湊泊, 叢林共目為三關.";『無門關』全1卷, 「黃龍三關」(『大正藏』47, 299b), "我手何似佛手, 摸得枕頭背後, 不覺大笑呵呵, 元來通身是手. 我脚何似驢脚, 未舉步時踏著, 一任四海橫行, 倒騎楊岐三脚. 人人有箇生緣, 各各透徹機先, 那吒折骨還父, 五祖豈藉爺緣. 佛似驢脚生緣, 非佛非道非禪, 莫怪無門關險, 結盡衲子深寃. 瑞巖近日, 有無門, 掇向繩床, 判古今, 凡聖路頭俱截斷, 幾多蟆蜇起雷音."

06) 『蒙山法語』, 「無字十節目」.

07) 『白雲和尚語錄』上(『韓佛全』6, 643b), "上堂擧雲門道, 拄杖子化爲龍, 吞却乾坤了也. 扇子跳上三十三天, 築着帝釋鼻孔, 東海鯉魚打一棒, 雨似盆傾會麼會麼. 蒙山云, 昨夜蟭螟蟲, 吸乾東海, 蝦蟇魚龍, 向什麼處安身立命. 水母飛上色究竟天, 摩醯首羅眼裏作舞, 爲甚麼."

08) 다른 것은 三關째 맨 마지막의 '做'와 '造'의 차이인데, 이 정도차이는 동일하다고 보아도 무방할 것으로 판단된다.

09) 『懶翁和尙語錄』, 「三轉語」(『韓佛全』6, 722a), "山何嶽邊止. 水何到成渠. 飯何白米造."

10) 『圓悟佛果禪師語錄』1, 「上堂一」(『大正藏』47, 718c) ; 『圓悟佛果禪師語錄』10, 「小參三」(『大正藏』47, 759a) ; 『圓悟佛果禪師語錄』17, 「拈古中」(『大正藏』47, 795c).

11) 『佛果圓悟禪師碧巖錄』1, 「六」(『大正藏』48, 146c), "自然風行草偃, 水到渠成." ; 『佛果圓悟禪師碧巖錄』5, 「四三」(『大正藏』48, 180b), "風行草偃, 水到渠成." ; 『圓悟佛果禪師語錄』3, 「上堂三」(『大正藏』47, 727b), "風行草偃水到渠成" ; 『圓悟佛果禪師語錄』5, 「上堂五」(『大正藏』47, 733a), "水到渠成是一家" ; 『宗鏡錄』73(『大正藏』48, 839c), "直須水到渠成." ; 『景德傳燈錄』12, 「懷讓禪師第五世─前袁州仰山慧寂禪師法嗣」(『大正藏』51, 422a), "師曰, 水到渠成."

12) 『大慧普覺禪師語錄』22, 「示快然居士(羅知縣)」(『大正藏』47, 902b), "然却知得飯是米做麵在麥裏" ; 『大慧普覺禪師語錄』24, 「示道ППП」(『大正藏』47, 916a), "麥裏有麵飯是米做"

13) 洪淳昶, 「新羅 三山·五岳에 대하여」, 『新羅文化』제4집(1983), 38〜57쪽 ; 尹善泰, 「新羅 中代의 成典寺院과 國家儀禮─大·中·小祀의 祭場과 관련하여」, 『新羅文化』제23집(2002), 105〜117쪽 ; 김영수, 「三山·五嶽과 名山大川 崇拜의 淵源 硏究」, 『人文科學』제31집(2001), 379〜389쪽.

14) 『管子』14, 「水地第三十九」, 〈短語十三〉 ; 馮友蘭 著, 『中國哲學史新編 中』(北京 : 人民出版社, 2004), 199〜202쪽.

15) 廉仲燮, 〈2. 中國思想과 물〉, 「東洋思想에서의 물에 대한 관점과 漢江의 시원에 관한 전통인식 고찰Ⅰ─道家와 儒敎思想을 중심으로」, 『哲學論叢』제66집(2011), 74〜79쪽.

16) 〈忠州靑龍寺普覺國師ПП定慧ПП融塔碑〉, "翁, 又以三關問曰. 山何嶽邊止. 盒. 逢高郞下遇下卽止. 問. 水何到成渠. 曰. 大海潛流處成渠. 問. 飯ПППППППППП(『陽村集』37의 補充─何白米做. 曰. 如蒸沙石豈成嘉)餐. 翁乃頷之. 上勅收引製入格文留宗門." ; 成俔 撰, 『慵齋叢話』6, "問. 山何嶽邊止. 曰. 逢高郞下遇下郞止. 問. 水何到成渠. 曰. 大海潛流到處成渠. 問. 飯何米造. 曰. 如蒸沙石豈成嘉餐. 深肯之."

17) 『懶翁和尙語錄』, 「神光寺入院」(『韓佛全』6, 712b), "官不容針 私通車馬"

18) 같은 책, 「指空和尙誕生之晨」(『韓佛全』6, 716c), "雖然黑白東西異, 鼻孔堂堂却一般."

19) 같은 책, 「答李相國齊賢─又」(『韓佛全』6, 726a), "始知道一不造二不休"

20) 같은 책, 「結制上堂普說」(『韓佛全』6, 728c), "似地擎山, 不知山之高峻. 如石含玉, 不知玉之無瑕."

21) 같은 책, 「結制上堂普說」(『韓佛全』6, 728c), "湛然本無變異, 虛徹自有靈通. 妙盡功忘空處, 還歸寂照之中. 這一句子, 聲前露裸裸. 盖天盖地(第六〇張), 盖聲盖色. 西乾四·七 自此忘機, 東震二·三, 從玆失口. 闓浩浩處明皎皎, 明皎皎處闓浩浩. 直下如王寶劍, 疑犯吹毛, 伏屍萬里."

22) 같은 책, 「結制上堂」(『韓佛全』6, 713a), "如何是北崇峰前境. 師云. 山門依舊向南開. 問. 如何是境中人. 師云. 眼橫鼻直皆相似."

23) 같은 책, 『韓佛全』6, 713b, "如何是學人本分事. 師云. 着衣喫飯."

24) 같은 책, 『韓佛全』6, 713b, "如何是不傳底事. 師云, 你問我答."

25) 같은 책, 「示辛相國廉二首」(『韓佛全』6, 742c), "忽覺眉毛橫眼上, 不勞修道得心歡."

26) 리쩌허우 著, 정병석 譯, 『中國古代思想史論』(서울 : 한길사, 2005), 84쪽의 脚註85, 參照 ; 金一權, 「唐末代의 明堂儀禮 變遷과 그 天文字宙論의 運用」, 『宗敎와 文化』, 제6집(2000), 209〜210쪽.

27) 『大唐西域記』1(『大正藏』51, 869b·c), "三主之俗東方爲上, 其居室則東闢其戶. 旦日則東向以拜, 人主之地南面爲尊."

28) 『景德傳燈錄』28, 「諸方廣語─十二人見錄─趙州從諗和尙」(『大正藏』51, 422a), "趙州從諗和尙上堂云, 金佛不度鑪, 木佛不度火, 泥佛不度水, 眞佛內裏坐." ; 『佛果圓悟禪師碧巖錄』10, 「九六─趙州示衆三轉語」(『大正藏』48, 219a), "趙州示此三轉語了, 末後却云, 眞佛屋裏坐, 這一句, 忒殺郞當. 他古人, 出一隻眼, 垂手接人, 略借此語, 通箇消息, 要為人. 爾若一向, 正令全提, 法堂前草深一丈. 雪竇嫌他末後一句漏逗. 所以削去, 只頌三句. 泥佛若渡水, 則爛却了也. 金佛若渡

334

鑪中, 則鎔却了也. 木佛若渡火, 便燒却了也. 有什麼難會. 雪竇一百則頌古, 計較葛藤. 唯此三頌, 直下有衲僧氣息. 只是這頌, 也不妨難會. 爾若透得此三頌, 便許爾罷參. 泥佛不渡水(浸爛鼻孔. 無風起浪.). 神光照天地(干他什麼事. 見兔放鷹.), 立雪如未休(一人傳虛萬人傳實. 將錯就錯. 阿誰曾見爾來.), 何人不雕僞(入寺看額. 二六時中走上走下是什麼. 闍黎便是.)."

29) 『古尊宿語録』13~14,「趙州真際禪師語録」(『大正藏』68, 77b~88b).

30) 『五燈會元續略』2,「皷山凝禪師法嗣─蒙山異禪師」(『大正藏』80, 487c), "師垂三關語以驗學者. 曰. 蟭螟蟲吸乾滄海, 魚龍蝦蟹向何處安身立命. 又曰. 水母飛上色究竟天, 入摩醯眼裏作舞, 因甚不見. 又曰. 蓮湖橋為一切人直指, 明眼人因甚落井.";『五燈嚴統』22,「皷山凝禪師法嗣─蒙山異禪師」(『大正藏』81, 281c), "甞垂三關語, 驗學者曰. 蟭螟蟲吸乾滄海, 魚龍蝦蟹向何處安身立命. 又曰. 水母飛上色究竟天, 入摩醯眼裏作舞, 因甚不見. 又曰. 蓮湖橋為一切人直指, 明眼人因甚落井."

31) 『列子』,「湯問 第五」, "江浦之閒生麼蟲, 其名曰焦螟, 羣飛而集於蚊睫, 弗相觸也."

32) 懶翁 역시도 이와 같은 비유를 華嚴思想과 연관시켜 다수 사용하고 있는 모습이 확인된다. 『懶翁和尙語録』,「結制上堂」(『韓佛全』6, 713a), "云有學云, 莫是毛端藏刹海, 芥子納須彌麼. 師云, 是.";「入塔」(713a), "良久云, 須彌芥納猶容易, 芥納須, 彌有甚難.";『懶翁和尙歌頌』,「秋山」(『韓佛全』6, 733b), "須彌芥納也非親.";「順菴」(733b·c), "萬像都歸一念消, 六窓明月靜寥寥. 塵塵不是他家物, 法界(人小口)容小屋頭.";「窅山」(737a), "豈只微塵法界, 須彌芥納合成團."

335

나옹의 회암사 수조는 지공의 '삼산양수(三山兩水)'라는 말에서
비롯되며, 이후 회암사는여말선초를 대표하는 최대가람으로 자
리잡게 된다. 그러나 나옹의 최대 후원자였던 공민왕이 갑자기
시해됨으로 인하여 정국이 급변하게 되고, 이 과정에서 나옹 역
시 돌연한 열반으로 생을 마치게 된다. 나옹의 열반은 회암사에
위기의식을 초래하게 되고, 이의 해소과정에서 회암사 수조 당
위성은 다양한 종교적 요소들을 내포하게 된다.

나옹의 회암사 수조에 있어서의 명분구조에는 오대산불교를 통
한 자장(慈藏)의 영향이 살펴진다. 이는 자장이 살던 신라 말의
상황이 나옹이 처해 있던 고려 말과 상호 유사한 측면에서, 두
사람 모두 불교계의 수장으로서 종교적인 해법을 도출해야만
했기 때문으로 이해된다. 즉 종교적인 문제해결 방식에 있어서
양자 사이에는 유사구조가 인식되는 것이다. 이는 나옹과 그 문
도들의 회암사 수조구조를 이해하는 한 해법이 된다.

12

회암사 수조修造 명분의 변화와 종교적 해법의 유사구조

–

자장(慈藏)의
영향을
중심으로

Ⅰ

서론

나옹은 공부선의 주맹과 왕사 임명을 통해, 상징적인 국사인 보우를 제치고 실질적인 고려불교의 1인자가 된다. 이러한 나옹의 회암사 수조(1374년, 공민왕 23, 우왕 원년)는 새로운 불교재편의 이상을 제시하고 있다는 점에서 주목된다. 또 회암사의 수조과정에서 나옹이 탄핵을 받아 마침내 의문의 열반에 이르고 만다는 점에서, 회암사의 수조는 나옹에 대한 정당한 이해정립을 위해서도 매우 중요한 의미를 확보한다.

본고는 제Ⅱ장을 통해서, 회암사 수조배경으로서의 삼산양수지기(三山兩水之記)를 검토하고, 이의 의미가 확대되는 양상에 대해 검토해 보고자 하였다. 이를 통해서 우리는 나옹의 회암사 수조 당위성 및 나옹의 열반과 관련된 문도들의 위기의식을 읽어볼 수 있게 된다.

또 제Ⅲ장을 통해서, 나옹의 회암사 수조에서 확인되는 일련의 구조들이 자장의 문제의식 및 해법과 상호 유사하다는 점에 대해 밝혀 보았다. 이는 나옹이 두 차례나 주석하는 오대산불교의 영향이

자, 신라 말이라는 위기의 시대를 산 자장과 고려 말 변화기의 나옹이 상호 유사한 관점에서의 해법도출을 시도한 것으로 판단해 볼 수 있는 부분이다.

회암사는 여말선초 불교의 최대 핵심사찰이다. 그러므로 이에 대한 보다 분명한 이해는 나옹과 그 문도 및 여말선초 불교를 이해하는 데 있어서 매우 타당한 연구의의를 확보한다.

Ⅱ

회암사 수조 배경과 삼산양수지기

1. 지공의 수기(授記)와 나옹의 수조 배경

나옹은 20세 때인 1339년 사불산 대승사에 속한 묘적암의 요연 문하로 출가한다. 이후 제방을 유력하다가 1344년 양주 회암사에 도착한 뒤, 4년간의 장좌불와 수행 끝에 25세가 되는 1347년 마침내 오도(悟道)하게 된다. 깨달은 직후에 나옹은 곧장 입원(入元) 인가유학을 떠나, 지공선현이 머물던 대도 법원사에 입방한다. 이후로 나옹은 만 10년이라는 장기간의 입원생활을 보내게 된다.

이 과정에서 1350년 8월 강남 오산불교 정자사의 평산처림(1279~1361)에게 임제법맥을 받고,[01] 3년 뒤인 1353년에는 법원사에서[02] 지공의 인가를 증득한다.[03] 그리고 1358년 3월 13일 지공과 마지막으로 작별할 때, 지공으로부터 소위 '삼산양수지기'를 받게 된다. 삼산양수지기는 회암사의 수조와 관련해서 매우 중요한 부분이므로, 이의 해당 부분을 적시해 보면 다음과 같다.

정유년(1357년, 공민왕 6)에 [광제선]사에서 물러나 연(燕) 지역의 명산을 유력했다. [그러다가] 도로 법원사로 왔다. 지공에게 묻기를, "제자는 마땅히 어디로 가야 할까요?" 하였다. 지공이 말했다. "자네가 본국으로 돌아가 삼산양수(三山兩水)의 사이를 택해서 거처한다면, 곧 불법이 자연히 흥할 것이네."⁰⁴

무술년(1358년, 공민왕 7) 봄에 지공의 수기(授記)를 얻어서 동쪽 [고려로] 돌아왔다.⁰⁵

지공이 나옹에게 삼산양수의 수기를 주는 일을 「나옹행장」에서는 1357년이라고 기록하였지만, 이색은 〈나옹비문〉에서 1358년의 일로 적고 있다. 나옹이 지공을 만나서 이 말을 들은 것은 최후 만남 때의 일이다. 또 이 말이 작별과 관련된다는 점 및 나옹이 1358년 3월 23일에 지공과 헤어지는 것으로 기록되어 있다는 점을 감안한다면, 1358년으로 기록하고 있는 〈나옹비문〉의 기록이 더 타당하고 판단된다. 〈나옹비문〉의 기술방식상 이색이 나옹의 문도들에게 1차 자료를 받아서 작업했을 것이라는 점을 고려한다면, 이색이 기술과정에서 이 부분을 타당성에 입각해 수정한 것이 아닌가 판단된다.

여기에서 삼산양수가 가리키는 곳이 후일 나옹에 의해서 회암사로 비정된다. 삼산양수에서의 '삼산'과 '양수'가 각각 무엇을 가리키는 것인지는 분명하지 않다. 그러나 회암사와 관련해서 이색은 두 강물이 합류하여 풍기(風氣)가 저장되고, 뭇 산들이 빙 둘러 있다는 언급을 하고 있어 주목된다.[06] 또 이와 관련해 석전 박한영 (1870~1948)은 「양주천보산유기(楊州天寶山遊記)」에서, 삼산은 삼각산이고 양수는 임진강과 한강으로 비정하고 있다.[07] 그의 이와 같은 주장은 오늘날까지도 대체로 용인되고 있다.

그런데 나옹은 귀국 후 곧장 회암사를 찾아서 방법을 강구하지 않고, 무려 14년이 경과한 1372년(공민왕 21)에야 비로소 지공의 수기를 떠올려 회암사의 수조를 결심하고 있어 주목된다. 이와 관련된 내용을 적시해 보면 다음과 같다.

① 임자년(1372년, 공민왕 21) 가을에, 스승은 우연히 지공의 '삼산양수지기(三山兩水之記)'를 생각하고는 회암사로 옮겨서 주석할 수 있도록 [상(上)]께 청하였다.

… 운운(云云) …

갑인년(1374년, 공민왕 23) 봄에, 또 근신(近臣) 윤동명을 보내어 그 절[회암사]에 주석하기를 청하였다. 스승이 말했다. "이곳은 내가 처음으로 도에 들어간 곳이요, 또 선사[先師(지공)]의 영골을 봉안한 땅이다. 게다가 선사께서 일찍이 내게 수기하신 [장소]이니, 어떻게 무심할 수 있겠는가!" 하였다.[08]

② 임자년(1372) 가을에, 우연히 지공의 '삼산양수지기'를 생각하고는 회암사로 옮겨서 주석하기를 바랐다. 마침 (공민왕의) 부름을 받고 이 절의 법회에 나아갔다가 청하여 거처하게 되었다. 스승은 '선사 지

공이 일찍이 직접 (이 절을) 중영(重營)하였는데, 병란에 소실되어 버렸으니 어찌 감히 그 뜻을 잇지 않으리오!' 하고는, 이에 대중과 모의하여 전각들을 넓혀서 확장하였다.[09]

지공의 수기를 귀국 후 14년 뒤에야 떠올린다는 것도 특기할 만한데, 그것도 두 자료 모두에 공통되게 '우연히(偶)'라는 말이 들어가 있어 이색적이다. 나옹은 이 수기를 떠올리기 전해인 1371년(공민왕 20) 8월 26일에 왕사(王師)에 책봉되고, 그 직후에는 왕명에 의해서 동방제일도량 송광사에 주석하게 된다. 또 전해인 1370년(공민왕 19) 9월 16일에는, 청평사에서 공부선의 주맹으로 고려불교계의 실질적인 1인자로서 확실한 두각을 나타낸다. 즉 나옹이 삼산양수를 우연히 떠올릴 때, 나옹은 공부선의 주맹과 왕사 및 사굴산문 수선사계의 대표가 되면서, 실질적인 조계종의 수장이자 고려불교의 최고인물이 되어 있었던 것이다. 하필 이 무렵에 우연히도 삼산양수지기를 떠올렸다는 것은, 이것이 단순한 지공의 수기에 대한 자각만으로 볼 수 없는 이유가 된다. 특히 나옹은 회암사 수조를 262칸이라는 막대한 규모로 진행하고 있다.[10] 이는 고려 말이라는 혼란의 시대상황에서 볼 때, 이 절을 왕사의 하산소(下山所)로 이해한다고 하더라도 분명 과도한 측면이 존재한다. 그러므로 우리는 여기에 나옹의 불교개혁과 관련된 구상이 존재한다고 판단해 볼 수 있는 것이다.

위의 인용문 ①에는 나옹이 회암사의 수조를 결정하는 이유가 총 3가지로 나타나 있다. 그 첫째는 나옹이 회암사에서 깨달음을 얻었다는 점. 둘째는 지공의 영골을 모셨다는 점. 셋째는 지공이 수기한 곳이라는 점이 그것이다. 이 중 첫째와 셋째는 앞서 언급한 바와 같다.

그러므로 둘째에 관해서만 설명하면, 이는 1370년(공민왕 19) 1월 1일에 사도(司徒) 달예(達睿)가 지공의 영골을 받들어 회암사에 온 것에서 시작된다.[11]

1368년은 명 태조 주원장에 의해 남경에서 명이 건국되고, 이듬해인 1369년에는 원의 대도가 함락되는 해다. 이와 같은 원·명 교체의 혼란과정에서 지공의 등신불은 1368년 가을에 병림성(兵臨城)으로 옮겨져 다비된다.[12] 지공의 등신불을 지키려고 했지만 여의치 않자, 결국 문도들이 다비를 택하게 된 것이다. 이때 지공 영골은 4등분 되어, 문도인 달현·청혜·법명·장록길이 나누어 모시게 된다.[13]

1369년 지공의 문도인 달예는 달현과 함께 고려로 오면서, 청혜가 모신 것의 일부까지 가지고 와서, 개경을 거쳐[14] 1370년 1월 1일 아침에는 최종 목적지인 회암사에 도착한다. 이로써 지공 영골의 2/5가량이 고려로 오게 된 것이다.[15] 이 영골을 3월에 나옹이 예배하고, 9월 26일에는 나옹의 주관으로 지공의 영골이 회암사의 북쪽 봉우리에 모셔지게 된다.[16] 둘째에서 지공의 사리와 영골을 회암사에 모셨다는 것은 바로 이와 같은 내용을 의미하는 것이다.

인용문②에는 ①에서 살펴지는 3가지 이유 외에도, 지공이 회암사를 중영했으나 병란에 소실되었다는 내용이 더 있다. 여기에서의 전란은 홍건적의 침입에 의해서 개경이 함락되는 1361년(공민왕 10)의 일을 뜻하는 것으로 판단된다. 또 나옹에 의해서 회암사가 재건이 아닌 수조되고 있다는 점에서, 이때의 소실은 완전소실은 아니었던 것으로 이해된다.

2. 회암사 수조 당위성의 확대

지공이 회암사를 중영했다는 것은, 진종(태정제)의 어향사로 금강산에 왔을 때의 일을 다소 과장해서 기술한 것으로 판단된다. 이와 관련된 내용을 「천보산회암사수조기」는 다음과 같이 기록하고 있다.

① 다만 이 절로 말하자면, 철산이 전에 편액을 썼고, 지공이 뒤에 땅을 측량했던 곳이다. 그 '산수지형(山水之形)이 완연히 서천축(西天竺)의 난타지사(蘭陀之寺)와 같다'고 한 것이, 또 지공이 스스로 한 말이다. [그러므로] 그 복지(福地)가 됨이 너무나도 분명하다.[17]

이와 유사하면서 보다 종합적인 기록은 1452년 세조비 정희왕후(貞熹王后)에 의해서 13개월 동안 회암사가 중창된 내역을 적고 있는 김수온의 「회암사중창기」에서 살펴진다.

이를 적시해 보면 다음과 같다.

② 옛적 천력연간(1328~1329)에[18] 서천 제납박타[薄伽納提] 존자가 이 절의 터를 보고는, '서천 아란타사와 똑같다.'고 말했다. 또 말하기

345

를, '가섭불(迦葉佛) 때 이미 대도량이 되었다.'고 하였다. 이에 줄을 잡고 땅을 측량하여 그 위치를 정하는데, 그때 현겁(賢劫) 이전의 주춧돌과 섬돌을 발견했다. 당시에는 임시로 옥우(屋宇) 자리를 덮어서 그 대체적인 것을 알 수 있도록만 했을 뿐이다.

[그런데 그 후에] 현릉[玄陵(공민왕)]의 왕사인 보제(普濟) 존자가 지공에게 '삼산양수지기'를 받아 와 드디어 이곳에 와서 거처했다. 이에 크게 중창코자 하여 [여러 사람들에게 필요한] 동량(棟梁)을 나누어주어 분주히 모연(募緣)하였다. [그런데] 공(功)이 반에도 미치지 못했는데, 왕사가 서거하였다. 그 문도 윤절간 등이 왕사가 마치지 못한 뜻을 생각하여, 이를 계승해서 그 공적을 마쳤다.[19]

①과 같은 경우는 나옹의 부도와 비석이 건립된 이후의 기록으로, 「나옹행장」이나 〈나옹비문〉에 비해서 성립시기가 조금 늦다. 그런데 여기에는 「나옹행장」이나 〈나옹비문〉에서는 살펴지지 않는 회암사의 수조 당위성을 강조하는 논리가 3가지 더 첨가되어 있다. 그 첫째는 철산소경(鐵山紹瓊)이 편액을 남겼다는 점. 둘째는 지공이 회암사지를 측량했다는 점. 셋째는 산수가 인도의 난타사와 똑같다는 점이 그것이다. 그리고 이러한 사실들이 공통으로 강조하는 것은 회암사가 희대의 복지(福地)라는 주장이라고 하겠다.

이 중 첫째를 검토하면, 철산소경은 조계종에 많은 영향을 미친 몽산덕이의 제자 혹은 계승자로[20] 뱃길로 해서 1304년 7월에 와서 1306년 9월 이후에 떠난 인물이다.[21] 즉 1326년에 고려를 찾는 지공

보다 약 22년 앞서 고려를 방문했던 것이다.

철산은 고려불교에 대한 몽산불교의 강력한 영향에 의해서, 후일 원융국사(圓明國師)가 되는 수선사(修禪社) 충감(冲鑑, 1274~1338) 등에 의해서 초청되어 고려로 오게 된다. 고려에서 "석가지장자(釋迦之長子)"로까지 존중되는 극진한 대우를 받다가,[22] 금강산의 법기도량(法起道場)을 참배하고 돌아가는 길에 강화 보문사의 3본 대장경 중 허평(許評) 부부가 봉안한 것을 구하여 대앙산(大仰山)으로 옮겨간다.[23] 철산은 고려 체류기간 중 금강산에 가는 도중에 회암사에 들렸을 것으로 추정된다.

①에서 이와 같은 철산을 거론한 것은 회암사의 권위를 강조하기 위한 것이다. 「회암사수조기」는 나옹이 회암사 수조 과정에서 대관(사헌부)과 도당의 탄핵에 의해서 돌연히 열반에 이르는 것을 목도한 뒤의 기록이다. 그러므로 회암사의 입장에서는 나옹 이외에도 회암사의 당위성을 세워줄 또 다른 고승이 필요했고, 이 중 임제종 양기파의 몽산 계승자로 고려불교의 신뢰가 두터웠던 철산을 부각시키는 것으로 판단된다.

그런데 이 기록에서 확인되는 철산과의 인연은 엄밀하게 말하면, 편액 글씨를 받은 정도에 그칠 뿐이다. 이는 당시 회암사의 상황이 이와 같은 부분마저도 부각해야 할 정도로 불투명한 현실 속에 있었다는 것을 말해준다는 점에서 주목된다.

둘째, 지공이 회암사터를 측량했다는 것은 앞선 〈나옹비문〉의 기록에 '지공이 회암사를 중영했으나 소실되었다'는 내용과는 또 다른 것이다. 지공이 고려에서 2년 7개월을 머물기는 했지만 원래 목적이 금강산 법기도량의 참배였고 수도인 개경에서도 상당기간을 머물렀을 것이라는 점을 감안한다면, 지공의 회암사 중영은 설득력이 떨어진다. 철산과 마찬가지로 금강산에 가는 도중에 회암사에 들렀고, 이것이 인연이 되어서 수조 불사가 이루어진 정도가 아마도 전부일 것이다. 그러므로 회암사를 중영했다는 것은 좀 과장된 내용이다.

이 같은 점을 고려하여 「회암사수조기」에는, 지공이 회암사의 대대적인 수조와 관련된 정지작업을 한 것으로만 나타나는 것이 아닌가 한다. 또 나옹이 회암사의 대대적인 수조와 관련되어 탄핵을 당하고 열반한다는 점에서, 나옹의 당위성과 회암사를 보전하기 위해 고려인에게 '붓다와[24] 달마의 재래(再來)'로까지[25] 숭앙받는 지공에게로까지 수조의 근원을 끌어 올리고 있는 것이 아닌가 추정된다. 즉 이 기록은 회암사의 대대적인 수조가 나옹의 판단만이 아닌 붓다와 달마의 재래인 지공이 먼저 측량한 것을 기준으로 한 것이므로, 나옹의 개인적인 관점만이 아니라는 점을 변증하고 있는 것이다. 이러한 주장을 통해서, 문도들은 회암사 수조의 당위성과 나옹의 과도한 수조에 대한 비판을 희석시키고 있는 것이다.

셋째, 회암사의 산수지세가 인도의 난타사와 같다는 것 역시 회암사의 당위성과 신성성을 강조하는 주장이다. 회암사의 '산수지형'을 말하는 것은 '삼산양수'와 관련된 언급이 전부다. 지공은 나옹에게 삼산양수지기를 주지만, 이는 나옹이 그곳에 주석하면 고려불교가 발전하기 때문이라는 것이지, 그곳이 곧 회암사라는 것을 의미하는 것은 아니다. 그런데 여기에서는 지공의 입을 통해서, 삼산양수를 회암사와 직결시켜 말하고 있다. 또 이와 함께 회암사는 인도의 난타사와 지세가 같아 기운이 통하는 사찰이라는 주장이 전개되고 있다.

난타사는 ②를 통해서도 확인되는 아란타사로 인도의 나란타사(Nālandā-saṃghārāma, 施無厭寺)를 의미한다. 나란타사는 지공이 출가하여 수학한 곳이자[26] 붓다가 3개월 동안 설법한 곳으로,[27] 비크라마쉴라(Vikramaśīla, 超戒寺)·오단타푸리(Odantapuri, 普利寺)사원과 더불어 인도불교를 대표하는 최대 사찰이자 대학이다.

인도불교사에서 일반적인 인도불교의 최후는 1203년 비크라마쉴라 사원의 파괴로 본다. 이는 인도불교에서 비크라마쉴라 사원이 차지하는 위상을 나타내는 것이다. 그러나 비크라마쉴라 사원은 동아시아 전통불교에서는 인지도가 낮다. 이에 비해서 나란타사는 살아서 이미 신화화되기에 이르는 현장(玄奘)에 의해서[28] 최대의 권위를 가진 사찰로 알려지게 된다. 바로 이 점이 회암사의 권위를 나란타사와 연결시키는 진정한 이유가 아닌가 한다.

그런데 동아시아불교에서 가장 권위 있는 나란타사가 바로 회암사와 같다는 것이다. 이는 곧 회암사가 고려불교의 최고·최대의 성지라는 것을 의미한다. 그러므로 이 사찰은 당연히 수조되고 유지되어야 하는 것이며, 나옹은 이러한 당연함을 구현한 인물이라는 주장이 성립된다. 이는 대관과 도당의 탄핵에 대한 회암사 측의 종교적인 변증이라고 하겠다.

「회암사수조기」를 보다 원형이라고 할 수 있는 「나옹행장」이나 〈나옹비문〉과 비교해보면, 회암사 수조의 당위성과 성지 주장이 매우 강조되고 있다는 것을 알 수 있다. 이는 나옹이 회암사의 대대적인 수조를 이유로 탄핵을 받아 열반에 든 것을 강하게 의식한 것으로 판단된다. 즉 여기에서 나옹문도들의 위기의식을 읽어볼 수가 있는 것이다.

실제로 「천보산회암사수조기」에는, 나옹의 돌연한 열반 이후 회암사가 해체될 수 있다는 위기의식이 기록된 부분이 있어 주목된다.[29] 이는 당시의 분위기가 얼마나 험악했는가를 잘 나타내준다. 또 회암사가 나옹에 의해서 신창(新創)이라고 할 정도의 대대적으로 중창을 거쳤음에도 불구하고, 수조라고 소박하게 표현한 이유를 알 수 있게 해준다. 나옹의 열반 이후 불어 닥친 회암사의 위기를 극복하기 위해서, 회암사 측은 나옹 이외에도 회암사를 보호할 수 있는 방어기제가 더 요청되었던 것이다. 이것이 바로 '철산'과 '지공', 그리고 '나란타'였던 것이다.

그런데 ②를 보게 되면, 흥미롭게도 ①의 회암사 수조 당위성과 성지 주장이 보다 진일보되어 확정되고 있다는 것을 알 수 있다. ②의 시대는 세조 때이므로, 나옹의 급거와 관련된 위기의식이 작용할 때가 아니다. 그러므로 처음에는 위기의식에 의해서 회암사의 당위성이 강조되었지만, ②에 이르면 위기의식과는 무관하게 이것이 어느덧 정착단계에 이르러 신비화되고 있다는 것을 파악해 보게 된다.

②에서 살펴지는 ①과의 차이점은 회암사가 가섭불 때의 사찰터 즉 전불시대(前佛時代)의 절터로, 지공이 측량과정에서 그 유적을 발견

했다는 내용이다. 여기에서 회암사에 대한 당위성과 성지 인식이 마침내 신비화에까지 이르고 있다는 것을 알 수 있다. 전불시대 가람지(伽藍址)라는 것은 신라불교에서 살펴지는 최고의 성지 개념이다.

또 이러한 전불시대의 성지 주장은 신라를 석가모니의 서천축(西天竺)을 능가하는 동천축(東天竺)으로까지 만들었다. 이와 같은 내용을 『삼국유사』의 「아도기라(阿道基羅)」조를[30] 비롯해 「낭지승운 보현수(朗智乘雲 普賢樹)」,[31] 「황룡사장륙(皇龍寺丈六)」,[32] 「가엽불연좌석(迦葉佛宴坐石)」조[33] 등을 통해서 확인해 볼 수 있다.[34] 즉 지공의 삼산양수지기가 침소봉대되어, 결국 회암사를 전불시대 가람지로까지 만들고 있는 것이다.

전불시대 가람지라는 것은 최고의 성지이자 사찰이라는 명예 및 당위성과 관련된 측면이다. 통일신라의 불국사와 같은 경우도 『불국사사적(佛國寺事蹟)』에 전불시대 7처가람지에 준하는 500선찰(禪刹)의 첫째라고 기록되어 있을 뿐이다.[35] 즉 불국사조차도 전불시대 가람지의 위상에는 미치지 못한 것이다. 그런데 회암사는 고려를 넘어서 조선에 이르러, 마침내 전불시대 가람지라는 한국불교 최고의 위상을 확보하고 있는 것이다.

회암사 수조의 당위성과
오대산(五臺山)의 자장

1. 오대산을 통한 자장의 영향

나옹의 회암사 수조와 관련된 일련의 상황들 속에는, 명주(溟州)의 오대산불교를 통한 자장의 영향이 살펴진다. 이는 나옹의 회암사 수조목적의 이해와 관련해서 크게 주목되는 부분이다.

나옹이 첫 번째로 오대산을 찾은 것은 1360년(공민왕 9) 가을로, 원에서 고려로 돌아온 직후의 불확실한 위치 속에서였다. 그러나 두 번째로 오대산을 찾을 때인 1369년(공민왕 19) 9월은[36] 지공의 영골이 회암사에 도착하고 나옹이 공부선의 주맹이 되는 1370년의 전 해다.

이때 나옹은 이미 공민왕 등의 왕실 귀의를 얻고 있었던 상황인데,[37] 갑자기 병을 핑계로 오대산 영감암(靈感菴, 現 오대산 사고지)으로 은거하는 모습을 보인다.[38] 나옹은 혼수처럼 은거를 선호했던 인물이 아니다. 이런 점에서 나옹이 오대산으로 은거한 것은 당시 집권자였던 신돈과의 충돌로 이해해 볼 수 있다. 왜냐하면 1370년 나옹의 재등장은 신돈의 급격한 내리막길과 궤적을 같이하며,[39] 신돈은 결국 이듬해인 1371년 주살되기 때문이다.[40]

그런데 오대산에서 나와 1372년부터 회암사를 수조하는 나옹의 명분은 오대산의 개산조인 자장의 명분론과 구조적으로 매우 유사한 모습을 모이고 있어 주목된다.

오대산은 자장에 의해서 개착되어 산 전체가 문수화엄성지(文殊華嚴聖地)가 되는, 우리나라 최초의 성지를 넘어선 성산(聖山)이다. 또 오대산 불교는 고려시대에 들어서도 태조의 후원을 필두로 하여 성세를 구가하게 된다.[41] 이는 현재 『삼국유사』에서 가장 많은 기록이 남아 있는 곳이 황룡사와 더불어 오대산이라는 점을 통해서도 판단해 볼 수가 있다. 그런데 황룡사의 경우는 황룡사종이나 가섭불연좌석과 같은 유물까지도 포함한 것이다. 이렇게 놓고 본다면, 오대산이야말로 『삼국유사』를 통틀어 가장 큰 영향력을 확보하고 있는 최대의 성지라고 하겠다.

또 오대산은 나옹이 머물기 1세대 전쯤, 전란을 극복하는 과정에서 가람이 일신되는 상당한 규모 이상의 중수가 이루어졌던 것으로 판단된다. 이는 철산·지공과도 관련이 있는 민지가 향전의 『오대산사적』을 정리하여 한문으로 바꾸는 과정의 『오대산사적기』(1307)기록을 통해서 인지해 볼 수가 있다. 특히 『오대산사적기』의 처음에 등장하는 「개창조사전기[開創祖師傳記(異本 第一祖師傳記)]」는 오대산의 개창자 자장에 대한 내용이다.

자장은 『삼국유사』에서 원효나 의상과 같은 신라의 대표적인 고승들을 제치고, 가장 많이 등장하는 비조격 인물이다. 이와 같은 측면으로 인하여 자장에 대한 「제1조사전기」는 매우 잘 정리되어 있다. 그렇기 때문에 이는 도선(道宣)의 『속고승전(續高僧傳)』 「자장전(慈藏傳)」과 『삼국유사』 「자장정율(慈藏定律)」조의 문제점을 해결해주는 중요한 자료가 된다. 즉 이를 통해서 나옹 당시 오대산에 개산조인 자장에 대한 이야기가 널리 회자되고 있었다는 것을 알 수 있다. 그도 그럴 것이 당시 자장과 관련된 남쪽의 보궁은 황룡사·태화사·통도사의 세 곳이나 있었지만, 북쪽 보궁은 오대산 중대가 유일했기 때문이다.[42]

물론 당시 고려왕실의 십원전(十員殿) 좌측 소전(小殿)에는 의상이 발의해서 도선이 빌려온 불아(佛牙)가, 북송 휘종(徽宗, 재위 1100~1125) 때의 도교숭배와 관련해 배척되는 과정에서 고려로 전래되어 있었다.[43] 그러나 이와는 별도로 문수에게 전해 받은 자장의 불사리 역시, 넘볼 수 없는 전통이라는 권위를 확보하고 있었을 것이다. 그러므로 오대산에 자장에 대한 이야기가 풍미하는 것은 어찌 보면 당연하다.

나옹은 이러한 오대산불교의 정서를 통해서 보다 구체적으로 자장을 접하게 되었을 것이다. 이러한 과정에서 자장이 삼국통일 직전의 혼란상을 불교적인 관점으로 극복하려고 했던 방식에 영향을 받은 것으로 판단된다. 이는 '삼국에서 통일신라'와 '고려에서 조선'으로 넘어가는 사회적인 격변기 속에서, 자장과 나옹이 종교 수장으로서 취할 수 있는 공통된 문제의식과 고민의 결과라고 하겠다. 즉 양자는 단순 모사가 아닌 상호 비슷한 환경 속에서 파생되는 영향관계인 것이다.

2. 회암사 수조 배경의 유사성 정리

나옹의 회암사 수조에서 시작되는 일련의 내용들은 자장의 행적과 구조적으로 매우 흡사한 양상을 보이고 있다. 이는 크게 '나옹에 의한 것'과 '나옹의 열반 이후 위기의식을 느낀 문도들에 의한 것'의 두 가지로 나누어 볼 수 있다. 그런데 이러한 두 가지의 층차 모두가 전체적으로 자장의 궤적과 일치하고 있어 주목된다. 이는 양자가 주장 배경에는 차이가 있지만, 두 가지 모두 나옹에게서 비롯된 자장의 구조 속에 존재하기 때문으로 판단된다.

이 중 먼저 자장에 의한 것을 정리해 보면 다음과 같다.

자장은 선덕(여)왕 치세의 위기상황에 따른 우환의식을 가지고 있었다. 이는 문수보살이 자장에게 '여자를 왕으로 삼아서 덕은 있으나 위엄은 없다'고 말하는 내용을 통해서 잘 나타난다. 그리고 이의 대안으로 제시받는 방법이 바로 황룡사에 9층목탑을 건축하는 것이다.[44] 9층목탑의 건립과 관련해서는, 문수보살이 아닌 종남산(終南山) 원향(圓香) 선사에게 들은 것이라는 기록도 전한다.[45]

9층목탑 건립이 중요한 것은 이 탑이 세워지게 되면 주변나라들이 모두 항복하게 되는 상징성 때문이다. 이는 종교를 이용해서 문제를 해결하려는 방식으로, 9층목탑은 진흥왕대의 황룡사장륙존상(皇龍寺丈六尊像)과 진평왕대의 용으로 만들어진 천사옥대(天賜玉帶)와 더불어 신라의 삼보(三寶)로까지 확립된다.[46] 즉 이를 통해서 지금과는 다른 과거의 종교성을 이용한 타당성을 인지해 볼 수 있는 것이다.[47]

그런데 나옹 역시 고려 말 격동기의 시대상황과 배불의 확대로 인한 우환의식을 가지고 있었다. 또 입원해서 지공에게 삼산양수지기라는 불교가 길이 흥할 방법을 받아오고 있다. 지공은 고려에서 붓다 및 달마의 재래로까지 평가되는 고승이다. 이런 점에서 이는 자장이 문수를 대변하는 태화지 용 혹은 원향 선사에게 건탑 수기를 받은 것과 구조적으로 유사하다.

나옹은 1372년 갑자기 지공의 수기를 기억하고 회암사의 수조라는 대규모 토목공사에 돌입한다. 회암사는 이후 여말선초에 비견될 수 없는 최대사찰로 자리매김하게 된다. 이 역시 백제에서 공장 아비지(阿非知)를 초청해서야 겨우 완성되는, 동아시아 최대의 황룡사9층목탑의 건조[48] 및 이것이 신라 삼보로 편입되는 것과 구조적인 유사성이 확보된다.

다음으로는 나옹문도들에 의해서 추가되는 것이 있는데, 이를 정리해 보면 다음의 세 가지로 요약할 수 있다.

첫째는 회암사에 대한 나옹문도의 인식에, 나옹이 삼산양수지기를 통해서 고려에 두루 이익을 베풀었다는 주장이 살펴진다는 점이다.[49] 이는 자장이 황룡사9층목탑을 건립하여 삼국통일에 기여했다는 인식과 유사하다.

둘째는 황룡사가 중국 오대산 태화지 용의 맏아들이 수호하는 전불시대 가람지로 불리는 곳이자,[50] 가섭불이 참선했던 연좌석이 있던 성지 중의 성지라는 점이다.[51] 그런데 회암사 역시 최고의 성지로 주장되며, 마침내는 가섭불의 전불시대 가람지로까지 발전하고 있다.

마지막 셋째는 신라 오대산이 개창되는 이유가 중국 오대산의 문수보살이 자장에게 현신하여, 너희 나라의 명주지방에도 중국 오대산과 통하는 문수주처가 존재하므로 찾으라고 말한 것에서 시작된다는 점이다.[52] 이것이 원인이 되어 귀국한 자장에 의해서 신라 오대산이 개창되고,[53] 이후 성산으로까지 확대·발전하는 것이다. 그런데 이는 회암사가 인도의 나란타사와 지세가 통한다는 주장을 당위성으로 나옹과 문도들에 의해 대가람으로 면모가 일신하고 있는 것과 구조적인 유사성을 보이고 있다.

이 외에도 회암사는 붓다의 후신인 지공의 영골과 사리를 모신 곳이다.[54] 이는 자장이 문수에게서 전해 받은 사리를 오대산 중대에 모시고,[55] 또 황룡사·통도사·태화사를 통해서 한국불교 사리신앙의 토대를 확보하는 인물이라는 점에서 상호 유사관계가 확보된다. 실제로 지공의 영골은 고려로 전해졌을 때, 공민왕이 직접 머리에 정대(頂戴)하고서 이운했을 정도로 존숭 받고 있다.[56] 더 흥미로운 것은 이때 붓다의 사리도 함께 이운되고 있다는 점이다.[57] 즉 지공의 영골은 붓다의 사리에 필적할 정도의 존숭을 받고 있는 것이다. 이렇게 놓고 본다면, 나옹이 지공의 영골을 회암사에 모시고 이후 사찰을 수조하는 구조는 자장의 행적과 매우 유사하다는 것을 인지해 볼 수 있다.

나옹은 당시 동경(東京)인 경주를 방문한 기록이 없다. 그럼에도 불구하고 나옹의 행동양식에서 자장과 매우 유사한 구조가 발견되고 있는 것이다. 이를 오대산을 통한 자장의 영향으로 이해해 볼 수 있다. 즉 나옹의 관점정립과 행동양식에 있어서, 오대산을 통한 자장의 행적이 매우 많은 영향을 주고 있는 것이다.

　이상의 유사구조를 통해서 지공이 직접 회암사를 지칭한 것도 아닌 삼산양수지기라는 다소 애매한 말이 회암사로 확정되고 대대적인 수조로 변화하는 과정에는, 오대산을 통한 자장의 영향이 존재한다는 것을 인식해 볼 수 있다. 즉 나옹은 회암사 수조를 통한 새로운 대안제시와 관련해서, 자장과 유사한 모종의 해법을 염두에 두고 있었던 것이다.

Ⅳ

결론

이상을 통해서 회암사의 수조 배경이 되는 삼산양수지기가 어떻게 확대되면서 회암사가 신성화되는지, 그리고 이와 같은 과정에서 오대산불교를 통한 자장의 영향에 대해서 검토해 보았다.

나옹이 산 고려 말은 중세와 근세가 교차하는 격동기였다. 또 중국에서는 원·명 교체기이자 우리나라는 여말선초의 전환기였다. 그리고 사상적으로는 중세의 지배이데올로기인 불교가 신유교 성리학에 점차 밀려나는 상황이었다. 이 외에도 민족적으로는 몽고족 우위 상황이 한족의 약진과 더불어 전환되면서, 몽고에 의한 거대한 세계관이 무너지고 있었다. 이러한 거대한 변화 속에 인도적인 지공불교와 같은 부분까지 존재한다는 점에서, 나옹의 시대는 매우 특징적이고 복잡한 동시에 많은 문제들을 내포하고 있었다.

이와 같은 시대배경 속에서 공민왕의 후원에 의해 일약 고려불교의 1인자로 부각하게 되는 나옹에게는, 고려불교를 부흥시켜야만 하는 시대적 요청이 주어져 있었다. 이의 해결책으로 제시된 유형적인 양상이 바로 회암사의 수조이며, 그 과정에서 명분으로 대두되는 것이 바로 지공의 삼산양수지기다. 그러나 공민왕의 돌연한 흥거로 인하여 정국이 급전환하면서 나옹이 열반하게 되자, 회암사의 수조 당위성 역시 철산과 지공 및 나란타사와 같은 양상으로까지 확대되게 된다. 또 이와 같은 변화는 결국 조선에 이르러 더욱 신성화되어, 회암사는 전불시대 가람지라는 한국불교 최고의 위상을 확보하기에 이른다.

또 나옹의 회암사 수조에 있어서의 명분 구조에는, 오대산불교를 통한 자장의 영향이 살펴진다. 이는 자장이 살던 신라 말의 상황이 나옹이 처해 있던 고려 말과 상호 유사한 측면에서, 두 사람 모두 불교의 수장으로서 종교적인 해법을 도출해야만 했기 때문으로 이해된다. 즉 종교적인 문제해결 방식에 있어서 양자 사이에는 유사구조가 인식되는 것이다. 이는 나옹과 그 문도들의 회암사 수조구조를 이해하는 한 해법이 된다. 즉 자장과 나옹간의 종교적인 해법의 유사구조와 삼산양수지기에 대한 보다 분명한 이해를 통해서, 회암사 수조와 관련된 측면을 보다 명확하게 조명해 볼 수 있게 되는 것이다.

[**12**장 주석]

01) 『懶翁和尙語錄』, 「行狀」(『韓佛全』6, 704b·c), "師即叅見平山處林禪師 山適在僧堂 師直入堂內 東西信步 山云大德從何方來 師云大都來 山云曾見甚麼人來 答云曾見西天指空來 山云指空日 用何事 答云指空日用千劍 山云指空千劍且置 將汝一劍來 師以座具打山 山倒在禪床大叫云 這 賊殺我 師便扶起云 吾劍能殺人 亦能活人 山呵呵大笑 即把手歸方丈 請茶留數月 一日手書囑 云三韓慧首座 來見老僧 看其出言吐氣 便與佛祖相合 宗眼明白 見處高峻 言中有響 句句藏鋒 玆以雪菴所傳及菴先師法衣一領 拂子一枝 付囑表信"; 〈碑文〉(『韓佛全』6, 710b), "是春南遊江 浙 秋八月 叅平山 山問曾見何人 曰西天指空 日用千劍 山云且置指空千劍 將汝一劍來 師以坐 具(第一六張)提山 山倒在禪床 大叫賊煞我 師曰吾劍也 能殺人能活人 乃扶起 山以雪巖所傳及 菴衣拂子 表信"

02) 大府大監 察罕帖木兒(察罕帖木兒, 즉 찰한티무르은 百人勇士라는 의미로 위그르인이었다. 『元史』141, 「列 傳-察罕帖木兒」; 李則芬 著, 『元史新講』4, 台北: 中華書局, 1978, 27쪽)의 부인인 高麗人 金氏가 시주 한 사찰이다(〈楊州檜巖寺指空禪師浮屠碑〉, "大府大監察罕帖木兒之室金氏, 亦高麗人也, 從師出家, 買宅 澄淸里, 關爲佛宮, 迎師居之, 師題其額曰法源").

03) 『懶翁和尙語錄』, 「行狀」(『韓佛全』6, 705b·c), "是歲三月 還到大都法源寺 再叅指空 空迎入方丈 請茶 遂以法衣一領 拂子一枝 幷梵草信書一紙 付囑云 百陽喫茶正安[空方丈名]果 年年不昧一 通藥 東西看見南北然 明宗法王給千劍"; 〈碑文〉(『韓佛全』6, 710b), "是歲北還再叅指空 空授以 法衣拂子梵書"

04) 같은 책, 「行狀」(『韓佛全』6, 706a), "丁酉退院 遊燕薊名山 還到法源寺 問指空云 弟子當往何處 空 云汝還本國 擇三山兩水間居之 則佛法自然興矣"

05) 같은 책, 〈碑文〉(『韓佛全』6, 710c), "戊戌春 辭指空 得授記東還"

06) 李穡 撰, 『牧隱文藁』20, "同門合坐 錢曹五宰權左使 相携檜巖山水"

07) 石顚寺門(朴漢英) 撰, 『楊州天寶山遊記』(『朝鮮佛教總報』13(京城: 三十本山聯合事務所, 1918), 參照.

08) 『懶翁和尙語錄』, 「行狀」(『韓佛全』6, 707b), "壬子秋 師偶念指空三山兩水之記 請移錫檜巖 … 云 云 … (甲)寅春又遣近臣尹東明 仍請住是寺 師曰此地是吾初入道處 亦先師安骨之地 況又先師 曾授記於我 烏得無心哉"

09) 같은 책, 〈碑文〉(『韓佛全』6, 709b), "壬子秋 偶念指空三山兩水之記 欲移錫檜巖 會以召赴是寺法 會得請居焉 師曰先師指空 盖嘗指畫重營而煩于兵 敢不繼其志 迺謀於衆增廣殿宇"

10) 李穡 撰, 『牧隱文藁』2, 「天寶山檜巖寺修造記」, "凡爲屋二百六十二間, 凡佛躳十五尺者七, 觀音十尺."

11) 『懶翁和尙語錄』, 「行狀」(『韓佛全』6, 707a), "庚戌秋 元朝引徒達睿 奉指空靈骨舍利到檜巖"; 〈碑 文〉(『韓佛全』6, 711a), "庚戌春引徒達睿 奉指空靈骨來 厝于檜嵓師禮師骨"

12) 〈楊州檜巖寺指空禪師浮屠碑〉, "戊申秋, 兵臨城茶毗."

13) 같은 비문, "四分, 達玄, 淸慧, 法明, 內正張祿吉, 各持而去."

14) 이때 指空 靈骨의 일부는 王輪寺에 남게 된 것으로 판단된다. 이는 1374년(恭愍王 23)에 王輪 寺의 指空 頭骨을 恭愍王이 佛齒와 함께 頂戴하고서 王宮으로 移運해 오기 때문이다. 『高麗 史』42, 「世家42」, 〈恭愍王5-19年(1370)-正月〉, "甲寅 幸王輪寺, 觀佛齒及胡僧指空頭骨, 親自 頂戴, 遂迎入禁中."

15) 達玄·淸慧·法明·張祿吉이 각기 4등분을 했다고 생각하면, 達玄이 가진 靈骨과 淸慧가 가진

361

일부가 達睿에게 전해져 고려로 온 것이니, 대략 2/5 정도가 고려로 왔다는 판단이 가능하다. 〈楊州檜巖寺指空禪師浮屠碑〉, "其徒達玄航海, 司徒達叡從淸慧得之, 俱東歸□."

16) 『懶翁和尙語錄』, 「行狀」(『韓佛全』6, 707b), "九月二十六日 將指空靈骨舍利 安塔于寺之北峯"; 〈楊州檜巖寺指空禪師浮屠碑〉, "壬子九月十六日. 以王命樹浮屠於檜巖寺. 將入塔灌骨. 得舍利若干粒."

17) 李穡 撰, 『牧隱文藁』2, 「天寶山檜巖寺修造記」, "第念是寺. 鐵山書額於前. 指空量地於後. 其山水之形, 宛同西竺蘭陀之寺. 又指空之所自言也. 其爲福地. 蓋甚明矣."

18) 天曆年間은 1328년에서 1329까지이며, 指空이 御香使로 高麗에 머문 기간은 1326년 3월부터 1328년 9월까지의 총 2년 7개월간이다. 이렇게 놓고 본다면 金守溫이 「檜巖寺創記」를 기술할 당시의 檜巖寺 측 認識에는, 指空이 1328년 1월에서 9월 사이에 檜巖寺를 다녀간 것으로 되어 있다는 것을 알 수가 있다.

19) 金守溫 撰, 『拭疣集』2, 「檜巖寺重創記」, "昔天曆間. 西天薄伽納指尊者. 見此寺之基. 以爲酷似西天阿蘭陁寺. 且曰. 迦葉佛時. 已爲大道場. 於是. 執繩量地. 以定其位. 時得劫前礎砌. 當時暫庇屋宇. 以識其叢而已. 有玄陵王師普濟尊者. 受指空三山兩水之記. 遂來居此. 乃欲大創. 分授棟樑. 奔走募緣. 功未及半. 而王師亦逝矣. 其徒倫絶潤等. 念王師未究之志. 踵其遺矩. 以畢其績."

20) 許興植은 鐵山紹瓊을 蒙山의 제자로 본 반면(『高麗에 남긴 鐵山 瓊의 行跡』, 『韓國學報』제39호[1985], 126~128쪽), 姜好鮮은 처음에는 제자로 보았으나(『蒙山和尙普說』에 나타난 蒙山의 행적과 高麗後期 佛敎界와의 관계」, 『普照思想』제19집[2007], 182쪽) 뒤에는 『補續高僧傳』권12 「鐵山瓊禪師傳」(CBETA-77, 458c~459a)에 입각하여 雪巖祖欽의 제자이자 蒙山의 계승자로 보고 있다(姜好鮮, 『高麗末 懶翁慧勤 硏究』, 서울: 서울大 博士學位論文, 2011, 106~107쪽). 本稿에서는 이 문제가 그렇게까지 중요하지 않으므로 두 가지 설을 모두 제시하는 정도에서 그치고자 한다.

21) 許興植, 「1306년 高麗國大藏移安記」, 『高麗佛敎史硏究』(서울: 一潮閣, 1986), 707~710쪽; 許興植, 「第3章 檜巖寺」, 『高麗로 옮긴 印度의 등불』, 197쪽.

22) 閔漬 撰, 「高麗國大藏移安記」, "闔國尊崇 如見佛日 瓶錫赴此 四乘如雲 隨根適器 咸豪玆澤 若非古佛 權現疇克爾耶"·"我和尙雪嵒婚嗣 亦釋迦之長子也"

23) 같은 자료, "到江華普門社 見藏經三本問其由來 日二本乃牲古君臣所安 一是今奉翊大夫知密直司事 軍簿判書上護軍許評 同瑞原郡夫人廉氏 了因所營也 … 云云 … 許公聞之 喜若發蒙 趁日將付歸舟 … 云云 … 因其言 使斯經轉於斯地"

24) 閔漬 撰, 「佛祖傳心西天宗派旨要序」, 『西天百八代祖師指空和尙禪要錄』, "城中士女咸曰 釋迦復出 遂來至此 盍往觀乎"

25) 『益齋亂藁』6, 「重修乾洞禪寺記」, "客有問益齋曰. 昔. 梁蕭氏據萬乘之勢. 窮四海之力. 造塔立廟. 不可勝數. 計其功德. 豈特百倍河氏一寺而已哉. 而達磨譏之. 今指空之於河氏. 稱嘆之. 此其故何也. … 云云 … 此其勢同而理別者耶. 至若指空. 達磨別處. 待子具一隻眼. 却向汝道."

26) 〈楊州檜巖寺指空禪師浮屠碑〉, "八歲. 備三衣送那蘭陁寺講前律賢所. 剃染五戒."

27) 『大唐西域記』9, 「摩伽陀國下」(『大正藏』51, 923b), "佛於此處三月說法. 諸商人等亦證聖果."; 『大唐大慈恩寺三藏法師傳』3, 「起阿踰陀國終伊爛拏國」(『大正藏』50, 237b), "地本菴沒羅長者園. 五百商人以十億金錢買以施佛. 佛於此處三月說法. 商人多有證果."; 玄奘 著, 水谷眞成 譯, 『大唐西域記』(東京: 平凡社, 昭和49), 295~299쪽.

28) 南東信, 「玄奘의 印度 求法과 玄奘像의 推移-西域記, 玄奘傳, 慈恩傳의 비교 검토를 중심으로」, 『佛敎學硏究』제20호(2008), 195~201쪽.

29) 李穡 撰, 『牧隱文藁』2, 「天寶山檜巖寺修造記」, "後之人或不知此 指爲新造撤而去之 則普濟門人 所以劬躬締美之意 滅而不傳"

30) 『三國遺事』3, 「興法第三-阿道基羅[一作我道. 又阿頭]」(『大正藏』49, 986b), "其京都內有七處伽藍之墟. 一曰金橋東天鏡林(今興輪寺. 金橋謂西川之橋. 俗訛呼云松橋也. 寺自我道始基. 而中癈. 至法興王丁未草創. 乙卯大開. 真興王畢成). 二曰三川岐(今永興寺. 與興輪開同代). 三曰龍宮南(今皇龍寺. 真興王癸酉始開). 四曰龍宮北(今芬皇寺. 善德甲午始開). 五曰沙川尾(今靈妙寺. 善德王乙未始開). 六曰神遊林(今天王寺. 文武王己卯開). 七曰婿請田(今曇嚴寺)皆前佛時伽藍之墟. 法水長流之地."

31) 같은 책, 「避隱第八-朗智乘雲 普賢樹」(『大正藏』49, 1015c), "靈鷲寺記云. 朗智嘗云. 此庵址乃迦葉佛時寺基也."

32) 같은 책, 「興法第三-皇龍寺丈六」(『大正藏』49, 990a·b), "創東竺寺."

33) 같은 책, 「興法第三-迦葉佛宴坐石」(『大正藏』49, 989a·b).

34) 『三國遺事』에서 前佛時代伽藍址로 나타나는 곳은, 慶州의 7곳과 蔚山의 靈鷲寺로 총8곳이다.

35) 『佛國寺事蹟』全1卷, "其京都內有七處伽藍之墟 … 云云 … 又有五百禪利之墟 其第一曰妙吉坊 今佛國寺"

36) 『懶翁和尙語錄』, 「行狀」(『韓佛全』6, 706c~707a), "己酉九月 以疾辭退 又入臺山 住靈感菴"; 〈碑文〉(『韓佛全』6, 710c), "庚子入臺山居焉"

37) 1361년(恭愍王 10) 10월 15일 恭愍王의 요청으로 開京으로 들어가서, 닷새 뒤인 10월 20일 원나라 제11대 惠宗(順帝)의 願刹인 神光寺의 주지가 된다(『懶翁和尙語錄』, 「行狀」, 『韓佛全』6, 706a ; 〈碑文〉, 『韓佛全』6, 710c).

38) 『懶翁和尙語錄』, 「行狀」(『韓佛全』6, 706c~707a), "丁未秋上命交州道按廉使鄭良生 請住淸平寺 … 云云 … 己酉九月 以疾辭退 又入臺山 住靈感菴"; 〈碑文〉(『韓佛全』6, 710c), "庚子入臺山居焉"

39) 1370년 8월 恭愍王은 親政宣言을 해서 辛旽으로부터 권력을 회수하고(『高麗史』132, 「列傳45」, 〈叛逆6-辛旽-013〉), 9월 16~17일의 超僧科인 功夫選에서 懶翁을 主盟으로 임명한다(『高麗史』42, 「世家42」, 〈恭愍王5-19년[1370]-9월〉; 『懶翁和尙語錄』, 「行狀」, 『韓佛全』6, 707a ; 〈碑文〉, 『韓佛全』6, 709b). 이후 다음해인 1371년 8월 26일에 懶翁을 王師에 임명하고, 며칠 뒤인 9월에는 東方第一道場 松廣寺에 주석케 한다(『懶翁和尙語錄』, 「行狀」, 『韓佛全』6, 707b ; 〈碑文〉, 『韓佛全』6, 709b).

40) 『高麗史』132, 「列傳45」, 〈叛逆6-辛旽-015〉), "旽當刑束手, 乞哀於樸曰, '願公見阿只, 活我.' 乃斬之, 支解徇諸道, 梟首京城東門."

41) 『五臺山事跡記』, 「信孝居士親見五類聖事蹟」, "我太祖肇期王業依古聖訓 每歲春秋 各納白米二百石塩五十石別修供養而用資福利 遂以爲歷代之恒規"

42) 張成在, 「寂滅寶宮의 변천과 사상――然을 통해 본 5大寶宮에 대한 정합적 이해」, 『韓國佛敎學』제66호(2013), 122~133쪽.

43) 『三國遺事』3, 「塔像第四-前後所將舍利」(『韓佛全』6, 993b·c), "昔聞帝釋宮有佛四十齒之一牙. 爲我等輩請下人間. 爲福何如. 律師後與天使傳其意於上帝. 帝眼七日送與. 湘公致敬訖. 邀安大內. 後至大宋徽宗朝. 崇奉左道. 時國人傳圖讖曰. 金人敗國. 黃巾之徒諷. 日官奏曰. 金人者佛敎之謂也. 將不利於國家. 議當破滅釋氏. 坑諸沙門. 焚燒經典. 而別造小舡. 載佛牙泛於大海. 任隨緣流泊. 于時適有本朝使者至宋. 聞其事. 以天花茸五十領. 紵布三百匹. 行賂於押舡內史. 密授佛牙. 但流空舡. 使臣等旣得佛牙來奏. 於是睿宗大喜. 奉安于十員殿左掖小殿. 常鑰匙殿門. 施香燈于外. 每親幸日開殿瞻敬."

44) 廉仲燮, 〈Ⅱ. 善德王에 대한 관점 차이〉, 「善德王의 轉輪聖王적인 측면 고찰」, 『史學研究』제93호(2009), 3~15쪽 ; 『三國遺事』3, 「塔像第四-皇龍寺九層塔」(『大正藏』49, 990c), "經由中國太和池邊. 忽有神人出現. 胡爲至此. 藏答曰. 求菩提故. 神人禮拜. 又問. 汝國有何留難. 藏曰. 我國北連靺鞨. 南接倭人. 麗濟二國. 迭犯封陲. 隣寇縱橫. 是爲民梗. 神人云. 今汝國以女爲王. 有"

德而無威, 故隣國謀之, 宜速歸本國, 藏問歸鄕將何爲利益乎, 神曰, 皇龍寺護法龍, 是吾長子, 受梵王之命, 來護是寺, 歸本國成九層塔於寺中, 隣國降伏, 九韓來貢, 王祚永安矣, 建塔之後設八關會, 赦罪人, 則外賊不能爲害, 更爲我於京畿南岸置一精廬, 共資予福, 予亦報之德矣, 言已遂奉王而獻之, 忽隱不現(寺中記云, 於終南山圓香禪師處, 受建塔因由)."

45) 「皇龍寺九層塔刹柱本記」와 『寺中記』에 전하는 것으로(黃壽永 編, 『新羅金石遺文』, 서울: 一志社, 1976, 159쪽 ; 金相鉉, 「新羅 三寶의 成立과 그 意味」, 『東國史學』 제14호[1980], 60~61쪽), 太和池 龍과 圓香禪師의 관계성에 대해서는 李仁哲의 언급(「芬皇寺 創建의 政治·經濟的 背景」, 『新羅文化祭學術發表會論文集』 제20호[1999], 17쪽)이 있다.

46) 『三國遺事』3, 「塔像第四-皇龍寺九層塔」(『大正藏』49, 991a), "後高麗王將謀伐羅, 乃曰, 新羅有三寶, 不可犯也, 何謂也, 皇龍丈六, 幷九層塔, 與眞平王天賜玉帶, 遂寢其謀, 周有九鼎, 楚人不敢北窺, 此之類也."

47) 이와 같은 양상은 1011년(顯宗 2) 契丹의 침입 때, 大藏經을 발원하여 佛力으로 물리치는 것을 통해서도 확인된다. 즉 이러한 인식은 中世의 고려에도 그대로 유전되고 있었던 것이다(李奎報 撰, 『東國李相國全集』25, 「大藏刻板君臣祈告文」).

48) 『三國遺事』3, 「塔像第四-皇龍寺九層塔」(『大正藏』49, 990c), "乃以寶帛請於百濟, 匠名阿非知, 受命而來." ; 「皇龍寺刹柱本記」, "大匠[百]濟阿[非]等率小匠二百人"

49) 李穡 撰, 『牧隱文藁』10, 「仲英說」 ; 徐居正 外 編, 『東文選』97, 「說」, "三山二水之記畢矣, 設刹遍于東土矣."

50) 『三國遺事』3, 「塔像第四-皇龍寺九層塔」(『大正藏』49, 990c), "神曰, 皇龍寺護法龍, 是吾長子, 受梵王之命, 來護是寺."

51) 같은 책, 「興法第三-迦葉佛宴坐石」(『大正藏』49, 989a·b).

52) 같은 책, 「塔像第四-臺山五萬眞身」(『大正藏』49, 998c), "又曰, 汝本國艮方溟州界有五臺山, 一萬文殊常住在彼, 汝往見之, 言已不現." ; 「五臺山事跡記」, "奉安舍利開建寺庵第一祖師傳記", "又曰卿之本國溟洲之地 亦有五坮山 一萬文殊常住眞身之所也 卿還本國可往親祭(已上出臺山本記)"

53) 『三國遺事』3, 「塔像第四-臺山五萬眞身」(『大正藏』49, 998c) ; 같은 책, 「塔像第四-臺山月精寺五類聖衆」(『大正藏』49, 1000a) ; 「五臺山事跡記」, 「奉安舍利開建寺庵第一祖師傳記」.

54) 指空의 門徒가 모시고 온 指空의 遺骸는 舍利가 아닌 靈骨이다. 그런데 이를 檜巖寺 浮圖를 모셔서 奉安하는 과정에서 懶翁이 靈骨 속에서 舍利를 발견하게 된다(〈楊州檜巖寺指空禪師浮屠碑〉, "壬子(1372)九月十六日, 以王命樹浮屠於檜巖寺, 將入塔灌骨, 得舍利若干粒."). 이를 통해서 우리는 靈骨과 舍利에는 차이가 있다는 것을 알게 된다.

55) 慈藏이 五臺山 中臺에 舍利를 모셨다는 것은(「五臺山事跡記」, 「奉安舍利開建寺庵第一祖師傳記」, "後往溟州(今江陵也)五臺山登地爐峰奉安金佛腦及頂骨 立碑於伽羅墟(碑則隱而不現)") 후대에 附加된 내용일 뿐이다(廉仲燮, 「慈藏의 五臺山 開創과 中臺 寂滅寶宮」, 『韓國佛敎學』 제66호[2013], 29~41쪽). 그러나 懶翁과 그 門徒들은 이와 같은 부가된 기록을 사실로 믿었을 것이다. 즉 이것은 거짓이지만, 懶翁과 門徒들에게는 분명한 사실이었다는 말이다.

56) 1369년 指空의 門徒인 達睿는 達玄과 함께 高麗로 오면서, 淸慧가 모신 것의 일부까지 가지고 와서, 開京을 거쳐 1370년 1월 1일 아침에는 최종목적지인 檜巖寺에 도착한다. 이 靈骨을 3월에 懶翁이 예배하고, 9월 26일에는 懶翁의 주관으로 指空의 靈骨이 檜巖寺의 북쪽 봉우리에 모셔지게 된다(『懶翁和尙語錄』, 「行狀」, 『韓佛全』6, 707b, "九月二十六日 將指空靈骨舍利 安葬于寺之北峯" ; 〈楊州檜巖寺指空禪師浮屠碑〉, "壬子九月十六日, 以王命樹浮屠於檜巖寺, 將入塔灌骨, 得舍利若干粒."). 이 과정에서 指空 靈骨 중 頭骨이 開京 王輪寺에 남게 된 것으로 판단된다.

57) 『高麗史』42, 「世家42」, 〈恭愍王5-19年(1370)-正月〉, "甲寅 幸王輪寺, 觀佛齒及胡僧指空頭骨, 親自頂戴, 遂迎入禁中."

나옹은 고려 말 신돈의 몰락과 더불어, 공민왕에 의해서 발탁돼 실질적인 불교계의 1인자가 된다. 그러나 공민왕의 시해와 우왕이 옹립되는 정계개편 과정에서 신륵사에서 갑자기 열반한다. 그런데 이후 나옹은 조선조에 이르면, 한국불교 역사상 유일하게 '석가모니의 화신'이라는 최고의 존숭대상으로 변모하기에 이른다.

본고는 나옹이 붓다화되는 과정을 고찰한 것이다. 이를 위해서 먼저 나옹 이전에 고려에 존재했던 생불문화(生佛文化)를 철산과 지공을 통해서 살펴본다. 그런 다음에 나옹의 화장(火葬) 과정에서 발생한 다수의 사리 출현과 이적(異蹟)을 통한, 나옹문도들의 나옹 붓다화에 대해서 고찰해 본다. 나옹의 붓다화는 화장의 이적에서 비롯되어, 위기의식을 느낀 문도들에 의해서 추진된다. 이것이 이후 나옹이 재평가되면서, 조선 초에 이르면 나옹의 '석가모니 화신설(化身說)'로까지 발전하기에 이른다.

13

나옹의
붓다화에 대한 고찰

I

서론

나옹은 공민왕이 기획한 초승과인 공부선의 주맹으로 등장하여, 신돈과 천희를 대체하면서 일거에 고려 말 불교계의 핵심위치를 차지하게 된다. 그러나 공민왕의 갑작스러운 홍서와 이인임계의 우왕 옹립에 따른 정권재편 과정에서, 회암사의 대대적인 수조가 빌미가 되어 결국 신륵사에서 열반한다.

그런데 이와 같은 나옹의 급격한 위치변화 속에는, 나옹을 붓다화시키는 노력들이 존재하고 있어 주목된다. 실제로 나옹의 붓다화는 성공해서 조선조에 이르면 '석존화신(釋尊化身)'으로까지 완성되기에 이른다. 이는 한국불교 역사상 유래를 찾아볼 수 없는 특이한 일이다. 본고는 나옹의 붓다화가 어떠한 구조 속에서 진행되고, 또 그 주체와 목적이 무엇인지에 대해 규명한 것이다. 이를 통해서 나옹과 나옹문도에 관한 것은 물론, 여말·선초라는 왕조와 사상의 격변기에 관해서 보다 명확한 관점을 확립해 보게 된다.

본고는 나옹이 생전에 생불로 인정된 것이 아니라, 열반 후에 문도를 중심으로 붓다화가 진행된 것임을 분명히 하였다. 즉 나옹은 생불이었다기보다는 생불로 추증된 인물이라는 것이 더 타당하다는 의미다. 또 이와 같은 측면이 철산과 지공을 통해 나옹 이전에도 존재하던 생불인식의 연장선상에서, 나옹문도들에 의해 전개되는 측면에 대해서 밝혀보았다. 그리고 나옹의 붓다화는 '나옹문도의 입장' 및 '회암사의 보존'과 연관된다는 점도 아울러 정리하였다.

이러한 연구를 통해서, 나옹이 어떻게 석존화신으로까지 변모하는지와 이유에 대해 보다 분명한 인식에 도달하게 된다. 이는 여말·선초를 주도한 나옹과 나옹문도들에 대한 보다 합리적인 이해를 도출한다는 데 있어서 중요한 연구의의를 확보한다.

Ⅱ

나옹에 대한 생불인식 배경

1. 철산에 대한 생불인식

나옹의 생불인식과 관련해서 선행한 배경으로 검토될 수 있는 인물
은 철산소경(鐵山紹瓊)과 지공선현(指空禪賢)이다. 철산은 조주의 무자화
두와 오후인가(悟後印可) 강조로, 고려불교에 막대한 영향을 미치는 몽
산덕이(蒙山德異, 1231~1308)의 제자로 추정되는 인물이다. 철산은 후
일 원명국사(圓明國師)가 되는 충감(冲鑑, 1274~1338) 등의 초청으로[01]
1304년 7월 강남에서 뱃길로 고려를 방문해, 1306년 9월 이후에 떠
난 것으로 살펴진다.[02] 이때 금강산의 법기도량(法起道場)을 참배하
고,[03] 돌아가는 길에 강화 보문사에 봉안되어 있던 삼본(三本) 대장경
중 허평(許評) 부부가 봉안한 것을 구하여 대앙산(大仰山)으로 이운해
간다.[04]

그런데 민지(閔漬)의 「고려국대장이안기(高麗國大藏移安記)」에는 당
시 고려인들이 철산을 생불(生佛)과 같이 존숭하는 대목이 기록되어

있어 주목된다.

대덕(大德) 8년 갑진(1304, 충렬왕 30) 가을에 제공(諸公)의 초청으로 [강
남에서] 배를 타고 오시니, 합국(闔國)이 존숭하기를 불일(佛日)을 뵙는
것과 같았다. [철산이] 주석하는 곳에는 사부대중의 수레가 구름처럼
모이니, [각기] 수근(隨根)을 따라서 모두가 은혜를 입었다. 만약 고불
(古佛)이 아니라면, 어찌 이와 같을 수 있겠는가.[05]

저 강서 의춘현(宜春縣) 대앙산의 개산조는 소석가(小釋迦)라고 하는
데, … 운운(云云) … 하물며 저 앙산은 석가재래지지(釋迦再來之地)라
고 일컬어지며, 또한 중하(中夏)의 영산(靈山)이다. 우리 화상은 설암
(雪嵒)의 적사(嫡嗣)요, 또한 석가지장자(釋迦之長子)이다.[06]

이 기록을 통해서, '철산을 생불과 같이 대하는 고려 사부대중의
모습'과 '소석가로 불린 앙산혜적(仰山慧寂)의 장자라는 관점의 철산'
을 읽어볼 수 있다. 이 두 가지 방향에 의해서, 고려에서 철산은 준
생불적인 인식을 확보하게 된다. 그러나 철산은 완전한 생불인식에
는 도달하지 못하고 있다.

선종은 주관심을 강조하기 때문에, 깨달음을 증득한 선승을 붓
다로 이해하는 관점이 존재한다. 이는 혜능(惠能)에게서부터 확인된
다.[07] 여기에 밀교의 혈맥보(血脈譜)에 의한 상전(相傳)과 라마불교의
영향이 강화되면서, 생불문화는 점차 넓은 외연 속에서 강력해진다.

이는 철산보다 약 22년 후인 1326년(충정왕 13) 고려를 찾는 지공을 통해서 확인된다.

2. 지공에 대한 석존 · 달마와의 비견

지공을 붓다에 비견하는 것은 「지요서(旨要序)」뿐이다. 그러나 달마와 비견하는 기록은 「문수사리최상승무생계경서(文殊師利最上乘無生戒經序)」를 비롯해 「지공화상게서(指空和尚偈序)」, 「중수건동선사기(重修乾洞禪寺記)」, 「송대선사호공지정혜사시서(送大禪師瑚公之定慧社詩序)」 등 총 4차례나 확인된다.[08] 지공에 대한 현존문헌이 지극히 제한적이라는 점을 고려한다면, 이는 적지 않은 횟수다. 즉 달마에 비견하는 것이 당시에는 상당히 보편적이었을 개연성이 확보되는 측면이다. 이를 통해 지공은 석존과 달마에 모두 비견되었지만 석존보다는 달마로 견주어졌고, 이러한 인식은 상당히 광범위했다는 것을 알 수 있다.

지공이 석존과 달마에 비견될 수 있었던 배경에는, 지공이 진술한 가계에 대한 부분이 배경으로 작용한다. 지공은 부계로는 붓다의 숙부인 곡반왕의 후손인 마가다국왕 만(滿)의 아들임을 주장했다. 또 모계는 달마의 혈족인 향지국의 공주라고 밝힌다. 이외에도 지공은 인도불교 교학의 가장 핵심적인 사찰 중 하나인 나란타사에서 수학했으며, 능가국의 보명에게 인도선법을 전등받은 108대 조사다.[09] 특히 지공의 선맥은 달마 전전까지 공유되는 같은 계통의 분파[流派]

였다.[10] 즉 지공은 붓다와 달마에 비견되기에 충분한 '태생'과 '환경조건'을 갖추고 있는 것이다. 당시의 관점에서 중요한 것은 지공 주장의 사실여부가 아니라, 고려인들이 이것을 그대로 믿었다는 점이다.

지공이 고려불교에서 쉽게 석존과 달마에 비견될 수 있었던 이유는 크게 두 가지다. 첫째는 앞서 언급한 '가계의 신성성'과 '인도불교의 수학'이다. 둘째는 원의 동아시아 지배시기에 발생한, 중화주의의 퇴색과 중국 강남의 남인(南末人)과 고려인 간의 신분 역전 상황이다. 이는 신분이 낮은 남인 선사들보다[11] 상대적으로 인도인 지공이 존숭되기 쉬운 구조를 파생하게 된다.

이러한 두 가지 요인으로 인해서, 지공은 일거에 고려인들에게 최고의 존숭을 받는 인물이 된다. 그러나 철산처럼 지공에게서도 확실한 생불인식은 확인되지 않는다.

3. 나옹 재세시의 생불인식

나옹은 지공을 계승한 치명제자로, 고려불교에서 나옹이 실질적인 1인자로 등장하게 되는 배경에는 지공의 후광이 상당부분 작용한다. 그런데 생불인식과 관련해서 지공에게서는 불완전하던 구조가 나옹에서 완성되는 모습이 확인된다. 그러나 이러한 붓다화가 최종 완성되는 것은 나옹의 열반 이후와 조선조에 이르러서다.

『동문선(東文選)』 권56과 『세종실록(世宗實錄)』 권85에는 대동소이한 벽불(闢佛)에 대한 내용이 기록되어 있다. 그런데 여기에는 나옹이 생존시에 이미 생불로 인식된 것으로 나타나고 있어 주목된다.

> 신(臣) 등이 또 듣기를, 전조(前朝)의 말기에 승 나옹이 있어 적멸지교 [寂滅之敎(佛敎)]로 우용지배(愚庸之輩)를 현혹하여 당시 생불로 추대되었습니다. [그래서] 천승지존(千乘之尊)이 굽혀서 필부지천(匹夫之賤)에게 절을 하는 데 이르렀습니다."[12]

두 벽불론(闢佛論)을 같은 글로 본다면, 이는 『세종실록』을 근거로 1439년의 기록이 된다. 즉 언뜻 보면 나옹 당대의 일을 말하는 것 같지만, 실은 나옹이 열반한 1376년보다 63년 뒤의 기록인 것이다.

나옹의 열반과 관련해서 붓다화시키려는 노력들이 살펴진다는 점에서, 나옹의 생존시에 생불인식은 완료된 것일 수 없다. 그러므로 이는 후대의 인식이 도치되어 기록된 것으로 이해하는 것이 타당하다.[13] 물론 여기에는 왕이 왕사였던 나옹에게 예를 표했다는 당시의 사실적인 기록도 포함되어 있다. 또 일부 인사들이 실제로 나옹을 생불로 존숭했을 개연성도 분명히 존재한다. 그러나 이는 나옹의 생불화에 대한 진행상황에 대한 기록일 수는 있어도 완료상황, 즉 일반화된 것일 수는 없다. 왜냐하면 나옹의 열반관련 기록을 살펴보면, 나옹문도들에 의해서도 나옹이 붓다화되는 과정 중에 있었을 뿐이라는 점을 분명하게 드러내주고 있기 때문이다.

Ⅲ

열반과 석가모니의 화신(化身)

1. 열반과 추모과정에서 살펴지는 붓다화

나옹의 열반과 다비과정에 대한 기록에는 나옹의 붓다화를 시도하는 기록이 존재한다. 이것은 각굉의 「행장」과 이색이 찬한 〈비문〉에서 고르게 살펴진다. 〈비문〉은 일반적으로 문도가 자료를 제공하고 이를 바탕으로 명망있는 인사에 의해 찬술된다는 점에서, 나옹의 붓다화 노력은 당시 문도의 중론이었으며 이러한 연장선상에 문인인 각굉도 존재하고 있다는 것을 알 수 있다.

열반과 추모과정에서 살펴지는 나옹의 붓다화는 크게 세 가지다.

첫째는, 죽음의 초월과 열반을 통한 교화다. 이에 대한 「행장」의 기록은 다음과 같다.

여흥수(驪興守) 황희직과 도안감무(道安監務) 윤인수가 [호송관] 탁첨의 명을 받고, 빨리 갈 것을 독려하였다. 시자가 [신륵사에서 형원사로 빨리 가셔야 한다고] 고하자, 스승이 말하기를 "그것은 어렵지 않다. 나는 마땅히 갈 것이다."고 하였다.

승려가 다시 물었다. "사대(四大)가 각기 흩어지면, 어디로 돌아갑니까?" 스승이 주먹을 교차하여 가슴에 대고 "다만 이 속에 있을 뿐이다."라고 하였다.
또 물었다. "그 속에 있을 때는 어떠합니까?" 스승이 "별달리 특별한 것은 없다."고 하였다.

이에 대중에게 고하였다. "너희들 모두는 [이제] 각기 진리를 보아야만 한다. 노승은 오늘 너희들을 위하여 열반불사(涅槃佛事)를 지어 마칠 것이다." [그리고는] 진시(7~9시)에 이르러 적연히 가시니, [때는] 5월 15일이었다.[14]

나옹의 열반은 공민왕의 급서와 우왕의 등장이라는 정계개편 과정에서, 회암사의 대대적인 수조가 발단이 되어 대관과 도당의 탄핵을 받아 주처를 옮기는 과정에서 발생한다. 그런데 여기에서 나옹은 호송관의 재촉을 자신의 열반과 연결시키고, 제자와의 문답을 통해 선적인 관점의 죽음에 대한 초월을 드러내고 있다. 이는 다음의 '열반불사'를 언급하는 부분을 통해서 분명해진다. 즉 이미 죽음을 극복한 상태에서, 주체적으로 열반을 선택하는 상황이 표현되어 있는 것이다. 또 이러한 상황을 대중교화의 수단으로 사용하는 모습도 확인된다.

그런데 이와 같은 나옹의 열반은 붓다의 열반과 구조적인 면에서 흡사하다는 점에서 주목된다. 붓다는 바이샬리에서 수행(壽行)을 포기한 후, 3개월 뒤에 열반할 것을 선언한다.[15] 즉 죽음에 대한 극복과 선택적 수용이 나타나는 대목이다. 그 뒤 쿠시나가라의 열반을 통해서, 오히려 제자들을 교화하는 모습을 보이고 있다. 이렇게 놓고 본다면, 나옹과 붓다의 열반기록은 개별적인 사건이 일치하는 것은 아니지만, 구조적인 유사성이 확보되는 것은 분명하다.

둘째는, 나옹의 화장 및 사리수습과 관련된 '40개의 치아'와 '많은 사리'에 대한 기록이다.

다비를 마쳤으나, 두골(頭骨)과 오편(五片)과 아치(牙齒) 40은 모두 타지 않았다. 향수(香水)로 씻을 때에는 구름도 없는데 비가 내렸다. [나옹] 사리가 부지기수였고, 사중(四衆)이 [다비한] 재와 흙을 헤치고 얻은 것 역시 불가승수(不可勝數)였다.[16]

화장을 마치고 영골을 씻는데 구름도 없이 4방 수백 보에만 비가 내렸다. 수습된 사리는 155립(粒)이었다. 기도를 하자, 558립으로 나뉘었다. 사중이 재 가운데서 은밀하게 얻은 것은, [너무 많아서] 그 수를 알 수가 없다.[17]

이 기록에는 40개의 치아와 많은 사리, 그리고 사리의 증과로 이해될 수 있는 내용이 살펴진다. 이 중 40개의 치아라는 것은 일반적인 인간의 신체 이해와는 다른 것이다. 40개의 치아는 붓다의 32상에 등장하는 것이다. 그런데 이 역시도 붓다 당시에 사용된 4진법 체계의 종교적인 상징 표현일 뿐 사실로 받아들이기는 어렵다. 4진법 체계로 인하여 4와 4의 배수들은 '만수(滿數)의 완전함'이라는 완성의 의미를 내포하게 된다. 이와 같은 만수의 완전함이라는 의미에 존재하는 상징적인 연장선에 바로 40개의 치아설도 존재하는 것이다.

그런데 나옹의 화장과 관련해서 이러한 40개의 치아설이 확인되는 것이다. 이는 나옹을 붓다에게 맞추어 신성화시키려는 서술자의 의도성이 명확하게 드러나는 부분이다. 또한 40개의 치아와 관련된 이야기는 고려 왕궁의 십원전 좌측 소전에 모신 불아(佛牙)에서도 확인된다.[18] 즉 40개의 치아 가운데 하나인 불치(佛齒)가 고려를 대표하는 최고의 불사리였던 것이다. 이는 40개 치아 주장을 통해 나옹을 붓다와 결부시켜 신성화하는 가장 손쉬운 구조가 확보된다는 것을 의미한다. 즉 이를 통해서 '나옹의 붓다화'와 '나옹이 붓다의 화신'이라는 암시가 효율적으로 가능한 것이다.

40개의 치아에 대한 내용은 이색의 〈비문〉에서는 확인되지 않는다. 이는 이색의 괴(怪)·력(力)·난(亂)·신(神)을 거부하는 유교적인 관점으로도[19] 인지될 수 있다. 그러나 이색은 사리의 증과로 이해될 수 있는 기록을 남기고 있다는 점에서, 유교적인 관점에 의한 처리는 아니라고 판단된다. 그러므로 이 부분은 문도의 일반인식과는 각도를 달리하는, 각굉의 관점으로 파악하는 것이 타당하다고 판단된다.

나옹처럼 다비 후에 많은 사리가 수습된 것은 한국불교 역사상

유래가 없는 일이다. 이와 관련해서 각굉은 '헤아릴 수 없을 만큼 많았다'고 하고, 이색은 '155립과 늘어난 558립의 숫자를 명기하고, 이외에도 많았다'는 점을 기록하고 있다. 즉 매우 많았다는 것은 동일하다. 붓다의 다비와 관련해서도 흔히 8섬 4말로 말해지는 매우 많은 사리에 대한 내용이 나온다. 그러므로 이는 다시금 양자의 유사성을 인식해 볼 수 있는 부분이 된다.

나옹의 많은 사리와 이적은 나옹에 대한 추모가 전국에 걸쳐 이루어지는 계기가 된다.[20] 이 가운데 사리의 확산과 부도탑 건립에 관한 중요기록을 정리해보면 다음과 같다.

이제 보제[普濟(나옹)]의 사리는 사방으로 흩어졌다. [그래서] 혹은 높은 [산 속의] 운무 중에 있고, 혹은 여염(閭閻)의 연진(烟塵) 안에 있으며, 혹은 정대(頂戴)해서 다니고, 혹은 팔베개로 해서 자기도 한다. 이와 같이 봉지(奉持)하는 것이, 보제의 생존 때와 비교하면 백 배를 더해도 비교되지 않는다.[21]

이 묘향산 보현사에는 사리가 셀 수 없이 많았는데, [이제는] 명산에 흩어져 있다. 사중이 봉지하고 공양하는 것도 많다. 어찌 모셔진 곳을 일일이 열거할 수 있겠는가.[22]

보제의 제자가 [많아서] 헤아릴 수 없었다. [이들이] 보제를 위하여 입멸한 뒤에 추모하여, 부도를 새기고 진당을 기록해, 그것을 변치 않

양주 회암사지 선각왕사비(禪覺王師碑)
나옹의 비문은 이색이 찬하고 권중화가 글씨를 써서 1377년(우왕 3) 건립하였다. 그러나 1997년 보
호각 화재로 파손되어, 현재는 1998년 8월에 원형을 본뜬 모조비를 건립해 공개하고 있다.
사진 | 양주회암사지박물관 제공

양주 회암사지 선각왕사비 탁본
화재로 파괴되기 전의 나옹비 원본은 보물 제387호 지정되어 있으며, 현재 원래의 비신(碑身)은 복구되어 조계종 불교중앙박물관에 보존되어 있다. 나옹 화상의 생애와 업적을 기리는 내용이 담겨져 있다.
사진ㅣ양주회암사지박물관 제공

게 하려고 도모하는 이들이 발뒤꿈치가 닿도록 잇닿아 있다.[23]

나옹의 사리에 의한 전국적인 추모와 사리탑 건립은 각굉의 40개 치아 주장처럼 의도된 기술은 아니다. 그러나 이와 같은 양상은 붓다의 다비 직후 건립되는 근본8탑, 그리고 이것이 아소카왕에 의해서 8만4천 탑으로 증광되는 상황과 유사한 구조를 확보하고 있어 주목된다.

마지막 셋째는, 회암사를 기원정사에 비견하고 신륵사를 쿠시나가라에 대비하는 기록이다. 이는 나옹을 붓다화하는 가장 명백한 구절이다.

우리 스승[나옹]이 오탁악세에 나타나셔서 근기에 상응한 것을 비유하면, 붓다가 [다시] 나오신 것과 같다. 그러므로 회암사는 기수[급고독원]과 같고, 신륵사는 쌍림[의 쿠시나가라]와 같다고 하겠다.[24]

회암사는 나옹이 262칸이라는 막대한 규모로 수조하다가[25] 탄핵의 빌미가 되는 왕사의 하산소(下山所)와 같은 핵심사찰이다. 그런데 「신륵사보제사리석종기(神勒寺普濟舍利石鐘記)」에는, 이곳이 붓다가 23~25년간이나 머물면서[26] 대다수의 경전을 설한 기수(祇樹)와 같다고 말하고 있는 것이다. 또 신륵사는 나옹이 탄핵 당한 뒤에 주석처를 옮기는 과정에서 열반에 드는 곳이다. 그런데 이를 쌍림에 비견하고 있다. 이는 각굉의 40개 치아 주장과는 비교될 수 없는, 현실적인 붓다화가 이미 진행되었다는 것을 의미한다. 「석종기」는 이색에 의해서 1379년(우왕 5)에 기록된 것이다. 그러므로 이때에는 사리 이적을 통해 상황이 반전되면서,[7] 나옹의 붓다화가 신속하게 전개되었다는 것을 알 수 있다. 그 결과가 바로 "불출(佛出)"이다. 즉 이 무렵 나옹의 붓다화는 1차적으로 완료된 것이다. 또 이것이 이색에 의해서 기록되고 있다는 점은 〈비문〉 때와는 사뭇 다른 변화된 인식을 확보해 볼 수 있어 주목된다. 실제로 이색 역시 「미지산윤필암기(彌智山潤筆菴記)」에서는, "세상을 떠난 뒤에 보제와 같이 뛰어난 이를 나(이색)는 많이 듣지 못했다"라고 하여 동의하는 모습을 보이고 있기 때문이다.[28]

2. 석가모니의 화신과 경전을 통한 권위 확보

조선에 이르게 되면 이제 나옹은 '석가화신(釋迦化身)'으로까지 격상된다. 『통록촬요(通錄撮要)』 권4는 국내의 위경인 『치성광명경(熾盛光明經)』을 인용하여,[29] 다음과 같은 기록을 남기고 있다.

> 『치성광명경』에 이르기를, "세존이 가섭 존자에게 말하였다. '내가 멸도한 뒤 후오백세에 내 법이 신라에 행해지리라. [이때] 오종외도가 세상에 성행하여, 감히 내 법을 무너트리려고 할 것이다. 경신지간(庚申之間)에 한 비구가 있어 대사문이 되어 대불사를 이루고 제외

도(諸外道)를 파하리라. 그 호를 보제나옹(普濟懶翁)이라 하며, 그 회상(會上)을 공부선(工夫選)이라고 할 것이다. 가섭아, 이 사람이 내 몸[化身]이라는 것을 마땅히 알지어다.[30]

여기에서 '경신(庚申)'은 나옹의 출생연도인 1320년이며, '대불사'란 262칸의 회암사 수조를 의미하는 것으로 판단된다. 즉 전체가 나옹 1인의 붓다화에 집중되어 있는 것이다.

또 청자로 마하가섭을 등장시키고 있는 것은 나옹이 선사라는 점을 감안한 것으로 판단된다. 마하가섭은 전등(傳燈)과 관련해서 중국 선종에서는 의미가 큰 인물이지만, 초기경전에서는 사리불이나 아난의 위상에 미치지 못한다. 그러므로 대승경전에서도 성문의 청자로는 이들이 주로 나타나게 된다. 물론 대승경전에서의 주된 청자는 당연히 보살들이다. 그런데도 여기에서는 마하가섭이 청자로 등장하며, 오히려 마하가섭이 받들어야 할 대상으로 석가화신인 나옹이 나타난다. 이는 전등 제1조인 마하가섭의 위에 나옹을 올리는 것으로, 선종 안에서 나옹의 붓다화를 당연시하려는 움직임으로 이해된다.

인용문에서 가장 중요한 구절은, '아신(我身)'과 '회일공부선(會曰工夫選)'이다. 아신은 석가화신으로 해석될 수 있다. 이렇게 되어 나옹이 붓다가 되기 때문에, 나옹에게도 석가의 영산회(靈山會)나 미륵의 용화회(龍華會)처럼 회상(會上)이 필요하게 된다. 이를 여기에서는 공부선으로 맞추고 있는 것이다.

공부선은 1370년(공민왕 19) 8월 친정(親政)을 선언한 공민왕에 의해서, 9월 16~17일에 걸쳐 광명사(廣明寺)에서 실시된 양종(兩宗)·오교(五敎) 통합방식으로 거행된 최고의 승과이자 친임시(親臨試)였다. 특히 공부선은 이미 승과에 합격하여 승계를 가진 자도 응시할 수 있었던 초승과적인 특별시였다.

나옹은 공민왕에 의해서 공부선의 주맹이 되어 전체를 관할하게 된다. 이 사건은 나옹이 고려불교의 실질적인 1인자로 등장하는 계기가 되며, 이후 나옹은 이듬해인 1371년 8월 26일에 왕사로 봉해지고, 왕명에 의해서 동방제일도량 송광사에 주석하게 된다. 물론 가지산문의 보우가 신돈의 몰락과 함께 화엄종의 천희를 대신해서 국사가 되었지만,[31] 신돈과 충돌하기 이전 원융부(圓融府)를 통해서 불교권력을 장악하던 모습과 같은 측면은 전혀 살펴지지 않는다.[32] 즉 당시 보우의 국사 위치는 다분히 상징적이었으며, 실질적인 측면은 나옹에게 있었던 것이다.

나옹의 일생에서 가장 큰 전환기의 사건이 바로 공부선이다. 그런데『치성광명경』은 경전이라는 최고의 권위 속에서 공부선을 나옹의 회상으로 규정하고 있는 것이다. 이를 통해서 나옹은 ①석가화신이자 ②마하가섭의 존숭대상이 되며, ③『치성광명경』이라는 경전의 권위로 인정받는 ④공부선회를 가진 완전한 붓다로 거듭나게 된다. 이는 남종선의 시조인 혜능이 생불로 추앙되면서, 그의 어록이『육조단경(六祖壇經)』이라는 '경(經)'이 된 것을 넘어서는 측면이다. 즉 나옹의 붓다화는 불교사상 그 누구와도 비교될 수 없는 수준으로 완료된 것이다. 물론 조선의 진묵도 붓다화되는 인물이다.[33] 그러나 나옹과 같이 완전한 구조를 갖춘 붓다화는 한국불교 역사상 유일하다고 하겠다.

3. 나옹 붓다화의 이유와 필연성

한국불교에서 승려를 붓다의 화신으로 이해하는 것은, 『삼국유사』 「의상전교(義湘傳教)」에서 의상을 호국경전인 『금광명경(金光明經)』에 등장하는 금산보개[金山寶蓋(如來)]의 화신[幻有]으로 언급하는 것을 통해서도 확인해 볼 수가 있다.[34] 그러나 나옹에서처럼 경전의 권위와 회상까지 완비되는 경우는 전무하다. 이러한 특수한 상황이 나타나기 위해서는, 당연히 여러 가지 요소들이 수반될 수밖에 없다. 여기에서는 그 중 대표적인 세 가지를 정리해서, 나옹 붓다화의 의미에 대해서 간략하게 정리해 보고자 한다.

먼저 첫째로 언급될 수 있는 것은, 본고의 제Ⅱ장에서 철산과 지공을 통해서 확인한 것과 같은 나옹 이전의 생불인식과 관련된 측면이다. 즉 선종의 조사관(祖師觀)과 티베트 라마불교의 밀교인식을 바탕으로 성립되는 생불문화가 나옹에 앞서 배경으로 작용하고 있었던 것이다. 바로 이러한 흐름이 나옹을 통해서 완성되는 것이다. 여기에는 나옹이 지공의 치명을 받은 계승자이자, 두 사람 모두 사리가 나온 고승이라는 연결구조도 한몫을 했다고 할 수 있다.[35] 이와 같은 연결의식은 자초(自超)에게까지 연결되면서, 증명삼화상(證明三

和尙)의 관점을 확립하기에 이른다. 또 철산이라는 선사의 생불화 역시, 나옹이 석가화신이 되어 마하가섭의 존숭을 받는 대상이 되는데 일조했다고 판단된다. 왜냐하면 철산, 그리고 철산이 생불화되는 배경으로 작용하는 앙산에 대한 인식에는 석가와 연관된 조사상이 살펴지기 때문이다. 즉 이와 같은 배경이 나옹의 석가화신 인식 성립에 도움이 되었다는 말이다.

둘째는, 실질적인 고려불교의 1인자로서 262칸의 회암사를 수조한 나옹이 정권의 교체와 함께 무기력하게 열반하는 것에 대한 문도입장에서의 변증필연성을 들 수 있다. 즉 나옹의 붓다화를 통해서 현실에서는 패배했지만 종교적으로는 승리하는 나옹상을 만들어, 문도의 안정을 도모하였다는 말이다. 이는 각굉과 문도의 자료에 입각해서 기술된 이색의 〈비문〉을 통해서 인식되는 부분이다. 이러한 정신적인 구심점 확보는 나옹의 사리 이적, 그리고 우왕의 옹립자인 이인임 세력 안에서의 권력 변동과[36] 함께 나옹이 화려하게 부활할 수 있는 한 배경이 된다. 즉 남은 문도의 수습과 안정을 위해서, 당시 나옹문도에 의한 붓다화는 필연적이었다는 것이다.

셋째는, 둘째와 연관되는 것으로 나옹이 수조한 회암사를 지키기 위한 측면이다. 회암사는 나옹이 총력을 기울여서 수조한 나옹문도의 대표거점이지만, 나옹의 탄핵이 회암사와 관련되기 때문에 열반 직후에는 회암사의 유지가 불투명한 상황에 처하게 된다. 이와 같은 양상은 「회암사수조기」 속의 나옹문도인 각전(覺田)의 언급을 통해서 확인해 볼 수 있다.

[나옹의] 문인(門人) 각전이 또 와서 말했다. "우리 스승이 서거하시니, 우리 문도들이 모두 사방으로 흩어져 [회암]사가 전일과 같이 [유지됨을] 얻을지 알 수가 없습니다. 오호, 비부(悲夫)라. 우리 스승의 도는 [감히] 세상 [따위가] 중시하고 경시할 수 있는 것이 아니지만, 사찰의 흥성과 쇠퇴는 후인에게 있는 것이 아니겠습니까? 우리 문도가 능히 떨칠 수 있을지 앞일을 알지 못하겠습니다.[37]

회암사가 무너지는 것은 나옹문도의 구심점이 사라진다는 것을 의미한다. 그러므로 회암사를 지키려는 노력들이 여러 가지로 나타나게 된다. 실제로 같은 「회암사수조기」에는 회암사의 당위성과 관련해서, 몰락해서 방패막이가 될 수 없는 나옹 이외에 철산과 지공을 끌어들여서 권위를 세우려고 하는 내용이 기록되어 있어 주목된다.

다만 이 절로 말하자면, 철산이 전에 편액을 썼고, 지공이 뒤에 땅을 측량했던 곳이다. 그 '산수지형이 완연히 서천축의 난타지사(蘭陀之寺)와 같다'고 한 것이, 또 지공이 스스로 한 말이다. [그러므로] 그 복지(福地)가 됨이 너무나도 분명하다.[38]

이는 철산과 지공의 권위를 이용해서 회암사를 지켜보려는 나옹문도의 의지를 잘 나타내고 있다는 점에서, 앞의 인용문인 회암사의 존립 위기 우려와 내용적으로 연결된다. 즉 「회암사수조기」에는 전체적으로 암울한 우환의식이 깔려 있는 것이다. 이는 이색이 기문의 말미에서 "보제의 원대로 도량이 익흥(益興)하여 쇠퇴하지 않을 줄 어찌 알겠는가?" 하는 것을 통해서도 파악해 볼 수가 있다.[39]

이 외에도 나옹의 붓다화와 관련된 회암사의 연결은 앞서도 검토한 바 있는, '기원정사(기수)'에 비견하거나 '대불사'로 지칭하는 부분이 더 있다. 이 기록들은 「수조기」에 비해서 늦은 기록으로 이때는 이미 상황이 반전되어 있을 때다. 그러나 이를 통해서, 문도에 의한 나옹의 붓다화에 회암사의 존립이 상당한 무게 비중을 차지하고 있었다는 점을 간접적으로 확인해 볼 수는 있다. 즉 나옹문도의 입장에서 회암사의 유지는 문도의 존립을 위해서도 필연적인 것이었다. 그러므로 나옹의 붓다화 목적과 연관해서, 회암사의 보존이라는 측면 또한 반드시 존재할 수밖에 없는 것이다.

Ⅳ

결론

이상을 통해서 나옹의 붓다화가 완성되는 과정과 의미에 대해서 고찰해 보았다. 나옹의 붓다화는 선종과 라마불교의 생불문화의 배경 속에 존재하며, 이는 철산과 지공을 통해서 확인된다. 즉 나옹과 나옹문도에 의한 새로운 관점이 아니라, 기존의 생불문화를 바탕으로 새롭게 나옹이라는 인물을 중심으로 완성되는 것이다. 또 이러한 완성은 나옹의 재세시가 아닌 열반 후의 문도들에 의해서 이루어진다. 이는 나옹의 붓다화가 문도의 이익과 직결될 수 있다는 것을 의미한다. 그러므로 『세종실록』에 수록되어 있는 나옹이 생전에 생불로 불렸다는 것은, 일부의 가능성은 있지만 이를 보편적인 사실로 받아들일 수는 없다.

선행한 생불문화를 배경으로 나옹의 붓다화는 크게 두 가지 요인을 통해서 이루어진다.

첫째는 나옹의 사리 이적을 통한 종교적인 관점의 인식전환이다. 이는 나옹이 현실적으로는 정치권력의 변동 속에서 몰락했지만, 종교적인 당위성에는 문제가 없다는 것을 의미한다. 그러므로 사리 이적을 통해서 나옹에 대한 인식이 반전되는 상황에서, 상징적인 구심점이 요청되는 것이다. 이것이 나옹문도에 의한 붓다화로 나타나게 된다.

둘째는 나옹의 무기력한 열반과정에서 대두되는, 나옹문도들의 위기의식과 회암사의 존립문제다. 이는 사리 이적과 결부되어 나옹의 붓다화를 가속화하게 된다. 그 결과로 살펴지는 부분이 각굉의 40개 치아설과 〈비문〉의 사리 증과, 그리고 회암사와 신륵사를 기원정사와 쿠시나가라에 비견하는 대목이다.

이렇게 시작된 나옹문도의 나옹에 대한 붓다화는, 정국의 재변화에 따른 전국적인 추모물결과 더불어 점차 일반화를 초래하게 된다. 이것이 여말선초의 불교계를 주도하게 되면서 조선조에 이르러 석존화신으로까지 완성되는 것이다. 특히 나옹은 경전의 권위와 공부선회라는 회상까지 갖추고 있다는 점에서, 한국불교를 넘어서 동아시아 불교사에서도 일찍이 볼 수 없었던 최고의 붓다화를 이룩하게 된다. 이는 다시금 스승인 지공, 제자인 자초와 더불어 증명삼화상이라는 초월적인 인식을 초래하며, 오늘날까지 한국불교를 유전하고 있다.

[**13**장 주석]

01) 許興植,「高麗에 남긴 鐵山 瓊의 行跡」,『韓國學報』제39호(1985), 121~124쪽.

02) 許興植,「1306년 高麗國大藏移安記」,『高麗佛敎史硏究』(서울: 一潮閣, 1986), 707~710쪽 ; 許興植,「第3章 檜巖寺」,『高麗로 옮긴 印度의 등불』(서울: 一潮閣, 1997), 197쪽.

03) 許興植,「高麗에 남긴 鐵山 瓊의 行跡」,『韓國學報』제39호(1985), 125쪽 ; 野雲 撰,「楡岾寺記跋」,『(金剛大本山)楡岾寺 本末寺誌』(高城: 金剛大本山楡岾寺宗務所, 檀紀4275), 54쪽.

04) 閔漬 撰,「高麗國大藏移安記」,"到江華普門社 見藏經三本問其由來 曰二本乃徒古君臣所安 一是今奉翊大夫知密直司事 軍簿判書上護軍許評 同瑞原郡夫人廉氏 了因所營也 … 云云 … 許公聞之 喜若發蒙 尅日將付歸舟 … 云云 … 因其言 使斯經轉於斯地"

05) 같은 記文, "越大德八年甲辰秋 因受諸公之請 浮杯而至 闔國尊崇 如見佛日 瓶錫所止 四乘如雲 隨根適器 咸豪玆沢 若非古佛 權現疇克爾耶"

06) 같은 記文, "彼江西春之大仰 開山祖師曰小釋迦 (彼江西春之大仰 開山祖師曰小釋迦 奧有梵僧禮祖曰 我來東土 禮文殊却見小釋迦 由是得名) … 況彼仰山 號爲釋迦再來之地 亦中夏之靈山也 我和尚 雪崑嫡嗣 亦釋迦之長子也"

07) 『南宗頓敎最上大乘摩訶般若波羅蜜經六祖惠能大師於韶州大梵寺施法壇經』全1卷(『大正藏』48, 342a), "善哉大悟 昔所未聞 嶺南有福 生佛在此 誰能得智", 駒澤大學禪宗史硏究會 編,『慧能硏究: 慧能の傳記と資料に關する基礎の硏究』(東京: 大修館書店, 1979), 332쪽.

08) 危素 撰,「文殊師利最上乘無生成經序」,"梁武帝時 菩提達磨 至于金陵 問答不契 折蘆度江留. 楞伽經曰 此可傳佛心宗 震旦之人有爲佛氏學者 敬信而誦習之巨 是而開悟者 未易悉數 盖天竺距中國十萬餘里 言語不通 文字亦異則 其書之未及翻譯者 尚多有之 不獨楞伽經而已 我朝泰定初 中印度王舍城刹底利系曰指空 師見晉王於開平論佛法 … 是經因事證明 反覆詳明 讀者若楞伽之初 至歡息希有"; 至仁 撰,「澹居稿」1,「指空和尚偈序」,"頗類世之所貌達磨者"; 李齊賢 撰,『益齋亂藁』6,「重修乾洞禪寺記」,"客有問益齋曰 昔 梁蕭氏據萬乘之勢 窮四海之力 造塔立廟 不可勝數 計其功德 豈特百倍河氏一寺而已哉 而達磨譏之 今指空之於河氏 稱嘆之 此其故何也 … 云云 … 此其勢同而理別者耶 至若指空, 達磨同別處 待子具一隻眼 却向汝道"; 李齊賢 撰,『益齋亂藁』5,「送大禪師瑚公之定慧社詩序」,"時有西域指空師者 岸然以菩提達磨 自比 國人奔走爭執弟子之禮"

09) 「西天百八代祖師指空和尚禪要錄」; 許興植 著,「第1章 指空禪賢」,『高麗로 옮긴 印度의 등불』(서울: 一潮閣, 1997), 322쪽.

10) 『禪要錄』에 의하면 22代 摩奴羅까지는 同一한 傳承으로 되어 있다. 참고로『禪要錄』에서 達摩는 28代가 아닌 24代로 되어 있다.『西天百八代祖師指空和尚禪要錄』,"流派開宗 左陀瞿 頗尊者"; 許興植,「第1章 指空禪賢」,『高麗로 옮긴 印度의 등불』(서울: 一潮閣, 1997), 19쪽.

11) 筆者는 身分的인 逆轉 현상으로 인해서 印可文化의 形式化가 一般化된다고 판단한다. 예컨대 普愚가「太古庵歌」를 미리 지어가서 印可를 받는 것과 같은 構造이다(李穡 撰,〈太古寺圓證國師塔銘〉,"辛巳(1341)春 住漢陽三角山重興寺 卓菴於東峯 扁曰太古 倣永嘉體 作歌一篇 至正丙戌 師年四十六 遊燕都 聞竺源盛禪師在 南巢往見之 則已逝矣 至湖州霞霧山 石屋淸珙禪師 具進所得 且獻太古菴歌 石屋深器之"). 이와 같은 양상은 元 이전의 大鑑國師 坦然(1069~1158)에게서도 보인다(李之茂 撰,〈斷俗寺大鑑國師碑〉,"所作四威儀頌倂上堂語句 附商舶寄 大宋四明阿育王山廣利

寺禪師介謙印可 謙乃復書極加歎美 僅四百餘言文繁不載"), 즉 印可의 形式化는 元 이전에 발생한 것이며, 元의 지배를 통한 身分制 逆轉으로 이것의 일반화가 초래된다는 말이다.

12) 無名氏 撰, 『東文選』56, 「奏議」, 〈闢佛疏〉, "臣等又聞前朝之季 有僧懶翁 以寂滅之敎 惑愚庸之輩 當時推戴 目爲生佛 至屈千乘之尊 枉拜匹夫之賤"; 『世宗實錄』85, 21年(1439) 4月 18日(乙未) 4번째 기사, 〈成均生員李永山等六百四十八人上疏〉, "臣等又聞前朝之季 有僧懶翁以寂滅之敎 惑愚庸之輩 當時推戴 目爲生佛 至屈千乘之尊 拜匹夫之賤"

13) 南東信은 「麗末鮮初期 懶翁 顯彰 運動」, 『韓國史研究』 제139호(2007), 191쪽에서 "그들은 懶翁으로 상징되는 佛敎가 新王朝의 체제를 위협할 수 있음을 경고하고자, 懶翁을 生佛로 몰고 갔던 것이다"라고 적고 있다. 필자도 이 의견에 동의하며, 闢佛論의 '生佛'이라는 단어는 위험을 강조해서 비판하기 위한 후대 儒敎의 과장이지 懶翁 當代의 관점은 아니라고 판단한다.

14) 『懶翁和尙語錄』, 「行狀」(『韓佛全』6, 708a·b), "驪興于黃希直道安監務尹仁守 受卓命 督行急 侍者以告 師曰 是不難 吾當逝矣 (時有僧問 正當伊麼時如何 師竪起拳頭) 僧又問 四大各離 向什麼處去 師交拳當心云 只在這裏 又問 在這裏時如何 師云 別無奇特 (又僧問 如何是無奇特底道理 師瞠目視之曰 吾與你相見時 有甚麼奇特 又有僧 纔擧不病者話 師勑云 爭問甚麼) 乃告衆云 汝等諸人各宜諦看 老僧今日爲汝等 作涅槃佛事畢矣 到辰時寂然而逝 五月十五日也"; 〈碑文〉(『韓佛全』6, 710a), "卓又督行急 師曰 是不難 吾當逝矣 是日辰時寂然而逝"

15) 安良圭 著, 「제2장 붓다의 壽命 延長과 壽命 抛棄」, 『붓다의 入滅에 관한 硏究』(서울: 民族社, 2009), 73~78쪽.

16) 『懶翁和尙語錄』, 「行狀」(『韓佛全』6, 708b), "茶毗已訖 頭骨五片 牙齒四十 皆不燒 以香水洗之時 無雲雨其地 其舍利不知其數 四衆撥灰爐沙土而得之者 亦不可勝數也"

17) 같은 책, 〈碑文〉(『韓佛全』6, 710a), "旣火之 洗骨 無雲雨而雨者 方數百步 得舍利一百五十五粒 禱之 分爲五百五十八 四衆得之灰中 以自祕者 莫知其數"

18) 『三國遺事』3, 「塔像第四-前後所將舍利」(『大正藏』49, 993c), "甞聞帝釋宮有佛四十齒之一牙 … 云云 … 於是睿宗大喜 奉安于十員殿左挾小殿 常鑰殿門 施香燈于外 每親幸日開殿瞻敬"

19) 『論語』, 「述而第七」, "子不語怪力亂神"

20) 이와 관련된 자세한 연구는 南東信, 「麗末鮮初期 懶翁 顯彰 運動」, 『韓國史研究』 제139호(2007), 163~191쪽을 參照하라.

21) 李穡 撰, 『牧隱文藁』2, 「驪興郡神勒寺普濟舍利石鐘記」, "今夫普濟舍利散而之四方 或在崔嵬雲霧之中 或在閭閻烟塵之內 或頂而馳 或臂而宿 其所以奉持之者 比之普濟生存之日 不啻百倍加矣"

22) 李穡 撰, 〈安心寺指空懶翁舍利石鐘碑〉, "此山(妙香山임)普賢舍利無筭散在名山 四衆奉持供養者多矣 何暇枚擧持之"

23) 李穡 撰, 『牧隱文藁』4, 「砥平縣彌智山潤筆菴記」, "普濟之弟子 莫可數也 而爲普濟奔走於入滅之後 銘浮圖 記眞堂 以謀其不朽者 踵相接也"

24) 李穡 撰, 『牧隱文藁』2, 「驪興郡神勒寺普濟舍利石鐘記」, 〈普濟尊者眞堂詩幷序〉, "吾師於五濁惡世現 相應機譬則佛出也 是以檜巖也猶祇樹焉, 神勒也猶雙林焉"

25) 같은 책, 「天寶山檜巖寺修造記」, "凡爲屋二百六十二間 凡佛躬十五尺者七 觀音十尺"

26) 흔히 19~25회 安居한 것으로 언급되지만, 『僧伽羅刹所集經』 등의 기록은 이와는 조금 다르다. 渡邊照宏 著, 『新釋尊伝』(東京: ちくま學藝文庫, 2005), 296쪽 ; 나라 야스아키 著, 정호영 譯, 『印度佛教』(서울: 民族社, 1994), 78쪽 ; *Early Buddhism and the Urban Revolution*, *The Journal of the International Association of Buddhist Studies*, (1982), 11쪽 ; 『僧伽羅刹所集經』下(『大正藏』4, 144b).

27) 姜好鮮, 『高麗末 懶翁惠勤 研究』(서울: 서울大 博士學位論文, 2011), 244~245쪽 ; 李哲憲, 「懶翁

惠勤의 研究』(서울: 東國大 博士學位論文, 1997), 223~224쪽.

28) 李穡 撰, 『牧隱文藁』4, 「砥平縣彌智山潤筆菴記」, "然其辭世而去也 如普濟之表表者 吾未之
多聞也"

29) 『熾盛光明經』을 南東信은 "『楞嚴經』과 『辨正經』이라는 기왕의 僞經을 토대로 麗末鮮初 懶翁
系가 새로 編纂한 僞經이라"고 보았다. 『熾盛光明經』과 관련된 자세한 내용은 다음의 연구를
參照하라. 南東信, 〈Ⅳ.《熾盛光明經》의 成立〉, 「麗末鮮初期 懶翁 顯彰 運動」, 『韓國史研究』 제
139호.(2007), 192~198쪽.

30) 『通錄撮要』4(『韓佛全』7, 806a), "熾盛光明經云 世尊告迦葉尊者曰 我滅度後後五百歲 吾法乃行
新羅 五種外道盛行於世 敢壞我法 庚申之間 有一比丘 作大沙門 作大佛事 破諸外道 號曰普濟
懶翁 其會曰工夫選 迦葉當知 我身是也"

31) 李穡 撰, 〈太古寺圓證國師塔銘〉, "辛亥(1371)七月 旽誅玄陵遺使 備禮進封國師 請住瑩源寺 師
以疾辭 有旨遙領寺事凡七年 戊午冬 被今上命 始至寺居一年而還 辛酉冬 移陽山寺入院之日 上
再封國師 先君之思也"

32) 『太古和尚語錄』下, 「普愚行狀」(『韓佛全』6, 698c), "而九爲老陽 一爲初陽 老而衰也 理之常而又立
都之時 九山之來旣久 不如反其初 爲新陽之爲愈也 此數之變也 當是時也 若統爲一門 九山不
爲我人之山 山名道存 同出一佛之心 水乳相和 一隙齊平"

33) 『震默禪師遺蹟攷』, 「震默禪師遺蹟攷序」(『韓佛全』10, 877c), "我東國震默大師 降化於明廟之世
卽釋迦如來應身也"

34) 『三國遺事』4, 「義解第五-義湘傳敎」(『大正藏』49, 1007a), "世傳湘乃金山寶蓋之幻有也"

35) 李穡 撰, 〈安心寺指空懶翁舍利石鐘碑〉, "吾師之師西天指空歿有舍利 吾師懶翁歿亦有舍利 …
西天指空 東國懶翁 同心異跡 舍利晶明"

36) 여론의 직접적인 반전은 涅槃의 異蹟이었지만, 여기에는 禑王 3년(1377) 3월 李仁任이 池奫勢
力을 몰락시키는 정국의 전환이라는 측면도 작용했을 것으로 판단된다(『高麗史』133, 「列傳46」,
〈辛禑1-3年[1377]-3月〉, "三月池奫伏誅").

37) 李穡 撰, 『牧隱文藁』2, 「天寶山檜巖寺修造記」, "門人覺田又來曰 吾師旣逝矣 吾徒皆散而之四
方矣 寺之得如前日 未可知也 嗚呼悲夫 吾師之道 非世之所能重輕也 然寺之興替 在乎後之人
吾徒之能振否也 又不可以前知也"

38) 같은 책, "第念是寺 鐵山書額於前 指空量地於後 其山水之形 宛同西竺蘭陀之寺 又指空之所
自言也 其爲福地 蓋甚明矣"

39) 같은 책, "普濟之願 安知道場 當益興而不少替乎"

394

참고문헌

1. 원전

1) 대장경과 한국불교전서
『長阿含經』, 『大正藏』1.
『般泥洹經』, 『大正藏』1.
『佛般泥洹經』, 『大正藏』1.
『大般涅槃經』, 『大正藏』1.
『雜阿含經』, 『大正藏』2.
『別譯雜阿含經』, 『大正藏』2.
『佛本行集經』, 『大正藏』3.
『僧伽羅刹所集經』, 『大正藏』4.
『大般若波羅蜜多經』, 『大正藏』5~7.
『金剛般若波羅蜜經』, 『大正藏』8.
『大方廣佛華嚴經』, 『大正藏』9.
『大方廣圓覺修多羅了義經』, 『大正藏』17.
『大毘盧遮那成佛神變加持經』, 『大正藏』18.
『佛說大乘莊嚴寶王經』, 『大正藏』20.
『最上大乘金剛大教寶王經』, 『大正藏』20.
『五分律』, 『大正藏』22.
『摩訶僧祇律』, 『大正藏』22.
『根本說一切有部毘奈耶雜事』, 『大正藏』24.
『大方廣圓覺修多羅了義經略疏』, 『大正藏』39.
『大方廣圓覺修多羅了義經』, 『大正藏』17.
『無門關』, 『大正藏』47.
『虛堂和尚語錄』, 『大正藏』47.
『大慧普覺禪師語錄』, 『大正藏』47.
『楊岐方會和尚語錄』, 『大正藏』47.

『圓悟佛果禪師語錄』,『大正藏』47.
『雲門匡眞禪師廣錄』,『大正藏』47.
『黃龍慧南禪師語錄』,『大正藏』47.
『大慧普覺禪師宗門武庫』,『大正藏』47.
『潭州溈山靈祐禪師語錄』,『大正藏』47.
『筠州洞山悟本禪師語錄』,『大正藏』47.
『臨濟慧照玄公大宗師語錄』,『大正藏』47.
『臨濟慧照玄公大宗師語錄』,『大正藏』47.
『宗鏡錄』,『大正藏』48.
『宗鏡錄』,『大正藏』48.
『人天眼目』,『大正藏』48.
『六祖大師法寶壇經』,『大正藏』48.
『佛果圜悟禪師碧巖錄』,『大正藏』48.
『南宗頓教最上大乘摩訶般若波羅蜜經六祖惠能大師於韶州大梵寺施法壇經』,
『大正藏』48.
『三國遺事』,『大正藏』49.
『佛祖統紀』,『大正藏』49.
『佛祖歷代通載』,『大正藏』49.
『宋高僧傳』,『大正藏』50.
『大唐大慈恩寺三藏法師傳』,『大正藏』50.
『大唐西域記』,『大正藏』51.
『傳法正宗記』,『大正藏』51.
『景德傳燈錄』,『大正藏』51.
『佛祖歷代通載』,『大正藏』51.
『三山來禪師五家宗旨纂要』,『大正藏』65.
『古尊宿語錄』,『大正藏』68.
『五家正宗贊』,『大正藏』78.
『五燈會元』,『大正藏』80.
『五燈會元續略』,『大正藏』80.
『五燈嚴統』,『大正藏』81.
『五燈全書』,『大正藏』82.
『楞伽師資記』,『大正藏』85.

『補續高僧傳』, CBETA-77.

『禪門拈頌』,『高麗藏』46.

『大乘起信論疏記會本』,『韓佛全』1.
『牧牛子修心訣』,『韓佛全』4.
『勸修定慧結社文』,『韓佛全』4.
『法集別行錄節要幷入私記』,『韓佛全』4.
『大華嚴首坐圓通兩重大師均如傳』,『韓佛全』4.
『禪門拈頌拈頌說話會本』,『韓佛全』5.

『三國遺事』,『韓佛全』6.
『懶翁和尙語錄』,『韓佛全』6.
『懶翁和尙歌頌』,『韓佛全』6.
『白雲和尙語錄』,『韓佛全』6.
『太古和尙語錄』,『韓佛全』6.
『通錄撮要』,『韓佛全』7.
『作法龜鑑』,『韓佛全』10.
『震默禪師遺蹟攷』,『韓佛全』10.

『Vinaya-Piṭaka』.

2) 문집과 기문 등
『高麗史』.
『高峰和尙禪要』.
『管子』.
『論語』.
『孟子』.
『蒙山法語』.
『文殊師利最上乘無生戒經』.
『佛國寺事蹟』.
『西天百八代祖師指空和尙禪要錄』.
『世宗實錄』.
『新增東國輿地勝覽』.
『列子』.
『五臺山事跡記』.
『元史』.

權近 撰,『陽村集』.
權衡 著,『庚申外史』.
金守溫 撰,『拭疣集』.
徐居正 外 編,『東文選』.
成俔 撰,『慵齋叢話』.
宋濂 撰,『宋文憲公全集』.
——,『宋學士全集-補遺』.
李奎報 撰,『東國李相國全集』.
李穡 撰,『牧隱文藁』.
——,『牧隱詩藁』.
李齊賢 撰,『益齋亂藁』.
至仁 撰,『澹居稿』.

『無生戒牒』.
〈楊州檜岩寺妙嚴尊者無學大師碑〉.

397

〈彰聖寺眞覺國師大覺圓照塔碑〉.
「皇龍寺刹柱本紀」.

權近 撰, 〈忠州青龍寺普覺國師幻庵定慧圓融塔碑〉.
金守溫 撰, 「檜巖寺重創記」.
達牧 撰, 「六種佛書後誌」.
閔漬 撰, 「高麗國大藏移安記」.
─────, 「指空和尙禪要錄─佛祖傳心西天宗派旨要序」.
石顚沙門(朴漢英) 撰, 「楊州天寶山遊記」.
蘇軾 撰, 「文與可畫篔簹谷偃竹記」.
危素 撰, 「文殊師利最上乘無生戒經序」.
李穡 撰, 「文殊師利最上乘無生戒經跋」.
─────, 「楊州檜巖寺禪覺王師碑〉.
─────, 「楊州檜巖寺指空禪師浮屠碑〉.
─────, 「驪興郡神勒寺普濟舍利石鐘記」.
─────, 「安心寺指空懶翁舍利石鐘碑〉.
─────, 「天寶山檜巖寺修造記」.
─────, 「太古寺圓證國師塔銘〉.
李之茂 撰, 〈斷俗寺大鑑國師碑〉.

『(金剛大本山)榆岾寺 本末寺誌』, 高城: 金剛大本山榆岾寺宗務所, 檀紀4275.
『北京圖書館古籍珍本叢刊99─集部 明別集類』, 北京: 書目文獻出版社, 1988.
徐一夔, 『淨慈寺志』, 『中國佛寺志叢刊』, 杭州: 廣陵書社, 2006.
崔法慧 譯註, 『勅修百丈清規 譯註』, 서울: 伽山佛敎文化硏究院, 2008.
韓國學文獻硏究所 編, 『通度寺誌』, 서울: 亞細亞文化社, 1979.
玄奘 著, 水谷眞成 譯, 『大唐西域記』, 東京: 平凡社, 昭和49.
黃壽永 編, 『新羅金石遺文』, 서울: 一志社, 1976.

2. 단행본

1) 국내 단행본과 번역서

불경서당 훈문회 編, 『三大和尙 硏究 論文集─指空·懶翁·無學和尙』, 서울: 佛泉, 1996.
──────────, 『三大和尙 硏究 論文集Ⅱ─指空·懶翁·無學和尙』, 서울: 佛泉, 1999.
──────────, 『三大和尙 硏究 論文集Ⅲ─指空·懶翁·無學·涵虛和尙』, 서울: 佛泉, 2001.
安良圭 著, 『붓다의 入滅에 관한 硏究』, 서울: 民族社, 2009.
鄭性本 著, 『禪의 歷史와 禪思想』, 서울: 三圓社, 1994.
崔柄憲, 『牧隱 李穡의 生涯와 思想』, 서울: 一潮閣, 1996.
최석환 著, 『石屋·太古 評傳』, 서울: 茶의 世界, 2010.
許興植 著, 『高麗로 옮긴 印度의 등불』, 서울: 一潮閣, 1997.
─────, 『高麗佛敎史硏究』, 서울: 一潮閣, 1986.
洪榮義 著, 『高麗末 政治史 硏究』, 서울: 혜안, 2005.

구보 노리따다 著, 崔俊植 譯, 『道敎史』, 서울: 분도출판사, 2000.
나라 야스아키 著, 정호영 譯, 『印度佛敎』, 서울: 民族社, 1994.
D. N. 자 著, 이광수 譯, 『성스러운 암소 神話−印度 民族主義의 歷史 만들기』, 서울: 푸른역사, 2004.
람 샤란 샤르마 著, 이광수 譯, 『印度古代史』, 서울: 김영사, 1994.
리쩌허우 著, 정병석 譯, 『中國古代思想史論』, 서울: 한길사, 2005.
牟宗三 著, 鄭仁在·鄭炳碩 譯, 『中國哲學特講』, 서울: 螢雪出版社, 1996.
山口瑞鳳·矢岐正見 著, 李浩根·안영길 譯, 『티베트 佛敎史』, 서울: 民族社, 1995.
샐리 하비 리긴스 著, 신소연·김민구 譯, 『玄奘法師』, 서울: 民音社, 2010).
松長有慶 著, 許一範 譯, 『密敎歷史』, 서울: 經書院, 1990.
야나기다 세이잔 著, 추만호·안영길 譯, 『禪의 思想과 歷史』, 서울: 民族社, 1992.
柳田聖山 著, 김성환 譯, 『달마』, 서울: 民族社, 1992.
─────, 추만호·안영길 譯, 『禪의 思想과 歷史』, 서울: 民族社, 1992.
요시오카 요시토요 著, 崔俊植 譯, 『中國의 道敎』, 서울: 民族社, 1991.
이부키 아츠시 著, 崔鈆植 譯, 『새롭게 다시 쓰는 中國 禪의 歷史』, 서울: 씨아이알, 2011.
平川彰 著, 釋慧能 譯, 『比丘戒의 研究 I』, 서울: 民族社, 2002.
호사카 순지 著, 김호성 譯, 『왜 印度에서 佛敎는 滅亡했는가』, 서울: 한걸음더, 2008.
忽滑谷快天 著, 鄭湖鏡 譯, 『朝鮮禪敎史』, 서울: 寶蓮閣, 1992.

2) 외국 단행본
駒澤大學禪宗史研究會 編, 『慧能研究: 慧能の傳記と資料に關する基礎的研究』, 東京: 大修館書店, 1979.
渡邊照宏 著, 『新釋尊伝』, 東京: ちくま學藝文庫, 2005.
牟宗三 著, 『中國哲學之會通十四講』, 臺北: 學生書局, 中華民國85年.
西尾賢隆 著, 『中世の日中交流と禪宗』, 東京: 吉川弘文館, 1999.
野口善敬 著, 『元代禪宗史研究』, 京都: 禪文化研究所, 2005.
愛宕松男 著, 『元朝の對漢人政策』, 京都: 東亞研究所, 昭和18年.
王森 著, 『西藏佛敎發展史略』, 北京: 中國社會科學出版社, 1997.
李則芬 著, 『元史新講』, 台北: 中華書局, 1978.
李安宅 著, 『藏族宗敎史之實地研究』, 上海: 上海人民出版社, 2005.
『朝鮮佛敎總報』, 京城: 三十本山聯合事務所, 1918.
平川彰 著, 『インド佛敎史 下卷』, 東京: 春秋社, 2006.
馮友蘭 著, 『中國哲學史新編 中』, 北京: 人民出版社, 2004.

3. 논문

1) 학위논문
姜好鮮, 「高麗末 懶翁慧勤 研究」, 서울: 서울大 博士學位論文, 2011.
金昌淑(曉呑), 「懶翁惠勤의 禪思想 研究」, 서울: 東國大 博士學位論文, 1997.
廉仲燮, 「懶翁의 禪思想 研究−指空의 영향과 功夫選을 중심으로」, 서울: 高麗大 博士學位論文, 2014.
李鍾君, 「懶翁和尙의 三歌 研究」, 釜山: 釜山大 博士學位論文, 1996.

李哲憲, 「懶翁 惠勤의 硏究」, 서울: 東國大 博士學位論文, 1997.
이형우, 「高麗 禑王代의 政治的 推移와 政治勢力 硏究」, 서울: 高麗大 博士學位論文, 1999.
崔鈆植, 「均如 華嚴思想 硏究-敎判論을 중심으로」, 서울: 서울大 博士學位論文, 1999.

2) 논문집과 학회논문
俞瑩淑, 「眞覺國師 千熙의 生涯와 信仰」, 『韓國佛敎文化思想史-伽山李智冠스님華甲紀念論叢
上』, 서울:伽山佛敎文化硏究院, 1994.
宗梵, 「懶翁禪風과 朝鮮佛敎」, 『韓國佛敎文化思想史-伽山李智冠스님華甲紀念論叢 上』, 서울:伽
山佛敎文化硏究院, 1992.
崔柄憲, 「牧隱 李穡의 佛敎觀」, 『牧隱 李穡의 生涯와 思想』, 서울: 一朝閣, 1996.

강은경, 「高麗後期 辛旽의 政治改革과 理想國家」, 『韓國史學報』 제9호(2000).
姜好鮮, 「高麗末 禪僧의 入元遊歷과 元 淸規의 수용」, 『韓國思想史學』 제40집(2012).
───, 「『蒙山和尙普說』에 나타난 蒙山의 행적과 高麗後期 佛敎界와의 관계」, 『普照思想』 제19집
(2007).
───, 「忠烈·忠宣王代 臨濟宗 수용과 高麗佛敎의 變化」, 『韓國史論』 제46집(2001).
김방룡, 「麗末 三師(太古普愚·懶翁惠勤·白雲景閑)의 看話禪 思想과 그 性格」, 『普照思想』 제23집
(2005).
金相鉉, 「新羅 三寶의 成立과 그 의미」, 『東國史學』 제14호(1980).
金聖洙, 「白雲和尙의 '無心'에 관한 書誌的 硏究」, 『韓國文獻情報學會紙』 제46집(2012).
김영수, 「三山·五嶽과 名山大川 崇拜의 淵源 硏究」, 『人文科學』 제31집(2001).
金榮郁, 「韓國 看話禪의 개화-太古와 懶翁을 중심으로」, 『韓國思想과 文化』 제34권(2006).
金一權, 「唐末代의 明堂儀禮 變遷과 그 天文宇宙論의 運用」, 『宗敎와 文化』, 제6집(2000).
金昌淑(曉呑), 「懶翁禪의 淨土融攝考」, 『東院論集』 제10집(1997).
───, 「懶翁의 敎·戒·密 融攝攷」, 『歷史와 敎育』 제6집(1998).
───, 「懶翁惠勤의 佛敎史的 位置」, 『寺刹造景硏究』 제8권(2001).
南東信, 「麗末鮮初期 懶翁 顯彰 運動」, 『韓國史硏究』 제139호(2007).
───, 「玄奘의 印度 求法과 玄奘像의 推移-西域記, 玄奘傳, 慈恩傳의 비교 검토를 중심으로」,
『佛敎學硏究』 제20호(2008).
文明大, 「指空和尙 眞影像의 圖像特徵」, 『講座美術史』 제35호(2010).
閔賢九, 「辛旽의 執權과 그 政治的 性格(上)」, 『震旦學報』 제38호(1968).
송정숙·정영식, 「『人天眼目』의 편찬·수용과 판본비교」, 『書誌學硏究』 제50집(2011).
嚴基杓, 「檜巖寺址의 石造浮屠와 塔碑에 대한 고찰」, 『文化史學』 제21호(2004).
俞瑩淑, 「懶翁慧勤의 法系와 麗元 佛敎交流」, 『伽山學報』 제5호(1996).
윤채근, 「동아시아 歷史資産의 소설 콘텐츠화-指空 사례를 중심으로」, 『語文論集』 제67집(2013).
廉仲燮, 「懶翁의 붓다化에 대한 고찰」, 『史學硏究』 제115호(2014).
───, 「東洋思想에서의 물에 대한 관점과 漢江의 시원에 관한 전통인식고찰Ⅰ-道家와 儒敎思
想을 중심으로」, 『哲學論叢』 제66집(2011).
───, 「불교 숫자의 상징성 고찰-'4'와 '7'을 중심으로」, 『宗敎硏究』 제55집(2009).
───, 「善德王의 轉輪聖王적인 측면 고찰」, 『史學硏究』 제93호(2009).
───, 「律藏의 의미와 僧侶法의 당위성 고찰」, 『佛敎學報』 제61집(2012).
───, 「慈藏의 五臺山 開創과 中臺 寂滅寶宮」, 『韓國佛敎學』 제66호(2013).
───, 「指空의 家系주장에 대한 검토」, 『震旦學報』 제120호(2014).

──────, 「指空의 戒律意識과 無生戒에 대한 고찰」, 『韓國佛教學』 제71호(2014).
──────, 「提婆達多의 5法 고찰 I−5法 중 '衣'와 '住'의 항목을 중심으로」, 『韓國佛教學』 제50집(2008).
──────, 「提婆達多의 5法 고찰 II−5法 중 '食'의 항목을 중심으로」, 『韓國佛教學』 제52집(2008).
──────, 「破僧伽에 대한 佛教教團史的 관점에서의 고찰−'進步와 保守'의 충돌양상을 중심으로」, 『宗教研究』 제50집(2008).
尹善泰, 「新羅 中代의 成典寺院과 國家儀禮−大·中·小祀의 祭場과 관련하여」, 『新羅文化』 제23집(2002).
李巨龍, 「佛教와 힌두교에서 肉食禁止 문제」, 『韓國佛教學』 제33집(2003).
李啓杓, 「辛旽의 華嚴信仰과 恭愍王」, 『歷史學研究』 제1호(1987).
이병욱, 「懶翁 禪思想에 대한 體系的 理解」, 『普照思想』 제10집(1997).
李仁哲, 「芬皇寺 創建의 政治·經濟的 背景」, 『新羅文化祭學術發表會論文集』 제20호(1999).
李鍾君, 「懶翁 三歌의 象徵性 研究」, 『東洋漢文學研究』 제10집(1996).
──────, 「懶翁 三歌의 詩 世界」, 『東洋漢文學研究』 제11집(1997).
──────, 「懶翁 禪詩에 나타난 달(月)의 象徵」, 『韓國文學論叢』 제14집(1993).
──────, 「懶翁 禪師와 관련된 牧隱의 記文 研究」, 『東洋漢文學研究』 제9집(1995).
李哲憲, 「懶翁 惠勤의 民衆 教化」, 『佛教文化研究』 제9집(2008).
──────, 「懶翁 惠勤의 彌陀淨土觀」, 『韓國佛教學』 제18호(1993).
──────, 「懶翁 惠勤의 法脈」, 『韓國佛教學』 제19호(1994).
──────, 「懶翁 惠勤의 禪思想」, 『韓國佛教學』 제21호(1996).
──────, 「三和尙法系의 成立과 流行」, 『韓國佛教學』 제25집(1999).
張成在, 「寂滅寶宮의 변천과 사상−−然을 통해 본 5大寶宮에 대한 정합적 이해」, 『韓國佛教學』 제66호(2013).
전재강, 「懶翁 歌辭에 나타난 詩的 대상 내용과 대상 인물의 성격」, 『語文學』 제111호(2011).
──────, 「懶翁 문학의 담화 방식과 갈래 성격」, 『國語教育研究』 제48집(2011).
──────, 「懶翁 禪詩에 나타난 시공표현의 용어 유형」, 『우리말글』 제57집(2012).
정영식, 「懶翁惠勤의 江南遊學에서의 행적과 그 영향」, 『韓國禪學』 제36호(2014).
趙明濟, 「高麗末 元代 看話禪의 수용과 그 사상적 영향−蒙山, 高峰을 중심으로」, 『普照思想』 제23집(2005).
──────, 「高麗後期 『蒙山法語』의 受容과 看話禪의 展開」, 『普照思想』 제12집(1999).
조수진, 「紺紙銀字 『文殊最上乘無生戒牒』에 관한 연구」, 『書誌學研究』 제56집(2013).
崔柄憲, 「朝鮮時代 佛教法統說의 問題」, 『韓國史論(金哲埈博士停年紀念號)』 제19호(1989).
崔成鳳, 「檜巖寺의 沿革과 그 寺址調査 : 伽藍配置를 中心으로」, 『佛教學報』 제9집(1972).
崔鈆植, 「眞覺國師 千熙의 生涯와 思想」, 『文化史學』 제39호(2013).
최완수, 「檜巖寺址 舍利塔의 建立緣起」, 『美術史學研究』 통권87호(1967).
전미숙, 「高麗末~朝鮮前期 球形浮屠 研究」, 『佛教美術史學』 제13집(2011).
鶴潭, 「高麗末 臨濟法統의 傳受와 白雲禪師의 無心禪」, 『湖西文化論叢』 제13집(1999).
한성자, 「『文殊舍利最上乘無生戒經』을 통해 본 指空和尙의 密教的 色彩」, 『悔堂學報』 제7호(2002).
한지만·이상해, 「檜巖寺의 沿革과 정청·방장지에 관한 복원적 연구」, 『建築歷史研究』 통권 61호(2008).
許興植, 「高麗에 남긴 鐵山 瓊의 行跡」, 『韓國學報』 제39호(1985).
──────, 「指空碑文의 綜合的 檢討」, 『鄕土文化』 제5집(1990).
──────, 「指空研究의 現況과 補完」, 『淸溪史學』 제12호(1996).
──────, 「指空研究의 擴散과 爭點−韓中學術會議와 最近의 成果」, 『伽山學報』 제8호(2000).

———, 「指空의 無生戒牒」, 『慶北大學校論文集』 제22집(1990).

———, 「指空의 無生戒牒과 無生戒經」, 『書誌學報』 제4호(1991).

———, 「指空의 思想과 繼承者」, 『겨레문화』 제2권(1988).

———, 「指空의 思想形成과 現在著述」, 『東方學志』 제61호(1989).

———, 「指空의 遊歷과 定着」, 『伽山學報』 제1호(1991).

———, 「懶翁의 思想과 繼承者(上)」, 『韓國學報』 제16권(1990).

———, 「懶翁의 思想과 繼承者(下)」, 『韓國學報』 제16권(1990).

洪淳昶, 「新羅 三山·五岳에 대하여」, 『新羅文化』 제4집(1983).

黃仁奎, 「麗末鮮初 懶翁門徒의 五臺山 中興佛事」, 『佛敎研究』 제36집(2012).

———, 「懶翁惠勤과 대표적 繼承者 無學自超–懶翁惠勤과 無學自超의 遭遇事實을 중심으로」, 『東國歷史敎育』 제5집(1997).

———, 「懶翁惠勤의 불교계 行蹟과 遺物·遺蹟–諸 紀錄 및 자료의 검토 試攷」, 『大覺思想』 제11집(2008).

———, 「白雲景閑(1298~1374)과 高麗末 禪宗系」, 『韓國禪學』 제9호(2004).

———, 「遍照 辛旽의 佛敎界 行蹟과 活動」, 『萬海學報』 통권 제6호(2003).

———, 「幻庵混修의 生涯와 佛敎史的 位置」, 『慶州史學』 제18집(1999).

3) 외국논문

岡敎邃, 「朝鮮華藏寺의 梵夾과 印度指空三藏」, 『宗敎研究』 第31號(1926).

자현 스님
한국연구재단 등재지
논문 목록

01) 「붓다 탄생의 예언에 관한 고찰」, 『佛敎學硏究』 제12호(2005-12).
02) 「中國哲學的 思惟에서의 '理通氣局'에 관한 考察」, 『東洋哲學硏究』 제50집(2007-5).
03) 「佛國寺 進入 石造階段의 空間分割的 意味」, 『建築歷史硏究』 제53호(2007-8).
04) 「Kailas山의 須彌山說에 관한 종합적 고찰」, 『佛敎學硏究』 제17호(2007-8).
05) 「破法輪僧의 원인에 관한 고찰」, 『東洋哲學硏究』 제52집(2007-11).
06) 「佛國寺 大雄殿 영역의 二重構造에 관한 고찰」, 『宗敎硏究』 제49집(2007-12).
07) 「'4男 8子'의 順序에 관한 고찰」, 『佛敎學硏究』 제18호(2007-12).
08) 「提婆達多의 5法 고찰 I」, 『韓國佛敎學』 제50집(2008-2).
09) 「禪宗과 繪畵의 南北宗論에 관한 同·異 고찰」, 『東洋哲學硏究』 제53집(2008-2).
10) 「董其昌 南北宗論의 내원과 의의」, 『韓國禪學』 제19호(2008-2).
11) 「佛國寺 '3道 16階段'의 이중구조 고찰」, 『新羅文化』 제31집(2008-2).
12) 「佛敎宇宙論과 寺院構造의 관계성 고찰」, 『建築歷史硏究』 제56호(2008-2).
13) 「破僧伽에 대한 불교교단사적 관점에서의 고찰」, 『宗敎硏究』 제50집(2008-3).
14) 「阿難의 나이에 관한 고찰」, 『佛敎學硏究』 제19호(2008-4).
15) 「佛國寺 靑雲橋·白雲橋의 順序 고찰」, 『建築歷史硏究』 제57호(2008-4).
16) 「提婆達多에 대한 逆罪의 타당성 고찰」, 『東洋哲學硏究』 제54집(2008-5).
17) 「『觀無量壽經』「序分」의 來源과 의의 고찰」, 『大同哲學』 제44집(2008-9).
18) 「〈善德王知幾三事〉 중 第3事 고찰」, 『史學硏究』 제91호(2008-9).
19) 「破僧事의 阿闍世에 대한 僧團認識 고찰」, 『東洋哲學硏究』 제56집(2008-11).
20) 「提婆達多의 5法 고찰 II」, 『韓國佛敎學』 제52집(2008-11).
21) 「提婆達多의 비범성 고찰」, 『佛敎學硏究』 제21호(2008-12).
22) 「제바달다의 붓다 弑害시도에 관한 두 가지 관점」, 『宗敎硏究』 제53집(2008-12).
23) 「玉蟲廚子의 原本尊像에 관한 내적인 타당성 검토」, 『大同哲學』 제45집(2008-12).
24) 「提婆達多 破僧伽의 지지세력 고찰 I」, 『韓國禪學』 제21호(2008-12).
25) 「捔術爭婚 구조의 타당성 고찰」, 『東洋哲學硏究』 제57집(2009-2).
26) 「善德王의 轉輪聖王적인 측면 고찰」, 『史學硏究』 제93호(2009-3).
27) 「『樓炭經』계통과 『大毘婆沙論』계통의 須彌山 宇宙論 차이 고찰」, 『哲學論叢』 제56집(2009-4).

28) 「提婆達多 破僧伽의 지지세력 고찰Ⅱ」, 『韓國禪學』 제22호(2009-4).
29) 「法隆寺 '玉蟲廚子'의 이중적인 상징성 고찰」, 『溫知論叢』 제22집 (2009-5).
30) 「불교 숫자의 상징성 고찰」, 『宗敎硏究』 제55집(2009-6).
31) 「아난의 출가문제 고찰」, 『佛敎學硏究』 제23호(2009-8).
32) 「頻婆娑羅와 阿闍世에 관한 승단인식의 딜레마 고찰」, 『大同哲學』 제48집(2009-9).
33) 「提婆達多 5法의 성립배경 고찰」, 『哲學硏究』 제112집(2009-11).
34) 「玉蟲廚子 須彌座部의 繪畵에 관한 고찰」, 『宗敎硏究』 제57집(2009-12).
35) 「高麗〈觀經序分變相圖〉의 내용과 의미 고찰Ⅰ」, 『溫知論叢』 제24집(2010-1).
36) 「佛國寺의 毘盧殿과 觀音殿 영역에 관한 타당성 고찰」, 『佛敎學硏究』 제25호(2010-4).
37) 「伽藍配置의 來源과 중국적 전개양상 고찰」, 『建築歷史硏究』 제69호(2010-4).
38) 「한강의 시원 정립에 관한 불교적인 영향 고찰」, 『韓國禪學』 제25호(2010-4).
39) 「한국〈毘藍降生相圖〉에서의 右手와 左手의 타당성 고찰」, 『溫知論叢』 제25집(2010-5).
40) 「梵鐘 타종횟수의 타당성 고찰-佛國寺의 須彌梵鐘閣을 통한 이해를 중심으로-」, 『韓國佛敎學』 제57호(2010-8).
41) 「破僧事의 구가리에 관한 고찰」, 『韓國禪學』 제26호(2010-8).
42) 「釋迦塔과 多寶塔의 명칭적인 타당성 검토」, 『建築歷史硏究』 제71호(2010-8).
43) 「月精寺의 寺名에 관한 동양학적인 검토」, 『新羅文化』 제36집(2010-8).
44) 「한국 전통가사 양식의 의미와 상징 분석」, 『韓國佛敎學』 제58호(2010-11).
45) 「釋迦塔의 경전적인 건립시점 고찰」, 『建築歷史硏究』 제73호(2010-12).
46) 「靈山會上圖에 관한 상징과 의미 분석」, 『佛敎學硏究』 제27호(2010-12).
47) 「髻珠에 관한 사상적 관점에서의 재조명」, 『宗敎硏究』 제61집(2010-12).
48 「提婆達多와 붓다의 나이차이 고찰」, 『韓國禪學』 제27호(2010-12).
49) 「破僧事 구가리의 최후에 관한 문제점 고찰」, 『佛敎學硏究』 제57집(2011-2).
50) 「동양사상에서의 물에 대한 관점과 한강의 시원에 관한 전통인식 고찰Ⅱ」, 『哲學硏究』 제117집(2011-2).
51) 「『三國遺事』 五臺山 관련기록의 내용분석과 의미Ⅰ」, 『史學硏究』 제101호(2011-3).
52) 「佛敎袈裟의 기원과 내포의미 고찰」, 『佛敎學報』 제58집(2011-4).
53) 「한강의 시원으로서 于筒水와 金剛淵의 타당성 고찰」, 『溫知論叢』 제28집(2011-5).
54) 「高麗〈觀經序分變相圖〉의 내용과 내포의미 고찰Ⅱ」, 『宗敎硏究』 제63집(2011-6).
55) 「『五臺山事跡記』 「第1祖師傳記」의 수정인식 고찰」, 『國學硏究』 제18집(2011-6).
56) 「律藏에 있어서 袈裟의 변천과 의미」, 『韓國佛敎學』 제60호(2011-08).
57) 「多寶塔의 경전적인 건립시점 고찰」, 『韓國禪學』 제29호(2011-8).
58) 「동양사상에서의 물에 대한 관점과 한강의 시원에 관한 전통인식 고찰Ⅰ」, 『哲學論叢』 제66집(2011-10).
59) 「한국 傳統袈裟 日月光의 양식과 특징 분석」, 『韓國佛敎學』 제61호(2011-12).
60) 「『五臺山西臺水精菴重創記』에 관한 내용분석과 의미」, 『韓國禪學』 제30호(2011-12).
61) 「불교 宇宙論 日月光의 상징 분석」, 『國學硏究』 제19집(2011-12).
62) 「율의 개변 가능성과〈승려법〉의 당위성 검토」, 『佛敎學報』 제61집(2012-4).
63) 「한국 전통가사의 장식과 日月五嶽圖의 관계성 고찰」, 『佛敎學硏究』 제31호(2012-4).
64) 「한국 전통가사 天王紋貼의 발생과 내포의미」, 『溫知論叢』 제31집(2012-4).
65) 「刺繡9條袈裟貼屛風을 통한 (傳)普照國師 袈裟의 내포의미와 타당성 고찰」, 『國學硏究』 제20집(2012-6).
66) 「五臺山 文殊華嚴 신앙의 특수성 고찰」, 『韓國佛敎學』 제63호(2012-8).

67) 「毘沙門天의 塔持物과 몽구스지물의 성립배경과 의미분석」, 『溫知論叢』 제33집(2012-10).
68) 「慈藏 戒律思想의 한국불교적인 특징」, 『韓國佛敎學』 제65호(2013-2).
69) 「한국불교의 계율적인 특징과 현대사회」, 『佛敎學硏究』 제35호(2013-6).
70) 「붓다의 화합정신 강조와 그 현대적 의의」, 『大覺思想』 제19집(2013-6).
71) 「한국불교 戒律觀의 근본문제 고찰」, 『宗敎硏究』 제72집(2013-9).
72) 「탄허스님의 미래인식과 현대사회의 다양성」, 『韓國佛敎學』 제66호(2013-9).
73) 「慈藏의 五臺山 開創과 中臺 寂滅寶宮」, 『韓國佛敎學』 제67호(2013-10).
74) 「한국 전통가사 日月光紋의 來源 고찰」, 『震檀學報』 제119호(2013-12).
75) 「法住寺 喜見菩薩像과 石蓮池에 대한 사상적 고찰」, 『大同哲學』 제66집(2014-3).
76) 「指空의 家系주장에 대한 검토」, 『震檀學報』 제120호(2014-4).
77) 「佛敎塔의 구조와 탑돌이에 대한 고찰」, 『韓國禪學』 제37호(2014-4).
78) 「懶翁에게서 살펴지는 '五臺山佛敎'의 영향」, 『溫知論叢』 제39집(2014-4).
79) 「指空의 戒律意識과 無生戒에 대한 고찰」, 『韓國佛敎學』 제71호(2014-6).
80) 「懶翁의 浮沈과 관련된 指空의 영향」, 『國學硏究』 제24집(2014-6).
81) 「붓다의 사회변화 수용과 승려의 威儀 문제 검토」, 『圓佛敎思想과 宗敎文化』 제60집(2014-6).
82) 「한국 4天王 塔持物의 위치변화에 대한 재고점」, 『宗敎文化硏究』 제22호(2014-6).
83) 「檜巖寺 修造名分의 변화와 종교적 해법의 유사구조」, 『建築歷史硏究』 제94호(2014-8).
84) 「懶翁의 檜巖寺 悟道와 내용 모색」, 『東洋哲學硏究』 제79집(2014-8).
85) 「石顚과 漢岩을 통해 본 불교와 시대정신」, 『韓國佛敎學』 제71호(2014-9).
86) 「懶翁의 붓다化에 대한 고찰」, 『史學硏究』 제115호(2014-9).
87) 「功夫選의 전개양상과 功夫十節目」, 『溫知論叢』 제41집(2014-10).
88) 「功夫十節目의 禪思想 고찰」, 『東洋哲學硏究』 제80집(2014-11).
89) 「사찰의 문화포교에 대한 제언과 모색」, 『佛敎學報』 제69집(2014-12).
90) 「五臺山史庫의 立地와 四溟堂」, 『東國史學』 제57집(2014-12).
91) 「功夫選의 방법에서 景閑과 懶翁간의 관점에 있어서 同·異 고찰」, 『國學硏究』 제25집(2014-12).
92) 「불교미술의 天王 수용과 위치문제 고찰」, 『圓佛敎思想과 宗敎文化』 제62집(2014-12).
93) 「懶翁 出家의 문제의식과 그 해법」, 『震檀學報』 제122호(2015-2).
94) 「懶翁三關의 禪思想 고찰」, 『東洋哲學硏究』 제81집(2015-2).
95) 「월정사탑돌이에 대한 文化哲學적 배경 검토」, 『宗敎硏究』 제75호(2015-3).
96) 「指空의 Nālandā 진술에 대한 타당성과 문제점」, 『史學硏究』 제117호(2015-3).
97) 「慈藏의 新羅五臺山 開建에 대한 타당성 검토Ⅱ」, 『溫知論叢』 제43집(2015-4).
98) 「指空의 敎·禪修學 주장에 대한 검토와 문제점」, 『東洋哲學硏究』 제82집(2015-5).
99) 「〈戒箴〉의 분석을 통한 漢巖의 禪戒一致적 관점」, 『大覺思想』 제23집(2015-6).
100) 「고려 말 功夫選의 시행과 의미 고찰」, 『圓佛敎思想과 宗敎文化』 제64집(2015-6).
101) 「慈藏의 入唐目的과 年度에 대한 타당성 검토」, 『史學硏究』 제118호(2015-6).
102) 「한국불교의 戒律 변화에 대한 타당성 모색」, 『宗敎文化硏究』 제24호(2015-6).
103) 「指空의 戒律觀과 티베트불교와의 충돌양상 고찰」, 『溫知論叢』 제44집(2015-7).
104) 「현대사회 승가청규의 구조와 내용에 관한 모색」, 『佛敎學報』 제72집(2015-9).
105) 「慈藏의 新羅歸國과 大國統 취임문제 고찰」, 『東國史學』 제59집(2015-12).
106) 「慈藏의 國家佛敎에 대한 검토」, 『新羅文化』 제47집(2016-2).
107) 「慈藏과 華嚴의 관련성 고찰」, 『韓國佛敎學』 제77호(2016-3).
108) 「五臺山事蹟記의 版本과 閔漬의 慈藏傳記 자료 검토」, 『佛敎學硏究』 제46호(2016-3).
109) 「조계종 승가계본의 방향과 정착에 관한 모색」, 『圓佛敎思想과 宗敎文化』 제64집(2016-3).

110) 「中國五臺山의 太和池龍에 대한 국내기록 검토」, 『佛敎學報』 제74집(2016-3).
111) 「동아시아 佛像에서 확인되는 逆手印 문제 고찰」, 『東아시아佛敎文化』 제25호(2016-3).
112) 「懶翁三句의 禪思想 고찰」, 『哲學論叢』 제84집(2016-4).
113) 「慈藏 탄생의 神異靈應과 출가문제 검토」, 『國學研究』 제29집(2016-4).
114) 「자장의 신라오대산 開建에 대한 타당성 검토 I」, 『宗敎文化研究』 제26호(2016-6).
115) 「懶翁의 功夫十節目에 대한 漢巖의 답변과 관점」, 『韓國佛敎學』 제77호(2016-6).
116) 「慈藏의 入唐行蹟에 대한 기록 분석」, 『史學研究』 제122호(2016-6).
117) 「자장의 중국오대산행과 文殊親見 장소에 대한 검토」, 『東아시아佛敎文化』 제26호(2016-6).
118) 「慈藏의 入唐이전 律師로서의 위상에 관한 검토」, 『圓佛敎思想과 宗敎文化』 제65집(2016-6).
119) 「慈藏의 東北方行과 入寂 기록 분석」, 『新羅文化』 제48집(2016-8).
120) 「魯英 筆 高麗 太祖 曇無竭菩薩 禮拜圖의 타당성 검토」, 『國學研究』 제30집(2016-8).
121) 「불교의 人性論과 中國繪畫藝術」, 『東洋藝術』 제32호(2016-8).
122) 「자장의 中國五臺山行에서 살펴지는 文殊의 가르침 검토」, 『佛敎學報』 제76집(2016-9).

한국 선불교의 원류
지공과 나옹 연구

ⓒ 자현 2017

2017년 1월 2일 초판 1쇄 발행

지은이 자현
발행인 박상근(至弘) • 편집인 류지호 • 편집 김선경, 양동민, 이기선
디자인 쿠담디자인 • 제작 김명환 • 전략기획 유권준, 김대현, 박종욱, 양민호 • 관리 윤애경
펴낸 곳 불광출판사 03150 서울시 종로구 우정국로 45-13, 3층
　　　대표전화 02) 420-3200 편집부 02) 420-3300 팩시밀리 02) 420-3400
　　　출판등록 1979. 10. 10.(제300-2009-130호)

ISBN 978-89-7479-334-0 (93220)

이 도서의 국립중앙도서관 출판예정도서목록(CIP)은
서지정보유통지원시스템 홈페이지(http://seoji.nl.go.kr)와
국가자료공동목록시스템(http://www.nl.go.kr/kolisnet)에서 이용하실 수 있습니다.
(CIP제어번호:2016030041)